샌더스는 기념비적인 책 『바울과 팔레스타인 유대교』에서 기존 학계의 초기 유대교 이해(오해!)를 산산이 부수는 데 성공했다. 하지만 그가 그려낸 바울신학의 요체는 이상하리만치 학계에서 거의 받아들여지지 않았다. 대표적으로 제임스 던은 샌더스의 유대교 이해를 기쁘게 수긍하면서도 샌더스의 바울 이해를 비판하며 그 유명한 "바울에 관한 새 관점"을 제시했다. 하지만 던이 1982년에 "바울에 관한 새 관점" 강연을 하기 전에 이 책 『바울, 율법, 그리고 유대인』을 읽었다면 바울 연구 지형이 어떻게 바뀌었을까? 이 책은 샌더스가 『바울과 팔레스타인 유대교』에서 스케치한 바울의 신학(특히 율법관)을 치밀한 본문 주해를 통해 구체화한 책이다. 샌더스는 유대교에 근본적 결함이 있다고 보지 않았으나(유대교에 예수 그리스도가 없다는 사실만 빼고는), 던과 그 밖의 새 관점 학자들은 유대교의 배타적 민족 중심주의를 유대교의 결정적 결함으로 보았다. 이 책을 읽으면 제임스 던의 샌더스 비판에 과장 혹은 오해가 있었음을 알 수 있고, 샌더스 자신이 "새 관점 학파"로 간주되는 것을 싫어하는 이유도 알게 될 것이다. 성경 본문을 자세히 읽어가면서 바울의 복잡한 사고 흐름을 명료하게 파악하고 기존 학계의 견해를 날카롭게 해부하며 자신의 논지를 세워나가는 거장의 주해 과정을 보는 재미가 쏠쏠하다. 이 책은 현대 바울학계의 논쟁점인 바울신학의 유대적 성격, 유대교와 기독교의 분리 과정, 바울의 율법관, 바울신학의 일관성에 대해서도 여전히 참신하게 들리는 대가의 통찰을 가득 담고 있다. 그래서, 출간된 지 오래되었어도 자주 이 책을 펴게 되는데 마침 한결 다듬어진 번역으로 출간되어 더욱 자주 책을 들여다보게 될 것 같다. 불트만의 주저들을 읽지 않고 불트만을 비판했던 것과 유사한 잘못을 저지르지 않으려면 샌더스에 동의하거나 반대하는 사람 모두 이 책을 읽어야 한다.

김선용 박사

바울, 율법, 유대인

E. P. 샌더스 지음
김진영, 이영욱 옮김

옮긴이 소개
김진영 연세대학교 철학과와 동 대학원을 졸업하고, 고려신학대학원을 졸업하였다. 미국 칼빈신학대학원을 거쳐 미국 남침례교신학대학원(Ph. D.) 졸업후 현재는 서울중앙교회 (고신)의 담임목사로 섬기고 있다.

이영욱 1984년 서울에서 태어났다. 총신대학교를 졸업하고, 현재 독일 라이프치히대학교에서 신학을 공부하고 있다. 옮긴 책으로는 『바울서신에 나타난 구약의 반향』(여수룬), 『신약학 강의노트』(감은사) 등이 있다.

바울, 율법, 유대인
개정 한국어판

지은이	E. P. 샌더스
옮긴이	김진영, 이영욱
본문 digitization by	임아름
편집	맹호성, 이영욱
교정교열	김요셉, 박이삭

종이책 1판 발행	2021년 8월 25일
펴낸이	이영욱
펴낸곳	감은사
전화	070-8614-2206
팩스	050-7091-2206
주소	서울시 강동구 암사동 아리수로 66, 401호
e우편	editor@gameun.co.kr
ISBN	9791190389389
정가	22,000원

전자책 1판 발행	2021년 8월 18일
표지 created by	맹호성
with helps from	김지호
펴낸이	김진실, 맹호성
펴낸곳	알맹e
등록	제25100-2014-000047호(2014년 7월 25일)
주소	서울특별시 노원구 동일로 1700, 1031호 (파르코오피스텔) 01624
e우편	rmaenge@rmaeng2.com
웹집	www.rmaenge.com
얼굴책	www.facebook.com/rmaenge
eISBN	9791191822014
정가	14,800원

Paul, the Law, and the Jewish People

E. P. Sanders

P. D. K.에게 바칩니다.

| 편집자의 일러두기 |
1. 독자의 이해를 위해 필요한 경우에는 〔 〕괄호를 사용하여 추가적인 어구를 넣어 저자의 글과 구분되도록 했습니다. 그 외의 모든 괄호는 저자가 원서에 사용한 그대로 사용했습니다. 역자 주가 필요한 경우는 〔… ⓣ〕 표시로, 편집자 주가 필요한 경우 〔… ⓔ〕 표시로 적어놓았습니다. (ⓣ는 translator, ⓔ는 editor를 뜻함). 반면 일반 괄호( )는 저자의 것입니다.
2. 본문 안의 //123//와 같이 // //사이의 숫자는 원서의 페이지를 가리킵니다. 가독성을 높이고 내용 혼란을 피하고자 원서 페이지 번호는 그 페이지 바로 앞문장 마침표 뒤에 표시했습니다. 원서 페이지가 문장 중간에 바뀔 때는 그 문장의 바로 앞 문장 마침표 뒤에 표시했습니다.
3. 각주, 색인, 그리고 일부 본문에서 가리키고 있는 '페이지'는 모두 원서를 기준으로 하고 있습니다. 이에 //숫자//를 찾아가시면 됩니다.
3. 여기에서 사용된 한글성경은 이전 판에 사용된 개역한글판을 유지하되, 개정 작업을 하면서 필요한 경우 원서에서 직접 옮겼습니다.

ⓒ 1983 by Fortress Press
Originally published in English as *Paul, the Law, and the Jewish People*
by Fortress Press, Minneapolis, MN, USA.
This Korean translation edition © 2021 by rMAENGe, Seoul, Republic of Korea
This Korean edition is translated by Jin Young Kim, Ph.D. and revised by Young Wook Lee.
This Korean edition is published by arrangement of 1517 Media through rMaeng2, Seoul, Republic of Korea.
All rights reserved.

이 한국어판의 저작권은 알맹2를 통하여 저작권자와 독점 계약한 알맹e에 있습니다. 저작권법에 의하여 한국 내에서 보호받는 저작물이므로 무단 전재와 무단 복제를 금합니다.
이 한국어판은 1994년 크리스챤 다이제스트(현 CH북스)의 한국어판을 사용허락을 받아 전면 개정한 것으로 종이책은 감은사에서 전자책은 알맹e에서 협력하여 출간합니다.

이 한국어판의 전자책 표지는 주로 서유럽과 미국의 여러 박물관에 소장된 사도 바울의 그림을 모아서 김지호의 도움을 받아 만들었습니다.
표지 사진 & 아이디어 ⓒ 맹호성

| 목차 |

약어표 | 9
서문 | 11

제1부 바울과 율법 | 15

서론 | 17

서로 다른 질문들, 서로 다른 대답들 | 17

중심적인 확신들과 구원론적 체계 | 21

제1장 율법은 입교 조건이 될 수 없다 | 39

갈라디아서 2-3장 | 41

갈라디아서 5:3 | 70

로마서 3-4장과 9-11장 | 75

빌립보서 3:9 | 111

결론: 율법으로 나지 않음 | 116

제2장 율법의 목적 | 123

갈라디아서 3:19-4:7 | 124

로마서: 율법의 목적 및 율법이 육신, 죄, 사망과 맺는 관계 | 136

모든 사람이 율법 아래 있다/

그리스도인은 율법에 대하여 //6// 죽는다 | 159

제3장 율법은 이루어야 한다 | 173

율법을 행함 | 173

율법과 범죄/순종의 결과 | 201

요약 | 224

부록: 로마서 2장 | 227

제4장 옛 시대와 새 시대 | 251
제5장 결론: 바울과 율법 | 259
    결과 요약 | 259
    중심 관심사와 체계의 결여 | 262
    갈라디아서와 로마서 | 270
    바울의 율법 사상의 기원 | 274
    유대교와 일반적인 율법주의에 대한 바울의 비판 | 285
    율법과 성경 | 298

제2부 바울과 유대인 | 303
제6장 그리스도의 사도 바울과 이스라엘 민족 | 305
    서론 | 305
    제3의 족속 | 306
    바울의 선교 실천 | 323
    동족과의 갈등 | 348
    이스라엘의 구원 | 354
    결론 | 366
결론: 바울과 유대교의 결별 | 369

    발행인의 말 | 375
    참고문헌 | 381
    색인 | 391

| 약어표 |

ARNA	*Aboth de Rabbi Nathan, version A*, 랍비 나탄의 조상들
ATANT	Abhandlungen zur Theologie des Alten und Neuen Testaments
BBB	Bonner biblische Beiträge
BEvTh	Beitrage zur evangelischen Theologie
BJRL	*Bulletin of the John Rylands Library*
BNTC	Black's New Testament Commentaries (-HNTC)
BZ	Biblische Zeitschrift
CNT	Commentaire du Nouveau Testament
ConBNT	Coniectanea biblica, New Testament
DSS	Dead Sea Scrolls
ET	English Translation/English Translator, 영어판
EvTh	*Evangelische Theologie*
FRLANT	Forschungen zur Religion und Literatur des Alten und Neuen Testaments
Hermeneia	Hermeneia – A Critical and Historical Commentary on the Bible
HNT	Handbuch zum Neuen Testament
HNTC	Harper's New Testament Commentaries (-BNTC)
HTKNT	Herders theologischer Kommentar zum Neuen Testament
HTR	*Harvard Theological Review*
ICC	The International Critical Commentary
JBL	*Journal of Biblical Literature*
JSJ	*Journal for the Study of Judaism*
JSNT	*Journal for the Study of the New Testament*
JTS	*Journal of Theological Studies*
KEK	Kritisch-exegetischer Kommentar über das Neue Testament
KuD	*Kerygma und Dogma*
Migr.	Philo, *De Migratione Abrahami*, 『아브라함의 이주에 대하여』
NEB	New English Bible

NTS	*New Testament Studies*
PPJ	E. P. Sanders, *Paul and Palestinian Judaism*
1QM	*Milhāmāh* (*War Scroll*), 밀하마(전쟁 두루마리)
1QS	*Serek hayyaḥad* (*Rule of the Community, Manual of Discipline*), 세레크 하야하드(공동체 규율서, 규율 교범)
1QSa	Appendix A (*Rule of the Congregation, The Messianic Rule*) to 1QS, 1QS 부기 A (회중 규율서)
4QpPs	*Psalms Commentary*, 시편주석
Quest. Ex.	Philo, *Quaestiones et Solutiones in Exodum*, 『출애굽기에 대한 질문과 답변』
RB	*Revue biblique*
RSR	*Recherches de sciences religieuse*
RSV	Revised Standard Version
SBLDS	Society of Biblical Literature Dissertation Series
SBT	Studies in Biblical Theology
SNTS	Society of New Testament Studies
SNTSMS	Society of New Testament Studies Monograph Series
ST	*Studia theologica*
TDNT	G. W. Bromiley (ET and ed.), *Theological Dictionary of the New Testament*
TZ	*Theologische Zeitschrift*
UNT	Untersuchungen zum Neuen Testament
USQR	*Union Seminary Quarterly Review*
WUNT	Wissenschaftliche Untersuchungen zum Neuen Testament
ZNW	*Zeitschrift für die neutestamentliche Wissenschaft*
ZTK	*Zeitschrift für Theologie und Kirche* //ix//

서문

이 책은 두 논문으로 구성되어 있는데, 각 논문은 바울과 유대교의 관계를 이해하는 데 중요한 문제를 한 가지씩 다룬다. 율법을 다루는 첫 번째 논문(제1부)은 바울이 자신이 날 때부터 믿던 신앙에 관하여 품고 있는 생각을 이해하는 데 핵심적인 문제를 다룬다. 1장과 3장은 *Paul and Palestinian Judaism* (이하 *PPJ*; 『바울과 팔레스타인 유대교』, 알맹e, 2018)에서 간략하게 서술했던 바울의 율법관에 관한 설명을 확장하고 명료하게 하고 때때로 수정한다. 이 논문은 전에 다루지 않았던, 바울이 말하는 율법의 측면들도 다룬다. 이 논문에서 나는 바울과 전체 율법 문제를 고찰하려 한다. 더러 아주 산만한 각주에서는 나의 이전 책, *PPJ*에 대한 아주 중요한 몇 가지 비판적 평가를 다루었다. 두 번째 논문은 내가 *PPJ*에서 다루지 않았던 문제, 곧 동료 유대인에 관한 그리고 동료 유대인과 자신의 관계에 관한 바울의 생각이다. 우리는 이 문제를 해결하려면 예수 그리스도의 사도로서 바울의 자기 이해와 활동을 고찰하지 않을 수 없다.

여기서 한 가지를 언급하지 않을 수 없다. *PPJ*에서 나는 바울의 유대인 됨과 바울이 유대교 전승 및 사상과 맺은 개괄적인 관계를 탐구할 의도가 없었다. *PPJ*는 부피가 크긴 하지만 주제는 유대교에 속한 바울에 가까운 동시대인과 바울이 '(안에) 들어감과 머묾'(getting in and staying in)을 어떻게 이해했는지에 국한되었다. 하지만 지금 이 책은 바울과 당대 유대교의 일반적인 관계를 좀 더 꼼꼼하게 집중적으로 다루며, 그렇기에 어떤 단락에서는 바울의 성경 사용 같은 주제를 다루기도 했다. 사실 바울은 이방인 사도로서 활동하는 중에 상당히 실천적인 유대인(a practicing Jew)이었다. 그리고 이 책은 예수를 메시아로서 받아들이지 않았던 '혈통으로 친척'인 사람들의 운명에 관한 바울의 생각 역시 다룬다. 그래서 어떤 점에서 이 책은 내가 이미 책으로 발표한 입장들을 좀 더 충분히 설명하기도 하지만 그 목적은 율법과 자기 백성에 관한 바울의 생각을 다루면서 바울의 견해와 실천이 교회와 유대교의 관계에 미치는 결과를 다루는 별도의 책을 쓰는 데에 있었다.

좀 더 엄밀하게 말해서 이 책은 독립된 종교로서 기독교 운동이 출현하는 역사 가운데 있는 하나의 중요한 장(章)을 다룬다. 갈라디아서와 로마서가 남아 있기에 우리는 기독교 운동 발전에서 바울이 맡았던 역할을 훨씬 더 강조하게 되지만 그럼에도 그의 역할과 더불어 율법, 이방인, 유대인에 관한 사상을 구체적으로 이해하는 일은 중요하다. 이 책이 이런 강조점을 갖고 사실상 이 시점에 출판된 것은 유대교와 기독교가 함께 지내던 처음 몇 세기 동안 보였던 전형적인 자기 규정 운동을 5년 간 다루었던 맥매스터 대학교(McMaster University)의 연구 프로그램 덕분이다. 이 연구는 캐나다 사회과학 및 인문학 연구 위원회(Social Sciences and Humanities Research Council)의 보조금을 후하게 받아 이루어졌으며, 이 책의 기본 작업도 이 보조금의 후원으로 가능했다. 나는 재정뿐만 아니라 격려와 자극을 준 위원회에 많은 빚을 졌다. 동료 교수들과 더불어 나는 이 연구 프로젝트를 열정적으로 지원해 준 맥매스터 대학의 직원들에게도 빚졌다.

율법을 다루는 이 논문의 초기 내용은 1980년 캐나다 토론토에서 열린 신약학회(Studiorum Novi Testamenti Societas)의 모임에서 발표되었던 것이다. 이 책의 핵심 논제와 몇몇 자세한 내용을 학회원들에게 발표할 기회를 준 위원회 위원들에게 감사를 드린다. 원 논문은 보통 이 학회의 학회지인 *New Testament Studies* (신약연구)에 실릴 예정이었지만 분량이 너무 길었다. 그런데 학회의 간사인 그레이엄 스탠턴(Graham Stanton) 교수와 학회지의 편집장 윌슨(R. McL. Wilson) 교수가 이 논문을 줄여 학회지에 실을 것이 아니라 확대하여 다른 형식으로 발행하라고 권했다. 나는 그들의 충고와 허락에 감사의 마음을 전한다.

신약학회원들 앞에서 발표한 덕분에 몇 가지 아주 유익한 의견을 다른 학자들과 주고받았다. 특별히 하이키 레이제넨(Heikki Räisänen), 폴 마이어(Paul Meyer), 루이스 마틴(J. Louis Martyn), 로버트 건드리(Robert Gundry), 월터 윙크(Walter Wink)에게 감사한다. 또한 레이제넨 교수가 바울과 율법에 관한 자신의 원고를 사용할 수 있도록 허락해준 데 큰 빚을 졌다. (레이제넨의 원고는 *Paul and the Law*라는 제목으로 본서와 같은 해에 Mohr Siebeck을 통해서 출간된다. ⓒ〕 각주를 읽는 독자는 알겠지만 나는 그의 원고에서 많은 것을 배웠다.

1981년 가을 동안 미국 버지니아 주에 있는 윌리엄 앤드 메리 대학(College of William and Mary)에서 월터 메이슨 방문 교수(Walter G. Mason Visition Professor)로 초대받아 이 책의 초안을 완성할 기회를 가졌다. 종교학과 직원들은 이 활동을 하기에 아주 훌륭한 분위기를 만들어 주었는데, 여기서도 역시 자극과 격려를 받았다. 그들 모두에게 깊은 감사를 드린다.

주제 색인을 준비해준 수 핫지(Sue Hodge) 부인에게, 그리고 세심한 작업으로 도움을 준 편집부 직원들에게 감사한다.

사회과학과 인문학 연구 위원회의 보조금이 아니었다면 필리스 드로사 쾨팅(Phyllis DeRosa Koetting)을 편집 조교와 비서와 참고 문헌 조사자로 고용하지 못했을 것이다. //xi// 맥매스터 대학 당국은 1981년 6월 외부 보조금이 끝난 다음 일년 동안 쾨팅의 채용을 관대하게 연장해 주었다. 격려와 충고와 도움을 베풀어 준 많은 사람에게 감사를 표했는데, 지금 이 책이 정확한 각주와 참고 문헌과 색인을 완벽히 갖추고 나올 수 있었던 것은 그 누구보다 쾨팅 양의 공이 크다. //3//

제1부
바울과 율법

서론

서로 다른 질문들, 서로 다른 대답들

바울과 율법에 관한 문제를 다시 거론하는 것은 주저되는 일이다. 그것은 많은 학자들에 의해 아주 상세하게 논의된 주제이며, 따라서 뭔가 새로운 것이 떠오르기 전에는 다루려고 하지 않는 주제다. 이는 그 주제가 어려울 뿐만 아니라,[1] 많은 연구를 했음에도 일치된 견해가 없음을 보여준다. 그러나 주제가 어렵다는 것은 그 주제가 중요하며 그 주제를 연구하기 위한 노력이 가치 있음을 보여준다. 바울

---

1. H. J. Schoeps는 율법이 바울 사상에서 가장 어려운 부분이라고 평했다(*Paul: The Theology of the Apostle in the Light of Jewish Religious History* [Philadelphia: Westminster, Press, 1961], 168). 참조. Peter Stuhlmacher, "Das Ende des Gesetzes," *ZTK* 67 (1970): 35; "Das Gesetz als Thema biblischer Theologie," *ZTK* 75 (1978): 272.

과 율법은 바울 사상을 이해하기 위해 철저하게 알아야 할 주제일 뿐 아니라 기독교와 유대교의 분리를 이해하는 데도 중요한 주제가 된다. 그 문제가 가지고 있는 어려움과 범위에도 불구하고 내가 이를 다소 간단하게 언급하려는 것은, 비록 모든 주석적인 문제를 다 해결할 수는 없더라도, 몇 가지 제안을 분명하게 하기 위함이다.

율법에 대한 바울의 관점을 연구하는 일은 흥미롭다. 바울은 율법에 대해 많은 것을 말하고 있기에 일반적인 주석 방법들을 통해 바울의 생각이 무엇인지를 분명하게 확인할 수 있다. 이 주제는 역사적 예수 연구처럼 초기 전승을 찾아내기 위해 전통과 편집된 것을 서로 구별하고 원래의 자료가 무엇인지를 결정할 기준을 만들어야 하는 작업과는 다르다. 또한 고린도전서에 있는 '지혜'에 관한 연구처럼 주위에 다룰 수 있는 자료들이 너무 적어서 바울이 말하고 있는 것이 어떤 '지혜'인지 확신할 수 없는 문제와도 다르다. '바울과 율법' 연구에 있어서 우리는 이 주제에 대해 의심의 여지없는 바울의 진술을 매우 많이 가지고 있으며, 또한 바울이 무엇을 가리켜 말하고 있는지도 알고 있다. 몇 가지 예외를 제외하고 바울은 '타나크'(Tanak), 즉 유대 율법(Torah)을 말한다.[2] 그러나 바울이 '참으로 의도했던 것'이 무엇인지를 찾는 문제는 계속되고 있다. 율법에 대한 바울의 생각이 한결같고 올바른 균형을 갖춘 것이었는지 의문을 제기할 수 있는데, 그 문제도 여기서 언급될 것이다. 그러나 바울이 율법에 대해 분명한 입장을 가지고 있었다고 기대할 수는 있다. 바울의 증언에 따르면 하나

---

2. 참조. 각주 26.

님께서 자신의 아들을 바울에게 계시하시기 전에 율법은 그의 삶이 었다(빌 3:4-6; 갈 1:13-15). 율법과 그의 단절은 자의식적이다.³ //4// 갈라디아의 개종자들이 보인 율법 수용 가능성에 대해 바울이 보인 반응은 아주 강력했는데, 이는 그러한 반응을 보일 분명하고도 결정적인 이유가 있었음을 암시한다. 그러나 반복되는 말이지만, 바울이 어떤 이유를 가지고 있었는지에 대해서는 학자들 간에 일치된 견해가 없을 뿐 아니라, 갈라디아 논쟁에서 취한 바울의 입장과 율법에 대한 그의 수많은 다른 진술들 사이의 관계를 어떻게 이해해야 하는지에 대해서 일치된 견해는 더더욱 없다.

율법에 대한 바울의 진술들을 해석하기 어려운 여러 이유 중 하나는 바울이 어떤 입장을 가지게 된 이유와 그 입장을 지지하는 논거/주장 사이를 서로 구별하기 어렵다는 데에 있다. 예를 들어 보자. 고전 11장에서 바울은 기도할 때 남자는 머리에 아무것도 쓰지 아니하고 기도해야 하지만 여자는 머리에 무엇을 쓰고 기도해야 한다고 생각하면서, 여자가 머리에 아무것도 쓰지 아니하고 기도하는 것은 머리를 민 것이나 다름없다고 말한다(고전 11:5). 또한 바울은 여자는 "천사들로 말미암아" 머리에 무엇을 쓰고 기도해야 한다고 말한다(고전 11:10).⁴ 그후에 자연 그 자체가 남자는 짧은 머리를 여자는 긴 머

---

3. 이 문제는 이미 시작되었다. 곧, 바울이 율법과 관계를 끊었다고 말하는 것이 정당한가? 만일 그렇다면, 어떤 방식으로 그리고 어느 정도로 율법과 관계를 끊었는가? 일종의 단절의 자의식을 가리키는 예로 빌 3:7을 들 수 있다.
4. 바울이 고전 11:10에서 *exousia*를 사용한 이유에 대해 논의하는 것은 지금 우리의 목적에는 필요하지 않다. 여기서는 일반적인 요점만으로도 충분하다.

리를 해야 한다고 가르친다고 주장한다(11:14f.; 그러나 이것이 어떻게 해서 바울의 중심 생각을 지지해 주는지는 분명하지 않다).[5] 마지막으로 바울은 여전히 확신하지 못한 사람들에게 "우리에게나 하나님의 다른 교회에는 이런 관례가 없다"고 말한다(고전 11:16). 이러한 구체적인 문제들에 대해 바울은 그러한 입장을 취하게 된 진정한 이유를 결코 말하지 않을 수도 있다. 그는 유대인이다.[6] 그럼에도 우리는 바울이 이런 문제를 다루면서 온갖 종류의 주장을 어떻게 섞어 놓았는지 보게 된다. 앞으로 우리가 보게 되겠지만 이 사실은 율법에 대해 바울이 무엇을 말했고, 왜 말했는지에 대해 학자들의 견해가 서로 일치하지 않는 이유를 설명하는 데 도움이 된다. 이유(reason)와 논거/주장(argument)을 구별하는 것은 언제나 쉬운 일이 아니다.

이 연구는 바울이 율법에 대해 말한 것들 사이에 나타나는 차이가 당시 제기된 질문과 당면한 문제에 달려있었기 때문임을 보여준다. 각각의 대답은 나름대로 논리를 가지고 있으며 모두 다 바울의 중심적인 관심들 속에서 나오고 있지만 그 다양한 대답들을 함께 나란히 두었을 때, 율법과 같은 문제를 논의할 때 기대하는 것처럼, 전체적으로 논리 있게 정리되지는 않는다. 따라서 나의 주된 목적은 이것이 사실임을 입증하면서 중심적인 질문과 대답을 대강 정리해 보이는 데에 있다. 이러한 일을 하는 데 나는 모든 본문을 동일한 비중

---

5. 추론 과정은 아마 다음과 같을 것이다: 여자는 긴 머리를 해야 한다. 그런데 아무것도 쓰지 않은 머리는 머리를 민 것이나 다름없다. 그러므로 여자는 머리에 수건을 쓰고 기도해야 한다.
6. 참조. *Sifre Num*. 11 (민 5:18에 대한).

과 수준으로 세밀하게 주석하며 살피지는 않을 것이다. 다른 부분들보다 첫 번째 범주—즉, 바울이 왜 아무도 율법의 행위로 의롭다 함을 받을 수 없다고 말했는가—에 대해 더 많은 관심을 기울이도록 하겠다. 그러나 첫 번째 범주를 다루기 전에 먼저 앞으로 전개될 논의의 많은 부분을 결정할 바울의 사상을 일반적으로 설명하는 것이 도움이 될 것이다.

중심적인 확신들과 구원론 체계

//5// 이미 앞에서 언급했지만 현존하는 바울서신에 나타나 있는 다양한 상황들에 대해 바울이 말하는 대부분의 내용은 자신이 가지고 있었던 어떤 중심적인 확신들에 의해 결정되고 있다는 점을 다시 강조하고 싶다: 하나님이 모든 사람의 구원을 위해 예수 그리스도를 보내셨다는 점, 따라서 유대인이든 헬라인이든 동일한 근거('그리스도를 믿음'(faith in Christ), '그리스도와 함께 죽음')를 가지고 있다는 점, 주님은 곧 다시 오실 것이라는 점, 바울 자신은 이방인의 사도로 하나님의 부름을 받았다는 점, 그리스도인들은 하나님의 뜻에 합당하게 살아야 한다는 점 등이다.[7] 이외에도 바울이 일관되게 견지했던 다른 관

---

7. 참조 E. P. Sanders, *Paul and Palestinian Judaism* (Philadelphia: Fortress Press, 1977), 441f. (이하 *PPJ*). 올바른 행동(correct behavior)은 앞에 있는 목록에 추가된다. C. J. A. Hickling은 사려 깊고 유익한 논문에서, 이러한 "긴밀히 연결된 진술들"보다 더 근본적인 어떤 것을 바울 사상의 중심으로 제시

점들도 있는데 그러한 관점들도 때때로 자신의 논의를 정당화하기 위해 다양한 방식으로 사용되었다. 즉, 바울은 유대인으로서 언제나 '하나님은 한분이시다'는 생각을 하고 있었는데, 롬 3:29-30에서 유대인과 이방인이 동일하다는 논의를 뒷받침하기 위해 이 사상을 사용한다. 그러나 나는 이런 확신이 처음에 언급했던 확신들과 같은 '중심적'인 확신이라고 생각하지 않는다. 왜냐하면 바울은 바리새인으로서 유일신론자였으나 저 확신으로 인해 유대인이나 이방인들이 동일한 조건에서 구원을 얻을 수 있다는 결론에 이르렀다고 생각하지는 않기 때문이다.[8]

하고 있다. "하나님께서는 그리스도 안에서 결정적이며 최종적인 시간의 변혁(transformation of time)을 이미 일으키셨다." 바울의 사상과 종교의 중심은 "단순하기보다, 즉 중심적으로 보더라도 하나님과 예수 그리고 자신의 소명에 관해 바울이 주장하는 내용에 있기보다, 오히려 우주의 경계에 서 있는 자로서 근본적이고 역설적인 대비 의식에 근거하고 있으며 그러한 대비와 함께 그 내용이 이해되어야 한다"(The center of Paul's thought and religion is "not simply, or even principally in the content of his assertions about God and Jesus and his own calling, but in the sense of fundamental and paradoxical contrast, as of one standing at a cosmic frontier, with which this content was perceived"). 바로 이것이 "그리스도인이 된다는 바울의 경험의 한 측면"의 중심이 된다. (C. J. A. Hickling, "Centre and Periphery in the Thought of Paul," *Studia Biblica* 1978, Vol. 3, *Papers on Paul and Other New Testament Authors* [Sheffield: JSOT Press, 1980], 199-214를 보라. 인용문은 208f., 200에서 왔다.) 나는 Hickling이 중요한 점을 지적했다고 믿는다. 우리는 이 장의 마지막 부분에서 율법에 대한 바울 사상의 근원이 되는 바울의 경험의 한 측면을 살펴보겠다. 그러나 우리의 논의는 명제적 표현의 주제가 되는 바울의 논증과 확신에 대한 연구에 가장 많은 관심을 기울일 것이다.

8. Nils Dahl, "The One God of Jews and Gentiles (Romans 3:29-30)" in *Studies in Paul* (Minneapolis: Augsburg Publishing House, 1977), 178-91, 특히 189f.

바울의 사상이 기독론적으로 결정되었다는 것에 대해서는 전반적인 의견의 일치가 있지만,[9] 그러한 기본적 입장에 동의한다고 해서 정확한 의미와 세부적인 부분에 대해 모두 일치하는 것은 아니다. 예를 들어, 데이비스(W. D. Davies)는 바울의 그리스도 중심성을 강조하지만 우주적 주로서 그리스도가 아니라 유대인의 메시아로서 그리스도를 강조한다.[10] 베커(J. Christiaan Beker)는 "묵시적인 의미에서 그리스도-사건"(이 어구는 다음과 같이 순서를 바꿀 수도 있다. '묵시에 대한 기독론적인 해석')을[11] 바울 사상의 중심으로 언급하지만 여기서 한 발 더 나아가 "하나님의 승리"가 바울의 참된 중심이라고 주장한다.[12] 나는 종말이 가까웠다는 사실이 바울에게 중요하며 그의 사역과 모든 사상의

---

9. Georg Eichholz, *Die Theologie des Paulus im Umriss* (NeukirchenVluyn: Neukirchener Verlag, 1972), 224f.; Peter Stuhlmacher "Interpretation von Römer 11: 25-32," in *Probleme biblischer Theologie* (Munich: Chr. Kaiser, 1971), 556 (바울의 다른 모든 가르침에 의미를 부여하는 바울의 가장 핵심적인 주장은 십자가에 못박혀 죽으시고 부활하신 그리스도다. 이것은 Ulrich Luz의 주장의 요약이자 그에 일치한다. 그의 글은 나중에 인용될 것이다.); Stuhlmacher, "Das Ende des Gesetzes," 14-39. 율법에 대한 바울의 기독론적 경향(determination)에 대해서는 다음을 보라. Andrea van Dülmen, *Die Theologie des Gesetzes bei Paulus* (Stuttgart: Verlag Katholisches Bibelwerk, 1968), 예를 들면, 7; Karl Hoheisel, *Das antike Judentum in christlicher Sicht* (Wiesbaden: O. Harrassowitz, 1978), 특히 182; Heikki Räisänen, "Legalism and Salvation by the Law," in *Die paulinische Literatur und Theologie* (Aarhus: Forlaget Aros, 1980), 71.
10. 이들을 보라. *PPJ*, 514; W. D. Davies, *Paul and Rabbinic Judaism*, 4th ed. (Philadelphia: Fortress Press, 1980), xxxi, 324.
11. J. Christiaan Beker, *Paul the Apostle: The Triumph of God in Life and Thought* (Philadelphia: Fortress Press, 1980), 17.
12. Ibid., 362: "바울은 신 중심적인 관점을 지닌 묵시적인 신학자였다."

조건이 된다는 점을 충분히 인정한다.[13] 그러나 내가 여기서 강조하고 싶은 바는—이에 대해 베커도 동의할 것이다—바울의 사상에서 하나님의 승리와 그리스도의 주 되심 사이에 어떤 이분법도 없다는 것이다. 정확히 말한다면 나는 그것이 하나님의 승리에 대한 **기독론적인** 해석이자 바울 사상의 중심적인 특징이라고 주장하고 싶다.[14]

바울 사상의 중심이 되며 결정적인 특징들에 대한 논의를 길게 늘이고 싶지는 않지만 한 가지 특징을 더 언급해야겠다. 즉, 바울의 사상과 그 사상을 표현하는 핵심적인 술어(terminology) 사이에 차이가 있는데, 바울은 바로 그 술어를 가지고 구원받지 못한 상태에서 구원받은 상태로 옮겨진 것(transfer)을 논의한다. '그리스도와 함께 죽는 것'과 '믿음에 의한 의'를 논의하면서 나는 사람이 어떻게 그리스도

---

13. PPJ, 441f.에서 나는 바울의 '중심적인 확신들' 중 하나가 주님께서 "곧 재림하셔서 모든 것을 끝낼 것이다"라고 했다. 그리고 나는 바울의 "종교 사상의 패턴"을 요약하면서(PPJ, 549), 바울의 관점에서 끝이 가까웠음을 강조했다. 또한 나는 바울의 구원론적 사상을 "참여주의 종말론"(participationist eschatology)이라고 이름 붙였다(552). 이로 인해 나는 내가 바울을 이해할 때 묵시적인 것을 중요시하지 않았다는 비판을 받게 되었는데 나로서는 어쩔 수 없는 일이지만 그들의 주장을 이해할 수는 있다(Davies, *Paul and Rabbinic Judaism*, xxxi).
14. Beker가 17, 135에서 바울의 사상을 기독론적으로 정의한 것에 주목해보라. 신 중심적인 진술은 각주 12에 인용되어 있다. 그리고 이 둘 사이의 분명한 조화에 대해서는 365-67을 보라. 그는 초기의 그리스도 중심적인 진술과 신 중심적인 결론을 연결시키는 최종적이고도 분명한 진술을 기대하면서 그 책을 마치고 있다. 그 강조점이 "기독론은 … 신학에 봉사한다"(365)는 것에 놓인 것인지, 아니면 "하나님의 임박한 승리가 그리스도의 죽음과 부활로 인해 명확히 되었다"(367)는 것에 놓인 것인지 궁금하다. 그러나 어쨌든 그 둘이 함께 강조되어야 한다는 것에는 의심의 여지가 없다.

의 몸(the body)에 '들어가게'(enter)되는가 하는 문제에 대한 바울의 이해를 가장 잘 설명할 수 있는 용어를 논의하고 있음을 분명히 밝혔음에도 불구하고, 베커와 한스 휘프너(Hans Hübner)는 모두 내가 '그리스도에의 참여'를 바울 사상의 핵심이라고 보고 있다고 주장한다.15 //6//

---

15. Beker, 12에서 "바울 사상의 중심(Mitte)은 믿음으로 말미암은 칭의 … 혹은 성례적인 참여 … 혹은 둘 모두(Sanders)에 있다." 286에 있는 별표를 단 각주에서 Becker는 내가 두 가지가 궁극적으로 같다고 말하지만 칭의의 중요성을 '얕보고' 있기 때문에 불안정하다고 했다. 이것은 바울의 "중심적인 확신들"(PPJ, 441f. 그것들은 되풀이되고 있다)이라는 나의 진술을 간과하는 것인 동시에 칭의와 참여가 같은 실체를 지시하는 두 개의 용어임을 상세히 설명하는 나의 설명을—비록 이 후자의 것이 바울의 사상에 대해 더 많은 것을 우리에게 말해 주고 있지만—간과한 것이다(PPJ, 502-8).

Hübner는 나의 연구를 언급하면서("Pauli Theologiae Proprium," NTS 26 [1980]: 445-73) "그리스도 안에 있다"는 것이 "바울 신학의 중심"(이 구절은 449에 나타난다)이 아니라 믿음으로 인한 칭의의 교리가 바울 신학의 중심이라고 했다. 그러나 사실 Hübner는 나의 중요한 입장들을 제대로 다루지 못하고 있다.

1. 그는 내가 바울의 중심적인 확신들과 옮겨감을 나타내는 술어의 다양성을 구별하는 것을 전혀 인지하지 못하고 있다(PPJ, 441f.; 463-72; 502-8).

2. 그는 '의'와 '참여'에 관한 서로 다른 견해들은 대부분 용어상 논쟁이라는 나의 견해를 전혀 인정하지 않고 있다.

3. 그로 인해 Hübner는 '믿음으로 인한 의로움이라는 교리'(die Rechtfertigungslehre)를 마치 그것이 의심할 여지가 없이 통일되고 확립된 교리인 것처럼 논의 하고 있는데, 이것은 의로움이라는 술어는 바울에 의해 다양한 방식으로 사용되고 있다는 나의 주장을 무시하는 것이다(PPJ, 491-95).

4. 나의 견해와 Schweitzer의 견해 사이에 몇 가지 일치되는 것들이 있음을 확인하고 Hübner는 자기 논문의 중요한 부분을 나의 입장을 비판하는 일환으로 Schweitzer를 비판하는 데 할애하고 있다(때때로 Wrede를 비판하기도 한다). 그러나 사실 나는 Schweitzer에 대한 그의 비판들 중에 많은 부분들에 대해 같은 의견을 가지고 있다(Hübner, 453, n. 40; 454, n. 46, 47을 보

그리스도의 몸(the body)에 참여하는 것은 바울에게 중요한 것이기는 하지만 바울 사상의 전부는 아니다. 그리고 '바울 사상의 중심'(나의 표현에 따르면 바울의 '중심적인 확신들')과 '옛 생활에서 새로운 생활로 옮긴 것을 나타내기 위해 바울이 사용하는 가장 효과적인 술어'를 구별해야 한다.

그러나 나는 지금 후자의 문제에 관심을 두고 싶은데, 율법에 대해 바울이 무엇을 말하고 있는지를 이해하기 위해서는 후자의 문제가 아주 중요하기 때문이다. 바울이 쓴 것 중에 대부분은 내가 표현

라).

Hübner는, 토론을 통해 이해한 것으로써, '믿음에 의한 의'가 바울 사상의 중심이라는 견해를 선호하는 몇 가지 참신한 논증을 제시한다. 그러나 나는 그러한 논증들이 설득력이 없다고 보는데, 그 이유는 무엇보다도 그의 논증들이 이전에 내가 제시한 나의 논증들에 대한 반박이 되지 못했기 때문이다. 비록 그 논증들은 주목할 만한 가치가 있기는 하지만, 여기서 그 논의를 계속할 수는 없다.

끝으로 내가 Hübner 교수에게 감사할 것은, 그가 나의 실수를 깨닫게 해 주었다는 것이다. PPJ, 441에서 나는 "믿음에 의한 의는 성령을 소유하는 것과 성령 안에서 살아가는 것과 같이 바울 사상의 다른 측면들에 근거하여 유추될 수 있고 이해될 수 있다. 그러나 그 반대로는 되지 않는다"는 Schweitzer의 견해에 동의했었다(Hübner, 449에서 인용). 그러나 나는 여기서 Schweitzer에게 너무 많은 동의를 한 것이며, "유추될 수 있다"는 주장은 나의 견해가 아니다. 나중에 논의를 통해 나타나겠지만 나의 견해는, '참여한다'는 범주들이 '법률적인 범주들'을 정의하는 기능이 있는 반면, '믿음에 의해 의롭게 되는 것'이나 '그리스도 안에 있는 것'은 동일한 실체를 가리킨다는 것인데, 나는 이전에도 그랬지만 지금도 같은 입장이다(PPJ, 502-8, 특히 507f.). 더욱이 바울신학의 다른 요점들도 법률적인 범주들로부터가 아니라 참여적인 범주들로부터 '유추되어' 나온다(PPJ, 439f.와 n. 47, 51). 그러나 나는 법률적인 용어가 참여적인 것들로부터 '유추되어 나온다'와 같은 말을 하지 말았어야 했다.

하는 바 '들어감'(getting in)과 '머묾'(staying in)이라는 기본틀 안에 있다. 앞에서 말한 두 개의 주제 외에도 이 구조는 '들어가지' 아니한 사람들에게는 무슨 일이 일어나며 '들어갔지만' 바울이 생각하기에 성령 안에서 합당한 삶의 방식대로 행동하지 아니하는 사람들에게 무슨 일이 일어나는지에 대한 것도 포함하고 있다. 들어감과 머묾에 합당한 행동을 설명하면서 바울은 술어에 내포된 다양성을 어느 정도 활용한다. 구원받을 사람들의 단체에 들어감을 나타내는 술어에 대해 게르트 타이센(Gerd Theissen)이 논의를 통해 해명했다. 타이센은 그 용어들을 사회유형적(sociomorphic)/물리유형적(physiomorphic)이라는 두 개의 주요한 유형으로 나누었다. 그는 모든 용어가 구원받지 아니한 상태에서 구원받은 상태로의 변화를 은유적으로 묘사한 것들이라는 중요한 사실을 발견했다.[16]

변화된 상태에 있는 사람들의 적합한 행동을 묘사하기 위한 바울의 술어는 한결같이 다양하며 때때로 한결같이 은유적이다. 적절한 행위를 논하는 배경에서 사용될 것으로 예상되는 술어, 즉 의롭다거나 의롭지 않다든지 올바르다거나 사악하다는 술어는 (사실 저 맥락에서는) 그리 자주 나타나지 않는다.[17] 의롭다는 술어에서 특별히 수동

---

16. Gerd Theissen, "Soteriologische Symbolik in den paulinischen Schriften," *KuD* 20 (1974): 282-304
17. 바울의 용법에 대해서는 9ff.에 대강 나타나 있으며 이 논문의 제3장에서 간략하게 논의될 것이다. 그 술어가 현대의 유대문학에 어떻게 쓰이는지에 대해서는 *PPJ*, 624f.의 다음 항목을 보라. "The Righteous" and "Righteousness." 더 최근 것으로는 다음을 보라. Benno Przybylski, *Righteousness in Matthew and His World of Thought* (New York: Cambridge University Press, 1980).

태 동사로 '의롭게 되었다'는[18] 것은 한 상태에서 다른 상태로 옮겨지

---

18. dik- 어근의 동사 형태를 영어로 번역할 때의 문제는 잘 알려져 있다. 최근에 나온 A. J. Mattill, Jr., "Translation of Words with the Stem Dik- in Romans," *Andrews University Seminary Studies* 9 (1971): 89-98을 보라. Kendrik Grobel이 'rightwisen'을 다시 살리기 위해 제안한 것(그의 *Bultmann Theology of the New Testament* [New York: Charles Scribner's Sons, 1951-1955]의 ET)은 관심을 끌지 못했다. 나는 명사나 형용사로부터 직접 동사를 만드는 영어의 기본적인 방법을 따르겠다. Hardy의 유명한 (형용사로부터) 'to small'을 주목하라.
나보다 훨씬 뛰어나시며 내가 대단히 존경하는 학자 한 분이 나에게, 만일 내가 이러한 무식한 주장을 계속 고집하면 나에 대한 자기의 생각이 바뀌게 될 것이라고 솔직하게 말했다. 그러나 나는 나의 입장을 계속 고집하고 있기에 그 이유를 설명하고 싶다. 나는 내가 왜 '빌려준다', '저술한다', '주석한다'는 것이 아무런 정당성이 없다는 데에 전적으로 동의한다. 영국 사람들이 나의 동료들과 함께, 그들 중 대부분이 지금 우리집 남쪽 지역에 살고 있는데, 이들이 나의 이러한 주장은 무식한 주장이라고 간주하는 것은 전적으로 옳다. 그러나 '의롭게 하다'(to righteous)와 '믿다'(to faith)는 다른 문제다. 예를 들어, 갈 3:6-8에서 6절에 있는 *dikaiosynē*가 '의'(righteousness)로 번역되고 8절에 있는 *dikaioun*이 '의로 정한다'(justify)로 번역된 것은 갈 3:6-8에서 바울이 말하고자 하는 분위기나 요점이 영어에서는 완전히 사라지게 만들었다. 여기서의 논증은 3:8에 있는 동사가 3:6의 성경 인용에 나타나는 명사와 같다는 사실에 달려있다. 바울은 자신의 주장을 증명하기 위해 성경을 인용하고 있으며 그의 논증은 그 성격상 술어적인 것이다.
그러한 본문은 매우 많다. 이 문제를 표준적인 영어 번역들을 통해 해결하려는 방법들은 성공을 거두지 못했다. 그것은 (결코 말장난 하려는 의도가 아니며) 좀 야비하게 보일지 모르지만, 나의 주장을 변명하기 위한 변명 중 하나다.
신교설(neologism)에 대한 두 번째 이유가 있는데 내가 보기에 이 두 번째 이유가 더욱 두드러진다. 그 동사는 대부분의 일반적인 문맥에서도 논쟁의 여지가 있지만, 특별히 수동태의 형태에서, 의미가 다양하게 변하고 있다. 그러나 '*dikaioun*'이라는 단어는 바울이 사용하는 단어들 중에서 아주 중요하기 때문에 그 단어가 다양한 의미로 번역되는 것을 무시하고 지나쳐 버

는 것을 논의할 때에 사용되었지만 새로운 상태를 계속 유지하는 것을 논의할 때에는 자주 나타나지 않는다.[19] 바울은 그리스도인의 합당한 태도를 묘사하면서 성경에 있는 순수한 성경 언어를 종종 사용

릴 수 없다. RSV는 '*dikaioun*'의 수동태를 롬 6:7에서는 '자유했다'〔freed〕로 번역〔한글개역성경에서는 '의롭다 하심을 얻었다'로 번역하고 있음. ⓣ〕했고, 고전 6:11에서는 그 의미가 '용서를 받았다'〔forgiven〕 혹은 '깨끗하게 되었다'〔purified: 한글개역성경에서는 '의롭다하심을 얻었느니라'로 번역하고 있음. ⓣ〕로 나타나고 있으며, 고전 4:4에서는 '죄가 없어졌다'〔acquitted〕〔한글개역성경에서는 '의롭다함을 얻지 못하노라'로 번역되어 있음. ⓣ〕로, 롬 2:13에서는 '무죄하다고 판명될 것이다'〔will be found innocent: 한글개역성경에서는 '의롭다 하심을 얻으리니'로 번역되어 있음. ⓣ〕로 나타나고 있다. 지금 우리가 다루고 있는 주제에 가장 중요한 구절인 '율법으로서가 아니라 믿음으로 의롭게 된다'는 구절의 정확한 의미가 무엇인가 하는 문제는 아직도 논쟁중에 있다. 이 단어가 다른 곳에서와 같이(몇 개의 예외를 제외하고) 그리스도인의 삶으로 이전한 것을 의미한다는 것은 분명하지만 그것이 의미하는 바가 정확히 무엇인지는 결정하기 어렵다. '의가 되었다'〔be made righteous〕라는 문장이 그 의미를 더 잘 나타내는 것인지 아니면 '의롭게 되었다'〔be justified〕라는 것이 그 의미를 더 잘 나타내는 것인지 하는 문제는 기본적인 논쟁이다. 각각의 번역에 대해 설득력 있는 반론들이 있다. 그러므로 그 두 개의 딜레마 중에서 어느 한쪽을 섣불리 택해서는 안 된다. 그러나 바울이 그 단어를 법정에서와는 다른 의미로 사용했는가에 하는 문제가 제기될 것을 생각해서, 나는 '의롭게 되었다'〔justified〕는 것은 일반적인 영어 동사로서 대부분의 사람들은 그 단어를 '무죄하다고 선언 혹은 판명되다'는 의미로 사용한다는 점을 언급하고자 한다.

19. *PPJ*, 470-72; 518 n. 5; 544f. 롬 5:19에 있는 복수 형용사 *dikaioi*는 예외가 아니다. '많은 사람이 의인이 되리라'(many will be made righteous; *dikaioi katastathēsontai hoi polloi*)는 바울이 '많은 사람이 의롭게 되리라'(many will be righteoused; *dikaiōthēsontai hoi polloi*)고 말하는 것과 동일한 의미를 가지고 있다.

하며,[20] 또한 그런 행동을 성령 안에서 살아가는 것의 '열매'로 이야기한다.[21] 이런 문맥 속에서 지금 우리의 목적에 가장 두드러지는 것은 바울이 이를 설명하면서 율법에 따라 살아간다는 용어를 사용할 수도 있다는 사실이다.

들어가서 머문다는 기본틀과 그로 인해 나타나는 행동의 결과들을 설명하기 위해 도표와 몇 가지 목록을 작성하는 것이 이해하기에 도움이 될 것이다. 도표와 목록을 작성하는 것은 기본적인 구조와 술어의 다양성을 동시에 보여주기 위함이다. 나는 구조를 도표로 나타내는 것이 도움이 될 수도 있지만 동시에 위험할 수도 있음을 알고 있다. 복잡한 생각을 단순한 도표로 환원시킴으로써 쉽게 이해하려는 경향이 생길 수도 있다. 그러나 명확한 이해를 위해 그러한 위험을 감수하겠다. 그러나 나는 도표에 나타난 모든 용어와 목록들이 단순한 동의어라고 생각하지 않으며, 바울이 생각한 모든 것이 그 구조 내지 구조를 설명하는 도표들로 다 환원되고 다 포함될 수 있다고 생각하지도 않는다는 점을 강조하고 싶다. 그러나 나는 이 도표와 목록들이 그리스도인이 되고 그리스도인으로 살아가는 것에 대한 바울의 몇 가지 기본적인 확신들을 설명하고 있으며 바울의 다양한 표현들 저변에 깔려 있는 일관성을 보여주는 데에 도움이 될 것이라 생각

---

20. *PPJ*, 450-53. "The Concept of Purity at Qumran and in the Letters of Paul" (Ph. D. diss.; Hamilton, Ontario: McMaster University, 1980)에서 Michael Newton의 충분히 분석해 놓은 것을 참고하라.
21. 갈 5:22; 참조. 빌 1:11.

한다.[22] //7//

이 도표는 기본적으로 두 가지 요소로 구성되어 있다. 한 상태에서 다른 상태로 옮겨감(굵은 화살표)과 각 상태에서의 행동과 그 결과들(가는 화살표)이다. 도표는 그 뒤에 첨부된 목록과 함께 살펴보아야 한다. 첫 번째 목록은 상태의 옮겨감을 의미하는 용어가 나타나는 본문을 제시하고 있으며 두 번째 목록은 행동을 나타내는 용어가 사용된 곳을 보여준다. 이 두 목록이 성경에 나타난 모든 경우를 보여주는 것은 아니다.

도표를 통해 설명하고 있는 구조는 다음과 같다. 인간은 죄의 상태에서 출발한다. 그들은 '죄 안에' 있으며 '죄인들'이다. 그리스도 안에서 행하신 하나님의 사역으로 인해 사람들은 구원받은 자들의 단체로 들어가게 된다. 구원받은 자들의 단체로 옮겨가지 아니하는 자들은 멸망받게 된다. 옮겨진 사람들은 일정한 방식에 따라 살아야 한다. 구원받은 단체로 옮겨진 후에 범죄하는 사람들의 경우 다양한 가능성이 있다: 죄에 대한 처벌을 받고 구원을 얻을 수도 있고, 잘못된 방식을 고치고 구원을 받을 수도 있고, 잘못된 방식을 고치기를 거부

---

22. Xavier Léon-Dufour ("Jugement de l'homme et jugement de Dieu. 1 Co 4, 1–5 dans le cadre de 3, 18–4, 5," in *Paola a una Chiesa Divisa [1 Co 1–4]* [Rome: Abbazia di S. Paolo, 1980], 137–75)는 바울의 사상을 설명하기 위해 아주 흥미 있는 도표를 제공하고 있다(152). 그 도표는 서로 일치하는 점들도 있지만 서로 다른 목적을 위해 만들어진 것이므로 도표들 간에 서로 맞지 않는 것이 있다. 그러나 Léon-Dufour 교수의 논문과 도표에 관한 연구는 어떤 도표든지 도표는 사상의 하나의 측면만을 나타낸다는 사실을 깨닫게 한다는 점에서는 유익하다.

함으로 인해 구원받은 단체에서 제외될 수도 있다.[23] //8//

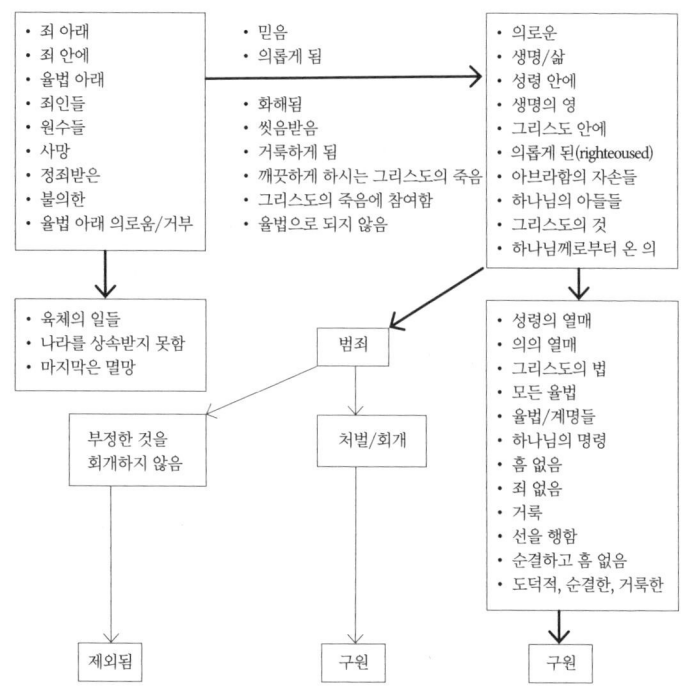

---

23. 한 상태에서 다른 상태로 '옮겨감'에 대한 바울의 사상을 도표로 나타낼 때 도표로 나타낼 수 없는 복잡한 것 두 가지가 있다. (1) 왼쪽에서 오른쪽으로 가는 화살표는 논리적인 순서를 보여주고 있다. 나는 다른 곳에서(*PPJ*, 442-47) 구조적으로 그 문제보다 바울의 해결이 선행되었다는 것을 논증했다. (2) J. Louis Martyn 교수는 나에게 '옮겨감'이라는 용어는 바울이 상태의 이동을 전적으로 의지적인 것으로 보았다고 간주할 우려가 있다고 했다. 그러나 실제로 바울은 이동을 사람에게 일어나는 것으로 생각했다. 이것은 아주 복잡한 문제이다. 나는 Martyn 교수의 견해를 일부분 인정한다. 그러나 하나님과 인간에 대한 바울의 이러한 견해를 명확히 나타내기 위해 도표를 바꿀 마음은 없다. 그 도표는 무엇이 일어났으며, 물론 '은혜로 인해' 되었다고 바울이 말할 때 그가 무엇을 생각했는지를 보여주며, 인간의 결심에 무엇이 포함되어 있는지를 보여준다.

옮겨감을 나타내는 술어

죄인들	그리스도의 죽음에 의해 의롭게 됨		롬 5:8-10
원수들	그리스도의 죽음에 의해 화목하게 됨		롬 5:8-10
정죄됨	그리스도의 죽음	면제됨(dikaiōsis)/생명	롬 5:18
죄인들	그리스도의 죽음	의롭게 됨(dikaioi)	롬 5:19
죄 안에	그리스도와 함께 죽음	생명	롬 6:4
죄 안에	그리스도의 죽음에 참여함으로 의롭게 됨	생명	롬 6:7
율법/육체에 노예가 됨	그리스도와 함께 죽음	영의 새로운 삶	롬 7:4-6
정죄/죄/죽음	그리스도의 죽음	그리스도안에 결코 정죄함 없음	롬 8:1f.
불의한	씻음받음 의롭게 됨, [세례로] 거룩하게 됨	[의로운]	고전 6:9-11
유대인이나 이방인(죄인들)	믿음으로	의롭게 됨	갈 2:16
	믿음으로	영	갈 3:2, 14
	믿음으로	아브라함의 자손들	갈 3:7, 14
	율법으로 X	의/삶	갈 3:21
	믿음을 통해서	하나님의 자녀들	갈 3:26
율법 아래 의 /거부	믿음/고난을 나눔	그 안에서/ 하나님께로부터 의로움	빌 3:6-11

//9//

행동과 결과를 나타내는 술어

육체의 일들	갈 5:19; 참조. 고전 5:9f; 6:9f.
나라를 상속받지 못함	갈 5:21; 고전 6:9
마지막은 멸망	빌 3:19; 참조. 고후 4:3; 11:15.
성령의 열매	갈 5:22
의의 열매	빌 1:11
율법의 정당한 요구	롬 8:4
그리스도의 법	갈 6:2; 참조. 고전 9:21
모든 율법	갈 5:14
율법/계명들	롬 13:8-10
하나님의 명령들	고전 7:19
흠 없음	살전 3:13; 참조. 5:23; 빌 2:15f.
죄 없음	고전 1:8
거룩한	고전 7:34; 참조. 고후 7:1
선을 행함	갈 6:9
순결하고 흠없음	빌 1:9-11
도덕적, 순결, 거룩	살전 4:3-7

(그리스도인의)

범죄 ⇨ 처벌 ⇨ 구원	고전 3:12-15 (참조. 4:4-5); 5:1-5; 11:30-32; 참조. 고후 5:10
범죄 ⇨ 회개 ⇨ 구원	고후 7:9-10
회개하지 않음 ⇨ 제외됨	고전 5:11-13; 고후 12:21 //10//

dik- 어근을 가진 단어의 쓰임에 특별히 관심을 기울여야 한다. 수동태 동사는 이동하는 행동을 나타내기 위해 사용되었으며, 따라서 '옮겨감을 나타내는 술어' 표의 왼쪽 두 번째 열에서 '믿음'과 '그리스도와 함께 죽음'이 함께 나타난다. 이러한 차원에서 [*dik-* 어근을 가진 단어는] 두 가지 구별되는 용법이 있다. 곧, 구체적인 죄로부터 의롭게 되는 것(고전 6:9-11)과 죄(의 권세)로부터 의롭게 되는 것(롬 6:7)이 그것이다. 더 말할 필요는 없겠지만 바울에게 이 두 가지는 함께 진행된다. 죄 안에 있는 사람은 죄를 범한다. 그리고 그리스도 안에 있는 사람은 하나님께서 죄를 씻어 주시고 죄로부터 자유하게 하신다.[24] *dik-* 어근을 가진 세 개의 단어가 '삶'과 '성령 안에서'라는 표현과 함께 죄로부터 옮겨진 사람들의 상태를 나타내기 위해 사용된다: *dikaiōsis* (롬 5:18), *dikaios* (롬 5:19), *dikaiosynē* (갈 3:21; 빌 3:9). 다시 말하지만, 이 세 용어가 모두 엄밀하게 똑같은 의미를 가지고 있는 것은 아니다. 의로운 [*Dikaios*] 사람은 올바른 사람이며 죄를 범하지 않는다. 깨끗하게 되었기 때문에 더 이상 이전의 범죄들로 인한 부담을 지지 않는다. 따라서 그는 용서받고 면제받았으므로 의롭다 [*dikaiōsis*]. 그리

---

24. 다음을 언급해 둘 필요가 있다. Brendan Byrne (*"Sons of God"—"Seed of Abraham"* [Rome: Biblical Institute Press, 1979], 231)는 나의 입장에 반대하기 위해 바울이 "그리스도께서 우리를 위하여 죽으셨을 뿐 아니라 우리가 그와 함께 죽는 것을 허락하셨다"는 개념에 대해 '본질적인 통일'을 가지고 있었다고 주장한다. 그런데 그것은 바로 내가 주장하는 바다(*PPJ*, 463-68; 487; 498f.; 502f.; 그리고 특히 507). 그러나 그러한 주장이 Byrne이 의도하는 것처럼 회개/용서의 구조가 바울의 중심이라는 주장을 증명하지는 않는다.

스도의 고난에 참여한 사람은 하나님께로부터 난 의(*dikaiosynē ek theou*)를 가지고 있다고 할 수 있는데 이는 '그리스도 안'에 있는 것과 같다. 이를 살펴본 이유는 *dik*- 어근의 중요성을 강조함과 동시에 논리 정연한 구조(a coherent framework) 내에서 유동적인 사용 방식과 정확한 의미 변화가 가지는 중요성을 강조하기 위함이다.

나는 앞의 도표가 바울이 *nomos*라는 용어를 최소한 두 개의 서로 다른 문맥에서 사용하고 있음을 분명히 보여줄 것이라 기대한다. 하나는 사람이 어떻게 (율법의 행위가 아니라) '들어가는가'를 논의하는 문맥에서 사용하고 있으며, 다른 하나는 그 '안에 있는' 사람이 어떻게 (율법을 지키면서) 행동하는가를 논의하는 문맥에서 사용하고 있다. 이렇게 우리는 이미 중요한 결론들 중 하나를 얻었다. 바울이 율법에 대해 무엇을 말하고 있는지는 제기된 질문에 따라 결정된다는 것이다. 율법에 대한 바울의 진술에는 '긍정적인' 진술들과 함께 '부정적인' 진술들이 있으며 이에 대해 다양한 해석이 있다는 것은 이미 앞에서 살펴보았다. 중요한 것들은 제2장 말미에서 답할 것이다. 여기서는 단지 어떤 **문제**가 제기되었는지를 한정하는 것에서부터 나온 설명과 바울이 의식적으로 염두에 두었다는 **의미 구별**에 근거한 설명 (예, 외적인 규범으로서 법적으로 시행되는 율법과 사랑이라는 윤리적인 원리로서 율법)이 서로 다르다는 것만을 지적하겠다.[25]

---

25. Ernest deWitt Burton은 바울이 율법을 서로 다르게 말한 것들에 대해, 바울 자신이 마음속에 지니고 있었던 서로 다른 정의에 근거했다는 식의 독특한 설명을 했다. *The Epistle to the Galatians* (Edinburgh: T. & T. Clark, 1921), 447-60, 특히 451을 보라. 필요하다면 각주 26과 이 책 83-86을 보라.

아주 중요하고 눈에 두드러지는 문맥들로부터 시작해서 다른 여러 문맥들을 살펴보고자 할 때, 이에 적절하게 부합되는 문맥이 몇 개 있다. 바울이 사용한 율법이라는 단어에 응답하려고 할 때 나타나는 네 가지 중요한 질문이 있는데 앞으로 그것들을 하나씩 살펴보도록 하겠다. 주요 문맥을 논할 때 바울의 *nomos*의 일부 표현, 특히 *nomos*라는 단어가 "원칙/원리"(principle)를 의미하는 것으로 나타나는 경우는 논의에서 제외시키도록 하겠다.26 //17//

---

26. 롬 3:27; 7:21, 23; 8:2("생명의 성령의 법"이라는 구절). 최근에 어떤 사람들은 "믿음의 *nomos*"(8:2)과 "생명의 성령의 *nomos*"(8:2)은 신자들이 생각하고 신자들이 대면하는 성경적인 율법을 의미한다고 주장했다. 이로써 저들은 율법에 대한 바울의 부정적인 진술들과 긍정적인 진술들을 서로 연결시킬 수 있게 되었다―이 점에 대해서는 이 책 제3장에서 논의하겠다. 이런 방식의 논의에 대해 Heikki Räisänen이 "Das 'Gesetz des Glaubens' (Röm. 3:27) und das 'Gesetz des Geistes' (Röm. 8:2)," *NTS* 26 (1979): 101-17, G. Friedrich, E. Lohse, P. von der Osten-Sacken과 Hübner 등의 관점을 논의하면서 분명하게 대답했다. 이에 대해 Hübner는 *Das Gesetz bei Paulus* (Gottingen: Vandenhoeck & Ruprecht, 1980), 136f의 제2판 부록에서 Räisänen에 대해 대답했고, Räisänen도 (곧 출간될) *Paul and the Law*에서 다시 대답했다. 여기서 핵심적인 것은 이것이다. Hübner와 다른 사람들의 해석에 의하면 모세의 율법(믿음의 눈으로 보는)은 사람들로 하여금 자랑하지 못하게 하는 **수단**이 될 수 있었을 것이며(롬 3:27) 또한 (잘못된) 율법으로부터 자유하게 하는 **수단**도 되었을 것(롬 8:2)이다. 그러나 이것은 분명히 불가능하다. 그것은 그리스도의 죽음에 대한 바울의 견해를 무의미한 것으로 만드는 것이다. 그 두 경우에서 모두 율법은 구원하는 믿음의 **원리** 혹은 성령의 **원리**를 의미한다고 보아야 한다. 필요하면 이 책 92f.를 보라.

부언하면, 아주 최근까지 학자들은 롬 3:27과 다른 본문들에 있는 율법을 '규칙'이나 '규범'을 가리키는 것으로 이해했다. 예를 들면 Wolfgang Schrage, *Die konkreten Einzelgebote in der paulinischen Paränese* (Gutersloh: Gerd Mohn, 1961), 99.

제1장
율법은 입교 조건이 될 수 없다

이 첫 범주에 대해 매우 폭넓은 성경 주해 활동이 있었는데 흔히 들 이 범주를 바울이 율법에 관해 말하는 것 중 가장 특징적인 것으로 본다. 즉, 사람이 율법의 행위가 아니라 믿음으로 의롭다 함을 얻는다는 것이다. 학자들이 논쟁을 벌이는 과정에서 세 가지 중요한 문제가 나타났다. (1) 이 진술은 누구를 반박하는 것인가? (2) 왜 바울은 의가 율법으로 나지 않는다고 주장하는가? (3) 의가 율법으로 나지 않는다는 말과 심판이 행위를 기초로 한다(혹은 심판 때 율법을 행한 사람이 의롭다 함을 얻을 것이다)라는 진술(롬 2:13)은 어떤 관계가 있는가? 세 번째 문제는 다음 장에서 다룰 것이며, 여기서는 나머지 두 문제를 다룰 것이다.

첫 번째 질문에 있을 수 있는 대답은 아주 한정되어 있다. '사람이 율법의 행위로 의롭다 함을 얻는 것이 아니다'라는 진술은 구원에 대한 유대교의 이해, (유대인이나 이방인이나 상관없이) 바울의 그리스도인 반대자, 또는 둘 모두에 대한 것으로 이해할 수 있다. 두 번째 질문에 대해서는 논쟁이 좀 더 많고 대답의 폭도 넓다. 바울은 다음과 같은 이유로 이 견해를 택하고 또 자주 단언한다. 율법 전체를 행할 수 없기 때문에('양적' 대답); 율법을 행하는 것이 모순되기 때문에—하이키 레이제넨이 주목했듯 율법을 행하는 것이 율법을 행하지 않는 것보다 나쁘다('질적' 대답);[1] 바울의 배타주의적 구원론 때문에(오직 그리스도를 믿음으로 말미암아 구원을 얻으므로, 율법으로는 구원받지 못한다); 이방인 선교의 시급한 사정 때문에.[2] 물론 바울의 견해에 대한 이 설명들 가운데 몇 가지를 결합할 수 있다. 그리고 최근에 휘프너는 갈라디아서에서는 양적 해답이, 로마서에서는 질적 해답이 나타난다고 보았다.[3]

나는 각 문제와 그 문제에 따른 다양한 대답을 하나씩 다루어 평가하려 하지 않고, 중요한 구절을 논의하고 끝에서 결론을 내리려고 한다.

---

1. Bultmann의 글을 읽을 때, "우리는 율법에 대한 열심이 범법함보다 훨씬 손해를 끼치는 것이라는 인상을 받는다": Heikki Räisänen, "Legalism and Salvation by the Law," in *Die paulinische Literatur und Theologie* (Aarhus: Forlaget Aros, 1980), 68.
2. 여기서는 왜 바울이 '율법으로 나지 않는다'고 말했는지 밝히는 세 입장에 대해 별로 혹은 거의 관심을 기울이지 않을 것이다. (1) 율법이 메시아 시대와 더불어 끝난다는 것은 유대교의 대표적인 견해다(Schweitzer, Schoeps); (2) 롬 7장은, 바울이 율법 아래서 의를 발견하려다가 좌절하게 되었고 그래서 율법을 공공연히 비난했음을 보여준다(특별히 초기에 속하는 많은 학자들); (3) 바울은 일관된 총체성으로 율법을 보는 묵시론적 견해를 갖고 있고 그래서 율법을 완전히 거부한다(Wilckens). 이 입장에 관해서는 Sanders, *PPJ*, 478-80 그리고 각주를 보라. 우리는 두 번째 설명을 계속 전개하며 이 책 76f.와 각주 33에서 간략하게 다시 살필 것이다.
3. Hans Hübner, *Das Gesetz bei Paulus*, 2d. ed. (Göttingen: Vandenhoeck & Ruprecht, 1980).

갈라디아서 2-3장

먼저 우리는 갈라디아서에 나오는 '율법의 행위에서 난 것이 아니요'라는 표현을 살피자. 갈라디아서의 상황과 요지를 결정하는 것이 상대적으로 쉽고 바울이 율법을 어떻게 다루는지에 대해 아주 많은 것을 우리에게 말해 주기 때문에 다방면에서 접근하기 쉽다. //18// 갈라디아서에 나오는 율법에 관한 진술을 이해하기 위해서는 두 가지 요점을 분명히 해두어야 한다: (1) 갈라디아서의 주제는 추상적으로 파악할 때 인간이 심판 날 선한 행위로 의롭다는 선언을 받을 만큼 공로를 쌓을 수 있는가, 없는가 하는 것이 아니다. 그것은 이방인이 하나님의 백성에 들어가게 되는 조건과 결부되어 있다. (2) 입교 허락 조건(requirement for admission)에 관한 바울의 진술은 대개 성경에서 취한 것이며, 바울은 적수 관계에 있는 선교사들이 끌어들인 문제에 대답하고 있는 것이 거의 틀림없다. 이 두 요점 모두가 바울의 율법을 이해하는 데 중요하지만, 첫 번째 요점이 절대적으로 중요하다. 그렇지만 나는 두 요점 가운데 하나를 먼저 입증하려 하지 않는다. 주장이 전개되면서 그 증거가 드러날 것이다. 먼저 갈라디아서에 벌어진 상황을 간략하게 그려 보자. 다른 학자들과의 토론은 각주에 언급할 것이다.

선교사들은 어느 정도 성공을 거두면서 분명 바울의 이방인 개종자에게[4] 성경의 약속을 유업으로 받을 수 있으려면 성경의 율법을

---

4. Betz의 갈라디아서 주석에 대한 서평을 쓰면서 Davies는 이 개종자들이 이교

받아들여야 한다고 확신시키려는 중이었다. 이를 앞에서 사용한 용어로 표현하면 이렇다: '이방인 개종자들은 오직 할례를 받고 율법을 받아들인다는 조건에서 하나님의 백성에 속할 수 있다.' 이 선교사들이 쓴 말대로 하면 아브라함의 참된 후손이 되고 약속을 유업으로 받기를 원하는 사람이라면 아브라함처럼 행하고 할례를 받아야 했다 (창 17:9-14, 26f.).[5] 엄밀하게 말해 이 선교사들이 누군지는 아직 불확실하지만 이들의 입장은 바울이 갈 2:4에서 "거짓 형제"라고 부르는 사람들의 입장과 실질적으로 같은 것으로 보인다. 그래서 그들은 '극우' 유대 그리스도인(Jewish Christians)일 가능성이 높다.[6]

이방인이었다는 견해에 의의를 제기한다(W. D. Davies's review of Galatians by Hans Dieter Betz, *RSR* 7 [1981]: 312-14). 이 질문은 이 책 제2부에서 상세히 논의된다.

5. 대부분의 학자들은 반대 입장의 선교사들이 아브라함의 아들 됨과 같은 성경의 주제를 끌어들였다는 데 동의한다. 예컨대 다음을 보라. Jost Eckert, *Die urchristliche Verkündigung im Streit zwischen Paulus und seinen Gegnern nach dem Galaterbrief* (Regensburg: F. Pustet, 1971), 76, 105; Hübner, *Gesetz*, 17f. 몇몇 사람은 이를 의문시한다: Brendan Byrne, *"Sons of God"—"Seed of Abraham"* (Rome: Biblical Institute Press, 1979), 148f.

6. 대부분의 학자는 반대 입장의 선교사들이 그리스도인이라는 데 동의한다. 그들의 메시지를 "다른 복음"(갈 1:6)이라고 표현하는 바울의 서술과 자신의 반대자들이 그리스도의 십자가를 위하여 핍박받는 데서 피하려 한다고 하는 바울의 비난에 주목하라(6:12). 게다가 예루살렘에 있는 '거짓 형제'가 패배하고 자신이 베드로와 야고보와 의견이 같다는 점에 바울이 호소하는 것은, 이 논쟁이 기독교 내부의 논쟁일 경우에만 의미를 갖는다. 연구사에 대해서는, 다음을 보라. Heinrich Schlier, *Der Brief an die Galater*, 5th ed. (Göttingen: Vandenhoeck & Ruprecht, 1971), 19-24; Franz Mussner, *Der Galaterbrief* (Freiburg: Herder, 1974), 11-29 (여러 입장에 대한 간략한 요약 내용을 담았음); Hans Dieter Betz, *Galatians* (Philadelphia: Fortress Press 1979), 4-9;

그들의 입장은 전적으로 납득이 간다. 그리고 이 입장의 큰 장점

Eckert, *Verkündigung*, 1-18.

Munck는 튀빙엔 학파를 공격할 때 "갈라디아서에서 유대화한 반대자들은 이방인 그리스도인이다" 하는 견해를 자신의 주요 논지로 삼았다(Johannes Munck, *Paul and the Salvation of Mankind* (Atlanta: John Knox Press, 1977), 87f. 이를 뒷받침하는 중요한 증거는 6:13에 나오는 *hoi peritemnomenoi*라는 현재 분사다. 다음의 글도 마찬가지 견해를 택한다. H. J. Schoeps, *Paul* (Philadelphia: Westminster Press, 1961), 65; Peter Richardson, *Israel in the Apostolic Church* (New York: Cambridge University Press, 1969), 84-97. 참조. Pierre Bonnard, *L'Epitre de Saint Paul aux Galâtes*, 2d ed. (Neuch tel and Paris: Delachaux Niestl, 1972), 2-5, 13: 반대자들은 확실히 그리스도인이며 아마 기독교를 받아들이기 전에 유대교에 입문한 헬레니즘계 유대인 출신이거나 혹은 이전에 이교도였던 사람들일 것이다. George Howard, *Crisis in Galatia* [New York: Cambridge University Press, 1979], 17-19에서는 이 현재 분사를 충분히 설명하지만, 그래도 반대자가 아마 유대인 그리스도인일 것이라고 결론을 내린다. 대체적인 내용을 알려면 Howard의 책 1장을 보라. Howard는 바울이 이미 [교회의] '기둥'들과 의견이 같아지게 되었음을 그들이 몰랐을 것이라고 제안한다.

어떤 사람들은 반대 입장의 선교사들의 상황을 좀 더 정확하게 서술하려고 시도했다. 예컨대, Robert Jewett, "The Agitators and the Galatian Congregation," *NTS* 17 (1970-71): 198-212에서는 그들이 비기독교 유대인들로부터 "광신적인" 압력을 받아 행동하고 있다고 제안했다. 이 견해를 다음의 글이 받아들이는 것 같다. W. D. Davies, "Paul: Form the Semitic Point of View," *Cambridge History of Judaism II* (근간).

당면 목적에 중요한 것은 반대자들의 입장이지 그들의 정확한 정체가 아니다. 여기서 또 하나의 학문적 제안을 언급하지 않을 수 없다. 어떤 사람들은 바울이 갈라디아에서 '두 번째 전선'을 대면하고 있으며 5장은 방탕한 사람들에 대한 바울의 대응이라고 주장했다. 나는 바울이 3, 4장에서 율법을 부인하는 배경에 비추어 5장의 권고를 보는 다수 의견을 따른다. 갈라디아서의 마지막 두 장은 처음 넉 장과 동일한 논쟁적 상황을 전제한다. 5:14, 18, 23; 6:2에 나오는 율법에 대한 언급 구절을 주목하라. 이 모든 것에 대해서는 다음을 보라. Eckert, *Verkündigung*, 15-18 (문헌), 64-71 (대답), 149f.

은 성경이 분명 그런 입장을 지지한다는 데 있었다. 가장 강력한 구절은 창세기 17:9-14로, 여기서 하나님은 아브라함에게 그와 그 씨(sperma; 참조. 갈 3:16, 19)가 반드시 할례를 받을 것이며 할례받지 않은 남자는 누구든지 멸망할 것이라고 말씀하신다(참조. 바울의 대답, 갈 5:4). 바울을 반대하고 있던 선교사들은 갈라디아인들에게 사 56:6-8을 읽어 주었을 것이다. 이 구절은 하나님의 백성에 연합하는 '이방인'이 언약(할례)을 굳게 지키며 특별히 안식일을 지킬 것을 이야기한다. 그렇기 때문에 이를 반박하는 바울의 주장 가운데 대부분은 성경에 근거를 두고 있는 것이다(갈 3:1-5는 주목할 만한 예외다). 이는 바울이 반대자들의 근거로, 곧 성경으로[by Scripture] 저들을 반박하면서 성경의 계명들이 '하나님의 이스라엘'에 속하는 데 필요 또는 충분조건이 아님을 보여주기를 바랐기 때문이다.[7]

어떻게 해서 의견 차이가 생겼는지 추측하기는 쉽다. 많은 유대인과 우리가 알고 있는 견해를 택한 모든 유대인 그리스도인은 이방인이 메시아 시대에 하나님의 백성이 될 것이라고 기대했다.[8] 하지만

---

7. 갈라디아서를 쓴 이유와 목적 그리고 반대하는 선교사들의 입장에 관한 몇몇 논의에 대해서는 J. Louis Martyn에게 감사한다.
8. 여기서 '유대인 그리스도인'에는 바울이 포함된다. 유대교의 기대에 대해서는 J. Jeremias, *Jesus' Promise to the Nations* (Philadelphia: Fortress Press; London: SCM Press, 1982), 61. 또 하나의 유대교 견해가 검증되었음을 우리는 덧붙여 말해야 한다. 즉 이방인은 멸망당할 것이라는 견해다. 다음의 글도 마찬가지 견해임. 1QM; 희년서 22:20f. 그리고 그 밖의 글.

  많은 학자는 바울의 활동과 이방인 선교에 관한 바울의 견해가 갖고 있는 종말론적 정황을 강조해 왔다. 그래서 Schoeps도 같은 말을 한다(*Paul*, 219): "바울의 생애 내내, 동일한 선지자적 예언이 이 활동을 미는 추진력이

이들을 받아들이는 조건을 규정하는 '할라카'〔일종의 유대법. ⓒ〕는 없었다. //19// 마지막 날 이방인의 입교 혹은 순종을 보여주는 예언적 시(예. 시뷜라의 신탁 III. 772-75)는 대개 율법 세목을 보여주지 않는다.⁹ 하지만 종말이 가까웠다고 본 유대 그리스도인들은 실제적인 판단을 내

었다. 그 약속은 메시아 시대에 민족들이 이스라엘의 하나님을 경배하는 일에 이스라엘과 합류할 것이라는 것이다…."(습 3:9 인용). 특별히 Munck는 롬 9-11장에서 바울의 전통적 구도를 뒤집는 태도는 물론이고 이방인 선교의 종말론적 정황을 강조했다. Munck의 다음 글을 보라. *Christ and Israel* (Philadelphia: Fortress Press, 1967), 11f. (이사야 2:2-4와 미가 4:1-4을 인용함); *Paul*, 123, 255-58, 276f., 303-5. 또한 다음을 보라. Ernst Käsemann, *Commentary on Romans ET* (Grand Rapids: Wm. B. Eerdmans, 1980), 307, 312. 이를 뒷받침하는 중요한 증거는 롬 9-11장에서 나온다. 특별히 11:13-26에서 바울이 전통적 구도를 뒤집으려고 애를 쓰는 태도에서 나온다(그래서 이방인을 [구원에] 포함하는 것이 이스라엘의 충만한 구원에 선행한다. 또한 나중에 나오는 제2부를 보라.

    Drane은 우리가 알고 있는 모든 유대인 그리스도인이 이방인이 받아들여야 하는 조건에 관해서만 반대하면서 이방인 선교를 옹호했다고 하는 진술에 찬성하지 않는다. "가장 초창기 교회의 역사에 관한 그 어떤 설명에 근거를 둘지라도, 1세대 그리스도인에게 가장 까다로운 질문 가운데 하나는 기독교 신앙이 단순히 유대교의 한 분파이므로 자신들의 전파가 유대인에게 제한되어야 하는지 혹은 그 메시지가 이방인을 위해서도 의도된 것인지 규정해야 한다는 것이었다"(J. W. Drane, *Paul: Libertine or Legalist?* [London: SPCK, 1975], 24). Drane은 실제로 이 문제를 제기하는 마 10:5ff.를 염두에 둔다. 난점은 이 구절의 '삶의 정황'(*Sitz im Leben*)을 발견하는 데 있다. 좌우간 갈라디아서의 증거에 관한 한, 대안은 '유대교의 한 분파' 아니면 '이방인 선교'가 아니라, '율법을 요구하지 않는 이방인 선교' 아니면 '완전한 유대교 입교 조건을 요구하면서 하는 이방인 선교'이다.

9. 사 56:6-8은 '할라카'를 제시한다(할례와 안식일). 그러나 이 구절은 바울의 서신에 인용되지 않는다. 그리고 우리는 이 사실이 바울의 견해를 반박하여 사용되는지 사용되지 않는지를 알 수 없다.

려야 했다. 하나님의 백성이 되는 데 필요한 통상적 조건은 완전한 개종이었고,[10] 어떤 유대 그리스도인은 마지막 날에도 동일한 조건을 지켜야 한다고 분명히 생각했다.[11] 갈 2:4의 "거짓 형제"가 주장했고 바울이 공격했던 것은 바로 이 견해였다. 바울의 견해는 다른 극단에 있었다. 즉, 이방인은 모세의 율법을 받아들이라는 요구 조건이 없이 오직 그리스도를 믿는 믿음으로 하나님의 백성에 속하게 될 것이며 또 자신의 선교에 의하여 그들이 하나님의 백성에 속하게 될 것이라는 점이다. 나중에 우리는 바울이 그처럼 극단적인 반대 의견을 가졌

---

10. 여기서 우리는 1세기의 몇몇 유대인이 할례 없이 유대교 입교를 허용했는지의 문제를 논의할 필요가 없다. 이 점에 관해서는 최근에 나온 다음의 글을 보라. Neil J. McEleney, "Conversion, Circumcision and the Law," *NTS* 20 (1974): 319-41, 특히 328-33; Peder Borgen, "Observations on the Theme 'Paul and Philo': Paul's preaching of circumcision in Galatia (Gal. 5:11) and debates on circumcision in Philo," in *Die paulinische Literatur und Theologie* (Aarhus: Forlaget Aros, 1980), 88; Larry Schiffman, "At the Crossroads: Tannaitic Perspectives on the Jewish-Christian Schism," in *Jewish and Christian Self-Definition*, vol. 2, *Aspects of Judaism in the Graeco-Roman Period* (Philadelphia: Fortress Press; London: SCM Press, 1981), 127 그리고 342에 나오는 각주; Eckert, *Verkündigung*, 53-8. 갈라디아서에 나오는 경쟁 선교사들은 할례를 요구했다는 견해를 명백하게 취했다.
11. Munck는 달리 주장했다. (바울이 아닌) 유대인 그리스도인들은 이방인 선교를 반대하지 않았고(*Paul*, 119), "이방인을 교회에 들이는 규정에 관하여 생각하거나 그 규정을 기록하지 않았다." 그들은 "이스라엘의 개종 결과 이방인의 구원이 생길 것이라고" 추정했다(130; 참조. 255-58). 하지만 갈 2:3f.에서, 예루살렘 그리스도인들은 티투스가 예루살렘에 오게 되어 그 문제에 관심을 가질 수밖에 없었던 것이 분명하다(물론 그밖에는 그의 관심을 갖게 한 것이 없었다). 그리고 야고보가 사신들을 보냈다는 사실(갈 2:12)은 예루살렘에 있는 몇몇 사람은 이방인 선교의 결과에 관하여 생각하고 있었던 것을 보여준다. 물론 그들은 이방인 선교를 다른 사람들의 몫으로 돌려 놓았다.

는지 아닌지, 혹은 할례와 율법을 배제하고 믿음이라는 입교 조건을 혈통적 유대인에게는 어느 정도로 적용했는지 고찰해야 할 것이다. 그러나 갈라디아서에서 우리가 직면한 문제는 이방인의 입교 허락에 관한 것이다.[12] 베드로와 야고보는 이방인 문제에 관하여 바울과 기본적으로 의견이 같았던 것으로 보인다. 이방인을 데려오는 것은 베드로와 야고보의 사역이 아니었다. 하지만 바울이 유대교로 개종할 것을 요구하지 않고 선교한 것은 옳았다. 아마 베드로의 책임은 할례받은 자에게 복음 전하는 것으로 보인다. 그러므로 베드로가 바울의 선교 자체를 반대하지 않는 상태에서 토라를 지키지 않는다면 베드로의 선교 활동은 방해를 받을 수 있었다. 그래서 베드로는 안디옥에 있는 이방인 사이에서 몸을 사리게 되었다.[13]

갈라디아서에서 거명하거나 언급한 모든 분파가 그리스도인들이었다고 가정한다면, 바울을 반대한 선교사들이 '그리스도를 믿는 믿음'을 반박하지는 않았다고 가정해야 한다. 그리스도를 믿는 믿음은 기독교의 공통적 신조다.[14] 물론 분명 사람에 따라 이 표현이 달리 이해되기는 하지만 말이다.[15]

---

12. 참조. 이 책 제2부에 나오는 '제3의 족속'에 대한 논의.
13. 예컨대 다음을 보라. F. F. Bruce, *Paul: Apostle of the Heart Set Free* (Grand Rapids: Wm. B. Eerdmans, 1977), 176f.; Peter Richardson, "Pauline Inconsistency: 1 Corinthians 9:19-23 and Galatians 2:11-14," *NTS* 26 (1980): 347-62, 특히 348, 360f.
14. 이 요점은 다음의 책에서 잘 드러난다. Bultmann in *TDNT* 6:203-19. 참조. *PPJ*, 441 n. 54, 445.
15. 롬 10:9에 인용되어 있는 이 표현(*pisteuein hoti*)은 바울의 독특한 용례와 구별되어야 한다.

만일 상황에 대한 이런 서술이 전적으로 옳다면 우리는 바울의 주장에 대한 개략적 윤곽을 즉시 파악할 수 있다. 갈 3장의 주장은 유대교를 반대하는 것이 아니라 기독교의 선교사를 반대하는 것이다. 그리고 그것은 이방인이 일원이 되는 한 조건으로서 혹은 기본적 요구로서 율법을 받아들여야 한다는 견해에 반대하는 것이다.[16] 바울의 주장은 믿음 자체를 옹호하거나 행위 자체를 반대하는 것이 아니다. 이는 훨씬 구체적이다. 곧, 참으로 '아브라함의 자손'이 되기 위하여 모세의 율법을 지킬 것을 이방인에게 요구하는 입장에 반대한 것이다.[17]

---

16. Räisänen은 나의 이러한 주장과 의견이 거의 같은 한 논문("Legalism and Salvation by the Law")에서 왜 바울이 오직 율법을 무너뜨리기 위해서 율법을 구원의 한 수단으로서 세우는가 하는 아주 흥미로운 문제를 제기한다(77). 바울의 대답은 바울의 역사를 이루는 한 부분에 대한 확실한 설명을 준다(78-82). 하지만 나는 이 문제를 달리 제기하려 한다. 어느 편도 충분한 **공로**를 낳는다는 의미에서 율법을 하나의 가능한 구원 수단으로 보지 않는다. 바울의 반대자들은 성경의 약속에 들어가려면 성경의 조건을 받아들여야 한다는 대표적인 유대교 견해를 택한다. 구원을 얻는 것으로서가 아니라 구원의 조건으로서 율법을 행하는 것에 대해서는, *PPJ*의 주제 색인에서 "obedience" 항목을 보라.
17. 참조. Lloyd Gaston, "Paul and the Torah," in *Anti-Semitism and the Foundations of Christianity* (New York: Paulist Press, 1979), 56: "바울의 율법 이해에 대하여 끝없는 논의에서 1세기 유대인이 율법을 이방인과 **관련된 것으로서 생각했는지** 묻는 사람이 거의 없는 점은 주목할 만한다." 하지만 그런 말을 한 후에 Gaston은, '세계의 민족들 가운데 의인', 노아의 계명 등 랍비의 개념들을 논의한다. 여전히 우리는 훨씬 정확하게 말해야 한다. 롬 2:14에 '의로운 이방인'에 대한 질문이 나오지만, 이방인이 **율법 자체의 표준에 의하여** 의롭게 되려면 율법 가운데 얼마를 지켜야 하는가의 질문은 갈라디아서의 가장 중요한 질문이 아니다(바로 이어서 논의하는 3:10과 5:3을 보라). 이

우리는 은혜와 공로라는 신학적 쟁점에 대하여 너무 민감하기에, 종종 그 논쟁의 실제적인 주제를 보지 못하곤 했다. 많은 학자들은 반대 입장의 선교사들을 유대 그리스도인으로 보면서도 갈 3장을 유대교(Judaism)에 대한 바울의 반박으로 여겼다.[18] 그러나 여기서 유대

---

18. 혹은 '바리새인의 구원론'에 대한 반박이다. 예컨대 다음을 보라. Betz, *Galatians*, (2:16에 대한) 116; (3:12에 대한) 146에서는 수정됨: "일반적인 유대교에 반대할 뿐만 아니라, 반(反)바울적인 대립에 의하여 생긴 갈라디아인의 기대에도 반대한다." Hübner는, 이 주장은 바울이 이해한 유대교에 반대하며 바울이 유대교를 오해했을 가능성을 열어 놓는다고 주장한다(예컨대 다음을 보라. "Identitätsverlust und paulinische Theologie," *KuD* 24 [1978]: 183). 이 주장이 유대교에 관한 것이 아니라면 그 구분은 부적절하다. 유대인을 반대하는 내용으로서 갈라디아서를 다룬 것을 알려면, 다음을 또한 보라. G. Wagner, "Pour comprendre l'apôtre Paul," *Lumière et Vie* 27 (1978): 5-20; Ferdinand Hahn, "Das Gesetzesverständnis im Römer und Galaterbrief," *ZNW* 67 (1976-77): 51f. Hahn은 로마서에서 나오는 율법의 여러 측면에 대한 탁월한 논의를 따르면서, 갈라디아서는 거의 유대교만을 다룬다고 흥미 있게 말한다); Ulrich Luz, *Das Geschichtsverständnis des Paulus* (Munich: Chr. Kaiser, 1968), 219(갈라디아서는 유대교를 대면하여 기록한 최초의 서신이다). 비교적 최근의 연구 가운데 Herman Ridderbos의 연구는 갈라디아서를 쓴 이유와 문맥에 관하여 관심을 보이지 않는 점에서 주목할 만하다(*Paul: An Outline of His Theology* [Grand Rapids: Wm. B. Eerdmans, 1975]). 그는 바울이 유대교를 반대하여 율법을 논의한다고 절대적인 일관성을 가지고 주장한다. 131-143, 151, 170, 178을 보라. 이 책에는 갈라디아에서 바울의 반대자들이 취한 입장에 대한 연구가 없으며, 바울을 유대교의 율법주의적 행위 즉 공로 쌓는 행위에 의한 의, 구원 등을 공격하고 있는 사람으로 묘사한다(특히 131-53).

특별히 Franz Mussner는 갈라디아서에서 반대자들이 유대인 그리스도인이지 유대인이 아니라는 사실을 강조해 왔다. 그는 이 논의에 담긴 신학적 의미를 또한 본다. 다음의 글을 보라. *Der Galaterbrief*, 11-29; "Theologische

교의 성질과 특성을 고려하고 있지는 않다. 여기서 고찰하는 것은 어떻게 아브라함의 참 자손이 되는가, 즉 어떻게 하나님의 백성에 속하는가 하는 문제일 뿐이다. //20// 나는 갈 3장을 유대교에 대한 바울의 반박 주장으로 보는 이유가 이것이라고 믿는다. 갈 2장과 3장에서 믿음이나 행위에 의한 의에 대한 바울의 주장은 마치 개인이 하나님 앞에서 하나님의 호의를 입을 만한 대차대조표를 제시하기에 충분한 선한 행위를 함으로써 구원받을 수 없다고 주장하고 있는 것처럼 보인다.[19] 이와 같은 입장을 취하는 것이 유대교의 특징으로 여겨져 바울의 주장이 유대교에 반하는 것으로 받아들여진다. 그러나 유대교 자료를 연구하면 그런 입장이 드러나지 않는다. 더군다나 그것은 어떤 경우에도 바울의 주장이 아니다. 개인이 심판 때 의롭다는 선언을 받으려면 하나님 앞에 얼마나 많은 선행을 제시해야 하는가는 문제가 아니다. 다시 반복하지만, 바울이 당면한 문제는 바울의 개종자들이 하나님의 백성에 속하려면 또는 참된 일원으로 간주되려면 유대교 율법을 받아들여야 하는가에 관한 것이다.

'입교'에 관한 논쟁에 초점을 둔다는 것은 (아브라함의 후손이 되는 데,

'Widergutmachung.' Am Beispiel der Auslegung des Galaterbriefes," *Freiburger Rundbrief* 26 (1974): 7-11. Richardson (*Israel*, 91)은 갈라디아서에 나오는 율법 논의가 율법을 공격하는 것이긴 하지만 기독교에 속한 반대자도 공격한다고 지적한다(Richardson은 반대자들을 이방인 그리스도인으로 본다): "이는 혈통으로 그 [율법의 ⓣ] 덮개 아래 있는 자들에 반대하는 논쟁이 아니다."

19. 나중에 논의되는 Hübner의 견해를 주목하라. 참조. Betz, *Galatians*, 117; 앞의 각주에 인용된 Ridderbos의 글.

의롭다 함을 얻는 데) 들어가기 위해 오직 믿음만 필요하다는 요구 조건이 하나님의 백성의 계속되는 삶에는 그다지 중요하지 않고 일시적이라는 의미를 전할 의도가 없다. 어쨌거나 갈라디아서에 나오는 논쟁은 (하나님 백성의 ⓔ) 일원으로 간주되기 위해 꼭 필요한 것이라는 뜻에서 '입교'에 관한 논쟁이다.[20] 바울은 믿음이 구성원의 유일한 자

---

20. 다음의 글도 마찬가지 의견을 견지한다. Ulrich Wilckens, "Über Abfassungsweck und Aufbau des Römerbriefs," in *Rechtfertigung als Freiheit: Paulusstudien* (Neukirchen-Vluyn: Neukirchener Verlag, 1974), 132: 갈라디아서에서 반대자의 주장은, "이방인은 무엇보다도 하나님의 교회의 온전한 일원이 되는, 즉 이스라엘에 속하는 근본적인 전제를 달성해야 한다"는 것이다. 참조. W. D. Davies, "Paul and the People of Israel," *NTS* 24 (1977): 10: "심지어 *Galatians*에서 바울이 믿음으로 의롭다 하심의 교리를 아주 강력하게 제시할 때도 …, 그는 본질적으로 누가 하나님의 참백성을 구성하는지를 확고하게 수립하려는 데 관심을 갖고 있었다"; Betz의 갈라디아서 주석에 대한 서평에서 Davies는 같은 견해를 갖고 있다(317): "Paul: From the Semitic Point of View": 믿음으로 의롭다 하심의 교리는 물론이고, 율법에 관한 분투는 "누가 하나님의 백성 곧 '이스라엘'을 형성하는가에 관한 핵심 문제"와 상관있다.
Robert Gundry는 1981년 12월 미국 성서학회(Society of Biblical Literature) 모임에 제출한 논문에서, 바울의 관점에서 보자면 갈라디아서의 문제는 어떻게 안에 머무르는가(stays in) 하는 것이지 어떻게 들어가는가(gets in) 하는 것이 아니라고 주장했다. 어떤 의미에서 이는 전적으로 옳다. 율법을 받아들이는 자는 그리스도에게서 끊어질 것이다(갈 5:4). 그러나 그렇다고 해서, 이 주장이 입회조건(membership requirement)에 관한 것이라는 사실은 변하지 않는다. 즉 어떻게 의롭다 함을 받는가 혹은 어떻게 아브라함의 참된 후손이 되는가 하는 것에 관한 것이다. 바울은, 갈라디아의 그리스도인들이 이미 그 지위를 갖고 있고 참으로 '안에' 있기 위하여 할례로 대표되는 율법을 받아들여서는 안 된다고 주장한다. 그리스도를 믿는 믿음을 제쳐두고 다른 구성원 자격 조건을 받아들이는 것은 바울이 보기에 참으로 중요한 한 조건을 거부하는 것을 뜻한다.

격 조건이라고 주장한다. 아마 그의 반대자들은 할례와 모세 율법의 수용을 또한 요구했을 것이다. 앞으로 더욱 충분하게 살펴보겠지만, 바울의 견해에서 율법을 행하는 것 자체가 잘못은 아니다. 어떤 관점에서 할례는 해도 되고 안 해도 되는 문제다(갈 6:15). 하지만 할례를 구성원의 필수 자격 조건으로 만들 때는 전적으로 잘못이다.

이 논쟁은 입교 허락 의식으로서 할례를 중심으로 이루어지지만, 거기에는 음식이나 "날들"과 같은 율법의 다른 측면(갈 2:11-14; 4:10)도 포함된다. 그래서 바울의 반대자들은 하나님 백성으로 개종한 이방인들이 할례를 받고 나머지 율법의 부분들을 수용해야 한다는 입장을 취한 것 같다. 다시 말하지만 이는 전적으로 납득할 만하다(이 입장을 이해하는 데 갈 5:3의 중요성은 나중에 살필 것이다). 마찬가지로 바울의 주장의 이유는 직접적으로 드러나지는 않지만 그 입장은 명료하다. 곧, 이방인은 하나님의 백성에 속하기 위해 모세 율법을 받아들일 필요가 없다. 이것은 이렇게 납득할 만하면서도 대단히 중요한 논쟁이라 하겠다.

이 일반적인 관찰을 통해 무엇이 문제였고 바울의 반대자들이 택한 주요한 입장은 무엇이었는지 충분히 명료해졌기를 바란다. 이제 이방인은 모세의 율법을 받아들여서는 안 된다고 바울이 주장한 **이유**에 관한 질문에 접근하기 위해 갈 3:10-12을 더욱 자세히 분석하고자 한다. 율법을 만족할 만큼 이룰 수 없으므로 바울이 율법에 반대했다는 주장은 일차적으로 이 구절(특히 5:3과 결합하여)에 근거하고

있다.21 //21//

"모든 사람"이라는 낱말이 갈 3:10에서 인용된 신 27:26에 나오는 것은 분명하다. 그런데도 바울의 주장에 담긴 요지가 율법을 다 행할 수 없으므로 율법을 받아들여서는 안 된다는 것인지 우리는 질문할 수 있다.22 나는 이 견해에 반대되는 세 가지 고찰을 제시하고자

---

21. 나는 전에 다음의 글에서 갈 3:10-12을 논의했다. "On the Question of Fulfilling the Law in Paul and Rabbinic Judaism," in *Donum Gentilicium: New Testament Studies in Honour of David Daube* (Oxford: At the Clarendon Press, 1978), 103-26. 현재 논의는 거기서 취한 견해를 다소 수정하고 이해하기 쉽도록 내용을 늘인 것이다. 또한 이는 성경 주해 상 갈라디아서와 로마서를 결합하는 것보다 이 논의를 갈라디아서에 국한하는 데 더 뚜렷하게 드러난다.

    지금 반박을 받고 있는 이 견해를 최근에 주장하는 중요한 대변가는 Hübner다. 다음을 보라. "Gal. 3, 10 und die Herkunft des Paulus," *KuD* 19 (1973): 215-31 (다음의 책에 논평되어 있음. *PPJ*, 138 n. 61); "Das Ganze und das eine Gesetz," *KuD* 21 (1975): 239-56; "Identitätsverlust"; *Gesetz*, 19f.; "Pauli Theologiae Proprium," *NTS* 26 (1980): 445-73. Hübner의 요점은, 갈 3장과 구체적으로 3:10이 인간 실존에 대한 이해에 반대하며 갈 3:10에 있는 '모든 사람'이 강조되고 있다는 것이다: 바울은 인간 실존이 업적의 양에 근거를 두고 있다는 견해를 반대한다.

22. Hübner 외에도 (율법 전부를 지킬 수 없으므로) 이 견해를 옹호하는 입장으로 최근에 나온 Mussner, *Galaterbrief*, 226을 인용할 수 있다. Georg Eichholz (*Die Theologie des Paulus im Umriss* [Neukirchen-Vluyn: Neukirchener Verlag, 1972], 247)도 '모든 사람'이라는 말을 강조한다. Bonnard (*Galâtes*, 67)는, 어떤 사람은 '모든 사람'을 어떤 사람은 '저주'를 강조한다고 지적한다. 그는 후자를 선호한다. 우리는 여기서 Ulrich Wlckens ("Was heißt bei Paulus: 'Aus Werken des Gesetzes wird kein Mensch gerecht?'" in *Rechtfertigung als Freiheit: Paulusstudien*, 77-109)의 입장을 비교할 수 있다. Wlckens는 갈 3:10-12의 주장이 다음과 같이 진행된다고 본다: 아무도 **모든** 율법을 행할 수 없다(10절); 그러므로 의는 더 이상 율법에서 나지 아니하고 믿음에서 난다

한다.

첫째로, 우리는 어떻게 바울이 갈 3장의 인용문을 선택했는지 고찰해야 한다. 바울의 논증은 용어와 관련이 있다. 이 논증은 이방인이 믿음으로 의롭다 함을 얻는다는 견해를 입증하는 증거 본문을 찾는 데 의존한다. 저 세 단어가 핵심적으로 중요한데, 바울은 아브라함의 이야기를 통해 '믿음으로 의롭다 함을 얻는 것'에 이방인을 연결시킬 수 있었다. 그래서 아브라함은 매개 용어로서 한 증거 본문에서는 이방인과 연결되고 다른 증거 본문에서는 믿음으로 얻는 의에 연결된다. 바울은 이런 논증 과정에서 *dik-* 어근이 *pistis*와 관련되어 있는 칠십인역 두 구절만 인용한다(창 15:6; 합 2:4). 합 2:4이 형용사 *dikaios* 대신에 *dikaioun*이라는 수동태를 사용했더라면 이는 바울의 주장에 분명 맞아떨어졌을 것이다. 그런데 바울은 *en nomōi oudeis dikaioutai* ("아무도 율법으로 말미암아 의롭게 되지 못한다")를 입증하기 위하여 *ho dikaios ek pisteōs zēsetai* ("의인은 믿음으로 살리라")를 택했다.[23] 그런데도

(11절); 모든 율법을 행하는 사람만이 율법으로 생명을 얻을 것이기 때문이다 (12절)(92). 그 다음에 '율법의 행위로 안 된다'는 원리가 죄인에게 적용된다; 그러나 모든 사람이 죄인이다; 그러므로 죄인(=모든 사람)은 그리스도를 믿는 믿음에 의해서만 의롭다 함을 얻을 수 있다(94). 참조. 84 (롬 1-3장, 7장); 97f. 롬 4:1-8); 101f. (롬 9:30-10:13); 103 (빌 3장); 그리고 결론: 율법의 행위로 인한 의를 불가능하게 만드는 것은 실제적인 죄다(104). 앞으로 보겠지만, 나는 이 모든 구절을 다르게 해석한다.

23. 갈 3:11에서 인용된 합 2:4의 구문은 여전히 논쟁되고 있다. 어떤 사람은 *ek pisteōs*가 *ho dikaios*보다는 *zēsetai*를 수식한다고 주장한다. 그러므로 예컨대 다음과 같은 견해가 있다. A. T. Hanson, *Studies in Paul's Technique and Theology* (London: SPCK, 1974), 41f.: *ek pisteōs* 구문은 3:12 '그에 의하여 산다'(한글개역성경, '그 가운데서 산다'로 되어 있음; 레 18:5의 인용문 ⓐ)

제1장 율법은 입교 조건이 될 수 없다   55

이 구절은 바울의 목적에 이바지한다. 이 구절은 의와 믿음을 연결한다. 둘을 아브라함과 연결시켜 이방인을 이 장면에 끌어들이는 인용문은 이방인의 복을 언급하는 아브라함 이야기의 첫 번째 부분인데, 바울은 이방인이 메시아 시대에 포함될 것이라는 뜻을 내보이기 위해 이 구절을 택했다. 갈 3:8의 인용문은 창 18:18에 근거를 두고 있으며 (혹자가 말하듯이) 12:3에 근거에 두고 있지 않다. 왜냐하면 바울의 주된 의도는 이방인을 포함시키려는 것인데 12:3에는 *ethnē*가 나오지 않기 때문이다.[24] 또 바울의 관점에서 보면 창 18:18에 *dikaioun* 동

에 의하여 확증된다. Hanson은 여기에 의도된 대립이 믿음으로 사는 것과 율법으로 사는 것의 대립으로 본다. 비슷한 견해로는, H. C. C. Cavallin, "'The Righteous Shall Live by Faith.' A Decisive Argument for the Traditional Interpretation," *ST* 32 (1978): 33-43이 있다.

의심의 여지 없이 바울은 사람이 율법으로 사는 것이 아니라 믿음으로 살아야 한다고 생각했다. 하지만 지금 구절에서, 엄밀하게 말해서 이 주장은 믿음으로 의롭게 되는 것과 율법으로 의롭게 되는 것을 대조한다. Hanson과 Cavallin의 견해에 따르면, 독자들은 합 2:4과 레 18:5의 의미에 대한 바울 자신의 해석적 지적을 건너뛰어야 한다. 가장 자연스러운 읽기는 바울 자신의 허두 '사람이 율법으로 의롭게 되지 않는다'가 합 2:4의 인용문과 정반대의 뜻이라고 이해하는 것이다. 갈 3:12에 나오는 레 18:5의 의미는 바로 아래서 논의된다.

24. 갈 3:8에 나오는 바울의 인용문은 *en soi*를 빼고는 창 18:18과 일치한다. 그 점에서 이 인용문은 창 12:3과 일치한다(18:18에는 *en autōi*가 있다). Barnabas Lindas (*New Testament Apologetic* [London: SCM Press, 1961], 225)는 다른 방식으로 강조한다: 이 인용문은 창 12:3에 근거를 두고 있지만 *ethnē*라는 용어는 18:18에서 온다. Lindas는 자기가 보기에 바울의 주장에 따르면 아브라함에게 하신 약속이 창 15:6 이전에 하신 것이어야 하므로 바울이 창 12:3을 염두에 두었을 것이라고 생각한다. 하지만 그것은 바울이 말하고자 하는 점이 아닐 것이다. 갈 3:8에 나오는 *pro*-동사는 '창 15:6 이전'을 뜻하기보다는 '복음의 현재 계시 이전'을 뜻한다.

사가 나오는 것이 더 나았을 것이다. 그러나 '복을 받는다'는 동사가 아주 적절히 이바지하면서 3:9에서 다시 쓰인다. 하지만 이 절은 '복을 받는다' 때문에 택한 것이 아니라 *ethnē* 때문에 택한 것이었다. 그래서 바울은 창 18:18을 인용하여, **이방인이** 아브라함 안에서 복을 받는다는 것을 '입증'한다. 반면 창 15:6은 아브라함이 **믿음으로 의롭다 함을** 받았던 것을 '입증'하기 위해 사용된다. 다시 말하지만 아브라함은 이 주장에 나오는 핵심 용어를 연결하는 고리다.[25]

이를 관찰한 이후에는 칠십인역의 신 27:26이 *nomos*와 '저주'가 연결되어 있는 유일한 구절이라는 사실에 주목해도 놀랍지 않다. "계명"(*entolai*; 신 28:15을 보라)을 지키지 않는 사람은 저주를 받을 것이라고 말하는 구절이 있지만 이는 바울의 주장에 적절하지 않다. 바울은 *nomos*가 저주를 가져다 준다고 말하는 구절을 원한다. 그래서 그 유일한 구절을 인용한다. 그래서 나는 갈 3:10의 요지가 *nomos*와 "저

우리는 창 22:8과 17:5, 6에서 "복"과 "이방인"이라는 용어가 아브라함과 연결되는 사실을 주목해야 한다. 아브라함은 많은 민족(*ethnē*, 이방인)의 아버지가 될 것이라고 한다. 창 18:18은 바울의 주장에 가장 잘 들어 맞는다.

25. 바울의 주장은 이 경우가 증거 본문에 의하여 확신하는 자들에게 이 사례를 입증한다. 나는 Betz처럼 (*Galatians*, 2) 바울의 주장이 미묘한 것에서 바울의 독자들이 받은 교육에 관하여 추론하는 태도에 주저한다. 바울은 자신의 교육과 자신의 반대자들의 교육에 따라 주장했을 것이며 독자들의 교육에 따라 주장하지 않았을 것이다. 그들은 바울이 얼마나 영민한지 알았는가? 어쨌든 우리가 넉넉히 추측하듯이 바울은 자신의 반대자들이 한 것과 마찬가지로 바리새파 진영에서 승인하는 방식으로 주장한 것이 거의 틀림없다. 증거 본문에 관해서는 다음을 보라. Ellis Rivkin, *A Hidden Revolution* (Nashville: Abingdon Press, 1978), 273f. 바울의 주장이 갖는 유대교적인 특성과 그 특성이 담고 있는 의미에 관해서는 이 책 182f.와 각주를 좀 더 충분히 살펴보라.

제1장 율법은 입교 조건이 될 수 없다   57

주받은"이라는 낱말에 담겨 있지 "모든 사람"에 담겨 있지 않다고 제안하는 바다.[26]

우리의 두 번째 고찰은 갈 3:10-12의 주장과 증거 본문의 관계를 어떻게 읽는지와 관련이 있다. //22// 바울이 뜻하는 바를 발견하기 위해 증거 본문이 말하는 바를 해석해야 한다고 보는 견해는 꽤 일반적이다.[27] 나는 바울이 자신의 말로 설명한 부분이 증거 본문의 의미에 대한 단서라고 생각한다. 즉, 3:10에서 바울은 율법을 받아들이는 자는 저주를 받는다는 뜻을 밝힌다.[28] 이 고찰은 다시 한번 강조점이 '모든 사람'에 있지 않다는 결론을 향한다.

셋째로 우리는 갈 3:8-14의 주장을 전체로 볼 때 3:10-12의 위치를 고려해야 한다. 3:8-14의 주장은 다음과 같이 진행된다. 주된 명제는 '하나님이 **믿음으로 이방인을 의롭다** 하신다'이며(3:8),[29] 이는 아브라함 안에서 이방인이 복을 받게 될 것이라고 말하는 창세기 18:18을 인용함으로써 입증된다. '복을 받는다'는 낱말은 자연스럽게 그 반대인 '저주받는다'에 이른다. 그러므로 3:10은 3:8의 긍정적 진술에 대

---

26. 동일한 주장이 *poiein*에 강조점이 있다는 Schlier의 견해(*Brief an die Galater*, 132)에 반대되게 적용된다.
27. 좋은 예에 대해서는 Hübner, "Proprium," 462을 보라.
28. 그러므로 다음도 같은 의견이다. Betz, *Galatians*, 144 ("그는 자신의 결론을 먼저 진술한다"; 그 뜻은 간단히 말해 "'복'(참조. 6:16)에서 내쫓기는 것이 '저주'와 동일하다는 것이다"); Schlier, *Der Brief an die Galater*, 132f. ("*Die Schriftstelle soll vielmehr nur bekräftigen, dass die Gesetzesleute unter dem Fluch stehen*"〔오히려 저자는 오직 율법을 행하는 자들이 저주 아래 있다는 것을 확증해야 한다〕).
29. 여기서 나는 3:6의 증거 본문과 전체 주장의 관계를 제쳐 놓았다.

한 부정적 증명을 선언한다.

신 27:26은 "율법의 행위에 속한 자들은 저주 아래 있다"(인용문의 뜻을 밝히는 바울 자신의 말)를 입증한다. 바울은 율법을 거론한 후에 합 2:4을 인용하는 이유를 입증하기 위하여 율법으로 말미암아 '아무도 의롭게 될 수 없다'는 말을 되풀이 한다(3:11). 그러나 믿음이 율법을 배제하는가? 그렇다: "율법은 믿음에 속하지 않는다." 이는 바울이 계명을 행해야 한다고 구체적으로 언급하는 레 18:18을 인용함으로써 입증하는 진술이다(3:12).[30] 갈 3:1-12을 한데 놓고 볼 때 이 구절은

---

30. 갈 3:12에 있는 레 18:5의 인용문이 가진 효과에 대해서는 의논이 분분하다. Hübner는 율법이 믿음에 의존하지 않는다는 것을 입증하기 위하여 바울이 이 구절을 사용한다는 나의 의견을 '재미 있는 변수'라고 본다("Proprium," 461). 그러나 실상 재미 있는 변수는 그 구절을 인용함으로써 입증하려 하는 것에 대한 바울 자신의 진술이다. Hübner의 해석에서 레 18:5은 신 27:26과 병행하고, 바울이 갈라디아서를 쓸 때 사람이 모든 율법을 행할 수 없으므로 실제로는 그렇지 않지만 이론적으로 '생명'이 '행함'에서 나올 수 있다고 생각했음을 보여준다. 바울은 이론적으로 그 점에 동의하기 위하여 레 18:5을 인용하지만, 그 이론이 실제로는 행할 수 없는 것임을 보여주기 위하여 신 27:26을 인용한다(Hübner, *Gesetz*, 19f.; "Proprium," 461f.). 나는, 우리가 각 인용문이 입증하는 바에 관하여 바울 자신이 하고자 하는 말의 뜻을 발견해야 한다고 거듭 말할 수밖에 없다. 바울은, 레 18:5이 '율법은 믿음에 의거하지 않는다'는 것을 입증한다고 말한다. Bonnard는 바울이 말하고자 하는 것은 '율법은 믿음과 공통적으로 갖고 있는 것이 없다'는 것이라고 올바로 지적한다(*Galâtes*, 68). 다음의 글도 같은 의견이다. Joseph Tyson, "'Works of Law' in Galatians," *JBL* 92 (1973): 428; F. F. Bruce, "The Curse of the Law," *Paul and Paulinism* (London: SPCK, 1982), 27-36, 이와 관해서는 특히 29.

Hübner 외에도 다른 학자들은 율법을 완전히 행하는 자는 살 것이라는 점에 바울이 동의한다고 이해한다: Lindars, *Apologetic*, 229; Byrne, "Sons of God," 152; Ridderbos, *Paul*, 134.

의가 믿음으로 말미암고 율법은 믿음으로 말미암지 않는다는 것을 주장한다. 사실상 이는 율법을 지킴이 의롭게 되는 조건이 아니라 믿음이 의롭게 되는 조건이라는 주장을 되풀이한 것이다.[31] 이 논증은 어떻게 하나님이 율법의 저주를 없애셨는지에 대한 설명으로 계속된다(3:13). 14절은 교차(chiastic) 형식으로 앞의 주장을 요약하여, 첫 번째 hina절("~하기 위하여")은 3:8의 긍정적 요점(이방인을 위한 아브라함의 복)을, 두 번째 절은 3:1-5의 긍정적 주장(성령을 믿음으로 받음)을 반복한다.[32] 결국 14절의 두 가지 긍정적 주장은 율법 지킴 요구(2:16에 선언되며 도처에 함축되어 있음)에 반대하는 더 큰 부정적 주장을 돕는다. 3:14에 요약된 내용은 3:1-13에 나오는 주장의 강조점이 어디에 있는지를 보여준다.

그래서 나는 3:10-14을 3:8에 부수적인 것으로 보며,[33] 또 바울이 자기 말로 진술하고 자기 논증에 나오는 여러 핵심 낱말을 담고 있는 증거 본문을 인용함으로써 입증하는 일련의 자기 주장으로 구성되

---

31. 갈 3:11f.에 대해서는 다음을 참고하라. Tyson, "'Works of Law' in Galatians," 428: "하박국의 인용문은 하나님이 믿음의 기초 위에 사람이 살도록 하심을 의도하신 것을 보여주고 레위기의 인용문은 율법이 그런 기초를 마련해 주지 못한다는 것을 분명히 드러낸다."
32. 참조. Eckert, *Verkündigung*, 79.
33. 이 구조에 대한 Betz의 분석은 약간 다르다. *Galatians*, 19에 나오는 개요를 보라. Betz는 3:8-9, 10, 11, 12, 13의 단언을 다섯 개의 연속되는 주장으로 본다. 반면에 나는 3:10-13을 3:8에 종속시키려 한다. 하지만 현재의 목적에 비추어 볼 때 그 차이는 그다지 중요하지 않다. 왜냐하면 우리는 3:10의 힘에 관하여 의견이 동일하기 때문이다. Hübner는 이 요점을 입증하기 위하여 말을 분석하지 않고서 3:10과 특별히 '모든 사람'이 이 주장에서 결정적으로 중요하다고 말한다("Proprium," 462).

어 있다고 본다.

이 세 가지 고찰들—증거 본문에 근거를 두어 **믿음으로 의롭다** 함을 얻는 **이방인**을 옹호하는 용어와 관련한 논증의 특색, 바울이 증거 본문을 택하면서 그 의미를 자기 입으로 말한 것, 10-13절이 8절에 종속된다는 사실—로 인해, 나는 이 논증의 요지와 요점이 율법을 다 행할 수 없으므로 율법을 받아들여서는 안 된다는 견해를 결정적으로 반박하고 있는 것으로 본다.[34] //23// 갈 3장에서 바울이 율법을 온전히 지킬 수 없기 **때문에, 그러므로** 의는 믿음으로 말미암는다는 견해를 취한다는 주장은 명백하게 잘못으로 보인다.[35]

만일 저 논증의 취지가 율법이 성취될 수 없다는 것이 아니라 하더라도 우리는 바울이 그 입장을 여전히 유지했는지 여부를 물어야 한다. 예를 들어, 이 주장은 보조적인 역할을 하고 있는가? 어떤 사람들은—전에는 나도 그들과 의견이 같았다—갈 3:10-11이 율법에 반대하는 두 주장을 담고 있다고 주장하려 했다: (1) 율법은 이룰 수 없다 (3:10에 언급되지 않았지만 전제되어 있음); (2) 율법을 지킬 수 있더라도 의는 오직 믿음에 의하여 온다. 이런 구도에서 강조점은 두 번째 주장

---

34. 다른 주장을 기초로 하지만 동일한 결론에 대해서는 Betz, *Galatians*, 145f.
    어떤 사람들은 여기서 바울이 율법을 그 자체로 받아들이는 것을 거부하지 않고 율법을 지키는 한 **방식**(manner), 즉 율법주의만 거부한다고 여전히 주장한다. 예컨대, 다음의 글도 같은 입장이다. D. P. Fuller, "Paul and 'the Works of the Law'," *Westminster Theological Journal* 38 (1975): 28-42. 나는 갈라디아서에서 그런 견해를 조금도 발견하지 못하겠다.
35. 이는 3:10에 특별히 "모든 사람"이라는 낱말에 강조점이 있고 바울이 율법을 반대하는 것은 사람이 양적으로 율법을 충분히 이룰 수 없다는 것이라는 Hübner의 견해에 따라 요구되는 읽기이다.

에 있다(11절).³⁶

그래서 레이제넨은 바울이 어디서도 율법을 이룰 수 없다는 말을 명시적으로 하지 않았다는 사실에 주목하면서도, 그런 견해가 3:10-12에 전제되어 있다고 주장한다: "이는 롬 1:18-3:20이 입증하는 바다. 동일한 생각이 갈 5:3과 아마도 6:13에 반영되어 있을 것이다."³⁷ 각 구절에 대한 나의 이해는 다르다. 6:13은 2:14에 나오는 베드로에 대한 바울의 공격을 상기시키며³⁸ 또 아마도 많은 유대 그리스도인의 딜레마를 반영하는 것일 것이다.³⁹ 그들은 이방인 개종자와 충만한 교제를 유지하기를 바랐고, 그래서 때때로 전적으로 엄격하게 율법을 지키지 않았다. 물론 그들은 이방인이 율법을 전적으로 지켜야 한다고 생각은 했다. 다른 말로 하면 이방인 개종자와 만나서 자신들의 입장을 주장하기 위하여 그들은 율법을 해치는 위험을 감수했을 것이다. 바울은 6:13에서 그들을 반대하는 다른 선교사들의

---

36. 참조. A. van Dülmen, *Die Theologie des Gesetzes bei Paulus* (Stuttgart: Verlagkatholisches Bibelwerk, 1968), 31-35; E. P. Sanders, "On the Question of Fulfilling the Law." 3:10과 3:11의 관계에 대한 Lutz의 아주 세심한 진술을 주목하라: 사람이 율법을 이루지 못한다고 전제하는 갈 3:10은 다음 절에 근거를 두고 있다. 바울은 기독론적으로 생각하고 있다(Luz, *Das Geschichtsverständnis des Paulus*, 149-51).
37. Heikki Räisänen. "Paul's Theological Difficulties with the Law," in *Studia Biblica* 1978, vol. 3 (Sheffield: JSOT Press, 1980), 308.
38. 또한 6:12에 나오고 2:14를 되풀이하는 '할례받게 함'〔영어로는 '할례받게 강요함'으로 되어 있음. ⓣ〕이라는 구절을 또한 주목하라. 갈 6:14은 2:20을 그대로 되풀이한다.
39. 고전 9:20f.이 분명하게 밝히듯이, 바울은 율법 준수에 관하여 나름대로 딜레마를 갖고 있었다. 참조. Richardson, "Pauline Inconsistency."

딜레마를 사용한다. 나는 여기서 그들이 율법을 이룰 능력이 없었다는 견해를 지지하는 아무런 증거를 갖고 있지 않다.

갈 5:3과 롬 1:18-3:20은 이후에 더 충분히 논의될 것이다. 여기서는 어느 구절도 율법을 이룰 수 없다고 말하지 않는다는 사실 이상을 다루지 않을 것이다. 이는 사실 레이제넨의 글에서 롬 1:18-3:20과 관련하여 아주 분명하게 나타난다. 그 구절은 모든 사람이 가증한 죄를 범한다는 비난을 담고 있으면서도, 유대인이나 이방인 가운데 몇 사람은 율법으로 의롭다 함을 받을 수 있다는 가능성을 열어 놓는다. 레이제넨은, 롬 1:18-3:20의 과장은 율법이 구원할 수 있다면 그리스도가 헛되이 죽었다는 이전에 가지고 있었던 바울의 결론에 의해 강요되었음을 지적한다.[40] 적어도 율법이 너무 어려워서 지킬 수 없다는 견해 때문에 그 구절이 그렇게 과장된 것은 아닌 듯싶다.

바울은 '율법으로 나는 의'를 다루는 구절 가운데 하나인 빌 3:6에서, 한때 자신이 그런 의를 갖고 있으므로 흠이 없었다고 말한다. 이는 바울이 그리스도인에게 권면할 때 "흠 없는"(blameless) 혹은 "책망할 것이 없는"(guiltless) 사람이 되라고 촉구하는 것(살전 3:13; 5:23; 고전 1:8)과 일치한다. 이는 물론 '율법 아래 있는 의를 따르는 것'이 아니다. 따라서 우리는 적어도 수사학적 목적을 위해 바울이 인간의 흠 없을 가능성을 받아들일 수 있었음을 알 수 있다. 이 빌 3:6에 대한 반대편 균형추로서 롬 3:23-24과 5장이 인용될 수 있다. 특히 롬 5:12은 보편적 죄악 됨을 직접 말하거나 전제한다. 이 구절들 가운데 롬

---

40. Räisänen, "Paul's Theological Difficulties," 308-10.

3:23-24만 '율법으로 나는 의'를 언급하는데, 내가 관찰할 수 있는 한, 이는 바울서신에서 휘프너가 원하는 갈 3:10-12 해석대로 정당하게 읽을 수 있는 유일한 구절이다: "모든 사람이 죄를 짓기 때문에, 그러므로 의는 믿음으로 말미암아 은혜에 의하여 존재한다." 여기서도 '때문에 … 그러므로'의 구조가 결코 확실하지 않다. 더 나아가 적어도 이 구절의 일부는 바울 이전의 전승을 인용한 것이기에 이를 바울의 율법관의 출처로 인용하는 것은 매우 불안정하다는 사실이 일반적으로 인정되고 있다.

그러나 빌 3:6과 롬 5:12의 명백한 충돌은 어떻게 된 것인가? 하나는 과장이고 다른 하나는 바울의 진짜 견해인가? 우리가 명백히 사변적인 질문을 다룰 때에는 다소 사변적인 대답을 제안하는 것이 허용될 수 있다. 모든 사람이 언젠가 한번은 죄를 범한다는 견해는 랍비 문헌과 다른 유대 문헌에 흔하다. (물론 바울이 그런 문헌에서 이끌어내는 결론은 독특하다.) 반면에 도(道)에 완전하라는 권고와 요구도 유대 문헌, 특히 사해 문서에 알려져 있다.[41] 이렇게 우리는 두 견해가 바울 시대 유대교에 알려진 것이라고 근거 있게 추정할 수 있다. 바울은 다른 문맥에서 두 종류의 진술을 모두 사용한다. 바울이 한 입장을 자신의 참된 견해로 붙잡았던 반면 다른 입장은 논증을 위해서만 사용했다고 추정하는 것은 위험하다. 바울은 두 견해를 대립하는 일 없이 둘 모두를 쉽게 가질 수 있었고, 따라서 두 입장이 상호 배타적이라는 것을 알게 되었다. 즉, 그는 율법을 완벽하게 지키는 것은 어렵

---

41. *PPJ*, 626의 주제 색인에서 "Sin, as transgression"〔죄, 범과인〕 항목을 보라.

지만 전적으로 불가능한 것이 아니라고 생각했고 그래서 자신이 흠 없다고 말할 수 있었다. 그리고 일반적으로 모든 사람은 언젠가 한번은 범죄를 저지른다고 생각할 수 있었다. 우리는 "의로운 자는 아무도 없다"고 가르쳤지만 여전히 죄를 지어 고통을 당할 수밖에 없어 놀랐던 랍비 엘리에제르(R. Eliezer)의 이야기를 떠올릴 수 있을 것이다.[42]

빌 3:6과 롬 5:12을 설명하려는 이 시도는 바울이 율법을 지킬 수 없다는 사실에 **근거하여** 의에 이르는 길로서 율법에 반대했다는 견해를 반박하는 데 필수적이지는 않지만, 롬 5장을 고찰하면 바울의 주장의 이유를 간접적으로 알게 된다. 5장은 바울이 모든 사람이 죄를 짓는다는 견해를 완전히 잘 알고 있었음을 보여준다. 그런데도 바울은 의에 관한 주요한 논쟁에서 그 주장을 사용하지 않는다. 롬 5장은 바울이 이미 4장에서 "믿음으로 의롭다 함을 얻으며 율법으로 의롭다 함을 얻는 것이 아니다"(5:1을 보라)라는 사실을 입증했다는 가정 위에서 쓰였고, 롬 5장 자체는 율법에 의한 의의 가능성을 반대하려고 논증하는 장이 아니다. 사실 바울이 보편적 죄를 율법과 연결시키려고 시도할 때 어떤 어색함이 있다(5:13f.). 우리가 앞으로 보겠지만 이러한 어색함이 드러날 것이다.[43] //25// 반면 우리가 주목해야 할 중요한 사실은 바울이 율법으로 의롭다 함을 얻을 수 없다는 사실을 입증하려는 대목에서 반대자들에 대한 주요 논증, 곧 갈 3장과 롬 4장

---

42. *Sanhedrin* 101a. 당면 목적에 비추어 이 이야기가 사실인지 아닌지는 중요하지 않다.
43. 이 책 35f.를 보라.

에서 율법을 이룰 수 없는 인간의 무능력을 언급하지 않는다는 것이다.

이때 바울이 모든 사람이 범죄한다는 사실을 결코 생각하지 않았다고 말할 수는 없다. 하지만 이 사실은 율법 행함을 배제하고 믿음으로 의롭다 함을 얻어야 한다는 자신의 견해를 떠받치는 근거로 단순히 제시되지 않았다.

어떤 사람들은 갈 3:13을 바울의 율법 거부 중심에 있는 다른 쟁점을 드러내는 것으로 읽었다. 곧, 메시아가 율법에 의해 유죄 판결을 받았지만 하나님께 정당화되었고, 따라서 "율법은 '나무에 달린' 그리스도 안에서 하나님에 의해 심판받았다는 것이다."[44] 하비(A. E. Harvey)가 표현하듯, "하나님이 보시기에 예수가 옳기 때문에 율법은 잘못이었다."[45] 이를 지지하기 위해 우리는 고전 1:23을 언급할 수 있다. 여기서는 십자가를 유대인에게 거리끼는(a stumbling block to Jews) 것이라고 말한다. 여기서 추론되는 바는, 유대인이 율법에 의해 정죄당하고 저주받는 메시아를 믿을 수 없지만 예수를 메시아로 받아들이는 자들은 바로 그 사실로 인해 율법의 판단을 거부해야 한다는 것

---

44. J. Christiaan Beker, *Paul the Apostle* (Philadelphia: Fortress Press, 1980), 187. 이와 비슷하며 더 초기의 책으로는 Albert Schweitzer, *The Mysticism of Paul the Apostle* (New York: Henry Holt, 1931), 72f. Beker는 억지로 다른 구절에서 논의를 끈다. 그래서 롬 6:10 ("그의 죽으심은 죄에 대하여 죽으심이요")은 "그리스도가 율법의 의로운 요구를 충족시켰다는 뜻이다(롬 8:4)"(Beker, 186). 이런 해석은 두 구절 모두를 억지로 푸는 것이다.

45. A. E. Harvey, *Jesus and the Constraints of History* (Philadelphia: Westminster Press, 1982), 22; 참조. Morna D. Hooker, "Paul and 'Convenantal Nomism,'" in *Paul and Paulinism* (London: SPCK, 1982), 47-56, 이와 관해서는 특히 55.

이다. 그래서 우리는 기독교 운동이, 율법이 정죄한 자를 메시아로 고백해서 핍박받았다고 덧붙일 수 있다.[46]

얼마든지 이렇게 추론할 수 있다. 그러나 바울이 그리스도의 죽음에서 율법이 맡는 역할을 추정하여 율법의 결점을 보았다고 추측해봄 직 하지만,[47] 바울도, 1세기 유대 그리스도인도, 비기독교 유대인도 이런 식으로 추론하지 않았던 것 같다.[48] 나는 율법으로 인한 의에 반대하는 바울을 설명할 때 이를 요점으로 보는 것에 대한 반대 주장들을 열거하려 한다.

1. 위에서 간략하게 서술한 주장은 그리스도의 죽음을 대속으로 보는 견해를 핵심적인 것으로 만든다.[49] 내 생각에, 대개 사람들은 바울이 그 견해를 반복하지만 이것이 그의 사상을 가장 큰 특징이 아니라는 데 동의한다. 그래서 율법의 저주를 담당하는 것으로 간주되는 그리스도의 죽음은 바울의 견해 저변에 놓여 있는 핵심 이해가 아닐 가능성이 높다.

---

46. 다음의 글도 같은 의견임. Beker, *Paul the Apostle*, 143ff., 182-84, 191f., 202. 핍박에 대한 이 설명에 대해서 이 책 278f.와 각주 76, 77은 의문을 제기한다.
47. Harvey (*Jesus and the Constraints of History*)는 바울의 진술이 예수가 실제로 율법에 의하여 정죄를 받으셔야 할 것을 요구한다고 주장한다. 그러나 바울이나 바울이 깊이 생각하는 주장을 발전시킨 자들이 역사적으로 예수의 죽음에 이르게 한 원인에 관하여 생각하고 있었는지 아주 의심스럽다. 여기에는 성경에서 구절의 변화에 기초를 두고 있는 주장과 반박 주장이 있다. 그리고 성경은 하나의 역사적 사실, 즉 예수가 십자가에 못박히셨다는 것만 요구한다.
48. 이 문제에 대한 건전한 평가에 대해서는 Peter Stuhlmacher, "Das Ende des Gesetzes," *ZTK* 64 (1967): 33f.를 보라.
49. Beker, *Paul the Apostle*, 187을 보라.

2. 갈 3:13은 십자가에 달린 자가 메시아가 될 수 없다는 비난에 대한 응답으로 이미 존재하던 주장일 가능성이 매우 높다. 이 대답이 도입된 이유는 '이방인'에서 '복'으로, 그 다음에는 복의 반대 개념인 '저주'로 이어지는 논증의 핵심 용어(Stichworte) 때문이다. 그래서 갈 3:13은 논증의 핵심부가 아니라 어떻게 저주(3:10)가 제거되는지를 설명하는 부가적인 부분이다.

3. 이로 인해 다음 요점이 도출된다. 이 논증을 발전시킨 그리스도인은 아마 율법을 거부하지 않았을 것이다. 이 논증은 유대교적 환경에서 효과가 있으며, 아마 그런 환경에서 왔을 것이다. 그러나 우리는 논리적인 결론으로 제시될 수 있는 것을 실제로 이끌어낸 유대 그리스도인을 전혀 알지 못한다. 우리가 할 수 있는 일은 이 논증을 발전시킨 자들이 이를 어떻게 사용했는지 사색하는 것뿐이다. //26// 아마 이 논증은 비난을 단순히 좋은 변명으로 바꾸었을 것이다. "너희의 메시아는 십자가에 못박혔고 그러므로 저주받았다." "그렇다. 그러나 우리는 그로 인하여 저주받은 데서 건짐을 받았다." 아무튼 그들은 이 논증을 율법을 지켜서는 안 된다는 결론에 이르는 것으로 보지 않았던 것 같다.

4. 바울은 로마서나 빌립보서에서 율법에 대한 거부를 말하면서 이러한 논증을 사용하지도, 심지어 언급하지도 않는다. 만일 이 논증이 사실 율법 거부 배후에 있었다면, 그는 사실을 숨긴 것이다.

5. 마지막으로 갈 3:13은 실제로 율법에 의하여 의롭게 됨을 반대하는 주장이 아니다. 이 구절은 율법의 저주 아래 있는 그리스도인(심지어 3:10이 실제로 분명하게 언급하지 않은 이방인)이 더 이상 율법으로 의롭

게 되지 않는 이유를 설명한다. **주장되는 바는** 믿음이 복을 주고(3:9) 율법이 저주한다(3:10)는 것이다. 3:13의 설명은 율법을 받아들이거나 지키는 것에 반대하는 주장으로 발전되지 않았다. 이는 함축된 의미로 도출해야 하는 것이지만, 어느 누구도 그 함축의 의미를 이끌어낸 것 같지 않다.

따라서 십자가가 유대인에게 거리끼는 것이었다는 것은 의심의 여지가 없지만 갈 3:13은 바울의 주장의 이유를 제공하지 않는 것 같다. 이 구절에 근거를 두는 설명이 그럴듯하다면, 바울은 훌륭한 논증 기회를 놓친 것이다. 마지막 요점을 되풀이 하자면 실제로 바울은 이 구절을 율법 지킴 요구에 반대하는 것으로 사용하지 않았다.

그러면 갈 3장에 기초하고 있는 바울의 견해 뒤에 있는 동기에 대해 무엇을 말할 수 있는가? 갈 3:10-12에는—사실상 3:6-18에는—우리는 바울이 율법으로 의롭게 되지 못한다고 주장하는 이유에 대한 명시적인 진술을 가지고 있지 않다. 오히려 우리는 유대교의 주석적 논증에 능숙한 바울의 기술을 본다. 바울은 율법을 받아들임으로 저주에 이르고 의는 믿음으로 나며 이는 이방인에게도 마찬가지며 율법은 믿음에서 난 것이 아님을 성경으로 '입증'한다. 이 다양한 진술은 이유가 아니라 논거/주장이다. 하지만 이 진술들이 공통 기반을 갖고 있다는 것을 우리는 인식할 수 있다. 이 진술들은 하나님의 구원 계획에 대한 바울의 견해에 근거를 두고 있다. 바울은 아브라함 이야기에서 명확하게 드러나고 그 후에 율법으로 진술된 하나님의 영원한 계획을 논의하고 있음을 고찰하기에, 성경으로부터 엄밀하게 주장할 수 있다. 이 계획의 충만하고 최종적인 계시는 〔바울 당대와 같이

ⓒ 최근의 것일 수 있지만(참조. 갈 1:16; 3:23-25) 계획은 그렇지 않다. 성경은 하나님이 믿음으로 이방인을 의롭다 하실 것임을 **미리** 보고 아브라함에게 **미리** 그 메시지를 선포했다(갈 3:8, 접두사 *pro*-에 강조점을 둠). 다른 말로 하면, 갈 3:10-12에서 바울은 성경의 증거를 가지고 자신이 하나님의 구원 계획이라고 생각하는 사실들을 진술한다: 의는 믿음으로 말미암고 이방인을 포함하며 또한 율법은 저주한다.

바울의 관점은 하나님의 영원한 구원 계획의 관점이다. 이 구원 계획은 갈 3:15-26에 훨씬 분명하게 드러나는데, 여기에서는 율법과 믿음이 구원 역사에서 자기 역할을 가진다:[50] //27// 아브라함의 유업은 율법과 상관없다(3:15-18); 율법은 구원 외의 목적을 갖고 있다(3:19-24); 하나님은 율법을 주실 때 그리스도로 말미암아 구원에 이르게 하려는 의도를 갖고 계셨다(3:22, 24).[51] 율법에서 난 의에 대한 '급소'는 3:21인 듯하다: 의는 율법에서 날 **수 없다**; 주신 율법 가운데 생명을 줄 수 있는 것은 없다.

그래서 주장 전체의 요지는 하나님의 계획에 있어서 의가 율법

---

50. 만일 구원사(*Heilsgeschichte*)가 '발전'(development)이라는 뜻으로 이해될 수 없다고 한다면, 우리는 바울의 견해를 '하나님의 구원 계획'(God's plan of salvation)보다 구원사의 견해로 부를 수 있다. 바울은 동시대인과 마찬가지로, 하나님의 의도가 언제나 동일하다고 생각했다. 구원사의 측면에서 바울을 이해하는 것에 반대하는 Käsemann의 주장은 일차적으로 하나님이 인류를 대하시는 데 나타나는 발전의 개념을 바울에게 돌리기를 반대한다(*Romans*, 254, 264, 273). Keck은 하나님의 발전하는 의도가 아니라 하나님의 의도라는 뜻에서 '구원 역사'라는 말을 그대로 사용하려 한다(Leander Keck, *Paul and his Letters* [Philadelphia: Fortress Press, 1979], 66-69).
51. 갈 3:19-24는 본서 제2장에서 좀 더 풍부하게 논의된다.

에서 나오게 하려는 의도가 없었다는 것이다. 이는 율법의 문제가 율법을 이룰 수 없다는 것이 아님을 보게 해준다. 바울은 하나님이 율법에 의한 의를 배제하려고 했다는 시각을 가지고 있었다. 그 입장은 독단적이었다.[52] 하나님의 계획 속에 있는 율법에 관한 바울의 수정된 견해는 구원이 그리스도의 죽음으로 말미암아 온다는 확신(갈 2:21)에서 비롯했다고 말할 수 있다. 때로는 당혹스러운 일련의 주장, 증거 인용, 호소 가운데, 바울의 입장이 무엇인지 (의심의 여지없이) 명확하게 보여줄 뿐 아니라 왜 그러한 입장을 가지고 있는지 보여주는 두 개의 문장이 갈라디아서에 있는 것 같다. 이 두 진술은 갈 2장과 3장 마지막에 언급된다. 이를 명제적 용어로 표현하면 이렇다: 하나님은 그리스도를 보내셨다; 하나님은 의를 주시기 위하여 그렇게 하셨다; 율법으로 이미 의를 얻을 수 있다면 하나님이 그리스도를 보내신 일은 무의미했을 것이다(2:21); 율법은 의를 가져다주기 위해 주신 것이 아니다(3:21). 그리스도를 통한 의라는 긍정적인 진술이 율법에 관한 부정적인 진술에 근거를 두고 있음은 내가 보기에 자명하다.

갈라디아서 5:3

〔휘프너를 위시한 학자들이〕 갈 3:10에서 인용한 신 27:26의 "모든 사

---

52. 참조. Hahn, "Gesetzesverständnis," 55: "율법에서 난 의가 없다는 것은 바울에게 체험에 근거한 진술일 뿐만 아니라 더욱이 합 2:4이 구약에서 선언하는 것이다…."

람"이라는 말을 강조하는 이유 가운데 하나는 바울이 갈 5:3에 나오는 요점으로 되돌아 간다는 데에 있다: "내가 할례를 받는 모든 사람에게 다시 증거하노니 그는 율법 전체를 행할 의무를 가진 자라."[53] 여기서 제시된 이해에 따르면, 바울은 "저주"와 *nomos*를 연결할 목적으로 신 27:26을 인용했지만 이 구절에서 "모든 사람"이 언급되었다는 사실을 잊지 않았다. 하지만 바울은 할례를 받는 것이 모든 율법을 받아들임을 함축한다는 사실을 이야기하지만, 율법을 모두 지킬 수 없기 **때문에** 받아들여서는 **안 된다**고 주장하는 것이 아니라 일종의 위협으로 삼았다. 곧, 할례를 지키기 시작하면 모든 것을 지켜 **야만 한다는** 것이다. 이를 가지고 바울이 양적으로 모든 율법을 지킬 수 없으므로 율법을 반대하고 있다는 견해를 지지하려 했다면 율법에 관한 바울의 전제와 갈라디아인의 전제를 길게 나열해야 했다: 사람은 율법을 모두 지켜야 한다; 사람은 그렇게 할 수 없다; 범죄(transgression)는 용서받지 못한다; 그러므로 율법을 받아들이는 것은 필연적으로 저주에 이른다. 바울은 이 사고 순서(thought-sequence)의 중간에 있는 문장들을 결코 언급한 적이 없고, 또한 우리는 이런 견해의 순서를 당대 유대 문헌에서 발견할 수도 없다.[54] 이 사고 순서는 그럴

---

53. Hübner, *Gesetz*, 22을 보라.
54. 참조. 위의 각주 41. 완벽을 촉구하는 DSS에서도, 속죄의 대책은 마련되어 있다(*PPJ*, 284-87; 298, 298-305). 사람이 율법을 완벽하게 지켜야 하지만 완벽하게 행하는 사람이 (전혀 없는 것이 아니라) 거의 없다는 견해는 에스라4서에 나오지 않지만, 꼭 그런 것은 아니다(물론 칠십인역 이후에는 두드러지게 그렇다; *PPJ*, 415, 427f.).

듯하게 보이지만, 바울의 견해도,[55] 당대의 어떤 유대교의 견해도 아닐 것이다. //28//

이는 우리가 바울의 율법관의 원천을 이해하는 데 중요한 영향을 미치는 일반적 고찰로 이어진다. 휘프너는 바울의 주장을 지배하는 것이 기독교적 확신(갈 2:21)이 아니라 바리새인적 율법관이라고 생각했다. 그는 예외 없이 율법을 지켜야 한다고 생각했던 샴마이 학파 사람으로 바울을 묘사했기에 바울이 갈라디아서에서 율법에 반대하는 근거가 모든 율법을 지킬 수 없는 인간의 무능력에 있다고 주장할 수 있었다.[56] 그러면 갈라디아서의 주장은 이전의 샴마이 학파 바울과 단지 순종이 불순종보다 많으면 된다고 생각했던 힐렐 학파, 반대자들 사이에 있게 된다. 그러나 꼼꼼하게 살펴보면 이 설명은 타당하지 못하다. 우리가 알고 있는 모든 랍비들은 모든 율법을 받아들여야 한다는 입장을 가졌다. 샴마이 학파의 입장만 그랬던 것이 아니다. (그렇지만) 어떤 랍비도 순종이 완벽해야 한다는 입장을 취하지 않았다.[57] 모든 학파와 모든 시대의 바리새인과 랍비들은 범죄할 경우, 회개나 그 외의 속죄 수단을 강하게 믿었다. 유대교의 관점에서 볼

---

55. 모든 율법을 지킬 수 없다는 가정을 대는 것에 관해서는 다음 책에 나오는 논의를 보라. Schlier, *Der Brief an die Galater*, 132f. and n. 1 to 133. Schlier는 바울의 진술을 보완하는 것에 올바로 반대한다.
56. Hübner, "Herkunft"; 다음의 책도 이를 분명 받아들인다. Beker, *Paul the Apostle*, 43f., 52f.
57. Hübner (ibid.)는 *Sifra Qedoshim* 8.3을 유대교 입교자(Proselytes)가 모든 율법을 성공적으로 수행해야 한다고 말하는 것으로 잘못 읽는다. 여기서 말하고자 하는 것은 그들이 율법을 전부 받아들여야 한다는 것이다. *PPJ*, 138 n. 61을 보라.

때, 휘프너가 바울에게 돌리는 입장은 듣지도 보지도 못한 것이다. 심지어 도(道)의 완성을 강조했던 쿰란에서도 범죄와 속죄를 인정했다. 에스라4서에 나타나는 완전한 순종의 요구는 사실상 당시 유대 문헌에서 독특한 것으로서 그 행위를 돋보이게 한다—그 요구는 주후 70년 이전에는 전혀 나타나지 않는다.

율법이 너무 어렵기 때문에 율법을 이룰 수 없다고 생각하는 것도 역시 비유대교적이다. 필론이 표현했듯, "계명은 그것을 실천할 사람들의 힘에 비추어 그다지 크지도 않고 무겁지도 않다…."(De Praemiis et Poenis). 그러나 이것은 필론의 견해만이 아니다. 이는 유대 문헌의 대표적인 경우일 뿐이다.

간단하게 말해서 일단 율법에 순종하려면 완벽해야 한다고 주장하는 것은 이상할 정도로 비(非)바리새적이며 심지어 비유대교적일 것이다. 그런 입장은 성경이 구체적으로 밝히는 속죄의 수단이 소용없다는 것을 직접적으로 함축할 것이다. 바울의 기독교 이전 견해에 호소하게 되면 갈 3장에 나오는 바울의 주장이 3:10의 "모든 사람"이라는 말에 무게가 실린다는 입장이나 바울이 율법을 충분히 이룰 수 없으므로 율법으로 말미암은 의에 대해 부정적인 태도를 취하게 되었다는 입장은 전혀 지지를 받지 못한다. 바울의 과거 바리새파 배경은 두 입장에 전적으로 반대된다. 여기서 논의하고 있는 문제들에 관하여 (알려질 수 있는 선상에서 바리새파의 견해를 포함하여) 일반적인 유대교적 견해는 다음과 같을 것이다: 율법은 만족할 만큼 성취할 수 없을 정도로 어렵지 않다; 그런데도 다소간 모든 사람은 언젠가 한번은 범죄한다(위를 보라); 하나님은 모든 사람에게 해당하는 속죄 수단을 정해 놓으셨다. //29// 그런데 현재 바울의 주장을 율법에 관한 기독교 이전 견해로부터 이끌어내려면 우리는 바울로 하여금 두 가지를 부인하게 해야 한다. 즉, 바울은 율법이 너무 까다로워서 충분히 행할 수 없고, 또한 속죄가 전혀 없다는 견해를 취해야 한다. 하지만 모든 측면에서 바울은 현존하는 서신에서 그 어떤 견해든지 명시적으로 말한 적이 결코 없다. 휘프너와 다른 학자들은 율법을 이룰 수 없다는 견해가 갈 3:10과 5:3에 너무 명백해서 명시적으로 진술할 필요가 없는 것으로서 전제되어 있다고 주장해야 한다. 그러나 이 전제가 설득력이 있으려면 그들은 바울이 자신의 유대교적 가정에 근거를 두고 주장하면서 또한 속죄가 가능하지 않음을 전제한다고 주장해야 할 것이다. 나는 그러한 전제가 바울의 배경에 속하는 사람들에게 명확하게 보였을 리 없다고 주장하는 바다. 이는 사실상 완전히 생소한 개념이었을 것이다.

갈 5:3으로 곧장 돌아가 보자. 율법 전체를 행하는 것이 불가능하고 그러한 이유로 율법을 지키지 말아야 한다고 말하는 것이 아님을 관찰하는 것 외에, 우리는 할례의 수용으로 인해 전체 율법 지킴을 요구받는 위협이 어느 정도인지 짐작해 볼 수 있을 따름이다. 물론 율법을 지키는 것이 유대인에게는 버거운 일이 아니었지만 이방인에게는 번거롭고 불편해 보였다고 생각할 만한 이유가 충분하다. 바울의 대적들은 점진주의(gradualism) 정책을 택하여 처음에 중요한 계명 가운데 몇 가지(할례, 음식, 날들)를 요구했을 것이다. 그리고 이 정책은 유대교 선교사들에게는 아마 유별난 것이 아니었을 것이다.[58] 바울은 개종자들에게 다음과 같은 점을 자연스럽게 상기시켰을 것이다: 만일 이들이 할례를 받아들인다면 매일의 생활을 위하여 새로운 규칙에 따라 살아야 했을 것이다.[59]

로마서 3-4장과 9-11장

갈 3장은 오직 믿음을 근거로 하여 이방인이 하나님의 백성에 속

---

58. 힐렐과 입교자가 되려는 사람의 유명한 이야기(샤바트 31a)에 나오는 요점들 가운데 하나는, 율법을 지키는 세부 사항이 점진적으로 도입되거나 그 세부 사항에 점진적으로 도달해야 한다는 것이다. David Daube, *The New Testament and Rabbinic Judaism* (London: University of London, Athlone Press, 1973), 336f.을 보라. 또한 유대교 입교자를 안으로 들이는 후대의 교훈도 보라: 세례시 이 교훈은 입교자에게 몇 가지 가벼운 계명과 몇 가지 무거운 계명을 숙지시킨다(예바모트 47a). 유대교 입문자들은(Proselytes) 전체 율법을 받아들이도록 되어 있다(데마이 2.5). 그러나 랍비들은 율법을 한 번에 전체로 제시하는 것이 버거울 것이라는 사실을 알았던 것 같다. 만일 경쟁 선교사들이 점진주의 정책을 따르고 있다면, 갈 5:3에 나오는 위협은 그 정책에 대한 바울의 반박일 것이다.

    Eckert, *Verkündigung*, 41에서는 여기서 제안한 가능성, 즉 바울의 반대자들이 점진주의 전략을 사용하고 있다는 가능성을 고찰하지만, 5:3에서 바울이 갈라디아인들은 모든 율법을 지키는 것이 불가능하다는 것을 깨달을 것으로 전제한다는 견해를 옹호해서 그 가능성을 거부한다.

59. Howard, *Crisis*, 16는 갈 5:3을 갈라디아인들에게 낯선 율법을 지키기 어려운 일을 통하여 그들에게 겁주려는 의도로 보지 않는다. Howard는 *opheiletēs*라는 낱말이 강조되어야 하고 위협이란 할례를 받아들이는 사람은 율법에 따라서 죄에 속박된다는 것이라고 주장한다.

해야 하며 율법은 그들을 받아들이는 조건이 되어서는 안 된다는 취지를 담은 주장임을 다루었다. 바울이 같은 원칙을 유대인에게 적용하는 것은 놀랍다. 유대인에게 적용하는 것이 놀랍다고 말하는 이유는, 적어도 지금 우리가 확실히 말할 수 있는 한, 이 원칙이 전통적인 유대 메시아 사상에 나오지 않기 때문이다. 앞에서 우리는 이방인이 '메시아' 시대에 하나님의 백성에 합류할 것이라는 꽤 널리 퍼져 있는 유대교적 견해에 주목했다.[60] 그러나 이 견해를 반영하는 구절에서 '하나님의 백성'은 '육신을 따른 이스라엘'로 구성된다는 점에 주목해야 한다.[61] 이방인이 이스라엘에 합류할 것으로 기대할 수 있지만, 하나님의 백성이란 사실상 유대인과 그리스도인이 동일한 토대에서[62] 같이 들어와서 형성되는 제3의 실체라고[63] 주장하는 것은 기

---

60. 위의 각주 8. 여기서 살피는 구절에 개인적 메시아가 반드시 있는 것은 아님을 우리는 주목해야 한다.
61. 예컨대 토비트 3:3, 13("이스라엘의 아들들인 너희"); 솔로몬의 시편 17:32("그의 멍에 아래", 즉 '율법 아래'); 시뷜라의 신탁 III. 702-20.
62. 제2부를 보라.
63. 이 문단은 바울의 기독론에 대한 W. D. Davies의 입장에 대립하는 나의 입장을 가능한 한 간결하게 진술한다. 사실상 Davies는 바울의 사상을 이해하는 열쇠가 유대교적 메시아 기대라고 주장한다. (나의 초기 비판에 반대하는 Davies의 견해가 수정되어 다시 진술된 것이 다음에 있다. *Paul and Rabbinic Judaism*, 4th ed. [Philadelphia: Fortress Press, 1980], xxxiv.) 나는 바울의 활동이 바로 그 기대에 의하여 만들어진 일반적 맥락에 들어 맞는지 아닌지에 관하여 그와 의견이 다르지 않다(ibid.를 보라). 확실히 사정은 다음과 같다: 바울은 종말이 가까웠고 이방인이 하나님의 백성에 들어올 때가 되었다고 생각했다. 만일 그가 질문을 받았다면, 의심할 나위 없이 예수는 유대교의 메시아라는 데 의견이 일치했을 것이다. 그러나 이 점에서 유대교의 메시아 기대는 바울서신에 두드러지며 그의 견해를 예수는 메시아라고 역시 생각한

독교적 혁신으로 보인다.

　이것이 바울의 혁신이라고는 확신 있게 말할 수는 없다. 왜냐하면 갈 2:15-16에서 바울은 베드로가 여기에 동의하고 있다고 주장하기 때문이다. //30// 어쨌든 바로 그 구절에서 우리는 바울이 열정적으로 가슴에 품고 있었던 바, 유대인과 이방인이 오직[64] 그리스도를 믿

다른 유대인 그리스도인의 견해와 다르게 만드는 입장들을 설명하기를 그친다. 바울에게 그리스도는 우주의 주님이다: 그분은 유대인의 구주이기보다 이방인의 구주다. 유대인 자체는 이미 새 창조에 속하지 않는다. 그들은 새 창조에 들어가야 한다. 그들은 입교 허락에 관하여 이방인보다 유리한 점이 없다. 그래서 나는 '개종'이라고 말하는 것이 정확하다고 생각한다(Davies의 비판을 보라. Ibid., xxxvi; 제2부 참조).

64. 바울은 '오직'이라는 말을 사용하지 않는다. 그러나 대부분의 해석가들은 정당하게 그 말을 갖다 댄다. 이 견해에 대하여 Eugene Boring의 아직 출간되지 않은 한 논문은 이의를 제기한다. Boring은 비신자의 파멸을 묘사하는 구절(예. 빌 3:18-21) 외에 보편적 구원을 보여주는 구절(예. 고전 15:22; 롬 5:18)이 있다고 옳게 지적한다. 우리는 구절을 헤아려서 바울의 '참된' 견해를 잘라 말하지 못한다. Boring의 설명에 따르면, 두 종류의 진술이 두 상(像)에서 나온다. 즉 '승리자'가 있다면 '패자'가 있어야 하는 심판의 상과 모두가 승리하신 그리스도 아래 연합하게 되는 주권의 상이다. 내가 보기에 두 상징에 관한 그의 설명은 근본적으로 옳은 것 같다. 나는 그것을 다음과 같이 표현하려 한다: 바울은 복음을 거부하는 자들을, '잃어버린 자' 혹은 '파멸하고 있는 자'로 생각했다(고후 2:16; 4:3을 보라). 그는 하나님의 의도와 그의 큰 자비를 생각했을 때, 모두가 구원받을 것이라고 말하곤 했다(고전 15:22, 28; 롬 11:32, 36).

하지만 나는, 다양한 말 뒤에 있는 바울의 견해를 발견하는 것이 불가능하다는 의견을 취하지 않는다. 내가 전에 주장했고 지금 이 논문을 진행하는 중에 입증하려고 하는 바와 같이, 바울의 율법관은 다른 무엇보다 그의 기독론이 갖고 있는 배타주의에 의존하고 있다. 갈 3장의 결론은 '오직'을 아주 뚜렷하게 함축하는 것 같다: 아브라함의 씨(3:29)는 그리스도를 믿는 자들이지 율법에 속한 자, 저주 아래 있고 종 노릇 하는 자(3:10, 23)가 아니다.

음으로 의롭게 된다는 견해를 처음으로 접하게 된다. 이 주제는 로마서에서 발전한다.

로마서 처음 몇 장에서 바울은 갈라디아서의 경우와 다른 경우를 주장하고 있다. 물론 롬 4장과 갈 3장은 비슷한 점이 있다. 로마서는 유대인과 이방인의 동등한 입지—둘은 죄의 권세 아래 있다—그리고 그들의 지위가 바뀔 때의 근거—그리스도를 믿는 믿음—에 관한 것이다. 그래서 나는 로마서의 주제가 1:16에 선언되어 있다는 일반적 견해에 반대하지 않지만, '하나님의 의'라는 표현보다는 그 구절의 두 번째 부분("모든 믿는 자에게 … 먼저는 유대인에게요 또한 헬라인에게로다")을 더 강조하고자 한다.[65] 몇 차례 나타나는 이 표현은 논지의 핵심이 이방인의 동등성을 옹호하고 유대인의 특권이라는 가정을 반대하는 데 있음을 보여준다. 그래서 바울은 3:9에서 유대인이 이방인보다 더 나은지 묻고(이 질문에 대해서는 그렇지 않다고 답변한다), 3:29에서는 하나님이 유대인의 하나님뿐이신지 묻고(그렇지 않다. 이방인의 하나님도 되신다), 4:9에서는 시 32편에서 언급되는 복이 할례자만을 위한 것인지 묻는다(아니다. 무할례자를 위한 것이기도 하다). 유대인의 상황은 이렇다. 그들도 역시 죄 아래 있고 오직 그리스도를 믿는 믿음으로

바울의 견해는 그가 구체적 사례를 다룰 때 가장 분명해진다. 만일 내가 롬 9-11장을 몽땅 그릇되게 읽지 않는다면, 바울은 자기 민족이 개종하지 않아서—이 낱말은 그다지 강한 말이 아니다—구원받지 못하지 않을까 걱정한다(롬 9:2; 10:1).

65. *PPJ*, 488f.와 각주. 그래서 다음도 보라. Richardson, *Israel*, 134-37: 믿음의 기초 위에서 유대인과 이방인에게 동일한 문이 열려 있다는 주제는 '전체 서신에 드러난다.'

의롭게 될 수 있다. 하지만 유대인은 롬 9-11장에서만 논제의 주요 대상으로 등장한다. 2:17-29을 참작하더라도 롬 1-4장에서 바울의 견해는 이방인에게 초점을 두고 있다.

롬 3-4장과 9:30-10:13은 율법을 지키면 자랑과 자기 소외에 이르게 된다는 율법에 대한 반박의 근거가 되는 중요한 구절이다. 불트만은 이것이 율법에 대한 바울의 태도를 이해하는 열쇠라고 본다.[66] 그리고 휘프너는 최근에 이런 이해를 변호했다. 하지만 휘프너는 바울이 율법을 거부하는 이유를 로마서에 국한하고, 바울은 율법을 충분히 이룰 수 없으므로 갈라디아서에서 율법을 반대했다고 주장했다. 그의 견해에 의하면 갈라디아서의 주장은 '양적'이고 로마서의 주장은 '질적'이다.[67]

로마서에서 율법에 의한 의를 반대하는 바울의 주장을 이해하려 할 때, 로마서를 쓴 이유 및 수신자/주제의 문제가 생긴다. 물론 갈라디아서에 관해서도 저런 문제와 관련한 논쟁들이 있지만 그 경우에는 해답이 명확하다고 생각한다. 하지만 로마서를 쓴 이유와 그 수신인에 관한 문제는 최근 신약 연구에서 상당히 논쟁적인 주제에 해당하고, 이 논쟁은 아주 실제적인 문제에 근거를 두고 있다. 근본적인 물음은 이렇다. 바울은 자신이 알고 있는 로마의 문제를 염두에 두고

---

66. Räisänen이 올바르게 지적하듯이("Legalism and Salvation by the Law," 68), Bultmann에게 핵심 본문은 롬 3:27; 4:2f.; 7:7ff.; 10:2-3; 빌 3:4f.이다. 마지막 두 구절에서 강조점은 '자신'(own)에 있다. Rudolf Bultmann, *Theology of the New Testament*, vol. 1 (New York: Charles Scribner's Sons, 1951-1955), 264-67.
67. Hübner, *Gesetz*.

있는가? //31// 혹은 로마서의 상황은 바울의 사역이라는 맥락에서, 즉 갈라디아와 고린도에서 벌어진 논쟁 이후에 예루살렘 사도들을 만나기 이전에 두고 이해해야 하는가? 이것과 관련된 두 번째 문제는 바울 자신이 비그리스도인 유대인과 논쟁하고 있는 것으로 보는가, 혹은 다른 그리스도인을 향하여 율법에 관한 주장을 펼치고 있는가 하는 것이다.[68] 대개 로마서의 대화적 성격은 인정되고 있는데,[69] 그렇다면 바울은 누구와 대화를 나누고 있는가?

나는 맨슨(T. W. Manson)의 지도에 따라 로마서를 주로 바울 자신의 상황에서 나온 것으로 보는 사람들의 견해를 대체로 따른다.[70] 롬

---

68. 가장 중요한 논문들 가운데 몇몇은 다음의 책에 모여 있다. Karl P. Donfried, *The Romans Debate* (Minneapolis: Augsburg, 1977). 또한 다음 책의 논의를 보라. Dieter Zeller, *Juden und Heiden in der Mission des Paulu`s. Studien zür Römerbrief*, 2d ed. (Stuttgart: Verlag Katholischers Bibelwerk, 1976), 42f., 75f., 285f. 아래의 각주 70을 보라.

69. Rudolf Bultmann, *Der Stil der paulinischen Predigt und die kynisch-stoische Diatribe* (Göttingen: Vandenhoeck & Ruprecht, 1910): Robin Scroggs, "Paul as Rhetorician: Two Homilies in Romans 1-11," in *Jews, Greeks and Christians* (Leiden: E. J. Brill, 1976), 271-98. 다음의 책은 Bultmann의 견해의 여러 측면을 탁월하게 간략히 평가하고 바로잡는다. Abraham J. Malherbe, "MHTENOITO in the Diatribe and Paul," *HTR* 73 (1980): 231-40. Malherbe는 다음에 나오는 예일대학 박사 학위 논문을 또한 언급한다. Stanley K. Stowers, *A Critical Reassessment of Paul and the Diatribe* (Chico, Calif.: Scholar's Press, 1982).

70. T. W. Manson, "St. Paul's Letter to the Romans—and Others," *BJRL* 21 (1948): 224-40. 바울이 두 개의 교정본으로 로마서를 준비했다고 생각할 때 반드시 Manson의 견해를 따를 필요는 없다. 이 두 개의 교정본 가운데 하나는 회람 서신으로 사용할 의도가 있었으며, 이는 바울이 자신의 사역에서 정황에 맞게 자신의 견해를 택하려 했던 것이다. 이런 일반적 견해

1-11장에 나오는 유대인과 이방인에 관한 오랜 논쟁에 로마 공동체

에 대해서는 Munck, *Paul*, 66; 197-200 ("로마서는 본질적으로 바울이 고린도전서와 빌 3장에서 시작되는 긴 고투를 벌이며 도달한 관점에 대한 요약이다"[199]); Jacob Jervell, "The Letter to Jerusalem," in *The Romans Debate* (Minneapolis: Augsburg Publishing House, 1977), 61-74 (롬 1-11장은 예루살렘에서 행한 바울의 변명 연설이며 자신을 위하여 쓴 것이다; 이 서신은 로마인의 중보 기도를 이끌어내려고 로마에 보낸 것이다); Jack Suggs, "'The Word is Near You': Romans 10:6-10 within the Purpose of the Letter," in *Christian History and Interpretation* (New York: Cambridge University Press, 1967), 289-312; Günther Bornkamm, "Der Römerbrief als Testament des Paulus," in *Geschichte und Glaube*, vol. 2 (Munich: Chr. Kaiser, 1971), 120-39; *PPJ*, 488; Udo Borse, "Die geschichtliche und theologische Einordnung des Römerbriefes," *BZ* 16 (1972): 70-83. 이 입장에 대한 가장 풍부하고 내 판단으로는 가장 멋진 진술은 Wilckens("Über Abfassungszweck und Aufbau des Rörmerbrief")의 것이다. Wilckens는, 바울이 유대인 그리스도인과 이방인 그리스도인 사이의 긴장에 관하여 들었지만(124) 로마의 상황을 우선적인 것으로 보지 않는다는 것을 인정한다. 이 서신의 내용은 일차적으로 예루살렘에서 벌어질 논쟁에 의하여 규정된다. 그런데도 이것은 엄밀하게 말해서 "예루살렘에 보내는 서신"(Jervell)이 아니다. 바울이 로마 공동체의 중보 기도를 바라기 때문에 이것은 로마 공동체에 보낸 것이다(Wilckens, 128, 138f.).

이 견해가 '이 서신의 우연성'을 몰아내고 로마서를 추상적인 신학 논문으로 읽게 한다(*Paul the Apostle*, 61f., 69)고 하는 이 견해에 대한 Beker의 반대는 얼토당토 않다. Beker의 견해와 달리 로마서를 쓴 이유를 본다는 것은 로마서를 무시간적인 신학 논문으로 바꾸는 것과 결코 똑같지 않다. Beker의 견해—로마서는 로마 기독교의 문제와 바울의 메시지를 반대하는 비기독교 유대인 반대자에게 보내는 것이라고 하는 견해(69f., 74-86)—는 신빙성이 없다. 그래서 Beker는, 로마서는 "토라와 할례의 기능은 무엇인가?"와 같은 '유대교 질문'에 대한 대답이라고 말한다(77). 하지만 이 질문들은 바울의 이방인 선교에서 가장 자연스럽게 나온다: 만일 하나님이 율법과 할례와 상관없이 그들에게 구원을 주신다면, 이스라엘이 하나님과 맺은 언약의 이런 표시들은 어떤 기능을 하는가?

에서 생긴 문제가 직접적으로 언급되어 있지 않다는 것은 특별히 시사하는 바가 많다.[71] 이는 단순히 바울이 자신이 세우지 않은 교회 안의 문제를 직접 말하기를 자제하려는 태도를 반영한 것일 수 있다. 그리고 그가 문제들을 알고서 간접적으로 해결하려고 했을 가능성이 전혀 없는 것도 아니다. 하지만 로마서를 볼 때 바울이 전에 갈라디아에서 겪은 괴로운 일과 예루살렘에서 장차 사도들을 만날 일에 비추어 유대인과 이방인의 문제를 깊이 생각하는 것으로 보는 것이 가장 좋은 것 같다. 바울은 율법에 관한 자신의 입장이 반율법주의로 이어진다든지, 심지어 자신이 반율법주의자라는 말을 로마인들이 들었을지 모른다고 염려한다(롬 6:1, 15; 참조. 3:8). 분명 바울은 방문하기 이전에 율법에 관한 자신의 입장을 분명히 밝히기를 바랐을 것이다. 그러나 이 입장은 우리가 갈라디아서에서 이미 보았다. 그래서 로마서는 갈라디아서의 주제를 때때로 되풀이하지만 강조점을 자주 다시 손질하고 바꾼다. 부분적으로 예루살렘 사도들과 장차 만날 일을 염두에 두고 있다는 사실은 롬 15:30-31에 분명히 드러나며, 로마의 '불신자'와 '성도'를 만나기 전에 중보 기도를 드리려는 소망은 이 서신을 쓰게 된 주된 동기 가운데 하나일 것이다.[72]

로마서와 갈라디아서의 관계에 관해서는 나중에 요약 정리할 것이다. 그러나 이 자리에서는 한 가지 명백한 차이를 언급하고 넘어갈 필요가 있다. 갈라디아서에서 논쟁은 이방인이 하나님 백성으로 들

---

71. Wilckens, "Abfassungszweck," 126.
72. Ibid., 128: "로마서의 중보 기도는 바울에게 가장 현실적인 효력의 문제다. 엄밀하게 말하면 예루살렘 분파의 낙관적인 감사 기도만큼 현실적이다."

어오는 것과 관계가 있으며, 믿음 이전의 혹은 믿음 없는 유대인과 이방인의 위치는 혼란스럽게 언급되어 있다(예. 갈 3:23-4:10).[73] 반면에 로마서에서 바울은 유대인과 이방인을 구별하는 방식으로 믿음 없는 이들의 곤경에 대한 자신의 인식을 서술하려고 노력하면서, 믿음 이전의 상태든, 기독교 공동체에 속한 상태든 상관없이 저들의 지위가 여전히 동일하다고 결론을 내린다(롬 1:18-3:9; 4:11f.). 이처럼 초점이 변화됨에 따라 바울은 로마서에서[74] 유일하게 "육신에 따른 이스라엘"의 상황을 자세히 논의한다(롬 9-11장).[75] 그리고 바울은 갈라디아서보다 하나님의 계획에서 율법이 갖는 역할을 훨씬 풍부하게 설명하려 한다. 이 모든 것은 우리가 갈라디아서에서 접한 것과 조금 다른 관점으로 율법을 논하고 있음을 보여준다. //32// 하지만 우리가 하나님이 율법을 주신 이유에 관한 문제를 다룰 때(2장) 이 '다른 관점'이 특별히 드러날 것이다. 무엇보다도 먼저 우리는 의가 율법의 행위로 말미암지 않는다는 구절들을 탐구할 것이다.

---

73. 이 책 68f.를 보라.
74. 고후 3:14f.에 나오는 훨씬 짧은 언급과 비교하라.
75. Beker가 로마서를 유대교와의 대화로 보고 바울이 회당과 벌이는 논쟁을 반영하는 것으로 보게 한 것은 바로 이 사실이 분명하다(각주 70; 특별히 다음을 보라. Beker, *Paul the Apostle*, 86). 그러나 심지어 9-11장에서 바울이 믿지 않는 이스라엘의 지위를 직접 거론할 때도 3인칭으로 한다. 직접적으로 말한 유일한 사람은 이방인 그리스도인이다(11:13-24). 2:17에 나오는 유대인에 대한 수사적 호칭은 아마 전승 자료에 근거를 두고 있을 것이다(이 책 123-35를 보라). 롬 7:1에 드러난 수신인은 정확하게 잘라 말할 수 없다. 어쨌든 암묵적인 대화 상대자에 관하여 이처럼 의견이 다르긴 하지만, 논쟁에 참여하는 모든 당사자들이, 그와 같은 유대교를 로마서에서 논의한다는 데 의견을 같이 할 것이다. 참조. Zeller, *Juden und Heiden*, 42f.

로마서 3:27-4:25

바로 이 구절은 다른 누구보다도 율법을 따르면 교만하게 된다는 이유로 바울이 율법을 반대했다고 생각하는 사람들을 위한 기초석이 되었다. 3:27에서 바울은 '믿음'이 '자랑'을 배제한다고 말한다. 그리고 이 '자랑'은 일반적으로 '자신의 공로를 쌓는 업적에 대한 자랑'으로 간주된다. 그래서 예컨대 베커(J. Christiaan Beker)는 바울의 공격 대상인 자랑을 유대인이 갖고 있는 '자신들의 도덕적 지위와 업적에 대한 자랑스러운 자기 의식'으로 서술했다. 그는 3:27의 '자랑'이 2:17, 23에 나타나는 용법을 취한 것으로 보지만, 3:27이 바울의 공격을 더욱 강하게 밀어붙인다고 생각했다. 바울은 3:27에서 (2:23처럼) 단지 부도덕한 행위를 비판하는 것이 아니라 유대인의 잘못이 "도덕적으로 되려는 시도로" 하나님의 뜻을 범하는 것임을 보여준다.[76]

휘프너는 이렇게 바울의 글을 읽는 방식이 어느 정도 문제의 소지가 될 수 있다는 점을 더욱 의식하고 있었다.[77] 그는 갈라디아서나

---

76. Beker, *Paul the Apostle*, 81-83.
77. Hübner, *Gesetz*, 96, 102 and nn. 86, 87, and 102을 보라. Hübner는 이 논쟁이 한편으로 불트만주의(Bultmannian)의 입장(각주 66)과 다른 한편으로 Wilckens의 입장(Wilckens, "Was heißt bei Paulus: 'Aus Werken des Gesetzes wird kein Mensch gerecht?'") 사이에 간단하게 있었던 것으로 본다.

구체적으로 이 구절을 혹은 일반적으로 바울의 글을, 율법을 이루는 것이 자랑하는 데 이르기 때문에 율법에 반대하는 것으로 읽는 것을 반대하는 주장에 대해서는 특별히 Räisänen, "Legalism and Salvation by the Law," 68-72 (72에서 Räisänen은 이전에 내가 취한 입장에 나오는 한 가지 모호한 점을 옳게 반대한다. 그리고 나는 그 점이 이 책에서 고쳐지기를 바란다).

고린도전후서에서 바울이 그리스도인으로 살려면 자랑해서는 안 된다고 확실하게 말하는 증거가 없음을 인정한다.[78] 본문 자체를 보더라도 로마서 첫 세 장은 그런 견해를 반영하지 않는다.[79] 거기서 바울은 율법을 이루었다는 자랑이 아니라 부적절한 행동을 비판한다. 하지만 휘프너의 말에 따르면, 롬 4장에 비추어 볼 때 3:27에 나오는 "행위의 법"이라는 표현은 율법의 왜곡된 사용, 즉 행위에 의한 의를 뜻한다는 사실이 더욱 분명해진다.[80] 그는 바울이 아브라함을 논하는 것을 그렇게 이해한다. 즉, 아브라함은 두 가지 방식으로 죄인이었다는 것이다. 첫째로 그는 의를 낳을 만한 행위를 이루지 못했고(이는 3:9ff.에서 추론할 수 있다고 주장한다), 둘째로 행위로 의롭다 함을 받기를 바랐다. 하나님은 아브라함의 믿음 때문에 이 두 가지 죄를 용서해 주셨다(4:7).[81] 그래서 이 단락을 해석함에 있어 휘프너는 바울의 율법

참조. van Dülmen, *Theologie des Gesetzes*, 87 ('공로와 믿음'이 아니라 모세의 율법과 믿음); Karl Hoheisel, *Das antike Judentum in christlicher Sicht* (Wiesbaden: O. Harrassowitz, 1978), 200: ἰδία δικαιοσύνη *"hat aber nicht das geringste mit 'Selbstgerechtigkeit' ... zu tun"* 〔ἰδία δικαιοσύνη는 '자기 의'와 아무런 관계가 없다〕.

78. Hübner, *Gesetz*, 81-93.
79. Ibid., 93-99.
80. Ibid., 99 (4:2는 행위-의의 자격을 박탈한다); 참조. 101f. 하지만 어느 정도 Hübner는 3:17에 있는 '행위의 *nomos*'라는 어구 자체가 바울이 자기 성취를 허용하는 율법이 될 때에만 그 율법에 반대한다는 것을 보여준다고 생각하는 것 같다(96).
81. Ibid., 101. 나는 롬 3:9-20 혹은 심지어 4:7이 아브라함을 직접 염두에 두고 있다는 것을 볼 수 없다. 하지만 이 요점은 결정적인 것이 아니다.

비판에 대한 불트만의 일반적 이해와 일치한다.[82]

그러므로 휘프너는 (1:18-3:26이 허용하는) 율법으로 인한 의로움과 (3:27 이하가 배제하는) '행위로 얻는 의로움'이 다르다고 제안함으로써 롬 1:18-3:26, 특별히 2:17-19을 로마서의 나머지 부분과 조화시킬 수 있었다. 두 단락은 충돌을 일으키지 않는다.[83] 율법의 왜곡된 사용과 올바른 율법 실천을 구별함으로써 휘프너는 또한 3:27에 나오는 "믿음의 법"을 모세의 율법으로 이해할 수 있었다.[84] 앞으로 보게 되겠지만 같은 맥락에서 휘프너는 잘못 사용된 율법만이 마침이 되었다는 견해를 취한다(롬 10:4).[85]

나는 이런 해석의 거의 모든 측면에 반대한다고 고백할 수밖에 없다. //33// 하지만 휘프너의 견해가 갖고 있는 다양한 측면을 하나씩 다루기보다 현재 본문에 대한 논의에 집중해서 지금까지 고수해 온 방침을 따르고자 한다.

무엇보다도 먼저 우리는 널리 인정되고 있는 것, 즉 롬 3:27에 나오는 "자랑"이라는 용어가 2:17, 23에 나오는 것과 동일한 용어라는 점에 주목해야 한다.[86] 2:17, 23에서 이 용어는 유대인의 특별한 지위

---

82. Hübner, *Gesetz*, 102을 보라.
83. Ibid., 102f.
84. 이 책 서론의 각주 26을 보라.
85. Hübner, *Gesetz*, 118.
86. 다음의 글도 같은 견해임. Wilckens, "Was heißt bei Paulus," 94; "Abfassungszweck," 1512; Räisänen, "Legalism and Salvation by the Law," 70; 참조. Hoheisel, *Das antike Judentum*, 201; van Dülmen, *Theologie des Gesetzes*, 86.

라는 가정을 이야기한다. 3:27에 나오는 이 용어를 달리 해석할 이유
가 있는가? 곧바로 이어지는 주장들은 다른 곳으로의 모든 방향 전
환을 거부한다. 바울은 계속해서 하나님이 유대인의 하나님이실 뿐
만 아니라 이방인의 하나님이시며(3:29) 하나님은 동일한 기초, 즉 믿
음 위에서 무할례자와 할례자를 의롭다 하신다(3:30)고 주장한다. 다
른 말로 하면, 이 주장은 동일한 지위를 옹호하고 특권을 반대한다.
특별히 특권적 지위에 대한 자랑을 반대한다.[87] 그런 자랑을 제거하
는 수단이 되는 *nomos*는 '믿음'이다. 즉 '바른 정신을 가지고 행하는
율법'이 아니라 바울이 방금 말한 것처럼 **모든 사람에게 차별이 없는**
예수의 속죄하는 죽음을 믿는 믿음이다(3:21-25). 특권적 지위를 자랑
하지 못하게 하는 것은 **모든 사람에게** 미치는 예수 그리스도를 믿는
믿음이다. 그러므로 3:27의 *nomos*를 "원칙"으로 번역하면 옳다. 이런
읽기에 기초할 때 3:27-30은 유대인과 이방인의 지위에 관한 앞의
전체 논의(즉, 둘은 동등하다)가 이루는 맥락에 완벽하게 맞아 떨어진다.

롬 4장에서 바울은 자신의 요점을 입증하기 위해 아브라함을 내
세운다. "만일 아브라함이 행위로써 의롭다 하심을 받았으면 자랑할

---

87. 특별히 다음의 글을 보라. George Howard, "Romans 3:21-31 and the Inclusion of the Gentiles," *HTR* 63 (1970): 233: 3:27-30은 "함께 하나의 것 즉 이방인의 포함을 지지한다." 그와 비슷하게 232: "공로의 행위에 반대하는 논쟁으로서 이신칭의(以信稱義)의 개념은 현대 기독교 신학에 두드러진다. 이런 이유로 [3:28은] 바로 앞에 있는 27절이나 뒤에 있는 29절이나 30절과 그다지 연결되어 있는 것처럼 보이지 않는다. 이 절은 모두 이방인이 [하나님 백성에] 포함됨을 암시한다; 이신칭의에 대한 현대의 이해는 그것을 암시하지 않는다."

것이 있으려니와 하나님 앞에서는 없느니라"(4:2). 여기서 나는 아브라함이 행위로 하나님 앞에 의롭다 함을 얻으려 **노력했다는** 견해,[88] 또는 율법을 따름으로써 의를 얻을 공로를 쌓으려는 노력이 인간의 죄를 형성하며 그래서 바울이 율법을 반대한다는 견해에 대한 암시를 전혀 볼 수 없다. 바울의 주장은 성경적-사실에 근거한 것이다: 아브라함은 의롭다 함을 받았는데 행위에 의한 것이 아니며 그래서 아브라함은 자랑할 수 없었다. 이어서 바울은 아브라함이 할례를 받지 않은 상태였다는 것에 주목할 것이다(4:10). 하지만 현재로서는 창 15:6이 성경의 증거로 남아 있다. 창 15:6에 아브라함이 믿음으로 의롭다고 인정되었다고 기록되어 있기에 아브라함은 행위로 의롭다 함을 받은 것이 아니다. 이는 하나님이 아브라함을 어떻게 의롭다 하시는지 보여주는 모범적인 모형(paradgmatic type)이[89] 된다: 의는 믿음

---

88. Räisänen, "Legalism and Salvation by the Law," 70 n. 43을 보라: "바울이 아브라함은 행위로 의롭다 함을 얻으려 시도했고 그의 태도가 자랑하는 자의 태도와 같았을 것이라고 말하지 않는 점을 주목하라." 또 다음의 글을 보라. Howard, *Crisis in Galatia*, 56: "바울은 아브라함이 하나님 앞에 자랑할 것을 갖고 있다는 점을 부인할 따름이다." 나의 읽기는 약간 다르다: 창 15:6이 다르게 말하기 때문에, **아브라함은 사실상** 행위로 의롭다 함을 얻지 못했으니 행위를 기초로 하여 사람이나 하나님 앞에 자랑할 것이 없었다. 아브라함이 행위로 의롭다 함을 받았다 해도, 그는 하나님 앞에 자랑할 수 없었다. 왜냐하면 하나님은 믿음으로 의롭다 하시기 때문이다. 어쨌든 Räisänen과 Howard와 필자는 이 구절에서 행위로 의롭다 함을 받기 원하는 점에 관한 내용이 전혀 없으며(이는 각주 81에 나오는 Hübner의 견해와 반대됨) 확실히 자기 의의 태도에 관한 내용도 전혀 없다는 데 의견이 일치한다.

89. 모형으로서 아브라함에 관해서는 다음을 보라. Leonhard Goppelt, *Typos* (Gütersloh: Gerd Mohn, 1939), 164-69; Hanson, *Studies in Paul's Technique and Theology*, 79 (물론 바울이 실제로 아브라함은 "언제나 가능하게 접근

으로 말미암는다; 의는 언제나 믿음으로 말미암았다; 하나님은 그렇게 역사하신다. 그래서 우리는 4:2-3을 다음과 같이 바꿔 쓸 수 있다. 곧, '성경은 아브라함이 믿음으로 의롭다고 인정되었다고 명시적으로 말했기에 아브라함은 행위로 의롭다 함을 받은 것이 아니다. 만일 아브라함이 행위로 의롭다 함을 받았다면 자랑할 수 있었을 것이다. 하지만 하나님 앞에서는 자랑할 수 없으니 이는 성경에 따르면 하나님이 믿음으로 인해 그를 의롭다 하셨다고 말하기 때문이다.'

롬 4:3에 인용된 창 15:6은 4:2의 두 부분에 대답을 준다. 이 인용문은 아브라함이 사실상 행위로 의롭다 함을 받지 않았고 또한 하나님이 믿음만 중요하게 보시므로 어쨌든 행위는 의에 이르는 데 중요하지 않다는 것을 보여준다. //34//

4:2에서 아브라함 인용을 이해하려면 바울이 이끌어내는 결론을 살펴보아야 한다. 아브라함의 사례는 하나님이 할례자를 대하시는 것과 같은 토대에서 무할례자를 대하실 것임을 보여준다(4:9-12). 이 논증의 요지는 바울이 4:13에서 매우 많은 말로 진술하는 바, 구원론적 사실을 옹호한다. 즉, 아브라함과 후손에게 주신 약속은 율법과 관련되어 있지 않고 믿음과 관련되어 있었다는 것이다. 특히 4:14은

할 수 있었던 보편론"을 대표하고 주장한다는 점에 대하여 의심하는 사람이 있다. 이는 '우리'[4:24]에게 유일하게 적용된다); Luz, *Geschichtsversändnis*, 181 (아브라함은 믿음으로 의롭다 함의 예다. 그러나 그는 이전 역사와 이후 역사와 떨어져 있다). Stuhlmacher는 바울이 아브라함을 사용하는 것을 '범례적으로 역사적인(paradigmatically historical)' 것이라고 부른다("Interpretation von Römer 11:25-32," in *Probleme biblischer Theologie* [Munich: Chr. Kaiser, 1971], 563).

시사하는 바가 많다: 만일 '율법에 속한' 자들이 아브라함의 후사면 믿음은 헛것이다. 여기서 의에 이르는 수단으로 율법을 부정하는 것은 분명 특권적 지위를 반대하는 것이지, 공로에 대한 자랑에 반대하는 것이 아니다. 이 주장이 겨냥하는 것은 3:27에서 4:25까지 동일하다. 즉, 그리스도를 믿지 않는 유대인이다. 만일 "행위의 법"(3:27)이라는 표현과 "일하는 자"(4:4)라는 분사만 보면,[90] 휘프너가 제안하듯이 바울이 업적을 공격하는 것처럼 보인다. 그러나 바울이 비판하는 자들을 특징 짓는 다른 용어들, 즉 "유대인"(3:29), "할례"(3:30; 4:9, 12); "율법에 속한" 자들(4:14, 16)에 주목해야 한다—이 모든 표현은 지위에 초점을 두며 종교적 태도나 행동에 초점을 두지 않는다. 내가 '성경적-사실'이라고 불렀던 바울의 입장은 특히 이 장의 결론에서 분명하게 나타난다. 사실상 바울은 아브라함의 믿음이 의로 간주된다는 것을 성경이 아주 주의 깊게 쓰고 있다고 말한다. 이는 예수를 부활시키신 하나님을 믿는 자들이 의를 얻게 될 것임을 보여준다(4:22f.).

그러므로 두 개의 연관된 주제가 롬 3:27-4:25에 두드러진다: (1) 하나님은 동일한 토대, 즉 믿음 위에서 유대인과 이방인을 의롭다 하시며, 행위는 율법 순종에 결코 의존하지 않고 그 약속은 "율법에 속한" 자들에게 제한되지 않는다(3:29f.; 4:9-14, 16). (2) 아브라함의 경우는 그 요점을 입증한다. 아브라함은 믿음으로 의롭다 함을 받았다; 이는 율법과 아무 상관없었다(4:2-4, 10f., 13, 16f.). 두 가지 연관된 이 주제를 떠받치고 있는 것은 하나님의 의도에 대한 견해다. 하나님의 사

---

90. Hübner, *Gesetz*, 96, 101f.

례는 하나님이 일하시는 방법을 보여준다. 그 약속에 아브라함의 모든 후손, 즉 '율법에 속한' 자들, 말하자면 유대인이 아니라 믿음을 갖는 모든 자를 포함하려는 하나님의 의도 때문에 의는 믿음에 의해 주어진다(4:16). 아브라함의 믿음이 의로 인정받았다는 창세기의 진술은 현재 적용될 수 있으며, 하나님의 의도와 의롭다 하시는 기초는 결코 변하지 않았다(4:23f.).

그러므로 바울의 주장의 주요한 노선은 분명하다. 29-30절에서 3:27의 내용이 계속되는 것으로 볼 때, 요점은 유대인과 이방인이 같은 기초 위에서 하나님 백성에 포함될 것이라는 사실이다. 또한 이와 유사하게 4:9-25에서 아브라함 이야기를 사용한 것을 볼 때, 바울은 일차적으로 이방인의 지위에 관심이 있었고 '율법에 속한 자들'(유대인)이 특권을 가졌다는 것을 부인하고 하나님이 과거와 마찬가지로 지금도 동일한 기초 위에서 의롭다 하신다고 단언하는 데 관심이 있었다. //35// 롬 3:29-30과 4:9-25의 논증의 요지는 율법을 이루는 것에 대한 자랑을 율법의 잘못된 사용으로 반대하는 것이 아님을 보여주는 것 같다. 그러나 4:4은 어떤가? 이 구절은 마치 하나님이 빚졌다는 듯이 "보상"을 주장하는 태도에 반대하고, 은혜로운 선물인 의를 받아들이는 태도를 옹호하고 있지 않는가? 실제로 그렇다. 다른 구절들은 바울이 그리스도의 십자가 외에 그 어떤 것이라도 자랑하는 것에 반대했다는 점을 보여준다(갈 6:14; 참조. 롬 11:17-20에 나오는 자랑하는 이방인에 대한 비판과 고전 1:26-31에 나오는 자랑하는 사람에 대한 비판). 그리고 바울이 의를 바라고 하나님의 은혜에 의존하는 태도를 옹호했다는 것 역시 의심의 여지가 없다(롬 3:24도 역시 마찬가지다). 하지만 여기에는 율법을 지키는 것이 잘못된 태도로 이어지기 **때문에** 율법은 실패했다고 바울이 생각했다거나, 또는 자랑에 반대하는 것이 의가 율법으로 말미암지 않는다는 사실을 **설명한다는** 표시는 전혀 없다. 롬 3:27-4:25의 연속된 주장은 자기 의의 태도가 아니라 하나님의 구원 계획에 관심을 둔다. 이 구원은 아브라함 이야기에서 분명히 진술되었으며 이제 그리스도를 믿는 자들에게 차별이 없이 미치게 되었다.

우리는 지금까지 바울이 3:27-4:25에서 율법에 의한 의에 반대한 것이 율법을 순종하면 생기는 자기 의라는 추정된 태도에 근거를 두고 있는지 여부에 초점을 두었다. 왜냐하면 최근 학자들의 논의에 전면으로 나온 것이 바로 이 주장이기 때문이다. 하지만 우리는 롬 4장이 (모든 사람이 범죄한다고 주장하는) 1:18-3:26을 따른다는 점에 주목해야 한다. 이미 언급했듯 롬 5장에서도 바울은 모든 사람이 죄를 범했다고 말한다. 그러므로 이 단락에서 율법에 의한 의에 대한 반대 배후에 놓인 것은 범죄라는 보편적 사실이라고 제안할 수 있다.

사실상 이것은 바울의 주장이 갖고 있는 순서다: 이방인은 "그 마음에 새긴" 율법의 행위에 따라 죄를 범한다(롬 2:15); 유대인은 모세에게 주신 율법에 따라 죄를 범한다(2:21-24); 모든 사람이 죄 아래 있다(3:9); 모든 사람이 죄를 범했다(3:23); 의는 믿음으로 말미암는다(3:24). 롬 5장에서도 마찬가지다: 모든 사람이 죄를 범했다(5:12); 모든 사람이 아담의 범죄로 정죄받았다(5:18f.); 모든 사람(또는 많은 사람)이 그리스도로 말미암아 의를 얻는다(5:18f.). 이렇게 바울은 보편적 죄악됨을 논증으로 호소하는 것이 분명하다. 하지만 결론이 이 논증에 근거를 두고 있다기보다 이 논증이 결론에 근거를 두고 있음은 자명하다. 보편적 죄악 됨의 진술들은 일관성이 별로 없다. 이 책 제3장 부록에서 자세히 다루겠지만 롬 1:18-2:29은 실제로 보편적 범죄를 옹호하는 일관적이거나 성공적인 주장이 아니다. 롬 2장은 율법에 의한 의의 가능성을 실제적인 것으로 반복해서 주장한다. 더 나아가 롬 2장과 롬 5장의 진술은 조화되지 않는다. //36// 롬 2장은 바로 그 율법이 모든 사람을 심판한다고 주장하고, 롬 5:12-14은 아담으로부터 모세까지 죄가 율법 없이도 사망을 초래했다고 주장한다. 그리고 나서 바울은 죄를 죄로 여기려면 율법이 필요하지만, 율법이 없이도 죄가 죄로 여겨졌다고 일관성 없이 말한다(5:14, 18). 보편적 범죄를 말하는 진술의 다양성과 비일관성, 특히 이것이 율법과 연관되어 있으며 동시에 율법과 별개의 인간 상황이었다는 사실은 율법 성취의 어려움이 믿음으로 말미암는 의를 떠받치는 기초가 아니라는 결론에 도달한다. 바울의 주장은 귀납적-경험적인 것처럼 보이지만, 인간의 범죄를 말하는 다양한 진술은 바울이 다른 근거에서 나온 입장을 옹호하는 논증임이 분명하다. 롬 1:18-2:29과 5장은 바울의 견해를 떠받치는 기초가 율법에 대한 인간의 무능함이라는 결론에 이르지 않는다.[91]

로마서 9:30-10:13

율법에 관하여 롬 9-11장에 나오는 바울의 주장은 또한 바울의 구원론에 기초를 두고 있다. 현재 논의의 목적을 위하여 우리는 롬

---

91. 참조. *PPJ*, 474f.

9:30-10:13만 고찰할 것이다.

이 구절 또는 그 구절의 일부는, 처음에는, 율법에 대한 바울의 반대가 실제로 율법 준수에 대한 율법주의적인 방식을 반대한다는 사실을 가장 잘 보여준다. 더 나아가 바울이 유대교 또는 적어도 비그리스도인 유대인의 율법주의를 비난한다는 점을 입증하기 위해 이 단락이 사용되어왔다. 이러한 이해는 9:30-32a에 대한 한 가지 그럴듯한 읽기와 10:3의 *tēn idian*에 대한 강조에 근거할 수 있다.

9:30-31의 번역상의 난점은 잘 알려져 있다. 다소 문자적으로 번역하면 이렇다: "의를 좇지 아니한 이방인들이 의를 얻었으니 곧 믿음에서 난 의요, 의의 법을 좇아간 이스라엘은 법에 이르지 못했다 (But Israel, though pursuing a law of righteousness, did not reach law)." 여기서 마지막 문장이 문제다. 엄밀하게 말해 이스라엘의 과실이 무엇인가? 그들이 율법으로 의에 이르지 못했다거나 그들이 율법을 이루지 못했다는 것인가? 코이네(koine) 사본 유형은 뒤에 나오는 "법"을 "의의 법"으로 대체하여 이 문제를 풀었고, 많은 학자들은 뒤에 나오는 "법"을 "의의" 법 또는 "그 법"으로 이해해야 한다고 주장함으로써 이를 해석했다.[92] 이 경우 '의'는 마지막 동사의 목적어에 포함된다.

---

92. 그러므로 다음과 같은 예가 있다. Stuhlmacher, "Das Gesetz als Thema biblischer Theologie," *ZTK* 75 (1978): 276 ('이 율법'); Hahn, "Das Gesetzverständnis," 50 (이 *nomos dikaiosynēs*); Käsemann, *Romans*, 277 ("그런 법으로 나아가지 않았다"), in *An die Römer* (Tübingen: J. C. B. Mohr [Paul Siebeck], 1974), 267, 독일어 원문은 이렇다. "*drang jedoch zu [solchem] Gesetz nicht vor*"; Wilckens "Abfassungszweck," 163 (표현을 바꿔 쓰면 이렇다. "이스라엘은 그 목적, 즉 의에 이르지 못했다"); Richardson, *Israel*, 133 ("이스라

크랜필드(C. E. B. Cranfield)는 한 단어를 추가하여 문장 마지막에 나오는 '법'을 수정함으로 의미를 더 낫게 만드는 것에 강력하게 반대했다.[93] 만일 이를 받아들이고 9:30-32a 뒤에 9:30b-10:13이 나오지 않는다면 이 까다로운 구절에 대한 크랜필드의 이해는 가장 그럴 법 할 것이다: '의를 좇지 아니한 어떤 이방인들은 그러면서도 의를 받았는데, 이 의는 분명 믿음에 근거를 두고 있다. 그러나 의에 이르는 법을 좇은 이스라엘은 율법을 이루는(fulfilling) 데 성공하지 못했다. 왜 그런가? //37// 그들은 의가 믿음에 기초를 두지 아니하고 행위에 기초를 두는 듯이 율법을 좇았기 때문이다.' 이 이해에 따르면, 이스라엘이 다른 방식으로[94] 율법을 좇았다면 자기 의를 세우기 위하여 행하는 외적인 행위로서가 아니라 하나님의 선물을 의지하여—그리스도와 상관없이—율법을 이루어 의를 얻었을 것이다.

물론 크랜필드의 해석에서 첫 번째이며 비교적 사소한 난점은 *ephthasen* 동사에 대한 이해다. 보통 이 동사를 "성취하다"라는 뜻으로서 "이르다" 혹은 "얻다'"로 번역한다.[95] 하지만 중요한 난점은 이

엘은 추구하고 있었지만, 추구하던 바를 얻지 못했다").
93. C. E. B. Cranfield, *The Epistle to the Romans*, vol. 2 (Edinburgh: T. & T. Clark, 1979), 504-6.
94. Ibid., 509. 또한 다음의 글도 마찬가지 의견임. C. K. Barrett, "Romans 9:30-10:21," in *Essays on Paul* (Philadelphia: Westminster Press, 1982), 143.
95. RSV의 번역을 주목하라. "그 율법을 이루는 데 성공하지 못했다." *ephthasen* 에 관해서는 다음을 보라. 마태복음 12:28과 누가복음 11:20에 대한 C. H. Dodd의 논의 (*The Parables of the Kingdom*, rev. ed. [London: William Collins Sons, 1961], 29). Cranfield의 해석과 그의 번역이 보이는 차이점에 관해서는 아래의 각주 127을 보라.

단락의 나머지 주장이 크랜필드의 해석과 반대된다는 것이다.

무엇보다도 우리는 롬 9:30-33이 10:21에서 매듭 짓는 논의의 출발이라는 사실을 언급해야 한다. 앞에 나오는 '남은 자' 관련 구절과 9:30에는 뚜렷한 단절이 없는 반면, "그런즉 우리가 무슨 말 하리요"라는 질문은 주장이 새로운 국면으로 접어든다는 것을 표시한다. 예컨대 뭉크(Munck)는 9:30-10:21을 9-11장의 중심 단락으로 보았다. 이 단락은 "그리스도 안에서 하나님이 여시는 구원의 길, 즉 믿음으로 의롭다 하심을 설명하고 하나님이 구원으로 부르시는 데 결코 지치지 않으심을 분명히 하는 데 이바지한다. 그리고 하나님의 부르심에는 이스라엘이 포함된다."[96] 다른 수많은 학자들은 9:30-33과 이어지는 내용 사이의 연관성에 주목해왔다.[97] 이 구절의 구조를 자세하게 결정하려는 시도 없이 우리는 단지 9:30-32a의 해석이 다음 내용의 문맥 내에서 이해되어야 한다는 점을 강조하면 될 것 같다.

곧이어 나오는 내용은 이스라엘이 믿음이 아니라 행위를 가지고 목표를 좇았다는 바울의 진술을 분명하게 한다: 그들은 하나님(9:33의 혼합된 인용문에 나오는 "나")이 시온에 두신 부딪히는 돌에 걸려 넘어

---

96. Munck, *Christ and Israel*, 78f. 나는 9:30-10:4이 예수의 지상 생애를 가리키고 10:5-21이 바울의 현재 상황을 가리킨다고 보는 뭉크의 견해를 따를 수 없다.

97. 참조. Zeller, *Juden und Heiden*, 122: 9:30은 '수수께끼 같다.' 하지만 9:30-33은 10장의 서막이다. 루츠(*Geschichtsverständnis*, 31)는 9:30-33과 10:1-3을 병행구로 서술하면서 그 둘의 매우 엄격한 상관 관계를 제안한다. 두 구절은 사람이 의를 얻는지 못 얻는지 규정하는 데 결정적인 점으로 그리스도를 언급한다.

졌다. 이 인용문의 의미에 대한 가장 단순한 해석과 일반적으로 받아들여지는 해석은 아마 옳을 것이다. 즉, '부딪히는 돌'은 그리스도이며, 그를 믿는 자는 부끄러움을 당하지 않을 것이다.[98] 그러므로 "믿음에 의지하지 않고 행위에 의지함이라"에 대한 설명은 '그들은 그리스도를 믿지 않았다'는 것이지, '그들은 그릇되게 의를 바라고 애썼고 그럼으로써 오직 자기 의를 얻었다'는 것이 아니다. 이스라엘의 실패는 올바로 율법을 순종하지 않는 것이 아니라 그리스도를 믿지 않았다는 데에 있다.[99]

이런 식의 주장이 계속된다. 이스라엘은 목표를 추구하는 방식에서 잘못이 아니라—열정적으로 추구했고, 바울은 '열심'이라는 뜻에서 열정에 찬성한다[100]—목표가 잘못 파악된 무지를 통해 취해졌기

---

98. Paul Meyer는 9:32b-33에 대한 이런 이해의 대안을 제시한다("Romans 10:4 and the End of the Law," in *The Divine Helmsman* [New York: KTAV, 1980], 64를 보라). 걸림돌은 잘못 인도하는 토라다(참조. 롬 7장). '그를 믿는다'는 구절은 하나님을 믿는 믿음을 가리키며, 바울의 주장은 그리스도 중심적이라기보다 하나님 중심적이다. Meyer의 주장에 따르면, 9:33에서 그리스도를 발견하기 위해서 "단순히 여기서는 바울이 10:4에서 자신이 그리스도를 언급하는 일을 예상하고 있는 것으로 … 읽어야 한다." Meyer는 한 편지에서 *pisteuein epi* (33절에 나온 인용문)는 바울의 통상적인 용례가 아니라고 내게 지적하고 *pisteuein*이 롬 4:16f.와 10:9b의 지지를 받는 요점, 즉 그 율법을 믿는 믿음만을 가리키기 위하여 이 말의 용법이 아직 고찰되지 않았을 것이라고 주장했다. 나는 일반적으로 *pisteuein*과 구체적으로 *pisteuein epi*에 관한 언급에 전적으로 동의한다. 하지만, 이 구절을 가장 단순하게 읽으면, '돌'은 *autōi*의 선행사이며 둘 다 그리스도를 가리킨다. Meyer가 인정하듯이, *lithon* 과 *autōi*가 의도하던 지시체를 바꾸면 섣부르다.
99. Räisänen, "Legalism and Salvation by the Law," 71.
100. 참조. 고후 9:2.

때문이다. 그들은 하나님의 의에 관하여 몰랐고 그래서 자신의 의를 좇았다(10:3). 그들 자신의 의와 하나님의 의가 이루는 대조는 4절에서 설명된다: "그리스도는 율법의 마침이 되시는데, 이는 믿는 **모든 사람에게 의가 되려 함이다**." //38// 여기서 바울은 롬 3-4장의 주제 가운데 하나, 즉 하나님의 의는 그리스도로 말미암아 동일한 기반에 서 있는 모든 자에게 믿음에 기초하여 미친다는 것을 되풀이한다. 만일 하나님의 의가 그리스도를 믿음으로 말미암는 의이자 유대인과 마찬가지로 이방인에게 미치는 의라면, 유대인이 열정적으로 좇은 유대교의 의는 율법 지킴이라는 기초 위에서 오직 유대인만이 누릴 수 있는 의다.[101] 다른 말로 하면 "그들의 의"는 '개인이 자신의 공로를 하나님께 주장하는 자기 의'가 아니라 '유대인만 얻을 특권을 가진' 의를 뜻한다. 이 주장은 기독론적이며 유대인과 이방인의 동등성이라는 원칙을 중심으로 이루어진다.

확실히 롬 10:1-3은 율법이 자기 의에 이르게 하기 때문에 바울이 율법에 반대했다는 견해를 확증하는 것으로 이해되었다. 그래서 헤르만 리더보스는 '열심'을 논평하면서 이렇게 말한다: "율법에 대한 열심은 사람을 하나님으로부터 소외시킬 수 있을 따름이며 엄밀하게 말해 죄인으로 낙인 찍는 효과를 가지고 있다."[102] '그들의 의'는 이렇게 해석된다: "친히 의와 생명을 보장하기를 바라는 것은 이미 근본적으로 죄악이 된다. 실로 이는 특별히 심한 인간의 죄다."[103] 베

---

101. 참조. van Dülmen, *Theologie des Gesetzes*, 127.
102. Ridderbos, *Paul*, 139.
103. Ibid., 142.

커도 바울이 뜻하는 바를 일반적으로 바꾸어 말한다.

> 나는 '신앙 고백 차원에서' 그리고 사람들 앞에서 열심히 하나님과 내 이웃을 시중드는 일에 참여하지만, 은밀하게 나 자신의 의를 추구하고 있다(롬 10:3). 그리스도의 주 되심이라는 관점에서 볼 때, 율법 아래 있는 사람은 *homo incurvatus in se* (본질적으로 안으로 비뚤어진 사람: 루터)다.[104]

나는 이런 종류의 해석이 당황스럽다고 고백하지 않을 수 없다. 바울은 저 구절과 관련하여 이처럼 개인화되고 일반화된 해석에 근접한 말을 전혀 하지 않는다. 바울은 '열심'을 '죄'와 동일하게 보지 않으며, 오히려 그것이 유대인의 명예라는 점에 동의한다. 물론 유대인이 그런 열심을 가지고서 잘못된 목표를 추구했다. 위에서 지적한 것처럼 10:3에 나오는 *tēn idian*은 명백히 "그들 자신의" 의일 뿐 "나 자신의" 의가 아니다. 율법에 의하여 미치는 '그들 자신의' 의와 대조를 이루는 것은 '하나님의 의' 명백히 '참된' 의다.[105] 이 의는 두 가지 특성을 갖는다. 이 의는 믿음으로부터 발생하며 **모든** 사람에게 미친다(10:4).[106] 그러므로 '그들 자신의' 의는 자기 의가 아니라 율법을 따르는 자에게만 한정되는 의로 특징지어진다.[107]

---

104. Beker, *Paul the Apostle*, 247. 참조. 106.
105. 두 가지 의에 관해서는 이 책 43-45을 보라.
106. 참조. Howard, *Crisis*, 76.
107. 참조. Gaston, "Paul and the Torah," 66: '그들 자신의 의'는 개별 유대인이

아마 롬 10:4은 바울서신에 나오는 그 어떤 구절보다 많은 관심을 받았을 것이다. '목표'나 '마침'으로 번역될 수 있는 *telos*를 중심으로 많은 논쟁이 있었다. 어떤 해석이든 바울의 글에 나오는 다른 구절로부터 도움을 받을 수 있다. 그리스도인이 더 이상 율법 아래 있지 않다는 바울의 견해(롬 6:15; 7:4; 갈 2:19)는 율법이 마침이 된다는 바울의 말로 쉽게 끝날 수 있다. //39// 사람들이 믿음으로 구원을 얻을 수 **있도록 하기 위해** 율법이 사람을 속박하는 기능을 한다는 것(갈 3:23f.)은 그리스도께서 율법이 가리키는 목표라는 진술에 도달할 수 있을 따름이다. 더 나아가 이 쟁점을 복잡하게 고찰하기 위하여 우리는 10:4에 나오는 *telos*에 대한 두 해석이 서로 배타적이지 않다는 점에 주목할 수 있다. 그리스도는 (그리스도인을 위하여) 율법을 끝내실 수 있고 동시에 율법의 목적을 이루실 수 있었다.

나는 10:4에 나오는 *telos*가 일차적으로 "마침"을 뜻한다는 견해를 옹호하는 편이지만, 이 문제는 전체 주장을 이해하는 데 결정적이지 않다. 어쨌든 그리스도께서 가져다주신 의의 분명한 특징은 이 절의 '모든 믿는 자에게'라는 말에 분명하게 나타난다. 하지만 바울이 말하고자 하는 엄밀한 뜻을 이해하기 위해서는, *eis dikaiosynēn*, 즉

언약의 하나님께 반항하면서 자신의 행위로 스스로 의롭다 하려고 했다는 뜻이 아니라, 전체 이스라엘이 하나님의 의를 해석하되 이방인을 제외한 이스라엘만을 위한 의의 상태를 수립하는 것으로 해석했다는 뜻이다. 또한 다음의 글을 보라. George Howard, "Christ the End of the Law: The Meaning of Romans 10:4ff.," *JBL* 88 (1969): 336: "'그들 자신의 의'는 '이방인을 제외한 그들의 집단적인 의〔collective righteousness〕"다.

"의 안으로"라는 표현의 힘을 이해해야 한다.[108] 이 구절은 목적절이 아니다. 그리고 바울은 다른 곳에서 한편으로 율법 및 다른 한편으로 믿음과 의의 관계를 말하려 할 때 이 어구를 사용한다(롬 5:20f.; 갈 3:22, 24).[109]

가장 비슷한 병행구는 롬 3:22이다: "예수 그리스도를 믿음으로 말미암아 모든 믿는 자에게(eis pantas tous pisteuontas) 미치는 하나님의 의." 앞의 구절과 비슷하긴 하지만 이 절은 10:4에 나오는 *eis dikaiosynēn*의 문제를 해결하지 못한다. 3:22에서 *eis pantas*는 *dikaiosynē*에 의해 좌우된다. 바울은 '모든 믿는 자를 위한' 하나님의 의를 논의하고 있다. 하지만 10:4에 나오는 *eis dikaiosynēn*의 선행사는 결코 분명하지 않다. 어떤 사람은 이것을 *telos*와 직접 연결시키곤 했다. 그래서 *telos*를 "목표"로 이해하는 폴 마이어(Paul Meyer)는 "믿는 모든 자를 위하여 의에 이르고자 하는 … 율법의 의미"로 번역한다. 그는 이 절을 다음과 같이 전체로 바꾸어 쓴다: "왜냐하면 믿는 모든 사람을 위하여 의에 이르기 위하여 율법의 의미와 목표는 (다름 아닌) 그리스도이기 때문이다."[110] 프란츠 무스너(Franz Mussner)도 *eis dikaiosynēn*을 *telos*

---

108. 몇몇 학자는, 이 절의 해석이 *telos*보다는 *eis dikaiosynēn*의 이해에 의존한다고 지적했다. 다음을 보라. C. K. Barrett, *A Commentary on the Epistle to the Romans* (New York: Harper & Row, 1964), 144-53; Meyer, "Romans 10:4 and the End of the Law," 61. 여기서는 *eis dikaiosynēn*에 대한 몇 가지 해석을 제시한다.
109. 목적절의 용법에 관해서는 이 책 66를 보라.
110. Meyer, "Romans 10:4 and the End of the Law," 68. *telos*를 이 문장의 주어로 만들고 *Christos*를 주격 술어로 만드는 것은 필요 없이 어색해 보인다.

에 직접 연결시키기는 하지만 *telos*를 "마침"이라는 뜻으로 이해한다. 그는 이렇게 번역한다: "그리스도는 믿는 모든 사람을 위하여 의에 이르는 율법의 마침이다."[111] 무스너의 견해에서, 이 어구는 그리스도가 믿는 자들의 의를 위한 율법의 마침이라는 뜻이지만, 이스라엘이 믿음 없는 상태에서 율법에 의하여 의롭게 될 수 있는 가능성을 열어둔다. 그리스도는 그리스도인의 의에 관해서는 율법의 마침이지만, 유대인들에겐 반드시 그렇지는 않다.[112]

어휘를 연구하거나 문법과 구문을 고찰하더라도 의심할 수 없는 결과를 얻지 못한다. 학자들은 바울 율법과 의에 대한 일반적인 이해와 즉각적인 문맥 구성에 따라 이 구절을 계속 해석할 것이다. 여기서 할 수 있는 것은 기껏해야 그 구절에 사용된 읽기와 그 읽기를 선택한 이유를 보여주는 것에 불과하다. 먼저 *eis dikaiosynēn*이 목적이나 결과, 즉 "~을 위하여"나 "~로 끝나는"일 가능성이 다분히 있는 것 같다. //40// *eis*에 대한 이 해석을 지지하기 위해 몇몇 구절을 증거로 가져올 수 있다: 롬 5:18, *eis katakrima, eis dikaiōsin zoēs*; 빌 1:19, *eis sōtērian*; 롬 10:1, *eis sōtērian*; 10:10, *eis dikaiosynēn, eis sōtērian*.[113] 둘째

---

111. "그리스도는 모든 믿는 사람의 의에 이르는 율법의 마침이다." 다음을 보라. Mussner, "'Christus [ist] des Gesetzs Ende zur Gerechtigkeit für jeden, der glaubt' (Rom 10, 4)", in *Paulus-Apostat oder Apostel* (Regensburg, 1977), 31-44.

112. Ibid., 40-44.

113. 다음을 보라. C. F. D. Moule, *An Idiom Book of New Testament Greek*, 2d ed. (New York: Cambridge University Press, 1959), 70. Moule은 '아마'라는 말을 서두에 달아 놓고, "그리스도는 의를 얻기 위하여 율법주의의 마침이 되신다"고 번역한다.

로 *eis dikaiosynēn*은 오직 *telos*나 *nomou*를 수식하는 것 같지 않다(후자를 수식한다면, 그리스도는 율법의 다른 측면에서가 아니라 의에 이르는 길로서 율법의 마침이라는 뜻이 될 것이다).[114] 케제만(Käsemann)과 다른 이들을 따라서 우리는 *eis dikaiosynēn*으로 시작하는 이 구절이 선행하는 전체 절(clause)을 수식하는 것으로 이해할 수 있다.[115] 그럴 때 읽기는 이렇다: 그리스도는 율법의 마침이다; 그 결과 의는 모든 믿는 자에게 미친다. *telos*를 '목표'로 번역하더라도 뜻이 크게 달라지지 않을 것이다.[116] 그리스도의 재림의 결과로 의가 **모든 믿는** 사람에게 미친다는 진술에 비중이 쏠릴 것이다.

바레트(C. K. Barrett)는 구문을 이렇게 이해하면서도 의에 역점을 둔다: "현재 구절을 이해하는 열쇠는 '의를 이룸으로써'(by realizing righteousness: 한글개역성경에는 '의를 이루기 위하여'로 되어 있음. ⓒ)라는 말에 있다(말 그대로 하면 "의로", "~로"(unto)는 목적 혹은 목표를 표현함). 그리스도

---

114. 참조. Bultmann, *Theology*, vol. 1, 341. Cranfield, *Romans*, vol. 2, 519f. n. 2에서는 어떤 사람들이 10:4을 율법의 마침이 의를 얻는 수단이라는 뜻으로 보는 것에 주목하지만, 그 경우에 *eis dikaiosynēn*은 곧바로 *nomou*를 뒤따라왔던 것이 분명하다고 옳게 지적한다. 이런 구성을 놓고 보면, '모든 믿는 자'와 '의에 이르는'을 연결하기가 어렵다.

115. Käsemann, *Romans*, 283.

116. 그래서 *telos*를 목적으로 읽지만 *eis*를 결과를 나타내며 전체 선행절을 수식하는 구의 시작으로 이해하는 Cranfield는 이렇게 번역한다. "만일 그리스도가 율법의 마침이라면, 따라서 모든 믿는 자는 의의 지위를 얻을 수 있게 된다." 롬 9:30-10:13에 대한 Cranfield의 견해와 바울의 율법관에 대한 그의 전반적인 이해(즉 바울은 율법의 율법주의적 오용에만 반대했다는 견해)에 대하여 나는 의견을 달리하지만, 10:4에 대한 그의 해석이 구문과 문맥에 일치한다고 생각한다.

는 무질서를 위해서가 아니라 의를 위하여 율법의 마침이 된다."[117] 하지만 문맥은 '모든'과 '믿음'을 강조할 것을 요구하는 것 같다. 이 논의는 "이스라엘"과 "이방인"(롬 9:30f.)에서 시작하여 이스라엘 "자신의" 의가 하나님의 의와 같지 않다는 것을 주장하게 된다(10:3). 바울은 거기에 이어서 "율법에 기초를 둔 의"와 "믿음에 기초를 둔 의"를 대조할 것이다(10:5f.). 그래서 쟁점은 '의' 대 '무질서'가 아니라 '믿는 모든 사람을 위한 의' 대 '율법을 행하는 유대인을 위한 의'이다.

우리가 보았듯이, 어떤 사람은 롬 10:4에서 율법을 **어떻게** 지킬 것인지에 관하여(그리스도는 율법주의를 끝내는데 여기서 말하는 율법은 율법 자체가 아니라 자기 의로 왜곡된 율법이다)[118] 혹은 율법이 끝나게 되는 자들에 관하여(그리스도는 '믿는 자들'을 위해서만 율법을 끝내시지 여전히 율법으로 의롭게 될 소망을 가질 유대인을 위해서는 반드시 율법을 끝내시는 것이 아니다)[119] 한 가지 구분을 발견한다. 하지만 바울 자신의 구분은 10:5-6에 나타나는 확실한 말로 진술되어 있다: "율법에 의한 의가 있고 믿음에 의한 의가 있다." 휘프너는 이 절 역시 율법을 지키는 두 가지 방법의 대립을 뜻하는 것으로 읽는다. 그는 롬 10:5이 율법주의적 자기 업적으로 왜곡되지 않을 때 율법이 생명에 이른다고 모세가 옳게 진술했다는 점을 말한다.[120] 그러나 이 절을 좀 더 자연스럽게 읽으면 우리는 좀 더

---

117. Barrett, *Romans*, 197f.
118. Moule (n. 113); Hübner (*Gesetz*, 118, 129). 참조. Longenecker (*Paul*, 144-53): 바울은 하나님의 표준과 심판으로서 율법(바울이 승인하는 율법)과 계약에 의한 의무로서 율법(바울이 폐지하는 율법)을 구분한다.
119. 각주 111에 나오는 Mussner의 의견.
120. *Gesetz*, 93에 넌지시 비치는 이 견해는 다음의 책에 좀 더 충분히 표현되었

나은 뜻을 얻는다: 율법에 기초를 둔 의가 있고 이 의에 관하여 모세는 "사람이 이를 행하여 그로 인하여 살리라"(레 18:5)고 썼다. 그러나 바울이 이어서 말하듯, 성경은 다른 의, 곧 "우리가 전하는 믿음의 말씀"에 가까운 것이다. 사람이 그리스도를 주로 고백하고 그 마음에 하나님이 그리스도를 죽은 자 가운데서 일으키셨다고 믿을 때, **그때** 그 사람은 구원을 받을 것이다(10:9f.). 이는 다른 성경이 입증하는 바다: //41// "저를 믿는 **모든 사람은**(pas) 부끄러움을 당하지 아니하리라"(10:11). 현재의 주장은 다음에서 절정에 이른다: 유대인과 이방인이 **차별이 없다**. 그리스도는 **모든 사람**(pas)의 주다; 그의 부요함은 자신을 부르는 **모든 사람**(pas)을 위한 것이다; **모든 사람은**(pas) 주의 이름을 부르는 자는 구원을 얻을 것이다(10:12f.). 즉, 모세는 율법을 이루는 모든 사람이 '살' 것이라고 썼을 때 잘못이었다. 믿음에 근거하고 모든 사람에게 차별이 없이 미치는 또 하나의 의가 있는데 이 의가 구원하는 의다. 네 번 반복되는 *pas* ("모든 사람", "누구든지 ~하는 자"), '차별이 없음'이라는 표현, '율법에 의한 의'와 '믿음에 의한 의'의 명시적 대립은 이 주장의 요지를 명백하게 보여준다. 우리는 10:2부터 시작하여 그 주장을 이렇게 요약할 수 있다: '유대인은 하나님의 의에 대하여 무지했다. 그들은 하나님의 의를 열심으로 좇았지만 그것을 오해했다. 그들은 '자신의' 의를 좇았고, 그 의는 율법에 의한 것이다. 그리스도는 율법의 마침이다. 그리고 그 결과, 믿음에 근거를 두고

다. Hübner, "Der theologische Umgang des Paulus mit dem Allen Testament in Römerbrief," a paper presented to the Seminar on the Use of the Old Testament in the New, SNTS, 1980.

모든 사람에게 의가 미친다. 모세가 의로운 자들은 율법에 의하여 살 것이라고 말했지만, 성경은 참된 의가 믿음으로 말미암고 모든 믿는 자는 차별 없이 구원에 이르게 됨을 이야기한다.'

최근에, 바울이 믿음을 그리스도와만 연결시키는지, 그렇지 않은지에 관하여 토론이 벌어졌다. 바울의 사상은 그리스도 중심적이라기보다 하나님 중심적이었을 것이라는 제안이 있었다.[121] 롬 10:9에 나오는 "믿음"은 "하나님이 그를 죽은 자 가운데서 살리신 것을 믿는 믿음"이지만, 이 말에는 '그리스도를 믿는 믿음'보다는 '하나님을 믿는 믿음'이 담겨 있을 것이다.[122] 10:12-13의 "주"는 그리스도보다는 하나님일 것이다. 우리는 바울이 말하는 '믿음'의 하나님 중심적 의미를 지지하기 위하여 롬 4장을 인용할 수 있다.[123] 16절 이하는 유난

---

121. 롬 4장과 9-11장에 호소하는 이 입장에 관해서는, 특별히 다음을 보라. Meyer, "Romans 10:4 and the End of the Law," 59-78, 특히 67f. 또한 나는 이 요점을 이해하면서 Meyer 교수와 서신 교환에 힘입은 바 컸다. Beker는 바울의 하나님 중심성을 강조하지만, 내가 보기에는 문제의 경우를 설명하기 위하여 롬 4장과 9-11장을 사용하지 않았다(다음을 보라. *Paul the Apostle*, 특히 362-67).

122. 롬 10:9은 계승된 표현이 거의 틀림없으므로, 우리는 이 절을 바울 '자신의' 사상을 규정하는 데 사용해야 하는지 사용하지 말아야 하는지 질문할 수 있다. 지금 다루는 경우에 비추어 볼 때, 바울은 이 표현을 성경의 잇따른 증거 본문 가운데 속하는 또 하나의 증거 본문으로 인용하는 것이 거의 분명하다. (서론적인 *hoti*에 관해서는 갈 3:11을 참조하라.) 우리는 위에서와 마찬가지로(21f.) 여기서, 바울이 인용하는 자료의 정확한 어법을 해석함으로써 바울을 가장 잘 해석하는지 질문할 수 있다. 우리의 주된 관심이 '믿음'이 언제나 기독론적으로 규정되는 것을 이해될 수 있는지 없는지보다는 율법에 있으므로, 당분간 이 요점을 그대로 인정하겠다.

123. Meyer, "Romans 10:4 and the End of the Law," 68.

히 놀랍다: 명시적으로 하나님 안에 있다고 하는 "아브라함의 믿음을 공유하는 자들." 10:9과 비슷한 4:24에서 바울이 믿음의 특징을 "예수 우리 주를 죽은 자 가운데서 살리신 이를 믿는" 믿음이라고 묘사하는 것은 주목할 만하다.

나는 롬 9:30-10:13이 전체적으로 하나님 중심적이라고 생각한다. 유대인이 '하나님의 의를 복종치 아니했다'는 사실은 '그리스도께서 율법의 마침이 되신다'는 진술의 토대가 된다. 즉, 하나님의 의는 그리스도와 관련하여 규정된다. '우리가 전파하는 믿음의 말씀'에는 그리스도가 포함된다. "예수는 주시라"(10:8f.)고 고백된다. 믿음에 이르는 설교의 기독론적 내용은 10:17에 다시 확언된다.

하지만 '하나님 중심적' 바울 해석과 '그리스도 중심적' 바울 해석을 대립시키는 것은 아마 잘못일 것이다. 바울이 '그리스도 안에 자신을 계시하시는 하나님을 믿는 믿음'과 '그리스도를 믿는 믿음'을 분명하게 구별했을지는 의심스럽다.[124] 바울은 아브라함을 다룰 때, 누가 아브라함의 시대와 그리스도의 재림 사이에 '아브라함의 믿음'을 가졌는지에 관하여 사색하지 않는다. 우리가 위에서 주목했듯 아브라함은 범례적 모형이다.[125] 아브라함에 관하여 말하는 것은 "우리"

---

124. 믿음은 갈 3:23f.에 나오는 그리스도의 오심과 동일하게 되었지만, 그렇다고 해서 이 점이 로마서에 결정적이어야 할 필요는 없다. 현재의 주장은, '하나님을 믿는 믿음'과 '그리스도를 믿는 믿음'이 사실상 로마서에서 구별되지 않는다는 것이다.
125. 각주 89. 내가 보기엔, 롬 4장을 아브라함과 그리스도 사이에 믿음의 백성이 계속 있었다거나 적어도 드문드문 있었다는 뜻을 담고 있다고 읽는 것은 잘못이다. 다윗(4:6)은 역시 믿음을 가진 두 번째 역사적 인물로 인용된 것이

에게 적용되며(롬 4:23), 거기에는 일반화가 전혀 일어나지 않는다. //42// '믿음'은 "예수를 살리신 하나님을 믿는 믿음"(롬 4:24; 10:9)이거나 "그리스도를 믿는 믿음"(10:17, 믿음은 그리스도를 전파하는 데서 생긴다)일 것이며, 분명히 이때 의미의 변화는 전혀 없을 것이다. 현대 신학은 그러한 구분에 관심을 제대로 가졌지만, 이 특정한 문제에 대한 해결책을 찾기 위해 바울을 살펴볼 것을 너무 지나치게 요구하고 있다.

롬 9:30에서 10:13까지 주장의 전체 노선은 이제 분명하게 드러나야 한다. 우리는 세 가지 명제로 전체 노선을 말할 수 있다: (1) 이스라엘은 하나님의 의에 무지하여 율법을 행하는 자에게만 미치는 의를 좇았기 때문에 실패했다; (2) 하나님의 의는 동일한 기초 위에서 모든 사람에게 미친다; (3) 그 기초는 그리스도를 믿는 믿음이다.[126] 이 요점은 매우 분명하며 또 이스라엘이 율법을 지키는 방식이나 이스라엘이 율법을 이룬 것과 그다지 상관없기 때문에, 이 요점으로 우리는 9:31의 의도된 뜻을 확신 있게 파악할 수 있게 된다. 그 의미는 이스라엘이 참된 의를 낳을 유일한 것을 얻지〔attain〕(이것이 '이루다'보다 *ephthasen*에 대한 더 나은 번역이다)[127] 못했다는 것이다. 바울은 '그

아니다. 오히려 믿음을 가지고 있는 자들에게 복을 선언하는 시편(전통적으로 다윗이 지었다고 하는) 하나가 인용되었다. 그래서 본문은 곧바로 아브라함에게 돌아가고(4:9) 그가 모형론적 방식으로 계속 사용된다.

126. 롬 9:30-10:21의 요지에 대해서는 다음을 또한 보라. Eichholz, *Paulus*, 223f: 이스라엘의 잘못은 그리스도를 믿는 믿음의 복음을 거부하는 것이다.

127. Cranfield, *Romans*, vol. 2, 503에서는 *ephthasen*을 '얻었다'로 옳게 번역한다. 물론 그는 그렇게 번역한 후에 이 말을 이스라엘이 '자신의 율법을 순종하지 못했기 때문에'(505) 죄책을 지고 있다는 뜻으로 해석한다.

유일한 것'을 수수께끼처럼 *nomos*라고 부른다. *nomos* 앞에 '그'('그 율법' 즉 앞 절에서 언급한 '의의 법')를 붙이거나 '의의'라는 표현을 *nomos* 앞에 붙인다 해도,[128] 바울은 자신이 말하고자 하는 바를 정확하게 말한 것이 아니다. 문맥에 따르면 9:31의 마지막 문장은 *nomos*가 허용하는 것보다 일반적일 것을 요구한다. 바울은 이 율법이 얻지 못한 것을 곧바로 나열한다. 그것은 그리스도를 믿는 믿음으로 생기는 하나님의 의다. '믿음에 의한 의'라는 뜻으로 *nomos*를 사용하는 것은 확실히 이상하다. 그리고 바울이 쓴 것과 바울이 생각하는 것을 일치시키려고 바울이 쓴 것을 바꾸고자 하는 학자들에 대하여 크랜필드가 맹렬히 공격하는 것은 확실히 납득할 만하다.[129] 아마 바울이 *nomos*라는 말을 되풀이하는 것은 이 단어가 단지 전에 사용되었고 균형 있는 표현이 되게 하는 것처럼 보이기 때문이다.[130] 아마 우리는, 이것이 균형을 이루고 있는 반명제를 얻을 욕심에 바울이 거의 파악할 수 없게 말을 조합하게 된 유일한 경우가 아니었을 것이라고 말할 수 있

---

128. 각주 92. 특별히 Richardson의 의역을 보라.
129. Cranfield, *Romans*, vol. 2, 507f. 하지만 Cranfield도 '의의'를 31절에 있는 '율법' 다음에 오는 것으로 이해된다고 본다.
130. 나는 아마 여기서 바울이 롬 3:27("믿음의 *nomos*")과 8:2("성령의 *nomos*")에서처럼 *nomos*라는 말을 이용하고 있고 그래서 9:31b에 나오는 그 낱말이 '원리'를 뜻한다고 생각하면서 여러 달을 보냈다. 하지만 Stuhlmacher 교수와의 유익한 서신 교환에 도움을 받아 좀 더 꼼꼼히 살펴보니, 롬 9:31에서 의미의 변화가 고의적인 것이 아니라는 확신이 들었다. 이 절은 여전히 까다롭다. 하지만 바울이 놀랍게 표현을 바꾸려고 했다는 것으로 보는 것이 가장 좋은 해결책인 듯싶다.

다.[131] 하지만 9:31의 난점들에도 불구하고 이 구절의 요지는 분명하며, 바울이 누구도 율법을 이룰 수 없다거나 유대인은 그릇되게 율법을 이루려 했기 때문에 율법에 반대했다는 입장은 들어설 여지는 없는 것 같다. 바울은 자신이 구원론적 사건으로 간주하는 것을 논하고 있다. 그는 이스라엘이 구원받기를 소원하지만, 구원의 유일한 근거를 힘주어 말한다. 그것은 차별이 없이 모든 사람에게 미치며(10:11-13) '의'에 이르는 한 길로서 율법을 배제하는 그리스도를 믿는 믿음이다.

로마서에 대한 논의를 끝내기 전에 우리는 롬 3-4장과 9-10장, 즉 바울이 '율법이 아닌 믿음에 의한 의'를 논의한 구절에서 화제가 갈라디아서에서처럼 "구원받을 자들의 몸(the body)에 들어갈 수 있도록 하는 허가(admission)"인지 아닌지를 물어야 한다. //43// 로마서에는 갈라디아서와 같은 논쟁적인 면이 없다. 바울은 갈라디아서에서 이 방인 개종자에게 또 다른 입교 조건을 부가하는 문제에 맞서 싸우고 있었다. 롬 3-4장의 논의는 갈라디아서처럼 하나님의 백성이 되는 자격이라는 측면에 대해 그다지 명시적으로 말을 하지 않는다. 롬 3-5장의 주장의 일반적인 흐름을 보면 화제는 어떻게 죄의 보편적 권세에서 피할 수 있는가(3:9)와 어떻게 영생을 얻는가(5:21) 하는 것이다. 다른 말로 하면, 믿음으로 의롭다 하심을 다루는 논의의 전반적 정황은 한 상태에서 다른 상태로 옮아가는 것이다. 바울은 아브라

---

131. 롬 8:10과 고전 6:17에 대한 Bultmann의 설명을 주목하라: 분명하게 드러나는 난점은 '그 절들의 두드러지고 수사학적인 표현 때문이다'(*Theology*, vol. 1, 208).

함에 관한 구절에서 자연스럽게 한 집단에 속한다는 측면에서 자신의 주장의 상당 부분을 표현했다: 사람은 믿음으로 아브라함의 후손/후사가 된다(4:13f.). 하지만 대부분의 술어는 집단의 구성원 자격 조건이 아니라 하나님과 올바른 관계를 얻는 근거를 설명한다(예. 4:2).

'율법에 의하지 않고 믿음에 의한 의'는 롬 9-10장에 좀 더 분명히 드러나는 것처럼 구원받을 자들의 집단으로 옮겨감 내지 집단의 구성원 자격과 여전히 관련이 있다. 9장의 화제 중 하나는 "누가 이스라엘에 속하는가?"(9:6)이며, 바울의 견해는 "이스라엘"이 아브라함의 혈통적 후손과 일치하지 않는다는 것이다(9:7f.). "내 백성"(9:25)은 하나님이 이스라엘에서든, 이방인 가운데서든 부르심을 받은 자들이다(9:24). 이런 맥락에서 누가 의를 가지고 있는가, 어떤 근거에서 의를 얻는가 하는 문제는 하나님의 백성 자격에 관한 문제로 볼 수 있다. 또 이 문제는 구원과 직접 관계가 있다. 이는 10:1에서 말하는 화제며, 10:13에서 말하듯 믿음의 결과다. 그래서 우리는 구원받을 자들의 몸(the body)의 일원이 되는 자격을 논의하면서, '율법에 의하지 않고 믿음에 의한 의'가 로마서에 나타난 바울의 원칙이라고 결론을 내린다.

빌립보서 3:9

논의를 완결하기 위하여 우리는 빌 3:9을 어느 정도 설명해야 한다. 여기에는 의, 율법, 믿음 등의 용어가 나온다. 우리는 이 책 제4장에서 빌 3장을 다시 살필 것이기에, 여기서는 한두 가지만 언급하고 넘어가려 한다. 첫째로 우리는 빌 3:9이 "의는 율법으로 말미암지 않는다"라고 말하는 구절이 아니라는 점에 주목해야 한다. 바울은 롬 9:30-10:13보다 훨씬 더 분명하게 두 의, 즉 율법에 의한 의와 믿음에 의한 의를 구별한다. 이 구분은 롬 10:4-6보다 더욱 분명하게 드러나는데, 이는 빌 3:9에서 바울이 율법에 의한 의를 갖고 있었다는 사실이 분명히 드러나는 반면, 롬 10:3에서는 유대인이 의를 좇았다는 언급만 나오고, 이를 발견했는데 그것이, 빌 3:6, 9에서 바울이 자신에 대해 언급한 바, 그릇된 의로 판명되었더라는 명백한 언급이 없기 때문이다.[132] 나중에 4장에서 드러나겠지만, 나는 이 구절이 바울의 포괄적인 율법관에 대해 시사하는 바가 많다고 본다. //44// 여기서 잠시 다룰 것은 바로, 이 구절은 바울이 율법을 이룰 수 없는 것으로 보았다는 견해를 지지하지도, 율법이 자기 의에 이르므로 율법 이루는 것이 그릇된다는 견해를 지지하지도 않는다는 것이다.

이 구절은 통상 두 번째 견해를 지지하는 것으로 해석되어 왔다. 실제로 이 구절은 그 견해를 떠받치는 기초들 중 하나다.[133] 3:9에 나오는 "나의 의"(emēn dikaiosynēn)[한글개역성경에는 '내가 가진 의'로 되어 있음. ⓒ]는 다음과 같이 이해된다: "선행을 행하여 얻은 공로에 근거를 두

---

132. 나는 롬 10:5을, 유대인은 율법을 행함으로 의를 얻을 것이었지만 율법으로는 아무도 '살지' 못한다는 뜻으로 읽어야 가장 좋다고 믿는다. 하지만 이 요점을 주장할 필요는 없다. 그리고 빌 3:6-9은 여전히 바울이 율법으로 사실상 얻을 수 있는 한 의가 있다고 분명히 말하는 유일한 구절이다.

133. Bultmann, *Theology*, vol. 1, 266f.

고 있는 내 개인의 의인데 이는 자랑에 이른다." 이렇게 읽으려면, 빌 3:9과 롬 3:27; 4:2("자랑")을 함께 읽어야 하고, "자랑"을 '이스라엘의 특수한 지위에 대한 자랑'보다는 '개인의 업적에 대한 자랑'(Sich-Ruhmen)으로[134] 이해해야 하며, 바울이 설명하지 않는 다음 두 견해를 제시해야 한다: (1) 율법에 의한 의는 하나님으로부터 상급을 요구할 수 있게 하는 공로를 쌓는 업적이며 따라서 은혜에 대한 부정이다; (2) 그런 의는 자명하게 나쁜 것이다. 이런 주목할 만한 읽기에는 유대교가 이처럼 후회막급한 상태에 이르게 된다는 식의 바울의 비난이 암시적이거나 명시적으로 전제되어 있다.[135] 빌 3:3-11을 롬 3:27과 4:2을 혼합할 때 빌 3:3-4에서 "육체를 신뢰함"이라는 어구가 도움을 준다.[136] 더 나아가 바울은 육체에 대하여 자신이 이전에 가졌던 신뢰가 부분적으로는 지위(할례자, 이스라엘 백성, 베냐민 지파)에, 부분적으로는 업적(열심을 내고 흠이 없음)에 있었다고 말한다. 그래서 바울이 자신을 전형적인 예로 제시하면서 유대교의 자기 의를 자랑하는 태도를 비판했던 것처럼 보일 수 있다.

이런 식의 해석은 두 가지 판단 때문에 아마도 더욱 신빙성 있는

---

134. 나는 이 용어를 다음에서 취한다. Hübner, *Gesetz*, 93-104. 하지만 Hübner는 빌립보서의 연대를 추정하기가 어렵다고 지적하면서(105), 대체로 이 용어를 무시한다. 빌립보서에 나오는 '나의 의'를 로마서에 나오는 '자랑'과 혼합하는 것이 다음의 글에 분명히 나타난다. Bultmann, *Theology*, vol. 1, 267.
135. *PPJ*, 2-6; 549-51을 보라.
136. 다음을 보라. Rudolf Bultmann, "Romans 7 and the Anthropology of Paul," in *Existence and Faith: Shorter Writings of Rudolf Bultmann* (Cleveland and New York: World Publishing Co, Merdian Books, 1960), 147-57.

것처럼 보일 수 있다: 자기 의에 대한 반대가 기독교 신앙의 일부이며 따라서 바울은 분명히 자기 의를 반대했다; 유대교 문헌은 유대교를 율법주의적 자기 의의 종교로 드러낸다;[137] 그러므로 바울은 이전 생활에 대한 자신의 확신을 말하면서 틀림없이 그런 태도를 마음에 두고 있었다.

하지만 전통적인 해석은 단순히 본문을 읽는 것으로는 확인하기 어렵다. 바울은 자랑이 잘못된 태도이므로 지위와 업적을 자랑하는 것이 잘못이었다고 말하지 않고, 얻은 것을 자랑했다고 말했다. 그것들이 **해가 되었던** 것은 바울의 흑백 사고 세계에 차선이 없기 때문이다. 바울은 자신의 이전 생활에 대하여 비판할 때 자기 의라는 태도상의 죄가 아니라 예수 그리스도를 믿는 믿음보다 다른 것에 신뢰를 두었다는 점을 비판한다.

그래서 빌 3:9에 나오는 "내가 가진 의"는 일반적으로 말하듯 롬 10:3에 나오는 "자기 의"와 사실 동일하다. 하지만 이는 오늘날 생각하는 '자기 의'는 아니다. //45// 그것은 율법으로 나는 의이며, 따라서 율법을 지키는 유대인이 될 때 생기는 독특한 결과다. **그 자체가 선한 것**(in and of itself a good thing)("열심", 롬 10:2; "유익한 것", 빌 3:7)이지만 그리스도를 믿는 믿음에 의한 '하나님의 의'의 계시로 '그릇된 것'으로 드러났다("해", 빌 3:7f.).

롬 10:4-6과 특별히 빌 3:9에 비추어, 우리는 바울이 *dik-* 어근을 사용한 점을 꿰뚫어 보는 데 중요한 통찰을 또한 얻는다. 다른 구절

---

137. *PPJ*, 여러 곳. 특히 419-23, 426f., 550.

제1장 율법은 입교 조건이 될 수 없다   **115**

에서 바울은 어느 누구도 율법을 행함으로 의롭다 함을 얻지 못한다고 말한다; 이 두 구절에서 바울은 두 의, 즉 율법의 의와 그리스도를 믿음으로 생기는 하나님의 의 또는 하나님으로부터 오는 의를 구별한다. 의가 율법으로 말미암지 않는다는 진술이 **참된** 의는 율법으로 말미암지 않는다는 뜻이라고 결론을 내리면 공정한 듯하다. 나는 바울의 용례를 설명하는 것이 간단하다고 생각한다. 바울은 유대교에서 올바른 위상 **유지**〔the maintenance of correct status〕를 표현하는 가장 일반적인 말이 '의로운'이라는 것을 안다. 하지만 바울은 '죄의 상태에서 그리스도의 새 생명으로 옮김'을 뜻하기 위하여 *dikaioun*의 수동형을 사용한다. 그렇게 옮겨진 자들은 '하나님의 의'를 갖고 있다. 그래서 바울은 갈라디아서와 로마서의 몇몇 구절에서처럼 아무도 율법으로 '의롭다 함'을 얻지 못한다(바울이 사용하는 수동형 동사의 두드러진 용법)고 말할 수 있다. 하지만 그는 또한 율법을 지킴으로써 생기는 의(통상적인 유대교적 의미)를 가진 자는 하나님의 의, 즉 참된 의를 갖고 있지 않다고 말할 수 있다.

우리가 앞에서 말했고 또 앞으로 3장에서 특별히 분명하게 드러나겠지만, 바울은 또한 그리스도인이 자신의 새 지위를 유지하기 위하여 올바른 방법으로 행동해야 한다고 생각했다. 일반적으로 바울은 그런 행동을 표현하기 위해 *dik-* 어근의 단어를 사용하지 않고 '흠 없는'과 같은 성경의 정결 용어에서 이끌어낸 다양한 많은 용어를 사용했다.[138]

---

138. 행동을 가리키는 정결 용어와 변화를 뜻하는 *dik-* 용어에 대한 이런 구별

결론: 율법으로 나지 않음

이제 우리는 바울이 누구도 율법으로 의롭다 함을 얻을 수 없다고 말하는 구절들로부터 어떤 결론을 이끌어낼 수 있는지 살펴볼 준비가 됐다. 첫 번째 결론은 시작부에 말했던 견해를 확증하는 것이다. 화제는 어떻게 사람이 죄와 정죄의 상태에서 종말 구원의 사전 조건인 상태로 옮기는가 하는 것이다.[139] 바울은 구원받을 사람들이 (자신이 여러 가지 용어로 부르는) 한 집단을 형성하는 것으로 생각했기에 나는 이 화제를 '어떻게 구원받을 사람들의 몸(the body)에 들어가는가'로 표현했다. 바울이 이 주제에 대해 율법과 관련하여 말하는 것은 '율법을 지킴으로써 되지 않는다'는 것이다. //46//

그러므로 이 화제는 사실상 구원론에 관한 것이다. 물론 우리는 최종적 구원을 가리켜 쓰기 위하여 바울이 *sōzō*/*sōtēr*라는 단어를 삼

을 알려면, 다음을 보라. *PPJ*, 특히 544-46; 각 용어에 대하여 알려면: *PPJ*, 450-53 (행동); 470-72, 493-95 (*dik*-). 또 다음을 보라. Michael Newton, "The Concept of Purity at Qumran and in the Letters of Paul," (Ph. D. diss.; Hamilton, Ontario: McMaster University, 1980). 이 구분은 절대적이지 않다. 고전 6:11에서 정결 용어는 이교도의 생활에서 그리스도인의 생활로 바뀌는 변화를 서술할 때 *dik*- 어근과 결합한다.

139. 빌 3장에서 바울은 *dikaioun*의 수동형들 가운데 하나를 사용하지 않는다. 그리고 한 상태에서 다른 상태로 바뀌는 변화를 가리키는 동사는 *kerdēsō* ('얻다')다. '그리스도 안에서' 그는 '하나님으로부터 오는 의'를 갖는다. 그러나 여기서 말하는 의는 여전히 그리스도 안에 머물러 있는 것에 적합한 행위를 서술하는 데 사용되지 않고 [이교도의 생활에서 그리스도안의 생활로 바뀌는] 변화로 얻은 것을 서술하는 데 사용된다.

가는 태도를 항상 존중해야 한다.[140] 되풀이하지만 롬 3-4장은 죄의 권세에서 벗어남과 영생을 얻음을 다루는 논의의 일부다(3:9; 5:20). 4:13에서 아브라함에게 하신 약속에 따르면, 아브라함은 "세상"을 유업으로 받을 것이다. 그리고 유대교 용어에서 '세상'은 거의 틀림없이 '올 세상'을 뜻한다. '율법에 의하지 않고 믿음에 의한 의'가 갖는 구원론적 의의는 롬 9-10장에 명시적으로 진술된다. 여기서 sōtēria는 10:1, 10에 sōzō는 10:9에 나온다. 갈라디아서에는 종말 언어가 비교적 없다는 점이 주목할 만하지만, 갈 3장의 두드러지는 화제는 어떻게 아브라함의 자손이 되는가 하는 것이며, 이 점을 논의하는 이유는 아브라함의 참된 후손이 구원받을 것이라는 암묵적 가정 때문이다. 여기서 염두에 두고 있는 목적이 구원이라는 사실은 롬 5:5에 나타난다: '의의 소망'이 최종적 심판을 언급하는 것으로 볼 수 있는 가능성은 매우 짙다. 구원론의 문맥은 또한 빌 3장, 특히 11절에 분명히 나타난다.

바울이 '율법의 행위에서 난 것이 아니다'라고 말하면서 반박하고 있는 사람들이 누군지에 관해, 우리는 갈라디아서의 신랄한 공격이 유대교 자체가 아니라 기독교의 입장을 가리키고 있음을 살펴보았다. 그런데도 바울은 이 원칙을 유대교에 또한 적용했는데, 첫째는

---

140. 이 점은 바울 연구에서 공통적인 발견이다; *PPJ*, 449f.와 여러 각주를 보라. 여기서는 한 서평자가 구원받을 자들의 몸〔the body〕에 지금 들어가는 변화와 미래의 구원을 구별하지 못하여, 바울이 *sōtēria*와 *sōzō*를 그다지 자주 사용하지 않는데 내가 *PPJ*에서 구원론을 바울의 서신에서 중요한 화제로 논의했으므로, 이 구분이 나의 책에 대한 중대한 비판이 된다고 했기 때문에 이 요점을 반복한다.

갈 2:15-16에서, 그리고 이후에는 롬 3-4, 9-11장에 더욱 풍부하게 적용한다. 하지만 선한 행위가 충분하면 의를 얻는다는 식의 유대교에 대한 추정적 입장에 반대한 것이 아니다. '율법의 행위에서 난 것이 아니다'라는 구절에서 강조점은 추상적으로 파악된 **행위**에 있지 않고 **율법**, 즉 모세의 율법에 있다. 여기서는 '의롭게' 되기 위하여 유대인이 될 필요가 없고, 그래서 율법을 받아들이고 율법에 따라 사는 것이 바람직한 지위의 표시와 조건이라고 하는 대표적인 유대교적 기준에 반대하는 주장을 펼친다. 이는 바울과 별개로 우리가 유대교를 특징지을 수 있는 입장이며[141] 또 바울이 공격의 대상으로 삼은 입장이다.[142]

다른 말로 하면, 바울이 말하는 '율법의 행위에서 난 것이 아니다'는 진술은 비기독교적 유대교가 말하는 하나님의 구원 계획과 다른 하나님의 구원 계획을 바울이 주장하게 되었음을 보여준다. 그의 주장에 따르면, 사람이 선민이 되기 위하여 율법을 받아들이는 것은 결코 하나님의 의도가 아니다. 물론 이제 그리스도가 왔기 때문에 충

---

141. 예컨대 *PPJ*에 나오는 언약과 계명의 관계에 대한 논의(81-84)와 요약 부분(419-22)을 보라.
142. *PPJ*에 대한 어떤 서평자들은 왜 내가 유대교에 대한 바울의 비판을 유대교의 특징을 보여주는 증거로 받아들이지 않았는지 물었다(예. W. Horbury's review in *Expository Times* 96 (1979): 116-18). 내 의견에 따라 유대교에 대한 바울의 비판을 옳게 이해하면, 이 비판은 유대교 문헌에 나온 유대교에 상응하는 것임을 분명하게 드러내고자 한다. 이는 바울의 공격이 유대교 언약(선민의 개념)의 적절성에 관한 것이라고 했던 나의 주장이 갖는 의의다. "Fulfilling the Law," 124; *PPJ*, 551f. Beker, *Paul the Apostle*, 87f.는 '언약적 율법주의'(covenantal nomism)라는 용어를 포함하여 이 견해를 바울이 거부하는 유대교로 받아들인다.

분히 분명해졌지만 율법이 아니라 믿음에 기초를 두고 구원하시려는 하나님의 의도는 과거에 이미 성경에서 선포된 것이다.[143] 무엇보다도 이것은 율법을 받아들이지 않았음에도 선택받은 아브라함에 의해 입증된다. 이는 사실상 언약과 선택에 대한 전통적 이해에 대한 공격이다. 이 전통적 이해에 따르면 율법을 받아들이는 것이 언약을 받아들이는 것을 뜻했다.

마지막 질문—왜 바울은 '율법의 행위에서 난 것이 아니다' 하고 말했는가—에 관하여 우리의 첫 번째 결론은 부정적이다. 이는 율법을 따를 수 없다거나, 율법을 따르면 율법주의와 자기 의와 자기 소외에 이르기 때문이 아니었다. //47// 바울의 주장 가운데 대부분은 성경에 근거를 두고 있다. 그러나 바울이 단순히 성경을 읽고 율법에 들어 있는 계명에 순종하는 것이 의의 전제 조건이 아니라는 견해에 도달했다고 생각하기는 어렵다. 우리는 오히려 바울이 어떤 입장에 도달했고 그러고 나서 성경을 읽고 새로운 빛으로 하나님의 의도를 이해하게 되었음을 안다.[144]

지금까지 고찰한 구절들에서 우리는 바울의 논의에 두드러지는

---

143. 갈 3:8(이 책 26)의 *pro-* 동사 외에도 롬 1:2; 15:4을 보라. 참조. Stuhlmacher, "Erwägungen zum Problem von Gegenwart," 434f.

144. 그래서 바울의 성경 사용은 교묘한 증거 본문 대기를 능가한다. 교묘한 증거 본문 대기는 *PPJ*에 어쩌다 언급되어 있을 것이다. 다음 책에 나오는 Davies의 비판을 보라. *Paul and Rabbinic Judaism*, xxxv. 바울은 성경이 하나님의 뜻을 계시하는 것으로 계속 보았다. 하지만 그는 하나에 대한 이해가 바뀌면서 다른 것도 새롭게 읽게 되었다. 우리는 이 논문의 결론에서 '율법'과 '성경'의 문제를 다시 다룰 것이다.

두 원리를 보았다. 나는 한 원리를 가리켜 하나님의 구원 계획 내지 구원론의 사실들이라고 했다. 이는 하나님이 믿음으로 구원하려고 뜻하셨다는 것이다. 그래서 정의상 구원은 율법에서 나지 않는다. 더 나아가 이 논의는 그리스도를 믿는 믿음과 연결되어 있다.[145] 그래서 우리는 역시 자연스럽게 이 원리를 기독론의 원리라고 부를 수 있다. 또 하나의 중요한 관심사는 이방인이 유대인과 같은 기초 위에서 구원을 받을 수 있다는 사실이다. 그래서 입교 수단으로서 유대교 율법은 아예 배제된다. 아주 재미있는 것은 이를 가리켜 하나님의 구원 계획에 대한 수정된 견해라 부를 수 있다는 것이다: 하나님은 이방인이 들어와야 하고, 유대인의 특권을 이루는 율법과 선택이 구원에 관하여 대수롭지 않게 되어야 한다는 뜻을 가지셨다(예. 롬 3:1-9). 명백하게 이 두 요점은 빈틈없는 통일체를 이룬다: 하나님은 **모든** 사람이 **믿음의** 기초 위에서 구원받기를 뜻하셨다; 성경은 **이방인이 믿음의** 기초 위에서 아브라함의 유업을 받을 것임을 예언했다(갈 3:8); 그리스도의 죽음에는 구원이 믿음을 기초로 하여 미치도록 할 목적(3:26, *eis to*)과 그 기초 위에서 이방인을 포함하려는 의도(갈 3:13f., *hina*)가 있었다; 율법은 구원이 율법을 떠나서 믿음에서 날 것을 염두에 둔 목적 하에 주신 것이다(갈 3:22, 24, *hina*).[146]

이는 우리에게 율법에 대한 바울의 '공격'을 정의하는 또 다른 방식을 제공한다—더욱 정확하게는 바울이 율법에서 부적절하다고 본

---

145. 각주 121을 보라.
146. 갈 3:22에 나오는 목적절에 관하여는, 이 책 66를 보라.

것 말이다. 나는 바울이 공격하는 바가 유대인의 특권이라는 개념과 선택 개념이라는 것을 방금 말했다. 그리고 다른 곳에서 나는 바울이 사실상 언약의 개념에 반대하여 유대교를 공격하며 바울이 유대교에서 잘못된 것으로 보는 것은 유대교에 그리스도가 없다는 것이라고 썼다.[147] 아마 이 문제를 하나님의 구원 계획이라는 측면에서 보면 더욱 정확하고 이해하기 쉽게 그러한 개념들을 표현할 수 있다. 율법 문제와 이에 따른 유대교의 문제는 율법이 하나님의 궁극 목적, 즉 약속, 언약, 율법을 통한 유대인의 특권을 배제하고 그리스도를 믿는 믿음으로 말미암아 온 세상을 구원하려는 목적을 제공하지 못한다는 사실에 있다.[148]

그러므로 지금까지 우리는 왜 바울이 '율법의 행위에서 나지 않는다'고 말했는가 하는 문제에 대하여 이 해답을 발견했다: 하나님은 모든 사람이 그리스도를 믿는 믿음을 기초로 하여 구원받은 자들의 몸(the body)에 들어갈 수 있기를 뜻하셨다. 이에 대한 대답은 기독론

---

147. 각주 142. 또한 다음을 참조하라. John Townsend, "The Gospel of John and the Jews," in *Anti-Semitism and the Foundations of Christianity* (New York: Paulist Press, 1979), 72-97, 여기서는 75: 롬 4장; 갈 3-4장 그리고 빌 3:2-11은 "유대인의 선택이 무의미해졌다"고 주장한다.

148. 나의 의견이 기본적으로 Caird 교수의 것과 같다고 생각한다: *PPJ*에 대한 그의 서평을 보라(*JTS* 29 [1978]: 583-43, 특히 542). 그의 표현은 이렇다: "Sanders가 이해하듯이 만일 바울이 실제로 유대교에서 자라서 하나님이 선민을 긍휼히 대하시고 외인을 엄격한 정의로 대하신다고 믿었다면, 바울이 회심하여 하나님의 공평하심을 그렇게 논박하는 극악무도한 생각에 눈이 뜨였겠는지 의심의 여지가 별로 없다." 나는 바울이 이방인의 문제와 언약에 대한 전통적인 이해에 기초를 두고 율법(그리고 유대교)을 반대했다고 하는 나의 말의 의도를 Caird가 보지 못했다고 생각한다.

과 이방인의 지위라는 두 부분으로 나누어질 수 있다.[149] 하지만 우리는 바울의 수정된 전망이 기본적으로 통일성을 가지고 있다는 점을 강조해야 한다.

이 문제에 대한 대답은 두 가지 한계가 있는데 이 점에 주목할 필요가 있다. //48// 첫째로 이는 바울이 율법을 논의하는 구절들, 즉 율법을 행함으로 아무도 의롭게 되지 못한다는 구절과 율법에서 난 의와 하나님의 의를 대조하는 구절들 중 일부를 고려한 대답이다. 이 구절들은 바울이 율법의 '결함'을 발견한 유일한 구절들이 아니며, 따라서 바울이 율법에서, 그리고 그 결과로서 유대교의 잘못이라고 발견한 것을 우리가 적절하게 설명해냈는지 확실치 않다. 둘째로 지금까지 우리는 주석적 설명 영역에 머물렀다. 바울이 율법에서 난 의를 거부한다고 우리가 보았던 이중적 이유는 아직 드러나지 않은 요소들로부터 나온 것일 수 있다. 즉, 율법에 대한 바울의 태도를 설명하는 한 가지 차원 이상의 설명이 있을 수 있다.

이러한 한계점들이 있기는 하지만 우리는 무언가를 이루어냈다. 적어도 지금까지 우리는 율법에 대한 제한적인 거부를 보았다. 율법에서 난 의를 공격하는 것은 구원받을 자들의 몸(the body)에 들어오는 조건으로서 율법 받아들이기를 반대하는 것이다. 지금까지 드러난 바울의 입장을 지지하는 이유들은 바울의 일차적인 확신들 가운데 하나, 즉 구원이 동일한 기초인 믿음 위에서 모든 사람에게 미친다는 확신과 직결될 수 있다. //65//

---

149. *PPJ*, 497.

제2장
율법의 목적

바울은 갈라디아서와 로마서에서 사람이 율법으로 의롭다 하심을 얻지 못한다는 것을 확인한 후에 율법이 주어진 이유에 대해 묻는다. 이는 갈 3:19의 물음이며, 롬 3:20; 4:15; 5:20; 7:7, 13이 묻는 물음이기도 하다. 이 순서(사람이 율법의 행위로 의롭다 하심을 얻지 못한다. 그러면 율법을 주신 이유는 무엇인가? 혹은 율법의 기능은 무엇인가?)는 유대교적 특성을 가진 바울의 전제를 전적으로 보여준다: 하나님이 율법을 주셨다; 하나님은 어떤 목적을 위하여 율법을 주셨음에 틀림없다.[1] 우리

---

1. Rudolf Bultmann, *Theology of the New Testament*, vol. 1 (New York: Charles Scribner's Sons, 1951-1955), 263: 바울의 신 개념에 따르면 "실제로 있는 혹은 발생하는 것은 무엇이든지 하나님의 계획에 따라 있든지 발생한다." 참조. H. J. Schoeps, *Paul, The Theology of the Apostle in the Light of Jewish Religious History* (Philadelphia: Westminster Press, 1961), 231: "바울은 이 땅에 일어나는 모든 일을 연속으로 이루어지는 구체적인 하나님의 행동 계획과 일관되는 것으로 본다."

가 율법의 기능 또는 구속사(Heilsgeschichte) 안에서 율법의 역할을 다루기 위해 이 구절들을 택한 것은 논쟁적이지 않을 것이다.[2] 그러나 이 구절들을 이해하고 바울이 율법에 대해 말한 다른 것들과의 관계를 발견하는 어려운 문제다. 아래 이어지는 논의에서는 바울이 하나님의 구원 계획 안에서 율법의 역할을 다룰 때 나타나는 두 가지 문제에 초점을 둘 것이다: (1) 바울은 언제나 율법에 동일한 역할을 부여하는가, 혹은 아닌가? (2) 율법 아래 있는 것은 그리스도 이전에 있었던 다른 인간들의 상태와 어떻게 관련되는가? 우리는 롬 7:7-8:8에서 율법에 관한 바울의 생각이 지금까지 제시된 것과 근본적으로 달리 설명될 수 있는지 물을 것이다.

갈라디아서 3:19-4:7

갈 3:19에 나오는 바울의 질문, *ti oun ho nomos*는 유업(이 문맥에서 구원을 약속하는 유업)이 율법에서 난 것이 아니라는 진술로 인해 제기되

---

2. 참조. Ulrich Luz, *Das Geschichtverständnis des Paulus* (Munich: Chr. Kaiser, 1968), 186-93) Luz는 갈 3:19; 롬 3:20; 4:15; 5:20; 9:30-33을 인용하면서 율법의 의미에 관한 물음이 역사적 맥락에서 생긴다고 지적한다. 그는 이 구절의 서로 다른 미묘한 차이를 또한 논의한다. J. Christiaan Beker, *Paul the Apostle* (Philadelphia: Fortress Press, 1890), 243은 구속사(salvation history)에서 율법의 역할이 롬 7:13; 5:20; 11:32, 갈 3:19-4:24에서 논의된다고 말한다. 우리는 롬 11:32이 '모든' 진술을 통하여 율법의 기능에 관한 바울의 진술에 간접적으로 율법에 연관되지만 율법을 언급하지 않음을 지적해야 한다.

었다. 이 물음은 문자 그대로는 "그런즉 율법은 무엇이냐?"이지만, 문맥 내에서는 일차적으로 '그런즉 왜 율법을 주셨느냐?' 하는 질문을 던지려는 의도를 담고 있는 것으로 드러난다.[3] 구원 역사에 있어서 율법의 긍정적 역할을 부인한 후에(3:15-18), "율법이 구원하지 못한다면 율법의 기능은 무엇이었는가?" 하는 질문은 자연스럽다. 또한 이 물음이 바울의 마음에 가장 먼저 떠올랐다는 사실은 이어지는 대답을 보면 분명하게 드러난다. 즉, 율법은 범법함으로 인해 잠정적으로 주어졌다(3:19)〔한국어판 *PPJ*에서는 "범법함"(transgressions)은 "범과"나 "범죄"로 번역됨. ⓒ〕. 율법은 모든 것을 죄 아래 가두었다(3:22). 율법은 "우리를" 계속 매이게 했다(3:23). 율법은 우리의 몽학 선생이었다(3:24).

---

3. *ti oun*의 문법과 의미에 관해서는, E. deWitt Burton, *The Epistle to the Galatians* (Edinburgh: T. & T. Clark, 1921), 187을 보라. 특별히 다음을 보라. Andrea van Dülmen, *Die Theologie des Gesetzes bei Paulus* (Stuttgart: Verlag Katholishes Bibelwerk, 1968), 39: "율법은 무엇인가? 어떤 목적 때문에 주신 것인가? 하나님의 구원 계획에서 율법은 어떤 역할을 하는가?"; 참조. Franz Mussner, *Der Galaterbrief* (Freiburg: Herder, 1974), 245; Heinrich Schlier, *Der Brief an die Galater*, 5th ed. (Göttingen: Vandenhoeck & Ruprecht, 1971), 151; H. D. Betz, *Galatians* (Philadelphia: Fortress Press, 1979), 162. Betz는 그 질문을 "율법이 무엇인가?"로 본다. Betz가 162 각주 10에서 "그 질문"을 던지면서 인용하는 구절은 참된 병행구가 아닌 것 같다. 이 구절들은 왜 율법을 광야에서 주셨는지 그리고 왜 하나님이 정함과 부정함에 관한 율법을 주셨는지와 같은 다른 물음을 던진다. 또한 Jost Eckert, *Die urchristliche Verkündigung im Streit zwischen Paulus und seinen Gegnern nach dem Galaterbrief* (Regensburg: F. Pustet, 1971), 81. Eckert는 바울이 율법의 성질에 관하여 또한 구속사적〔*heilsgeschichtlich*〕 의의에 관하여 묻는다고 말한다. 만일 그 질문이 "율법이 무엇인가?"이면, 그 대답은 천사가 준 것이다. 하지만 그 대답은 하나님의 계획에서 차지하는 율법의 기능에 관한 함축된 질문에 대한 대답과 섞인다.

율법은 유업 이을 자의 후견인에 비유할 수 있다(4:2, 5). //66// 이 진술들은 바울이 구속사에서 율법의 기능을 논의하고 있음을 아주 분명하게 보여주며, 따라서 바울이 *ti oun ho nomos*라는 질문을 던질 때 후대의 문법학자들이 나름대로 바울에게 어떤 문제를 던지더라도 아랑곳하지 않고 '율법을 주신 데는 어떤 목적이 있었는가?'를 물으려 했다는 것을 보여준다.

하지만 바울이 의도한 질문은 분명하지만 그 대답에는 어려운 측면이 있다. 어려우면서도 복잡하기까지 하기에 하나님이 율법을 주신 이유에 대한 함축적인 질문에 바울이 대답하는 주요 구절들은 돋보인다. 이 물음에 대답하기 까다로운 이유는 아주 명백하다: '우리가 위에서 말한 것처럼 바울은 유대인이었다; 바울은 어떤 일이 일어나더라도 그것은 하나님의 섭리에 일치한다고 생각했다; 그러므로 율법은 하나님의 뜻에 대립될 수 없다; 하지만 율법은 구원을 주지 않는다.'

대체로 바울이 이 딜레마를 벗어나는 출구는 율법과 죄를 관련지어 하나님의 구원 계획에서 율법을 부정적인 위치에 두는 것이었다.[4] 하나님의 긍정적 의도에 주목할 때 이 점은 매우 뚜렷하게 돋보인다: 성경이 모든 것을 죄 아래 가두었으니 이는 그리스도를 믿는 믿음을 기초로 하여 '약속'을 주시기 **위함이다**(갈 3:22); 율법은 그리스도에게로 인도하는 몽학 선생이었는데 이는 우리로 하여금 믿음으

---

4. 참조. Eckert, *Verkündigung*, 109f.

로 말미암아 의롭다 함을 얻게 하기 **위함이다**(3:24).[5] 결과적으로 아브라함의 자손이 되고 아브라함에게 주신 약속의 후사가 되는 것은 그리스도께 속하는 것이다(3:29). 이 문장들에서 바울은 목적절이 분명하게 보여주듯 자신이 믿는 바 하나님의 뜻이 무엇인지 말한다. 성경(또는 율법)은[6] '모든 것'(또는 '우리')을 '가둠'으로써 하나님의 목적의 일부가 되었는데, 이는 그리스도를 믿는 믿음에 기초를 두고 그 약속(혹은 의롭다 함)을 주시려는 하나님의 약속이 성취되게 하려 함이었다.

율법이 이 역할을 하는 방법은 다소 분명하지 않다. 바울의 말에 따르면, 율법은 (유업에 관한 약속을 주신 다음에) "범법함을 인하여"(*tōn parabaseōn charin*, 3:19) 더해졌다. 바울은 3:22에서 율법이 "모든 것을 죄 아래 가두었으니"라고 말하고, 3:23에서는 믿음이 오기 전에 우리가 죄 아래 매였고 계시될 믿음의 때까지 갇혔다고 말하며, 3:24에서는 율법이 우리의 몽학 선생이라고 말한다. 율법의 기능에 관한 이 네

---

5. "주어졌을 것이다"(would be given)와 "의롭게 함을 얻게 할 것이다"(would be righteoused)는 "~했을지 모르겠다"(might be)보다 나은 번역이다. "~했을지 모르겠다"는 의심 혹은 불확실함을 종종 함축한다. 이 동사들이 헬라어에서 가정법인 것은, 접속사 *hina* (~하기 위하여)가 가정법을 요구하기 때문이다. 바울은 그 약속과 의가 믿음으로 오는 것인지 아닌지에 관하여 아무런 의심을 표현할 뜻을 갖고 있지 않다.

6. 우리는 제1부 결론에서 '율법'과 '성경'을 논의할 것이다. 여기서는 3:22과 3:24에 나오는 용어가 동의어라는 점만 지적한다. David Lull은 Betz의 갈라디아서 주석에 대한 서평 논문에서, Betz가 갈 3장에서 '유대인의 율법'과 '성경'을 구분하려 했다고 지적한다(*Perkins Journal* 34 [1981]: 44-46). 나는 바울이 율법 책(갈 3:10)과 '성경'(3:22)을 두 가지 다른 것을 가리킬 의도로 언급했다는 확언을 뒷받침하는 근거를 찾을 수 없다. 결론에서 '율법'과 '성경'을 다시 다룰 것이다.

진술이 같은 뜻인지 아닌지 잘라 말하기는 어렵다. 본래 "범법함을 인하여"는 '범법함을 낳기 위하여' 혹은 '범법함을 다루기 위하여'라는 뜻을 가질 수 있다. 가장 단순한 3:19a 읽기는 율법이 그리스도('자손')가 오실 때까지 범법함을 다룬다고 읽는 것이다.[7] 또한 3:24에 나오는 몽학 선생인 율법을 학생을 규제하는 잠정적인 학교 선생으로 이해하는 것도 가능할 것이다.[8] 4:1-7에는 후견인의 상이 더욱 분명하게 표현되어 있다. 후견인 아래 있는 자들은 "종이나 진배없다." 그런데 몽학 선생으로서 율법은 보호자라기보다 종으로 삼는 자다. 그래서 많은 학자들이 3:19에 나오는 '범법함을 인하여'라는 표현을 '범법함을 낳도록'이라는 뜻으로 보는 이유를 이해할 수 있다. //67// 이런 읽기는 롬 5:20에 비추어 본 갈 3:19 해석에 전적으로 의존할 필요는 없다.[9] 하지만 (갈 4:2이 해석하는 것처럼) 몽학 선생이 종으로 만드는 특성과 3:22에 나오는 "죄 아래 가두었다"는 표현에서도 이런 읽기를 이끌어낼 수 있다.

하지만 우리의 당면 목적을 위해서는 율법이 "범법함을 인하여" 주어졌다는 진술, 율법이 "모든 것을 죄 아래 가두었다"는 진술, "우리가 율법 아래 매인 바 되었다"는 진술, "율법이 우리를 인도하는 몽학 선생이 되었다"는 진술이 정확하게 서로 같은 뜻인지 결정할

---

7. 그래서 예를 들면 다음의 글이 있다. Leander Keck, *Paul and his Letters* (Philadelphia: Fortress Press, 1979), 74.
8. 예컨대(위의 각주 6) Lull은 몽학 선생을 "행할 것과 하지 말아야 할 것을 가르치고 … 순종하면 상을 주고 범하면 벌을 주는" 자로 본다.
9. 참조. Eckert, *Verkündigung*, 82: 롬 5:20; 7:7에 호소하면 "범죄함을 인하여"는 "죄를 더한다"는 뜻이라 한다. 또한 Betz, *Galatians*, 165.

필요는 없는 것 같다. 각 경우에 일반적인 논지는 분명하다. 율법의 제한하는 힘 또는 종으로 만드는 힘(the constraining or enslaving force of the law)은 믿음이 올 때까지 계속되었으며(3:19; 참조. 4:4f.) 실제로 율법은 비록 부정적인 방법이기는 하지만 믿음으로 의에 이르게 하기 위해 주어졌다(3:22, 24).[10]

휘프너는 율법의 "내재적 의도", 즉 율법을 준 천사의 의도와 하나님의 의도를 구분함으로써 바울의 주장을 부드럽게 하려 했다.[11] 휘프너의 주장에 따르면 율법 자체의 의도는 갈 3:12에 진술되어 있다: "율법을 행하는 자는 율법으로 산다."[12] 갈 3:19-21a은 율법을 준 천사의 의도를 말한다: "죄를 불러일으키는 것이다"(휘프너는 tōn parabaseōn charin을 그렇게 읽는다). 하나님의 의도는 3:22에 반영되어 있다: 하나님은 천사의 악한 행위를 자신의 목적으로 돌리신다. 휘프너의 입장은 두 가지 장점이 있다. 한편으로는 갈 3:19에 충분한 중심을 두면서 천사, 곧 중보자를 통해 율법이 주어졌다고 말함으로써 하나님이 율법 주신 것을 부인한다. 다른 한편으로는 다른 곳에서 율법이 어떻게 하나님의 뜻을 이루는지를 말하는 바울서신의 자기 모순을 제거한다. 휘프너가 재구성한 바울의 주장은 다음과 같을 것이다: '율법은 율법 행하는 자를 구원할 의도를 갖고 있다(물론 이것은 불가능

---

10. 그래서 예컨대, Burton, *Galatians*, 196f. 201.
11. Hans Hübner, *Das Gesetz bei Paulus*, 2d. ed. (Göttingen: Vandenhoeck & Ruprecht, 1980), 27-33.
12. 참조. ibid., 40; 갈 3:12에 나오는 율법은 속이는 것으로 보이지 않는다. 이 율법은 실제로 완벽하게 지킬 수 있는 사람에게 생명을 줄 수 있다.

할 것이다); 하지만 실제로 율법을 준 천사는 죄를 불러일으켜서 인간을 정복하려고 했다; 하나님은 율법이 정죄한 모든 자에게 구원을 베푸심으로써 이 상황을 해결하셨다.'

하지만 내가 보기에 휘프너의 입장은 설득력이 없다. 나는 이미 갈 3:12에서 인용된 레 18:5가 율법이 이론상 생명을 준다는 데 동의하기 위한 것이 아니라 율법이 믿음에 근거하지 않음을 입증하기 위한 것이라고 주장한 바 있다.[13] 갈 3:19을 바울이 의식적으로 수행하고 체계적으로 유지한 입장을 대변하는 것으로 읽지 말아야 할 강력한 선험적 이유들이 여러 개 있다. //68// 그렇게 읽을 경우, 우리는 바울이 갈라디아서를 썼을 때 일평생 자신이 배우고 믿었던 바, 즉 하나님이 율법을 주셨다는 점을 부인할 준비가 되었다고 가정해야 하고, 또한 하나님이 율법을 주시지 않았고 율법을 주신 후에 그 상황을 '해결하셨다'는 전제를 중심으로 갈 3장의 주장을 구축했으며, 로마서를 썼을 때는 하나님이 율법을 주셨다는 견해로 돌아갔고, 대부분의 학자들이 갈라디아서와 거의 같은 시기에 쓰였다고 추정하는 고린도서를 썼을 때는 누가 율법을 주었는지에 대해 생각을 바꾸었다고 가정해야 할 것이다.[14] 이 모든 점을 고려할 때 휘프너의 입장은 그럴듯해 보이지 않는다. 하지만 훨씬 돋보이는 다른 고려 사항이 있

---

13. 이 책 제1장 각주 30.
14. 고린도전후서 도처에서 하나님의 뜻이나 하나님의 말씀을 가리키는 것으로 바울은 통상적으로 성경을 인용한다. 예. 고전 1:19, 31; 14:21; 고후 6:2, 16-18 (현재 위치가 원본대로는 아니겠지만, 나는 이 구절의 진정성을 받아들인다); 8:15; 9:9; 10:17. 갈라디아서와 고린도전후서의 비교 연대 추정에 대해서는, Hübner, *Gesetz*, 91; 157 n. 47을 보라.

다. 아브라함에 관한 논쟁은 율법이 의에 이르는 참된 길을 밝혀주고 따라서 하나님의 뜻을 드러낸다는 가정에서 이루어진다.[15] 이 가정은 갈 3:6-18의 특징일 뿐만 아니라 바울이 자신의 경우를 입증하기 위하여 '율법'을 인용하는 4:21-31의 특징이기도 하다.[16]

갈 3장은 바울의 깊은 딜레마, 즉 로마서에서 조금 다르게 다루어졌지만 다시 등장하는 딜레마를 드러내는 것으로 읽는 것이 더욱 좋다. 이미 우리는 이 딜레마의 특징을 다음과 같이 정리했다: 바울은 하나님이 율법을 주셨다고 믿었지만 또한 구원이 그리스도를 믿는 믿음으로 말미암고 율법은 정죄하는 일에 힘쓸 뿐이라고 믿었다. 하나님이 율법을 주셨음을 부인하는 것(3:19)은 논쟁의 핵심에서 율법에 대한 반박을 밀어붙이는 것이다. 이는 체계적으로 수행되는 심경의 실제적 변화를 뜻하지 않는다.[17] 이처럼 바울의 주장의 주요한 골격은 하나님이 율법을 떠나 믿음으로 구원하고자 하는 의도를 항상 가지고 계셨다는 것이다. 하나님은 율법을 주셨지만 율법이 모든 사람을 정죄하고 그래서 믿음을 기초로 한 구속을 부정적 차원에서 준비하려고 하셨다(3:22, 24: 하나님의 뜻을 전달하는 목적절). 율법은 사람을

---

15. 율법이 하나님의 의도와 구분되는 내재적 의도를 갖고 있다는 Hübner의 견해에 반대되는 견해를 알려면, Heikki Räisänen, *Paul and the Law*, (근간)을 보라. 또한 Luz, *Geschichtverständnis*, 224: 바울은 율법을 하나님의 율법으로 생각했고 그러므로 그 의미에 관하여 물어야 했다. 이 질문은 전통적인 구속사로부터 그에게 나타난다.
16. 두 대목에서 바울은 율법을 지키는 것이 필요하다고 '입증'한다.
17. 갈 3:19f. 이 율법을 하나님과 대립하여 놓는 방법에 대해서는 최근에 나온, Terrance Callan, "Pauline Midrash: The Exegetical Background of Gal. 3:19b," *JBL* 99 (1980): 549-67을 보라.

살게 하려고 주신 것이 아니었다(3:21).

바울의 주장에 내포된 가장 놀라운 특색 가운데 하나는 바울이 유대인이나 이방인이나 할 것 없이 모든 사람을 같은 상황에 두었다는 점이다. 이는 바울이 거꾸로 사고했다고 가정할 때, 즉 해결로부터 곤경을(from solution to plight) 발견했다고 생각할 때, 그리고 바울의 사고가 많은 경우에서처럼 그리스도로 말미암는 구원에 대한 결정적인 확신에 좌우된다고 가정할 때 가장 잘 설명된다. 그리스도께서 모든 사람을 구원하러 오셨기에 모든 사람은 구원의 필요에 놓여 있다는 것이다.[18] 바울이 유대인의 상태와 이방인의 상태를 동일하게 볼 수 있었던 것은 이런 가설을 근거로 할 때 설명될 수 있으며, 동시에 이 사실은 바울이 인간의 상태를 분석함으로써 시작하지 않았음을 입증해주는 가장 좋은 증거가 된다. 이는 바울 사상에서 율법이 차지하는 역할에 대한 우리의 최종적 이해에 결정적으로 중요한데, 이에 대해서는 다시 살펴볼 것이다.

이방인과 유대인의 상태를 동일하게 보는 태도는 갈 2:15-16에 처음 나온다. 여기서 바울은 이방 죄인이 아닌 유대인도 오직(*ean mē*) 예수 그리스도를 믿음으로 말미암아 의롭다 함을 얻는다고 진술한다. 이는 함의하는 바가 매우 많다. 첫째로 바울은 '의로운' 유대인이 이미 하나님의 백성에 속한다고 하는 전통적 메시아사상을 따르지 않았음을 보여준다.[19] 둘째로 율법을 지키는 유대인은 사실상 성경의

---

18. *PPJ*, 442-47; 특히 474f.
19. 이 책 제1장 각주 63.

기준에 따른 죄인이 아니라는 점을 바울이 충분히 알고 있음을 보여준다. 셋째로 유대인과 이방인의 곤경이 동일시되는 근거를 보여준다: 모든 사람은 그리스도에 대한 믿음이 필요하다.

하지만 곤경을 돌아보고 있는 바울의 진술은 체계를 고수하려고 몸부림치는 것 같다. //69// 바울의 말에 따르면 그리스도는 "우리를"—분명 유대인이나 이방인 할 것 없이—율법의 저주로부터 구속하셨다(갈 3:13).[20] 이런 생각이 갈 3:19-4:10에 계속된다. 성경은 "모든 것"을 죄 아래 둔다(3:22). "우리"는 율법 아래 갇혔다(3:23). 율법은 "우리의" 몽학 선생이었으며(3:24), 그 몽학 선생으로부터 우리는 풀려났다(3:25). 그런데 더욱 놀랍게도 바울은 이렇게 쓴다. "이와 같이 우리도 어렸을 때에 *stoicheia tou kosmou* ("이 세상 초등 학문") 아래서 종 노릇 했더니"(4:3).[21] 하나님의 아들은 "율법 아래" 있는 자들을 구속하셨는데 이는 "우리"가 아들들이 되게 하려 하심이었다(4:4f). 그러므로 "너희"는 후사다(4:7). "너희"는 하나님이 아닌 자들에게 종 노릇 했다(4:8). 만일 너희가 **율법을** 받아들이면, *stoicheia* 아래로 돌아가서 저희에게 종 노릇 하는 것이다(4:9). 이런 사정은 특수한 절기를 지키는 데

---

20. 갈 3:13의 '우리'는 유대인과 이방인 할 것 없이 모든 사람을 뜻한다: Franz Mussner, "Theologische 'Wiedergutmachung.' Am Beispiel der Auslegung des Galaterbriefs," *Freiburger Rundbrief* 26 (1974): 11; Luz, *Geschichtverständnis*, 152 (이 책은 이방인 그리스도인을 포함한다); Peter von der Osten-Sacken, "Das paulinische Verständnis des Gesetzes im Spannungsfeld von Eschatologie und Geschichte," *EvTh* 37 (1977): 561.
21. 이 초등 학문이 무엇인지 논의할 필요는 없다. 나는 바울이 이교 신들을 마음에 두었음을 보여주기 위하여 갈 4:8f.를 택한다.

서 입증된다(4:10).

물론 실제 상황은 유대인이 율법 아래 있었고 이교도들은 본질상 하나님이 아닌 '자'들 아래 있었다. 어떻게 바울은 '우리'가 율법 아래 있었으며 또—hēmeis라는 대명사에 강조점을 두어—'우리'가 stoicheia의 종 노릇 했다고 말할 수 있는가? 이 특이한 진술 과정을 이해하기 위하여 몇몇 학자들은 바울이 율법을 stoicheia의 하나로 보았다든지 바울이 3:19의 천사를 4:8의 하나님이 아닌 '자'에 속하는 것으로 생각했다고 제안해 왔다.[22] 그러나 명확하게 개념화하자면 그러한 유사성은 타당성이 없다. 4:3, 9의 stoicheia는 4:8의 하나님이 아닌 자들과 같다(그래서 4:8f.: 너희는 하나님 아닌 자들에게 종 노릇 했다. 어떻게 너희가 stoicheia로 돌아갈 수 있는가?). 하지만 4:3-5에서 stoicheia는 율법과 나란히 온다(우리는 stoicheia에 종 노릇 했지만 하나님이 아들을 통해 율법 아래 있는 자들을 구속하셨으니 이는 우리로 아들의 명분을 얻게 하려 하심이다). 여기서 바울이 이 둘을 정확히 동일한 용어로 생각하고 있을 리 없다. 둘이 평행을 이루지만 stoicheia는 율법도 되면서 동시에 율법을 준 하나님이 아닌 자(= 천사)일 수 없다. stoicheia와 율법의 유사점은 그리스도께서 같은 토대 위에서 모든 사람을 구원하시기에, 유대인과 이방인의 곤경이 분명히 동일하다는 바울의 확신에 초점을 둘 때 파악된다. 공통분모는 속박된 상태다. 그리고 율법과 stoicheia가 동등한 위치에

---

22. 예. Bo Reicke, "The Law and This World according to Paul," *JBL* 70 (1951): 259-76: 3:19의 천사와 4장의 초등 학문(*stoicheia*) 사이에는 동일한 것이 있다. 하지만 Reicke는 이 대목에 나오는 '우리'와 '너희'가 본질적으로 동일하다는 것을 옳게 지적했다. 이 대명사들은 다른 집단을 가리키지 않는다.

있다는 사실이 중요하다.[23] 그래서 바울은 '우리'에서 '너희'로 그리고 이교 신들에서 율법으로 왔다갔다 할 수 있다. 모든 사람은 그리스도 덕분에 속박에서 해방되어야 한다. 율법 아래 있는 것과 *stoicheia* 아래 있는 것이 동일하다는 주장은 율법과 *stoicheia*가 특수 절기의 준수를 요구한다는 진술에 의해 납득된다. 율법을 받아들이는 것은 사실상 하나님 아닌 자들을 다시 경배하는 것과 같다(4:10).

갈라디아서의 이 대목을 떠나기 전에, 우리는 바울이 율법 아래 있음을 로마서의 주요 주제인 그리스도 이전의 인간 상태에 대한 다른 진술과 연결하는 또 하나의 방식에 주목해야 한다. //70// 바울은 하나님의 구원 계획에서 율법에 부정적인 역할을 부여하면서 그리스도가 오시기 전의 인간 상태를 "죄 아래"(갈 3:2) 있고 "율법 아래"(3:23) 있는 것으로 묘사했다. 갈 4:21-31에는 율법 아래 있는 것과 "육신을 따라" 태어난 것이 병행되고, 이 병행은 5:16-18에서 다른 말로 반복

---

23. 그러므로 J. A. Fitzmeyer, "Saint Paul and the Law," *The Jurist* 27 (1967): 27: "[동일한] 종 노릇 상태로 돌아가는 것과 같다"; Eckert, *Verkündigung*, 93, 110, 128, 232) Räisänen (*Paul and the Law*)은 율법 수여자 천사가 초등 학문과 엄밀하게 병행을 이루지 않는다고 지적한다. Räisänen이 언급하듯이, 바울은 자신의 주장이 담고 있는 논리를 철저하게 생각하지 않았다. 왜냐하면 그 해결책은 문제보다 더 분명하기 때문이다. Räisänen은 이렇게 결론을 맺는다: "갈 4장에서 바울이 말하고자 하는 점은 사람이 율법 아래 있는 곤경은 자연력 아래 겪는 곤경과 동일하다는 점을 제시하는 논쟁적인 것이다." 참조. George Howard, *Crisis in Galatia* (New York: Cambridge University Press, 1979), 66-78에 나오는 율법과 초등 학문에 대한 논의. Howard는 율법주의나 제의주의(ritualism)와 같이 율법과 *stoicheia* 각각의 가정된 특성을 바울이 반대하던 대상으로 공통 분모를 제공하는 것으로 구분하는 것은 옳지 않을 것이다.

된다(5:16f.의 성령/육, 5:18의 성령/율법). 이 병행은, 4:3-5에서 율법과 *stoicheia*의 병행이 동일함을 뜻하지 않듯, '율법'과 '죄'/'육신'의 동일함을 의미하지 않는다. 하지만 우리는 바울 사유의 한 가지 경향을 분명히 본다. 즉, 바울은 흑백논리로 생각하려 했다.[24] 율법이 아브라함에게 약속하신 유업을 보장하지 못하므로 율법은 죄와 악의 권세와 이교 신들과 동일하지는 않지만 비슷하다.

로마서: 율법의 목적 및 율법과 육신, 죄, 사망의 관계

우리는 이 장을 시작하면서 먼저 갈라디아서와 로마서에서 의롭다 함이 율법 순종으로부터 비롯하는 것이 아님을 확인한 후, 율법이 하나님의 계획 안에서 다른 역할을 부여받는다는 점에 주목했다. 로마서에서는 '왜 하나님은 율법을 주셨는가' 하고 명확하게 질문하지는 않지만 이에 대한 답이 나온다. 이제 바울은 부정적인 역할을 하는 율법으로 인해 의가 율법에 의한 것이 아님이 확고해진다고 생각한다. 그래서 바울은 율법의 행위로 하나님 앞에 의롭다 하심을 얻지 못할 것인데 **왜냐하면**(*gar*) 율법으로 말미암아 죄를 깨닫게 되기 때문이라고 쓴다(3:20). 롬 4:15도 비슷하다. 물론 이번에는 '의'라는 용어가 '유업'이라는 말로 대체되어 있다: "'율법에 속한' 자들이 후사가

---

24. 참조. Eckert, *Verkündigung*, 25f.: 바울의 생각은 대립적 사유로 특징지어진다; 중간 입장은 좀체 없다. 또한 Räisänen, *Paul and the Law*을 보라.

아닌데, **왜냐하면**(gar) 율법은 진노를 이루기 때문이다." 롬 5:20에 나오는 "율법이 가입한 것은 범죄를 더하게 하려 함이라"는 진술은 "한 사람의 순종하심으로 많은 사람이 의인이 되리라"는 진술 다음에 나온다. 계속되는 5:21에는 하나님의 궁극적인 목적이 진술되는데, 이로 인해 바울이 하나님의 구원 계획에 대해 논하고 있음이 더욱 분명해진다. 하나님의 궁극적인 목적은 "이는 죄가 사망 안에서 왕 노릇한 것 같이 은혜도 또한 의로 말미암아 왕 노릇 하여 … 영생에 이르게 하려 함(hina)"이다. 갈 3:22, 24과 마찬가지로 롬 5:20-21의 목적절은 중요하다: '하나님이 행하시는 궁극 목적은 구원을 예비하려 하심이었다; 율법을 주신 것은 은혜가 궁극적으로 왕 노릇 하게 하려는 의도와 더불어 범죄를 더하게 하려 하심이었다.'

이 세 진술은 상호보완적일 수는 있지만 같은 뜻은 아니다.[25] 하지만 지금 다루는 과제를 위해서는 죄를 깨닫게 하는 것과 '범법함을 더하는 것' 사이의 명확한 관련성을 찾으려 하기보다 이 세 구절에서 율법이 구원 역사에서 부정적 역할을 한다는 근본적 사실을 반복하는 것이 도움이 된다.

---

25. 로마서에서 율법의 기능에 관한 물음에 답하는 서로 다른 대답은 다음의 책에서 능숙하게 다루어져 있다. Ferdinand Hahn, "Das Gesetzesver-ständnis im Römer-und Galaterbrief," *ZNW* 67 (1976-77): 41-47. 3:20에서 율법은 죄를 깨닫게 한다; 5:12, 20f.에서 율법과 죄의 연관은 구속사의 용어로 표현된다; 동일한 연관이 7:7-24에서는 실존적으로 표현된다. 나는 후에, 그 구분이 7:7-24의 모든 것을 충분히 설명하지 못한다고 제안할 것이다. 참조. Räisänen, *Paul and the Law*: "바울은 율법과 죄를 다른 구절에서 다른 방법으로 이해하는 것 같다."

롬 3:20; 4:15; 5:20-21에 나오는 율법에 관한 진술로 인해 아마 로마서의 첫 독자들은 적어도 어느 정도 놀랐을 것이다. //71// 로빈슨 (J. A. T. Robinson)은 로마서에 직접적인 주장이나 설명이 없다고 지적했다. 롬 3:20은 '교리적'이다(공리에 가깝다). "이 구절은 7장에 이를 때까지 논증되지 않고 해결되지 않는 율법 주제에 관한 연속되는 진술 중 처음 것이다." 로빈슨은 롬 5:20을 '또 하나의 부수적 의견'(another obiter dictum)으로 특징지었다.[26] 바울이 로마서를 쓸 때까지 갈라디아서에 나타난 율법과 죄의 연관성이 바울에게 너무 익숙해져서 적어도 로마서 처음 몇 장에서는 별다른 설명 없이 이를 간단히 확언할 수 있었던 것으로 보인다. 그렇기에 우리는 로마서의 원 독자들보다 유리한 입장에 있다. 우리가 갈라디아서를 읽었다면 로마서에서 율법과 죄의 연관성에 대한 짧은 세 구절을 처음 읽는다 하더라도 그렇게 놀랍게 다가오지는 않을 것이다. 하지만 이제 어떻게 바울이 롬 7장에서 율법과 죄의 관계를 설명하는지 살펴볼 차례다.

롬 5:20에서 율법에게 할당한 역할("범죄를 더하게 하려 함이라")은 7:13에서 다시 반향된다("이는 계명으로 말미암아 죄로 심히 죄되게 하려 함이니라"). 반면에 3:20("율법으로는 죄를 깨달음이니라")은 7:13의 다른 문장에 부분적으로 비슷하게 진술된다("죄가 죄로 드러나기 위하여"). 율법과 죄를 깨닫는 것의 관계는 롬 7:7에도 역시 언급되어 있다("율법으로 말미암지 않고는 내가 죄를 알지 못했으니"). 롬 7장의 이 구절들은 앞서 나왔던

---

26. J. A. T. Robinson, *Wrestling with Romans* (Philadelphia: Westminster Press, 1979), 37, 66.

구절들과 이러한 유사점들이 있지만 사실 많이 다르다. 7:13의 목적절은 갈 3:22, 24; 롬 5:20-21의 목적절과 달리, 깨달아진 죄나 더하여진 죄를 하나님이 선하게 바꾸신다는 사실을 언급하지 않는다. 사실 죄를 낳는 능동적 동인〔動因, agent〕은 하나님이나 율법이 아니라 바로 죄 자체다. 롬 7:7-8:8은 율법과 하나님의 구원 계획의 관계를 명확히 하려는 다른 구절과 매우 뚜렷한 차이가 있기에, 우리는 지금까지 바울의 견해라고 가정해 왔던 것을 다시 생각할 필요가 있다. 이 문제를 전망하기 위하여 우리는 율법이 "범법함을 더하게 한다"(5:20)는 진술 이후와 하나님이 아니라 죄가 율법을 이용했다는 진술(7:7-13) 이전에서 율법과 죄의 관계를 고찰해볼 필요가 있다.

롬 6장에서 바울은 그리스도 이전의 인간 상태를 그리스도의 죽음에 참여함으로 벗어날 수 있는 죄의 종 노릇 상태로 서술한다(특히 6:5-11). 6:14에서 바울은 "죄가 너희를 주관치 못하리니 이는 너희가 법 아래 있지 아니하고 은혜 아래 있음이니라"고 쓴다. 바로 이 특정 지점에서 바울은 율법 아래 있지 않다는 것이 죄 아래 있지 않고 오히려 은혜 아래 있다는 것인지 설명하지 않는다. 이 구절은 5:20-21을 다시 가리키는 것 같다. 5:20-21도 은혜를 (율법에 의하여 더해진) 죄의 대립자로 묘사하고 있기 때문이다. //72// 하지만 6:14에서 죄는 "범법함"(5:20)이라기보다는 어떤 권세로 나타나며, 이는 로마서 6장의 전반적인 주제와 일치한다: 죄는 사람을 죽게 만드는 권세이며(6:10f.), 더욱 중요하게 죄는 사람의 지체를 바치게 할 만한 권세를 가졌고, 이런 차원에서 죄는 하나님과 거의 동등한 권세로 직접 대립한다(6:13, "또한 너희 지체를 … 죄에게 드리지 말고 오직 너희 자신을 … 하나님께 드리며"). 이때 율법 아래 있는 것은 죄 아래 있는 것과 평행된다. 즉, 죄는 율법 아래 있지 않는 자들을 다스리지 못하는데(6:14) "우리"는 율법 아래 있지 않고 은혜 아래 있다(6:15). 이어지는 구절에서 죄는 하나님의 직접적인 대립자가 아니라 의의 대립자로서 종을 삼는 권세로 등장한다(6:16-18).

7:1-6은 율법을 다시 언급한다. 잘 알려져 있듯 바울이 7:2-3에서 사용하는 유추는 완전하지 않다. 하지만 말하고자 하는 바는 7:4-6에 직접 언급되어 있다: '너희는 그리스도로 말미암아 율법에 대하여 죽었다; 너희는 다른 자 곧 그리스도께 속한다.' 여기서는 율법을 마치 그리스도와 대립하는 권세로 말한다. 바울은 율법을 '육신'과 유사한 것으로 계속 말한다: "우리가 **육신**에 있을 때에는 … 이제는 우리가 얽매였던 것에 대하여 죽었으므로 **율법**에서 벗어났으니."

처음부터 끝까지 바울은 그리스도 이전의 인간이 처한 곤경을 하나님을 대적하는 한 권세에 얽매인 속박, 종 노릇으로 서술한다. 그리스도 이전 상태를 죄에게 종 노릇 하는 것(6:6, 17, 20), 육신에 있는 것(7:5), 율법 아래 있는 것으로(6:14f.; 7:4) 서술한다. 분명히 바울은 율법이 죄라든지 육신이라고 말하지 않는다. 롬 7:5에서는 이 둘이 구분된다. 육신에 있는 자들은 율법으로 일어난 자신의 죄악된 정욕을 갖고 있다. 그런데도 죄 아래 있는 자는 율법 아래 있는 자이며, 육신 아래 있는 자도 율법 아래 있다. 그래서 죄와 육신으로부터 벗어나면 율법으로부터 벗어난다.

이는 율법 아래 있는 것과 *stoicheia* 아래 있는 것을 구분하는 갈라디아서와 유사한 것처럼 보인다. 갈라디아서에서처럼 율법은 그리스도를 떠난 보편적 인간 상태를 구성하는 요소다(the law is part and parcel of the universal human condition apart from Christ). 그래서 우리는 롬 6:1-7:6에서도 "너희"와 "우리" 사이의 진자 운동에 주목한다: "너희"는 율법 아래 있지 않다(6:14); "우리"는 율법 아래 있지 않다(6:15); "너희"는 죄의 종이었다(6:20); "너희"는 율법에 대하여 죽었다(7:4); "우리"는 육신에 있었다(7:5); "우리"는 율법으로부터 벗어났다(7:6). 대명사를 구분하여 "너희"는 이방인을, "우리"는 유대인을 가리킨다고 할 수 없다. 왜냐하면 모두가 전에는 죄 아래 있었고, 육신 아래 있었고, 율법 아래 있었기 때문이다. 바울이 갈 2:15에서 이방인 '죄인'과 의로운 유대인을 나누는 표준적인 구분을 알고 있다는 것을 드러냈지만, 롬 6:1-7:6에 (갈 3:19-4:10과 마찬 가지로) 분명하게 나타나는 바울의 일반적 경향은 인간의 곤경을 보편화(universalize the human plight)하는 것이었다. 모두가 죄 아래 있어서 구속을 받아야 했다. 모두가 율법 아래 있었기 때문이다.

바울은 율법을 보편적인 인간의 곤경과 연결하면서 율법이 의롭지 않다는 것보다 더 심한 말을 많이 이야기한다. 율법은 죄 아래 있는 자들과 그리스도 아래 있는 자들을 나누는 선에서 나쁜 편에 등장한다. 이는 갈 3, 4장에 나오는 경우지만, 롬 6장과 7장 처음 몇 절에서 율법은 훨씬 더 나쁘게 등장한다. //73// 죄는 사실상 하나님의 대적으로 인격화되었고, 죄에게 종 노릇 하는 모든 사람은 율법 아래 있다. 롬 6장에서 죄는 하나님이 믿음을 기초로 모든 사람을 구원하시기 위하여 모든 사람을 사로잡는 데 사용하는 하나님의 도구가 아니다. 죄는 독립된 지위를 갖고 있고 하나님의 통제에 종속되지 않는다. 롬 6장과 롬 7장의 첫 부분에서 바울은 초기에 견지했던 죄와 율법의 관계를 여전히 갖고 있다. 바울은 율법과 죄를 거의 동일하게 본다. 하지만 죄는 이제 하나님의 뜻 바깥에 있는 외부의 권세이기에 바울은 이 함축된 등식을 분명 거부할 것이다.[27] 아마 7:7-25에 율법과 죄에 대한 논의가 생긴 것은 롬 6장과 7:1-6의 실제적 이원론 때문일 것이다. 이제 그 논의를 직접 살펴보려 한다.[28]

앞서 우리가 살펴본 바, 선한 유대인 바울은 하나님이 율법을 주셨다고 생각했지만 또 자신에게 임한 그리스도의 계시를 기초로 율법이 의를 낳을 수 없음을 확신하면서 딜레마에 빠졌고, 하나님의 구원 계획 안에서 율법에 부정적인 역할을 부여함으로써 그 딜레마에 대응했다. 율법이 죄를 낳음은 믿음으로 말미암아 구원을 얻게 **하려 함이었다.** 다른 말로 하면, 이 딜레마는 여전히 해결하기 어렵기는 하지만, 하나님의 구원 계획 **안에서** 죄가 어떤 자리를 부여받는다면, 우리는 이 딜레마를 다룰 수 있다. 그러나 롬 6장에 나타나는 것처럼

---

27. 참조. C. E. B. Cranfield, *The Epistle to the Romans*, vol. 1. (Edinburgh: T. & T. Clark, 1979), 340f.

28. 다음의 책들은 롬 7장에 대한 다양한 연구를 제대로 요약하고 있다. Luz, *Geschichtsverständnis*, 158-68; Richard Longenecker, *Paul: Apostle of Liberty* (New York: Harper & Row, 1964), 86-97; 109-16; J. A. T. Robinson, *Wrestling with Romans* (Philadelphia: Westminster Press, 1979), 82-88; James D. G. Dunn, "Rom. 7, 14-25 in the Theology of Paul," *TZ* 31 (1975): 257-73. Dunn이 특별히 분명히 밝히듯이, 롬 7장의 해석에는 기본적으로 세 가지가 있다: (1) 인간학적 해석(이 해석은 그리스도 이전에 그리스도를 떠난 인간의 곤경을 묘사한다) (2) 그리스도를 만나기 전에 겪은 것이지만 현재의 관점에서 바라본 바울의 체험 (3) 바울의 계속되는 자전적 체험.

죄가 사람으로 하여금 충성하게 하는 권세이자, 죽음을 통해서만 피할 수 있는 권세이고, 따라서 죄가 하나님의 목적에 전적으로 종속되어 있지 않는 권세라면—죄는 활용될 수 있는 것이 아니라 죽음으로써 벗어나야 하는 것이다—이 딜레마에는 다른 해결책이 필요하다. **율법은 더 이상 하나님의 전체 계획의 일부로서 죄를 낳거나 범법함을 더하게 한다고 더 이상 말할 수 없다. 왜냐하면 이제 죄의 영역은 전적으로 그 계획 바깥에서만 고찰되기 때문이다.** 바울의 견해에 따르면 하나님은 죄를 멸하실 것이지만, 그러기 위해서는 아들을 보내셔야 한다(8:3). 개인은 오직 죽음으로써만 죄로부터 벗어날 수 있다(6:11). 하지만 하나님은 죄의 영역 안에 '명령을 내리지' 않으신다.

바울은 이러한 자기 딜레마에 조금 놀라운 방식으로 대응한다. 먼저 바울은 율법과 죄 사이의 연관성을 끊지 않았지만, 이 둘의 연관성을 설명함에 있어서 이 둘이 하나님의 구원 의도에 공통적으로 종속된다는 식으로 설명할 수 없었다. 이처럼 롬 7:7-13에서는 여전히 (1) 하나님이 율법을 주셨고 (2) 율법과 죄는 연관되어 있다는 견해를 주장하지만, 여기서 율법과 하나님의 뜻과 죄의 관계가 변한다: '율법은 선하고 "생명에 이르게" 하려고 주신 것이지만(7:10), 하나님과 무관한 세력에 의하여, 즉 하나님이 아니라 죄에게 이용당했다(7:8, 11, 13). 그래서 하나님의 뜻과 **정반대의** 상황이 생겼다.' 그러므로 죄와 하나님의 의도(하나님은 갈 3:22, 24에서처럼 죄에 속박되기를 의도하지 않으셨다), 그리고 하나님의 뜻과 율법의 관계에 대한 바울의 견해에 변화가 일어났다. 이런 변화는 죄에게 부여된 새로운 역할 때문에 필요한 것처럼 보인다: 이제 죄는 하나님의 목적을 거슬러 율법을 사용하는 능동적 동인(動因, agent)이다. //74// 죄가 사람들로 하여금 그릇된 방식으로 율법을 이루게 하고 그래서 율법주의를 낳아, 그럼으로써 율법의 의도를 왜곡하지 않는다고 (그다지) 말할 필요는 없다. 오히려 율법은 정죄하고 그래서 범법함을 촉발하기에 죄의 동인이다. 죄는 계명을 통하여 탐욕이 무엇인지 가르쳐 준다. 율법은 탐욕을 정죄하고 따라서 탐욕하는 자를 정죄한다(7:7-11). 그래서 율법은 죄의 동인이다.

그렇게 7:7-13에서 하나님은 믿음을 기초로 구원할 수 있게 하려고 의도적으로 정죄하도록 율법을 주신 것이 아니다. 오히려 하나님은 율법에 순종하라고 율법을 주셨다.[29] 그러나 죄는 율법을 사로잡아 하나님으로부터 벗어나게 한다. 죄는 율법을 사용하여 범죄를 조장한다(7:8, 11, 13). 그 결과 율법은 죽이게 된다(7:10f.).

7:7-13에서 율법은 여전히 죄와 연관되어 있지만 죄가 하나님의 뜻에 귀속되어 있는 것은 아니다. 적어도 이것은 하나의 사고 노선이다. 그런데 또 하나의 사고 노선이 있다는 것에 주목해야 한다.[30] 여

---

29. 7:13에 율법을 주신 원래의 의도와 율법의 실제적 기능을 나누는 구분이 있는지 없는지의 문제에 대해서는 Hübner, Gesetz, 64와 거기에 인용된 문헌을 보라. 나는 적어도 하나님의 의도와 죄가 율법을 사용함을 나누는 구분이 있다고 본다: 율법은 단순히 하나님의 뜻을 이루는 수단이 더 이상 아니다.
30. 사람들은 롬 7:14이 주장의 변화를 일으키는 것처럼 종종 보지만 대개 강조점은 현재 시제로 옮아가는 변화에 있다. Robinson (Wrestling with Romans, 88)은 이것이 잘못된 강조점임을 올바로 논평한다. 현재 시제는 "율법이 신령하다"는 일반 명제에 의하여 필요하며, 강조점은 신령한 율법과 인간 본성 즉 sarkinos에 속한 ego의 대립에 놓여 있다(7:14b).

기서는 인간 본성 차원에서 육신이 문제가 된다.[31] 인간은 육신이기에(7:14) 율법이 명령하는 바 선한 것에 반하여 행동하게끔 하는 원칙에 지배당한다(7:15-23).[32] 7:10으로 시작하는 이 단락에서 하나님은 율법이 제시하는 선한 것을 의도하셨다. 개인은 선한 것을 알고 행하려 한다. 하지만 '다른 법'에 의하여 **방해를 받는다**. 이는 죄가 범법함을 **촉발하기** 위하여 율법을 사용한다고 말하는 것과 조금 다르다. 그보다도 죄의 법이라는 **다른** 법이 있다. 이 법은 간단히 말해 죄 자체이자(7:17, 20) 하나님의 율법을 이루지 못하도록 막는 법이다. 여기서 바울은 율법과 죄 사이의 긍정적 연관성을 부순다.

롬 7:7-13은 율법이 범법함에 **이르게 한다**고 말하고 있다는 점에서 갈라디아서와 로마서 초반에 나오는 율법/죄 논의와 연결된다. 하지만 이런 생각이 7:14-23에서는 발전되지는 않는다. 여기서는 율

---

31. 7:14에 나오는 *Sarkinos*는 '자신의 힘으로 애쓰는 인간 본성의 상태'를 강조한다(Robinson, ibid., 90). 이는 7:18 "내 육신에"라는 말에 특별히 분명히 드러난다. 하지만 주장이 완성되기 전에, 바울은 인간 몸의 연약함을 하나님의 영에 대립하는 세력으로 파악되는 육에 관련시킬 것이다. 특별히 8:8을 보라.
32. Bultmann은 롬 7:14-25에 나오는 '원하는' 행위의 대상을 계명보다 '생명'으로 설명했다. 다음을 보라. "Romans 7 and the Anthropology of Paul," *Existence and Faith* (Cleveland and New York: World Publishing Co., Meridian Books, 1960, 152). 그러나 문제는 사람이 실제로 하는 것이다. 7:15에 나오는 *prassō*와 *poiō*를 주목하라. Bultmann의 억지 해석은 계속해서 영향력을 미친다. 그래서 Leander Keck ("The Law and 'The Law of Sin and Death' [Rom. 8:14]: Reflections on the Spirit and Ethics in Paul," *The Divine Helmsman* [New York: KTAV, 1980], 53)은 롬 8:4에 나오는 '율법의 요구'를 '율법의 정당한 의도—생명'으로 해석한다.

법이 선한 것을 요구하지만 인간이 죄와 육신 때문에 율법을 이룰 수 없는 것으로 묘사된다. 이는 인간의 곤경에 대한 두 번째 묘사로, 이에 대한 '해결책'은 주로 8:1-8에서 제시된다. 그리스도 안에 있는 자는 이런 전체 상황에서 벗어났다. 율법은 사람들이 율법을 이룰 수 있게 할 만한 능력을 가지고 있지 않다(8:3, 아마 사람들은 육신적이기 때문일 것이다, 7:14). 하지만 그런 결핍은 이제 하나님에 의해 정복되었다. 왜냐하면 하나님은 (자신이 주신) 율법이 할 수 없는 것을 행하셨기 때문이다. 하나님은 자기 아들을 보내셨고, 그의 아들을 통하여 하나님은 '육신에 있는 죄'를 정죄했다. 그 목적은 율법이 요구하는 것이 성령을 따라 행하는 자들 안에서 이루어질 수 있게 하려 함이었다(8:3f.). 성령에 의지하여 사는 사람들은 율법을 이룬다. 육신 가운데 있는 자들은 그렇게 할 능력이 없다(8:7f.).

롬 7:14-8:8에 있는 율법과 죄에 대한 진술을 지배하는 (내가 부르는 바) 두 번째 사고 노선에 따르면, 율법은 죄를 불러일으키지도 못한다. //75// 율법의 '결점'은 그 자체 내에 사람들로 하여금 율법을 지킬 수 있도록 하는 능력이 없다는 것이다. 그리스도 안에 있고 성령을 가지고 있는 자들만 그렇게 할 수 있다. 그러나 그것이 율법의 결점인가? 그리스도가 없는 인간의 곤경은 이 단락에서 너무 소망이 없이 나타나기에, 사람들은 창조가 선하다는 교리에 의문을 품게 된다. 여기에서 율법이 인간의 곤경에 대한 해답이 아닌 이유를 깊이 분석하는 사람들은 7:10과 7:14-25로부터 쉽게 이끌어 낼 수 있는, 창조주이자 율법 수여자인 하나님에 대한 비판을 놓칠 수 있다. 분명 바울은 그런 비판을 이끌어 내지 않는다. 바울의 의도는 육신이어서 죄 아래 팔린 인간을 창조하셨다고 하나님을 비난하고 심지어 사람을 구원하기에 충분하게 강력한 율법을 먼저 보내 주시지 않았다고 하나님을 비난하는 것이 아니라 그리스도로 말미암아 구속을 얻을 수 있는 기회를 주신 하나님을 찬송함으로써 끝맺으려는 데에 있다.

우리는 바울이 하나님의 뜻과 율법과 죄의 상호 연관을 말하는 세 가지 다른 방법을 보았다. 대부분의 진술, 즉 갈 3:22-24, 롬 5:20-21(또한 롬 3:20; 4:15에도 명백하게 언급됨)의 진술은 율법과 긍정적으로 연관되어 있는 죄를 하나님의 뜻에 종속시킨다. 이 견해는 다음과 같이 도식으로 표시할 수 있다.

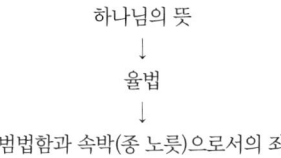

로마서 7:7-13의 견해, 즉 죄가 하나님의 뜻에 반하는 범법함을 일으키기 위해 율법을 사용한다는 견해는 다음과 같이 표현된다.

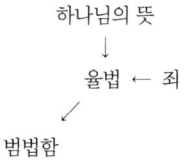

마지막으로 율법과 범법함의 긍정적 연관성을 깨뜨리는 롬 7:14-25의 입장은 이런 도표가 된다. //76//

이 도표에는 율법에 관한 바울의 진술이 다양하고 복잡하게 변화되고 있는데, 이는 롬 7장에서 다른 문제를 야기하는 반동이 있을 때까지 점점 여세를 몰아 율법과 죄 사이의 더 부정적인 관계(율법과 죄 사이의 분리. ⓒ)로 향하는 유기적 발전에서 비롯한 것으로 생각하면 이해할 수 있다. 율법에 관한 바울의 문제는 롬 7장에서 **출발하지 않**는다. 이는 하나님이 율법을 주셨다는 생래적 믿음과 롬 7장에 아주 뚜렷하게 드러나는 번민과 격정을 대체적으로 설명해주는 '구원이 오직 그리스도를 믿음으로만 온다'는 새로운 확신(그래서 바울은 율법에 부정적 역할을 준다)을 어떻게 통합해야 하는지는 계속되는 신학적 문제다.

많은 이들이 이 제안에 반대하며 롬 7장을 바울의 율법 거부에 대한 **유일한** 설명을 제시하는 것으로 보려 할 것이다. 나는 먼저 나의 견해에 반박 가능한 견해들을 설명하고 나서 대안으로 제시된 그러한 견해들이 만족스럽지 않다고 생각하는 이유와 여기에서 제시한 제안이 이 복잡한 장에 대한 더욱 나은 설명이 될 수 있는 이유를 언급할 것이다.

롬 7장이 담고 있는 고뇌스러운 특성 때문에 자연스럽게 우리는 가능한 한 체험에 가까운 설명을 찾으려 한다. 어떤 사람은 바울의 자전기, 즉 율법이 명령하는 바를 행할 수 없는 바울 자신의 좌절에서 설명을 찾으려 할 것이다. 그래서 예컨대 베커(J. Christiaan Beker)는 7장이 적어도 부분적으로는 자전적이며 바울의 회심 전 율법과 관련한 은밀한 불만족 상태, 심지어 바울에게도 숨겨져 있던 불만족 상태를 반영한다고 본다.[33] 자전적 설명에 반대하면서 분명하고 효과적인 주해적 주장을 지지하는 사람들은 바울이 그리스도 안에 있는 사람, 곧 인간학적 관점에서 인간을 고찰할 때 번민이 일어난 것이라고 생각한다.[34] 예컨대 폴 마이어(Paul Meyer)는 바울이 롬 7장에서 율법에

---

33. Beker, *Paul the Apostle*, 236-43. 이 대목에서 Beker는 내가 *PPJ*에서 취한 견해를 순전히 신학적이며 바울의 체험을 도외시한 것으로 비판한다(237; 242 n. 22). Beker는 실제로 내가 바울의 체험에 돌렸던 역할을 간과한다: "바울의 율법관에 관하여 두드러지는 것은 … 그리스도께서 유대인뿐만 아니라 이방인을 구원하신다는 점이다. 이는 단순히 신학적 견해일 뿐만 아니라 바울이 자신에 관하여 갖고 있는 가장 깊은 확신, 즉 그의 경력과 생명이 걸려 있는 확신과 관련되어 있다: 바울은 이방인 사도였다 … 더 나아가 영과 믿음이 복음을 들음에서 오지 율법을 지킴에서 오지 않는다는 것은 공통적인 기독교적 체험의 문제였다"(*PPJ*, 496). 그러므로 Beker와 나는 바울이 율법관에서 신학과 체험 사이에 연관이 있다는 점에 의견이 다르지 않다. *PPJ*에서 나는 그 체험을 바울이 이방인 사도로 부르심을 받은 소명과 성령의 공통적 체험과 같은 것으로 보았다. 좀 더 자세한 것은 이 책 151-53을 보라.
    Robert H. Gundry는 롬 7장을 자전적인 것으로 설명하려고 줄기차게 노력한다. 그리고 그는 이런 종류의 설명이 다시 일어나고 있다고 지적한다: Robert H. Gundry, "The Moral Frustration of Paul before His Conversion: Sexual Lust in Romans 7:7-25," *Pauline Studies* (Grand Rapids: Wm. B. Eerdmans, 1980), 228-45. 또한 Dunn, "Rom. 7, 14-25 in the Theology of Paul" (바울의 계속되는 자서전적 체험)을 보라.
34. 이는 Bultmann이 "롬 7장과 바울의 인간학"에서 유명하게 만든 입장이다. 최근에 나온 극단적인 진술에 대해서는 Walther Schmithals, *Die theologische Anthropologie des Paulus. Auslegung von Röm. 7, 17-8, 39* (Stuttgart: Kohlhammer Verlag, 1980), 7: "이 본문의 한 본질적 특성은 인간을 향한 신

의한 의를 거부한 이유를 서술하고 있는 것으로 보고, 여전히 자전적이라고 묘사하지는 않지만 7장의 실존적 특성을 정당히 평가하려고 한다.

> 결국 율법을 지킴으로써 어떤 사람도 하나님 앞에 서 있을 수 없다는 확신을 공리의 차원으로 격상시킨 것은 justificatio impii, 즉 하나님에 의해 죄인이 의롭다 하심을 받는다는 것(따라서 율법을 통한 의롭다 하심과 죽음 사이의 화해될 수 없는 모순, 갈 2:21)의 발견과 또한 더욱 중요하게는 아마 바울 자신에게 개인적으로 십자가에 비추어 해석될 토라를 즐거워하는 자신의 마음을 사로잡는 죄의 권세(7:22-23)에 대한 체험 때문이다 … .[35]

먼저 율법에 대한 바울의 태도의 역사에는 우리가 간단히 알 수 없는 몇 가지 사실이 있음을 인정하는 바다. 우리는 바울이 숨겨왔던 아마 자신도 모르게 율법에 관한 내밀한 분개심이 있었는지 여부를 알 수 없고(Beker), 회고적으로 그리스도 사건에 비추어 이전의 율법 지킴의 노력을 죄에 의해 왜곡된 것으로 보았을 가능성을 배제할 수 없다(Meyer). 아마 롬 7:14-25이 '유대인의 유감스러운 곤경'에[36]

학적 방향이다. 바울은 하나님에 대하여 아무런 교훈을 상술하지 않고 죄인과 신자로서 하나님 앞에 서 있는 인간을 서술한다."

35. Paul Meyer, "Romans 10:4 and the End of the Law," in *The Divine Helmsman* (New York: KTAV, 1980), 67.
36. Beker, *Paul the Apostle*, 240의 표현.

관한 바울의 생각을 충분하게 드러내지 못한다고 말할 수도 있을 것이다. 다른 구절에서 바울은 유대인이 율법이 요구하는 바를 행할 능력이 있고 자신이 훌륭한 예라는 것을 충분히 잘 알고 있음을 보여준다. 그래서 롬 7장에 관한 우리의 이해는 갈 2:15-16와 빌 3장과 같은 다른 구절에 관한 우리의 이해에 의하여 부분적으로 규정된다. 그러나 지금은 롬 7장을 그리스도를 받아들이지 않고 하나님께 순종하려 할 때 인간의 소망 없는 상태에 대한 인간학적/실존적 분석**에서 나온 것으로** 보겠다. 우리는 이를 두 가지 제목으로 요약할 수 있다: (1) 이 장의 초점과 주제, (2) 바울 사유의 일관성과 배열 순서〔the consistency and chronology of Paul's thought〕.

엄격하게 말해 이 주제는 '왜 율법이 의롭다 함을 얻게 하지 못하는가?'나 '하나님이 자기 아들을 보내심으로써 대응하신 인간의 상태는 무엇인가?'(물론 앞으로 간략하게 살펴보겠지만 두 번째 문제는 분명히 등장한다)가 아니라, '율법과 죄의 관계는 무엇인가?' 하는 것이다. 롬 6:5-7:6의 논의가 주장했던 질문이 바로 그것이다. 그리고 이 질문은 좀 더 깊이 감추어져 있는 또 하나의 질문, '율법이 이런저런 방식으로 죄와 연관되어 있는데, 그러면 왜 하나님은 율법을 주셨는가?'와 밀접하게 관련되어 있다. 이 논의를 진행할 때 롬 7장에 있는 논의가 하나님(특별히 하나님의 목적), 율법, 죄와 이들 사이의 관계에 초점을 두고 있지 일차적으로 인간 상태 자체에 초점을 두고 있지 않다는 사실을 분명하게 보는 것은 중요하다. 바울은 죄와 인간 됨 사이의 연관성에 관해서는 물론이고 하나님의 율법에 영향을 받거나 하나님의 율법에 반응하는 인간 상태에 관하여 꽤 많이 이야기한다. 그러나 우리는 여기서 바울의 이 주제가 다른 곳에서 말하는 것과 일치하지 않고 롬 7장의 인간 상태에 관한 바울의 언급이 바울서신 다른 곳에 있는 율법, 죄, 인간성에 관한 진술이 나오는 **원천**인 것처럼 보이지 않는다는 점에 주목해야 한다. 이리하여 우리는 일관성과 배열 순서의 문제에 이른다.

바울의 독자 대부분은 롬 7장에서 바울 자신이 실제로 생각하던 바와 그렇게 생각하는 이유를 우리에게 드디어 말해 주었다는 입장을 택하는 것 같다. 말하자면, 바울은 갈라디아서와 로마서 처음 몇 장에서 율법과 인간 상태와 하나님의 뜻 사이의 관계에 대하여 자신의 실제 견해를 가장했다가 드디어 롬 7장에서 '자신이 실제로 생각하던 바'를 드러냈다는 것이다. 그리고 이 생각은 다행히 현대의 인간 중심주의에 상응하는 실존적/인간학적 핵심을 가진 것으로 드러난다. 그렇게 볼 때 바울을 충분히 이해할 수 있다. //78// 바울은 롬 9-11장에서 다시 속여서 말한다. (가령 갈 3장과 롬 4장처럼) 여기서 바울은 하나님이 세상을 다루시는 태도에 대한 관점, 즉 하나님이 이스라엘 역사에서 어떤 일을 해오셨는지와 하나님이 유대인과 이방인, 즉 인류를 다루실 때 생기는 최종적 산물이 무엇인지를 묻는 하나님 중심적 견해를 다시 취한다.

내가 보기에는 바울이 율법에 관한 자신의 생각이 생겨난 실제 원천을 그토록 오래 그렇게 교묘하게 숨기면서 율법에 관하여 글을 썼다거나 어떻게 하나님이 율법을 사용하려 하셨는지를 설명하기 위하여 다양한 방식으로 시도했던 것 같지 않다. 만일 많은 사람이 롬 7장에서 발견하는 인간학적/실존적 분석이 율법, 죄, 인간에 대한 바울의 기초적인 생각이라면 갈라디아서에서 이 분석이 드러났어야 했다. 더 나아가 다른 곳에서도 그 분석이 나타날 것으로 예상할 수 있다: 만일 롬 3장에서가 아니면 롬 4장에 나타났어야 하며, 롬 4장에서가 아니면 9-10장에서 나타났어야 하며, 그 곳에서도 나타나지 않았으면 빌 3장에서 나타났어야 한다.

자연스럽게 롬 7장을 바울의 율법관을 이해하는 중심적이고 명확한 구절로 보는 사람들은 롬 7장의 견해가 다른 곳에서 특별히 롬 1:18-29과 롬 9:30-10:13에 나타날 것으로 본다.[37] 그들은 이 구절이 인간관에서 혹은 유대인의 관계에서 롬 7:14-25에 실존적으로 서술되어 있는 바, 율법을 행할 수 없는 인간의 무능력을 제시하는 것으로 본다. 그러나 사실상 이 세 구절은 아주 다른 것을 주장한다. 롬 9:30-10:13은 유대인이 율법으로 의를 추구하면서 하나님의 의를 발견하지 못했고 이 하나님의 의는 믿음에 의하여 오며 동등하게 모든 사람을 위한 것이라는 명확한 특성을 주장한다. 롬 1:18-2:29은 아래에서 볼 수 있듯 모든 사람이 가증스러운 죄를 지었으며 동시에 일부는 율법으로 의롭게 될 수 있는 가능성을 주장한다. 롬 7:14-25의 주장은 매우 뚜렷하게 나타난다. 곧, 그리스도가 없는 인류는 율법을 도무지 이룰 수 없다는 것이다. 이 구절 가운데 어디서도 바울이 율법은 너무 어렵기에 제대로 이룰 수 없다고 주장하지 않는 사실은 주목할 가치가 있다.

그러므로 롬 7:14-25은 바울이 다른 곳에서 일관되게 주장하는

---

37. 예컨대, Meyer, "Romans 10:4 and the End of the Law"을 보라.

견해를 실존적으로 드러내지 않는다. 바울서신 가운데 이 구절이 극단적으로 제시하는 인간의 무능력함은 독특하다. 율법에 관한 바울의 다양한 논의에서 가장 일관성 있으며 또한 배열 순서상 앞선 주장은 하나님이 줄곧 율법을 기초로 구원하지 않고 믿음으로, 따라서 동일한 근거에서 모든 사람을 구원하려고 뜻하셨다는 것이다.[38] 이리하여 상당한 비중을 차지하는 (어떤 의미에서 바울이 유대인이기 때문에 자전기적인) 신학 문제가 발생했다. 바울은 과거에 하나님의 중요한 구속 활동을 내던지고 부인해야 할 상황(하나님의 선택과 율법 문제)에 처하게 되었다. 하나님의 선택과 율법이 공히 들어설 여지를 발견하기를 바울이 간절히 바랐다는 사실은 가령 롬 9:4-6에 분명히 나타난다. 그러나 바울이 선택과 율법을 구원에 여전히 중요한 것으로 만들 수 없었던 것 역시 분명하다. //79// 여기서 가장 중요한 신학 문제가 하나 있었다: '그리스도 이전까지 하나님은 어떤 일을 하셨는가? 율법의 요점은 무엇이었는가? (율법과 더불어) 이스라엘의 역사와 그리스도에 의하여 모든 사람을 구원하려는 하나님의 의도를 어떻게 통합할 수 있는가?'

이것이 진짜 문제였으며 내가 보기에는 바울의 번민이 그의 정신적 상태나 인간의 실존적 곤경(the existential plight of humanity)에 대한

---

38. 참조. Seyoon Kim, *The Origin of Paul's Gospel* (Tübingen: J. C. B. Mohr [Paul Siebeck], 1981), 308: "하나님이 율법의 행위를 떠나서 그리스도 안에 있는 자신의 은혜에 의하여 그리고 그를 믿는 믿음에 기초를 두고 사람을 의롭다 하시므로, 유대인은 물론이고 이방인도 오직 믿음을 통해서만 의롭다 하심을 받을 수 있다. 바울은 칭의 교리를 펴야 할 때가 되면 언제나 이 점을 주장한다."

분석으로 인한 불안감〔Angst〕때문이었다기보다, 바울이 이런 문제들에 이끌려 열정적으로 표현하게 되었다고 보는 것이 훨씬 그럴듯하다. 이것들이 현대인에게는 진실로 문제가 될 수 있겠지만, 바울에게도 정말 문제였는지는 의심스럽다.

인간학적 해석에 대한 이런 반대를 요약하면 이렇다: 롬 7장은 하나님의 계획에서 율법의 목적을 설명하려는 거듭되는 시도 끝에 나온다; 롬 7장은 율법, 죄, 하나님의 뜻 사이의 상호 연관에 초점을 둔다; 롬 7장은 바울이 이 문제에 관하여 말하는 내용의 전개, 즉 롬 6장의 실제적 이원론으로 인한 결과처럼 보이는 한 전개를 대변한다; 율법의 목적에 대한 설명이 일치하지 않으므로, 롬 7장이 바울과 율법을 이해하려는 데 가장 중심되는 것 같지는 않다; 열정적인 표현은 인간의 곤경에 관한 분석이 아니라 예민한 신학 문제에서 나온 것으로 설명하는 편이 더 그럴듯하다. 한 가지 덧붙이고 싶은 것은 역사나 신념이 하나님의 일관성과 공평함에 도전할 때 고대 세계의 유대인이 마음이 동하여 열정을 가지게 됐을 것이라는 사실은 결코 놀라운 일이 아니라는 것이다. 이 마지막 요점에 관하여 욥기와 에스라 4서를 생각할 수 있다. 이 두 책에서는 신학과 경험이 결합되어 하나님이 인류를 다루시는 바로 그 측면에 문제를 제기한다.

롬 7장이 일으키는 문제가 7:7에 수사의문문으로 "율법이 죄냐?"(즉 둘의 관계는 무엇인가?)로 곧바로 표현되었듯, 롬 7장의 주도적인 관심사는 7:13에 표현되었다. "그런즉 선한 것이 내게 사망이 되었느뇨?" 이 질문을 조금 살펴보면 우리가 앞에서 지적한 바, 하나님에 대한 비판이 숨어 있다는 사실이 드러난다. 줄곧 믿음을 기초로 구원을 베풀려 하셨던 하나님이 구원을 하지 못하고 처음에는 죄를 낳고 그 다음에는 죄를 정죄하는 혹은 아무리 해도 도움을 주지 못하는 율법을 어떻게 주실 수 있었단 말인가? 우리가 살펴보았듯이 더욱이 바울은 롬 7장에 이르러 율법을 사망, 죄, 육신 쪽에 두었다. 그 후 바울은 하나님이 선을 위하여 행동하셨다는 잠재적 입장에서 물러난다: 그것은 하나님이나 율법의 책임이 아니라 죄의 책임이다. 바울은 범법함의 책임을 하나님이 주신 선한 율법에서 벗겨내어, 먼저 죄의 율법 사용에 귀속시키고, 그 다음에는 육신에 들어가 하나님의 율법을 순종하지 못하게 하는 죄에 귀속시킨다. 이 두 번째 변화에서, '실존적' 요소가 들어온다("내가 원치 아니하는 그것을 행한다" 등). //80// 바울은 책임을 하나님으로부터 하나님이 창조하신 자들에게 들어간 죄의 권세에 떠넘긴 후, 인간의 곤경에 관한 이 새로운 묘사 자체가 자신의 마음을 움직여 연민의 감정을 불러일으키는 것을 본다. 고뇌하는 신학적 문제(하나님이 정죄에 이르게 하는 율법을 주신 의도)로 시작한 것은 곧바로 율법을 사용하는 문제나 인간으로 하여금 율법을 순종하지 못하게 막는 죄의 노예 상태에서 어떻게 벗어나는가 하는 인간적 문제("누가 나를 견져 내랴?", 7:24)가 된다.

우리는 바울이 범죄와 이에 따른 정죄를 율법에 귀속시키는 태도(7:13에 제기되어 있는 문제)에서 벗어나 다른 극단으로 간다는 점에 주목할 필요가 있다. (그리고 우리는 여기서 바울의 신학적 분석이 일관성 있고 엄밀한지의 문제를 좀 더 살필 것이다.) 바울은 죄, 하나님의 뜻, 율법 사이의 긍정적 관련성, 즉 자신이 율법의 기능에 관하여 질문할 때마다 가졌던 입장을 철회한다. 이렇게 마침내 율법은 (하나님이 주셨으므로 자연적으로 속하는) 선한 것의 편에 있게 되고 하나님의 책임은 면제된다. 하지만 이제 바울은 다른 난관에 봉착하게 된다. 이미 언급했듯 바울은 흑백 관점에서 생각하면서 그리스도인이 율법의 요구를 행할 수 있음과 더불어 율법을 성취하지 못하는 인간의 무능력을 과장한다. 육신적인 인간은 율법이 명령하는 것을 도무지 행할 수 없고(7:15-23), 오직 그리스도인만 율법의 요구를 이룰 수 있다. 이들은 아주 완벽하게 율법의 요구를 이루지만, 반면 육신에 있는 자들은 하나님의 율법에 순복함으로써 "하나님을 기쁘시게 할 수 없다"(8:3-8). 이 극단적 입장은 바리새인이었으면서 사도였던 자신의 체험에 정면으로 반대된다(갈 2:15f.; 빌 3장; 고린도전서의 이곳저곳).

또 다른 난점이 하나 있다. 바울은 롬 8:3에서 하나님과 율법을 대조한다. 율법은 하나님의 법이며(7:25), 생명을 위하여 주신 것이다(7:10). 하지만 하나님은 율법으로부터 건지는 활동을 시작하셔야 한다(8:3). 이미 드러났듯 하나님의 첫 번째 노력은 실패로 돌아간 것처럼 보였다. 그리고 하나님은 아들을 보내어 자신의 실패를 회복하셔야 했다. 확실히 바울은 그것이 하나님의 실패였다고 말하지 않는다: '율법'은 필요한 것을 할 수 없었다. 그러나 하나님은 율법을 주셨다.

하나님의 행위를 설명하는 한 가지 방법, 즉 분명 전혀 만족스럽지 못한 방법(율법은 하나님이 믿음을 기초로 구원을 베푸실 수 있도록 하려고 죄를 낳을 목적으로 주신 것)을 벗어나면서, 바울은 하나님, 율법, 죄의 관계를 말하되, 그러면서 또 하나의 문제를 일으킨다: 하나님은 순종할 율법을 주셨지만, 인간은 전적으로 그 일을 할 수 없다. 그러므로 하나님은 두 번째 노력을 시작하셔야 했다.

이렇게 우리는 하나님이 율법을 주셨지만 구원은 오직 그리스도를 믿음으로써만 나온다는 두 주장 앞에서 바울이 처한 딜레마가 얼마나 깊은지 볼 수 있다. 부분적으로는 이 딜레마 때문에 롬 7장의 열정과 고민이 생기게 된 것 같다. //81//

율법과 죄의 관계에 대한 왜곡된 설명에서 바울의 '참된' 관점을 찾는 것은 지혜롭지 않은 듯하다.[39] 바울의 생각을 이해하기 위하여 우리는 롬 7장에 대한 엄격한 주해를 피해야 한다. 바울은 하나님이 동일한 기초 위에서, 즉 율법을 떠나 모든 사람을 구원하기 위해 그리스도를 보내셨다고 절대적으로 확신했다. 우리가 여기서 고찰하고 있는 구절에 이르렀을 때 이미 바울은 의가 율법 지킴에서 오지 않는다는 것을 광범위하게 주장했다. 하지만 바울은 하나님이 율법을 주셨다고 생각하면서, 이런 확신을 다른 방식으로 통합하려고 시도했다. 각 시도는 동일한 중심적 확신에서 나오며, 그런 점에서 일관된 사유 노선(a coherent line of though)의 일부라 할 수 있다. 그러나 이 시도들은 본래 조화가 안 된다. 우리는 이 시도로부터 다음과 같은 것들을 배운다: 바울은 여전히 만족스러운 설명 방식을 찾고 있기에 실제로 바울에게 문제가 남아 있었음을 우리는 배운다. 우리는 바울의 기초적 확신이 무엇이었는지 좀 더 배운다. 아마 가장 중요한 것으로 우리는 바울이 먼저 인간 상태를 분석함으로써 또한 율법을 지키려고 하는 자들에게 미치는 율법의 영향을 분석함으로써 죄와 구속에

---

39. 다른 예에 대해서는 Brendan Byrne, *"Sons of God" — "Seed of Abraham"* (Rome: Biblical Institute Press, 1979), 92f., 231.

관하여 사유하지 않았다는 사실을 배운다. 바울이 그렇게 하지 않았다면, 우리는 틀림없이 좀 더 일관성 있는 모습을 발견해야 한다. 다른 데서 내가 썼듯, 바울이 인간의 곤경을 서술할 때 일관된 점은 인간 곤경의 보편성에 대한 확신이다.[40] 이처럼 바울이 율법을 다룰 때 일관된 점은 율법이 의롭다 함을 얻게 하지 못하며 하나님이 다른 식으로 구원을 베푸신다는 확신이다. 바울은 하나님이 항상 그렇게 계획해 오셨다—이는 대다수의 진술이다—고 말할 수 있다. 또는 죄가 사망에 이르는 범죄를 불러일으키기 위하여 율법이 사용되었다고 (7:7-13) 말할 수 있다. 이것이 일관된 결론이지만 율법 문제의 해결책은 아니다: 모든 사람이 정죄를 받았다; 모든 사람이 그리스도로 말미암아 하나님에 의해 구원받을 수 있다.

모든 사람이 율법 아래 있다/
그리스도인은 율법에 대해 죽는다

우리는 하나님이 율법을 주신 이유에 답하려는 바울의 시도에서 비롯된 것처럼 보이는 일련의 진술을 지금까지 다루었지만, 다른 한편으로 그 범주를 넘어섰다. 하나님이 왜 율법을 주셨는지 설명할 때 바울은 여러 가지 방식으로 율법을 죄와 연관시키며, 모든 사람을 죄 아래 또한 율법 아래 두었다.

---

40. *PPJ*, 474.

확실히 어떤 사람들은 갈라디아서나 로마서를, 또는 이 둘 모두를 읽고서 오직 유대인만 율법 아래 있다고 말한다. 로마서의 율법을 알기 쉽게, 아주 섬세하게 논의했던 페르디난트 한(Ferdinand Hahn)은 이처럼 모든 사람을 율법 아래 둔다는 갈라디아서 진술의 강도를 놓친 것 같다. 한은 갈 2:16a, c와 3:22이 로마서에서 다루는 주제를 가리키고 있지만 바울이 명시적으로 모든 사람을 율법 아래 둔 것은 아니라고 생각했다.[41] //82// 이는 우리가 위에서 논의한 바(68f.) 갈 3:23-4:9에 나오는 "우리"와 "너희"의 용법이 지닌 의미를 간과한 데서 나온 것 같다. 우리가 지적했듯 대부분의 학자들은 3:13의 '우리'를 유대인과 이방인을 포함하는 것으로 바르게 읽었다.[42]

프리드리히 빌헬름 마르쿠아르트(Friedrich-Wilhelm Marquardt)와 마르쿠스 바르트(Marcus Barth)도 바울이 유대인만 율법 아래 두었다고 주장했다. 마르쿠아르트는 롬 7:1에서 바울이 "법 아는 자들"에게 말한다는 진술을 지적하면서, 7:4의 "너희"와 7:6의 "우리"가 유대인 그리스도인만을 가리키는 것이라고 결론 내렸다.[43] 바르트는 롬 2:12의 구분(어떤 이는 율법 아래서 죄를 짓고 어떤 이는 율법 없이 죄를 짓는다)을 체계적으로 만들고 있는 것처럼 보인다. 그러고 나서 바르트는 이 구분을 (바르트 자신이 "우리는 유대인 혈통의 죄인이요 이방인의 후손[의 죄인]이 아니

---

41. Hahn, "Gesetzesverständnis," 59. 한이 갈라디아서를 유대교만 거의 전적으로 다루는 것으로 보는 점은 이것과 일치한다.
42. 이 장의 각주 20. 또한 Howard, *Crisis*, 58f.와 한에 대 한 Hübner의 비판 (*Gesetz*, 134f.)을 보라.
43. Friedrich-Wilhelm Marquardt, *Die Juden im Römerbrief* (Zürich: Theologischer Verlag, 1971), 19와 여러 군데를 보라.

라"고 읽은) 갈 2:15; 고전 3:6; 롬 5:12-14; 4:15; 7:10-11에 적용한다.[44]

한편 바울은 이방인이 아니라 유대인이 율법 아래 있다는 사실을 분명하게 의식했던 것이 분명하다. 이는 롬 2:12뿐만 아니라 고전 6:9-11과 같은 구절에서도 나타난다. 고전 6:9-11에서 바울은 적어도 개종자 중 몇 사람이 우상 숭배의 죄를 지었다고 말하지만, 대체적으로 유대인을 전제하고 글을 쓴다. 바울은 여러 인종이 섞였을 이방인 교회라 부르는 한 교회에 편지를 쓰면서도(예. 롬 1:13f.) "우리 조상" 아브라함에 관하여 말한다(롬 4:1; 참조. 고전 10:1; 이스라엘 백성, "우리 조상"은 과거 이교도였던 사람들이 우상 숭배를 하지 않았던 것을 입증하기 위하여 사용된다). 우리는 나중에 바울의 주장에 담긴 많은 유대교적 특징을 살펴볼 것이다(182f.). 인간의 곤경에 관하여 바울은 또 다른 설명 방식을 제공할 수 있었을 것이다. 예컨대, 유대인이 율법을 우상으로 만들었다고 말함으로써 유대인의 상황을 이교도의 상황에 일치하게 만들 수 있었을 것이다. 바울은 여전히 유대교의 관점을 가지고서 이방인의 문제를 바라보았지만, 사실상 어떻게 이전에 우상을 숭배하던 자들이 '율법 아래' 있었는지 아무런 설명을 하지 않았다. 롬 2장에서 자연법을 기초로 삼아 표현하는 설명이 놀라운 이유는 다른 데서 이러한 설명 방식을 사용하지 않기 때문이다. 인간의 곤경에 대한 바울의 매우 모호한 서술 방식이 롬 3:19-20에 나타난다: "우리가 알거니와 무릇 율법이 말하는 바는 **율법 아래 있는 자들에게** 말하는 것이니 이는

---

44. Markus Barth, "Die Stellung des Paulus zu Gesetz und Ordnung," *EvTh* 33 (1973): 특히 508, 511.

모든 입을 막고 온 세상으로 하나님의 심판 아래 있게 하려 함이니라. 그러므로 율법의 행위로 그의 앞에 의롭다 하심을 얻을 인간 존재가 없나니 … ." 바울은 어떻게 율법이 율법 아래 있는 자들(유대인)에게 말하는 것이 '온 세상'에 적용되는지 아무런 설명을 하지 않는다.[45]

이를 통해 우리는 죄와 구속에 관한 바울의 생각이 인간 상태에 대한 체계적이고 경험적인 설명에 얼마나 기초를 두고 있지 않은지 들여다볼 수 있는 방법을 또 하나 얻게 된다. 사람들은 바울이 모든 사람이 죄 아래 있음을 '논증'한다고 생각하곤 한다. 하지만 바울은 이를 '논증'하지 않는다. 앞으로 우리가 살펴보겠지만 심지어 롬 1:18-2:29에서도 이를 논증하기보다 확언한다. 하나님이 인간을 구원하기 위해 그리스도를 보내시면서, 공통적인 기초, 곧 모든 사람이 동일한 상황인 죄 아래 있다는 것(예. 롬 3:9)으로부터 구원하려고 했다. //83// 하나님은 그리스도가 오기 전에 율법을 주셨다. 율법은 구원하지 못한다. 그러므로 율법은 모든 사람의 공통 상태인 죄와 연관된다. 그러므로 그리스도 이전에 모든 사람은 죄 아래 있었다.

바울은 유대인이나 이방인이나 할 것 없이 모든 그리스도인을

---

45. 어떤 주석가들(예. Robinson, *Wrestling with Romans*, 36)은 3:11-18의 증거 본문과 바울이 3:19에서 내리는 결론 사이에 유대인의 반대를 삽입함으로써 3:19이 제기한 난점을 피한다: "이 본문들은 이방인을 가리킨다." 바울은 성경이 유대인도(also) 역시 정죄한다고 대답한다(3:19). 그러나 이런 주고받음이 이 본문에는 명확하게 나타나지 않을 따름이다. 바울은 모든 인류를 포괄하기 위하여 성경을 인용한다: 3:9f.를 주목하라: "다 … 기록한바." 다른 곳에서와 마찬가지로 여기서 바울은 아무 설명 없이 모든(all) 사람을 율법 아래 둔다.

율법에 대해 죽은 자로 본다. 율법은 죄와 육신처럼 옛 세계 질서의 일부다. 그리고 죄는 벗어나야 할 것이다("죄에 대하여 죽음", 특별히 롬 6:5-11; "그리스도인들은 더 이상 육신에 있지 않다", 롬 7:5, 9; "그리스도인은 율법에 대하여 죽었다 혹은 율법으로부터 자유롭게 되었다", 롬 6:14f.; 7:4, 6). 하지만 율법은 죄나 육신과는 다르다. 왜냐하면 율법은 정죄하는 권세로 인하여 사망의 동인(動因, agent)이 되기 때문이다: 율법은 죽인다(고후 3:6; 참조. 롬 7:9-13).[46] 아마 이런 이유로 바울은 자신이 율법에 대하여 죽었다고 하고 또 율법으로 말미암아 그러했다고 말할 수 있다(갈 2:19). 물론 이런 표현은 까다롭다. 그리스도인이 그리스도로 말미암아 죽었다고 말하는 것(롬 7:4)은 하나님께 대적하는 권세로부터 벗어난다는 바울의 일반적 견해와 더욱 일치하는 것 같다.

이 구절은 롬 10:4의 *telos*가 "마침"(end)을 뜻하든 아니든, 바울이 율법을 적어도 그리스도인에게 있어서는 끝난(at an end) 것으로 생각할 수 있었음을 보여준다.[47] 이 점이 우리 앞에 있고 심지어 우리가 율법에 관한 바울의 긍정적 진술을 더욱 자세히 분석하기 전에 어떻게 바울이 그리스도인이 율법에 대하여 죽는다고 말하면서 율법을 시인하고(롬 3:21) 율법을 이룬다고(롬 8:4; 13:8-10) 말할 수 있는지 고려해야 한다.

---

46. 두 진술은 약간 다르다. 고후 3장에서는 '죄'가 언급되어 있지 않고 율법('의문')이 죽인다고 말한다. 롬 7:9-13에서 바울은 죄 때문에 사망이 온다고 말하는데, 이 죄가 율법을 사용한다.

47. Räisänen, "Paul's Theological Difficulties with the Law," in *Studia Biblica 1978*, vol. 3 (Sheffield: JSOT Press, 1980), 306.

율법이 죽인다거나 그리스도인이 율법에 대하여 죽는다는 진술에는 모든 율법이 포함된다.[48] 바울은 (그리스도인들이 죽게 된) 의식법과 (여전히 유지되는) 도덕법을 구별하지 않는다.[49] 바울은 자기 의로 말미암아 남용된 율법과 올바른 영에 의해 성취된 율법을 구별하지 않는다.[50] 사람이 율법의 한 기능에 대해서만 죽는다고 말하는 것은 바울의 견해를 정확히 진술하는 것이 아니다. 많은 사람들은 '율법의 마침'(그리스도인이 율법에 대하여 죽는다는 진술이나 10:4이 이를 의미하든, 아니든 상관없다)을 구원의 체계로서의 율법에 죽는다는 뜻으로 보았다. 곧, 그리스도 이래로 끝난 것은 율법의 바로 그 측면뿐이라는 말이다.[51]

하지만 우리는 이 설명의 강점에 주목해야 한다. 즉, 이는 율법에 관한 바울의 긍정적 진술과 부정적 진술을 모두 내포하고 있다. 불트만은 다음과 같이 설명했다.

---

48. 이 점에서 나는 Räisänen (ibid., 305f.; *Paul and the Law*)에게 큰 빚을 졌다.
49. 이 구분에 반대되는 견해에 대해서는, S. Lyonnet, "St. Paul: Liberty and Law," *The Bridge* (Newark, N. J.: The Institute of Judeo-Christian Studies, Seton Hall University, 1962), 232.
50. 후자의 입장은 Hübner의 로마서 해석이다. Hübner는 이 입장을 이렇게 해석한다: "그리스도는 육신적으로 율법을 그릇되이 사용하는 것의 마침이다"(*Gesetz*, 129). Hübner는 롬 6:14에 있는 '율법 아래'가 '왜곡된 율법의 주권 아래'(115)를 뜻한다고 이해한다. '왜곡된'(perverted)이라는 말은 Hübner의 책에서 이 대목에 자주 나온다. Keck은 Hübner를 염두에 두지 않았지만, Keck의 지적은 적절하다: "바울이 율법을 왜곡시키는 방식으로 토라에 생긴 나쁜 일에 관하여 말하는 데가 대체 어딘가?"("The Law and 'The Law of Sin and Death,'" 47).
51. 우리는 이 책 제1장 각주 114에서, 이 견해가 롬 10:4에서 나올 수 없다는 점을 지적했다. 여기서 말하고자 하는 점은 좀 더 일반적이다.

그리스도는 율법의 마침(the end)이다. 율법이 구원에 이르는 길이라고 주장되거나 또는 사람에게 '자신의 의'를 세우는 수단으로 이해되는 한 말이다. 왜냐하면 율법이 하나님의 요구를 담고 있는 한, 율법은 계속 유효하기 때문이다.[52]

에른스트 케제만(Ernst Käsemann)은 그것을 이렇게 표현한다. //84//

믿음의 순종은 구원의 중보로서 율법을 폐지하며, 율법을 업적의 원리로 여기는 왜곡된 이해를 관조하며, 종말론적 회고 안에서 하나님의 본래 뜻의 특징을 하나님의 은사로 되돌린다.[53]

헤르만 리더보스(Hermann Ridderbos)는 같은 견해를 아주 간결하게 말했다: 율법의 행위는 "공로를 문제삼지 않는 곳에서" 선하다.[54]

여기서 제시되는 설명은 불트만의 설명과 표면적으로 비슷한데

---

52. Bultmann, *Theology*, vol. 1, 341.
53. Ernst Käsemann, *Commentary on Romans* (Grand Rapids: Wm. B. Eerdmans, 1980), 94. 참조. Paul Wernle, *Der Christ und die Sünde bei Paulus* (Freiburg: J. C. B. Mohr [Paul Siebeck], 1897), 96-99; Wolfgang Schrage, *Die konkreten Einzelgebote in der paulinischen Paränese* (Gütersloh: Gerd Mohn, 1961), 94, 232, 238.
54. Herman Ridderbos, *Paul: An Outline of His Theology* (Grand Rapids: Wm. B. Eerdmans, 1975), 179. 이 일반적 견해는 아주 공통적이다. 그러므로 다음도 같은 견해다. Robinson, *Wrestling with Romans*, 51: 율법은 늘 두 가지 관점에서 즉 하나님의 뜻으로 그리고 구원에 이르는 한 가지 길로 드러난다.

이는 자연스럽다. 이 유사성이 자연스러운 이유는 바울이 때로는 적어도 그리스도인에게 율법이 끝났다고 하면서 어떤 때에는 분명 율법 성취를 촉구하고 있다는 것을 우리 모두가 알기 때문이다. 나는 우선적으로 이방인과 유대인의 일원 자격 요건에 관한 논의에서 부정적인 진술이 나온다고 제안하는 바다. 긍정적인 진술은 기독교 공동체의 행동 문제에서 비롯한다. 이것은 구원에 이르는 길인 율법과 하나님의 요구인 율법을 구별하는 것과 어떻게 다른가? 두 가지 방법에서 다르다. (1) 바울의 대적들은 자기 구원을 이루기를 원했기에 구성원의 요구 조건으로서 율법을 받아들이기를 촉구한 것이 아니며, 또한 바울은 성취에 대한 교만이 생긴다는 이유로 율법을 구성원의 조건으로 받아들이기를 거부한 것이 아니다. 전통적 설명 방식은 문제의 요점을 잘못 진술했다. (2) 전통적 설명 방식은 바울이 율법의 두 가지 다른 기능 혹은 '용도'를 염두에 둔 것으로 본다. 이는 올바른 말이 아닌 듯하다. 바울은 자기 업적을 추구하면 율법이 죽인다고 본 것이 아니라 믿음 가운데 따르면 율법이 하나님의 뜻을 이루는 데에 이르게 될 것이라고 보았다. 말하자면, 바울은 그리스도의 몸의 일원이 되는 필요충분조건이 무엇인지에 질문을 받았을 때 '율법이 아니라'고 말했다. 율법은 하나님이 주셨기 때문에 율법의 기능에 관하여 질문을 받았을 때, 율법을 죄와 사망에 연관시키고 그리스도인이 율법에 대하여 죽어야 할 정도로 율법을 노예 삼는 요소 중 하나로 만드는 고통스러운 조처를 취해야 했다. 하지만 바울은 행동에 관하여 생각하면서는 "율법을 이루라"고 대답했다.

몇몇 구절(예. 롬 6:14; 7:14-16; 갈 5:16-18)에서 율법을 죄/육신과 사실상 동일하게 본 것은 인간의 반응에 따라 달라지는 율법의 파괴적이면서도 생산적 능력을 균형 있게 견지하는 조화로운 율법관이라 할 수 없다.[55] 이는 오히려 바울이 하나님의 구원 계획에서 율법에 부정적인 역할을 부여한 데서 나왔다. 그리고 이와 같은 율법의 역할 부여는 그리스도를 믿는 믿음으로만 의를 얻는다는 바울의 관점 및 하나님이 다른 것이 아닌 궁극적으로 **바로** 그 의와 더불어 율법을 주셨다는 관점에서 비롯했다. 다른 말로 하면 바울의 가장 극단적이고도 부정적인 진술이 의가 믿음으로 나지 율법으로 나지 않는다는 확언으로부터 출발하는 일련의 사고 과정 말미에 유기적으로 생겨난 것이라면, 우리는 이 부정적 진술을 이해할 수 있다. 사고의 순서는 논리적 필연성이 아닌 '유기적' 필연성에 의존한다. 각 단계가 앞선 단계에서 비롯하기 때문이다. //85// 이 순서에서 각 단계가 점점 더 부정적인 것으로 된다는 점은 주목할 만하다: '율법이 의롭다 함을 얻게 하지 못한다'에서 '율법이 범법함을 낳는다'로, '그리스도인이 죄와 육신과 더불어 죄에 대해서도 죽어야 할 정도로, 죄는 하나의 부정적 세력이다'로 나아간다. 마지막으로 롬 7장에서 바울은 그 순서를 되돌리려 한다. 그러나 우리가 지적했듯이 여기서 바울은 다른 문제, 즉 하나님이 아닌 다른 세력이 율법을 사용한다거나 하나님으로부터 율법을 떼어 놓아야 한다는 문제에 직면한다.

우리가 하나님의 계획에 대한 바울의 견해를 고찰하면 이는 더

---

55. C. K. Barrett의 표현에 주목하라: "율법은 두 가지 반응 즉 믿음의 반응과 행위의 반응에 열려 있다"("Romans 9:30-10:21," in *Essays on Paul* [London: SPCK, 1982], 144).

욱 분명해진다. 바울은 하나님이 율법을 주셨을 때 율법의 '남용'을 허용하셨으며 자기 의를 얻기 위하여 율법을 잘못 사용하는 것만이 잘못이었다고 생각하지 않았다. 내 생각에 바울은 하나님을 율법보다 더 주권적인 존재로 보았다. 하나님은 실제 결과를 계획하셨음에 틀림없다.[56] 만일 율법이 정죄할 경우에 하나님은 믿음을 기초로 구원하시려 하셨다. 바울은 자신의 배타주의적 기독론으로 인하여 율법에 부정적인 기능을 돌렸고 이로써 결국 하나님이 율법을 주셔서 생긴 결과를 하나님의 뜻과 **분리시키지** 않을 수 없게 되었는데, 그가 하나님의 뜻과 율법에 돌린 부정적인 기능을 통합하려 한 것은 역설적이면서도 어쩌면 아이러니하다. 롬 7장에서는 하나님이 율법을 주셔서 생긴 결과와 하나님의 뜻을 나누어 버리는 것이 두 가지 다른 방식으로 일어난다: 하나님은 생명에 이르도록 율법을 따르게 하려고 뜻하셨지만 죄가 계명을 사용하여 범법함을 불러일으켰다; 하나님은 율법을 따르게 하려고 뜻하셨지만—동일한 전제—인간이 육신이므로 율법을 따를 능력이 전혀 없는 것으로 드러났다. 한편으로 죄는 하나님의 뜻에 거슬러 율법을 사용한다. 다른 한편으로 하나님의 뜻은 창조 질서의 연약함으로 인해 효과를 잃게 될 것이다. 이렇게 하나님이 율법을 주셨을 때 죄를 낳으려고 의도하셨다고 설명하지 아니하고 하나님의 뜻을 선한 편에 둠으로써 하나님이 '구제'된다.[57] 여

---

56. 이 장의 각주 1.
57. 율법을 주신 하나님의 의도와 천사의 의도를 나누고자 하는 Hübner의 요점은 죄를 불러일으키려고 하는 의도가 하나님께 있었다고 돌리는 것이 의심스럽다는 것이다: *Gesetz*, 28f.

기서 바울은 '하나님의 뜻'을 '실제로 일어난 일'과 구분한다. 바울의 세계에서 이 마지막 입장은 매우 놀랍다. 이 입장에 따르면 하나님이 실패했고 하나님이 율법을 주신 원래 의도가 이루어지지 못했기 때문이다. '하나님의 뜻'과 '일어난 일'이 롬 11:32에서 다시 연결된다: "하나님이 모든 사람을 순종치 아니하는 가운데 가두어 두심은 모든 사람에게 긍휼을 베풀려 **하심이로다**."

여기서 우리는 바울이 얼마나 줄기차게 하나님의 계획은 변하지 않았다고 주장하는지 본다. 하나님의 뜻, 율법이 아닌 그리스도에 의한 구원, 율법의 하나님 기원에 관한 바울의 확신을 결합하려는 시도들이 완전히 성공하지 못한 채 끝날 무렵, 바울은 실제로 처음 둘을 위하여 마지막 것을 부인한다. 하나님이 그리스도로 인하여 구원을 베푸시려는 뜻은 변함이 없으며, 이는 세 지점을 모두 결합하려는 수많은 시도들이 끝날 무렵 다시 확언된다. 물론 그러려면 하나님이 하시는 일과 율법이 할 수 없는 일을 구분해야 한다(롬 8:3).

그러므로 율법에 관한 바울의 입장이 복잡한 것은 부분적으로 점점 부정적 진술을 향하여 속도를 더하는 사유의 발전을 반영하는 것으로 설명될 수 있다. 바울은 롬 7장에서 그 움직임을 뒤집으려고 하지만 다른 문제가 생긴다. 더 나아가 하나님의 뜻과 죄를 연관시키는 부정적 시도가 롬 11:32에 다시 나타난다. //86//

바울이 율법에 관하여 어떻게 그렇게 다양한 말—매우 긍정적인 진술을 포함하여—을 할 수 있었는지 설명할 수 있는 또 하나의 방법이 있다. 바울의 모든 진술이 논리적 전체로 조화될 수는 없지만[58] 각 진술은 다양한 문제에 대한 자신의 핵심 확신을 달리 적용한 것으로 이해될 수 있다. 율법과 죄의 가상적인 등식이 바울로 하여금 둘이 동일한 것은 아닌지 직접 묻게 할 때(7:7) 불가피 율법, 하나님, 하나님의 뜻의 변함없음에 대한 자신의 생래적 확신으로 대답할 수밖에 없었다. 이제 율법에 관한 바울의 각 진술에도 역시 동일한 요점이 제시될 수 있지만, 다양한 진술은 불트만과 케제만이 명료하고 효과적으로 표현했다 하더라도 이들의 서술한 방식으로는 이 다양한 진술을 통합할 수 없다.

불트만의 설명이 불충분하다는 사실은 다른 방식으로도 입증할 수 있다. 바울이 율법이 끝났다고 분명히 말하면서 오직 하나의 측면에서 끝났다고, 특별히 구원의 한 방법으로서만 끝났다고 말하지 않는다. 바울은 갈 3:23-24에서 "때까지"라는 표현을 사용할 때, 모든 것을 붙들어 얽매어 놓는 몽학 선생으로서 율법을 염두에 둔다. 여기에서 그리고 갈라디아서 도처에서 바울은 율법이 의의 수단이 되도록 하나님이 뜻하신 것이 **결코 아니라고** 주장했다. 율법이 그처럼 끝나게 된 것은 단순히 **근래**에 된 일이 아니다. 그처럼 롬 6, 7장에서는 그리스도인이 구원의 길로서 율법에 대하여 죽었다고 말하지 아니하고 율법 자체, 전체 율법에 대하여 죽었다고 말한다. 그리고 율법

---

58. Räisänen, "Paul's Theological Difficulties," 307: "나는 두 종류의 진술을 조화시킬 능력이 없다. 바울이 구원에 이르는 길로서 율법을 거부하지만 윤리적 관점에서 하나님의 뜻을 알리는 한 표현으로 여전히 받아들인다는 일반적인 설명은 다른 말로 문제를 다시 언급하는 것일 따름이다."

은 의롭다 함을 얻게 할 수 있는 수단으로서가 아니라 종 노릇 하게 만드는 권세로 파악된다.

　이 모든 구절은 율법을 한 덩어리로 다룬다. 율법은 의를 주지 못한다. 율법은 하나님이 주신 것이다. 율법은 죄와 연결되어 있다. 사람은 죄에 대하여 죽는다. 그 어떤 경우를 보더라도 율법을 구분하는 법이 없고 율법의 다양한 기능을 구분하는 법이 없다. 롬 7:14-25에 나오는 경우가 그러하다. '하나님의 법'은 전체 율법이며 그 모든 것은 선하지만, 육신에 있는 인간은 전체 율법을 도무지 이룰 수 없다.

//93//

제3장
율법은 이루어져야 한다

율법을 행함

롬 6:14-8:8에서 우리는 다음과 같은 점을 본다: 바울은 그리스도인이 죄/육신과 관련된 율법 아래 있지 않다고 주장한다; 율법은 죄를 깨닫게 하거나 죄를 심히 죄 되게 하려는 기능을 갖고 있다; 육신에 속한 인간은 율법이 요구하는 것에 순종할 수 없다; 영에 속한 사람들은 율법을 행한다. (롬 7장의 고유한 견해가 아닌) 이 일반적 순서는 갈라디아서에서도 마찬가지다. 바울은 의가 율법으로 나지 아니하고 믿음으로 난다고 길게 주장한 후에(2:15-3:18), 방향을 바꾸어 하나님이 율법을 주신 이유를 묻고(3:19) 율법이 부정적으로 죄와 연관되어 믿음으로 말미암아 구원에 이른다고 설명한다(3:22-24). 그리스도인은 더 이상 율법 아래 있지 않다(3:25). 하지만 그리스도인은 "율법" 혹은 "그리스도의 법"(5:14; 6:3)을 이룬다(또는 이루어야 한다). 특별히 갈라디아서에 나오는 것처럼 이 세 가지 핵심 사항은 현재 우리가 연구하는 내용의 구조를 형성한다. (1) 아무도 율법을 행함으로 의롭다 함을 얻지 못한다. (2) 그러면 율법을 주신 이유는 무엇인가? 율법의 기능은 무엇인가? 바울은 율법과 죄를 어느 정도 연관시키면서 그리스도인이 율법 아래 있지 않다고 말함으로써 이를 철저하게 살핀다. (3) 그리스도인은 율법을 이루거나 또는 이루어야 한다. 이 주제들의 순서는 갈라디아서보다 로마서에서 더 복잡하지만 기본적으로 다르지 않다. (1)과 (2)는 함께 나타나며, 이 순서로 롬 3:20에서 발견된다. 우리는 이와 동일한 순서를 4장(4:13, 약속은 율법으로 말미암지 않는다; 4:15, 율법은 진노를 이룬다)과 5장(5:1, 우리는 믿음으로 의롭다 하심을 얻었다; 5:20, 율법은 범법함을 더하게 한다)에서 볼 수 있다. 게다가 롬 6:14은 그리스도인이 율법 아래 있지 않으므로 죄 아래 있지 않다고 말한다. 그리고 이는 7:4-6에서 반복된다. 7:7-13에서 바울은 죄와 율법의 연관성 문제로 돌아간다. 바울은 8:2에서 그리스도인이 "죄와 사망의 법" 아래 있지 않다고 말하며 8:4에서는 율법의 요구가 그리스도인 안에서 이루어졌다고 말한다. 바울은 13:8-10에서 그리스도인이 율법을 이루어야 한다고 다시 단언한다.

일단 바울이 의가 율법으로 나지 않는다고 말하는 것을 보자면, 율법에 관한 진술의 나머지 순서는 쉽게 이해할 수 있다. //94// 율법은 어떤 목적을 위해 주어졌다. 또한 율법의 기능이 죄와 연관되는 것으로 서술하면서 그리스도인이 율법 '아래' 있지 않다고 말하는 것 역시 이해할 만하다. 하지만 바울은 그리스도인이 하나님의 뜻에 따라 살아야 한다고 생각했고 그 뜻이 성경에 표현되었다고 보았다. 이처럼 그리스도인은 율법에 순종한다.

1-2장(또는 비슷한 곳)에서 고찰했던 율법에 관한 진술을 보고서 분명 몇몇 사람은 바울이 반율법주의자 내지 더욱 심한 사람으로 생각할 것이다. 즉, 바울의 메시지에서는 은혜를 더하게 하기 위해 죄를 쌓아야 한다고 결론 내려졌다(롬 3:8; 6:1을 보라). 하지만 우리가 갖고 있는 서신들을 보면, 바울은 올바른 행동에 대해 분명한 생각을 전개했고 그리스도인이 거룩하고 흠 없는 생활을 해야 한다고 생각했으며 그리스도인들이 그렇게 하지 않았을 때에는 두려워 떨었다.[1]

바울이 그리스도인의 행동 방식을 서술할 때 사용하는 핵심적인 요약 구절은 다음과 같다.[2]

> 갈 5:14—"온 율법": 네 이웃을 사랑하라
>
> 갈 5:22—성령의 열매: 사랑, 희락 등; 그와 반대되는 음행과 우상 숭

---

1. 일단 의가 율법으로 얻을 수 있는 것이 아니라면 윤리의 위치에 관한 물음은 바울의 주해에 대한 대표적 물음 가운데 하나다. 예를 들어, 다음의 글은 이 문제를 분명하게 제기한다. Ulrich Wilckens, "Was heißt bei Paulus: 'Aus Werken des Gesetzes wird kein Mensch gerecht?'" in *Rechtfertigung als Freiheit: Paulusstudien* (Neukirchen-Vluyn: Neukirchener Verlag, 1974), 110-70.
2. 이 책 9쪽에 있는 목록을 보라. 또한 바울이 자신의 행동에 관하여 살전 2:10에서 쓴 서술(거룩하고 의롭고 흠 없음)과 고후 1:12에서 쓴 서술(거룩함과 진실함)을 주목하라. 바울은 자신의 행위가 그리스도인들에게 본보기(전범)가 된다고 본다: 빌 4:9; 고전 4:6; 11:1.

   옳은 행동을 가리키는 이런 말들은 피해야 할 것들을 포함시킴으로써 더 늘어날 수 있다: "온갖 더러운 것에서 자신을 깨끗케 하자"(고후 7:1); *porneia*에서 벗어나라(살전 4:3; 참조. 고후 12:21) 등.

배 등 (5:19-21)

갈 6:2—"그리스도의 법": 서로 짐을 짐

고전 7:19—"하나님의 계명": 할례가 아님

고전 9:21—*ennomos Christou: anomos theou*가 아님

롬 8:4—*to dikaiōma tou nomou*

롬 12:2—선하고 기뻐하시고 온전하신 하나님의 뜻(일종의 목록이 따름)

롬 13:8-10—율법: 네 계명 + 다른 계명 (이웃을 사랑함으로 요약됨)

빌 1:11—의의 열매

살전 3:13; 4:3-7; 5:23; 고전 1:8; 7:34; 고후 7:1; 빌 1:9-11; 2:15-16— 흠 없고, 책망할 것이 없고, 거룩하고, 순결하고 등

바울의 윤리를 충분히 논의하려면 이 책의 범위를 넘어서게 된다. 하지만 바울이 율법에 관해 말한 바를 이해하려면 바울의 윤리와 그리스도인의 생활에서 올바른 행위가 갖는 역할에 대한 다소 일반적인 견해가 필요하다. 또한 우리는 바울이 제시하는 행위에 관한 구체적 교훈에 관심을 쏟아야 한다. 구체적 교훈은 행위와 율법의 관계에 관한 일반적 또는 이론적 진술의 해석을 통제하는 데 도움을 줄 수 있다. 나는 바울이 '율법'을 지키라거나 율법의 어떤 측면을 지키라고 촉구하는 구절 주해에서 시작하기보다 바울서신에 나오는 대로 행위와 율법의 관계에 대한 다소 일반적인 내용을 다루어 나가고자 한다. 이렇게 *nomos*라는 말이 나오지 않는 관련 구절을 무시하지 않으면서 율법에 관한 연구를 전개하고자 한다. //95//

1. 우리는 먼저 바울의 권고가 율법 및 유대교 전승과 매우 일치

한다는 사실에 주목해야 한다. 하이키 레이제넨(Heikki Räisänen)이 표현하듯, "바울은 이방인 개종자가 통상적인 유대교 표준에 따라 고상한 생활을 영위하게 했다."[3] 바울이 두 번 언급하는 요약문, 즉 이웃을 사랑하라는 명령(갈 5:14; 롬 13:8-10)은 잘 알려져 있듯이 레 19:18의 인용이자 유대교에 잘 알려져 있는 요약문이었다.[4] 더 나아가 바울이 열거하는 악은 유대인이 이방인을 볼 때 가장 특징적으로 드러내는 이방인의 죄인 우상 숭배와 성적 부도덕을 두드러지게 언급한다.[5] 다시 말해, '네 이웃을 사랑하라'는 요약문뿐 아니라 구체적인 실천 목록에도 바울의 교육관이 드러난다. '네 이웃을 사랑하라'는 원리를 토대에서 볼 때 동성애자가 하나님 나라를 유업으로 받지 못한다는 진술(고전 6:9-11)에는 자명한 근거가 없다. 또한 추상적으로 고찰해 보건대 그 원리는 간음(fornication)을 금하지도 않는다. 바울은 이

---

3. Heikki Räisänen, "Paul's Theological Difficulties with the Law," in *Studia Biblica* 1978, vol. 3 (Sheffield: JSOT Press, 1980), 312. 참조. Sanders, *PPJ*, 513 그리고 Bultmann과 Bammel에 대한 인용문.
4. 바울이 '하나의 법'이라는 스토아주의 개념에 영향을 받고 이 개념을 '많은 계명'이라는 유대교 개념에 대립시킨다고 하는 제안이 있지만(Hans Hübner, "Das ganze und das eine Gesetz," *KuD* 21 [1975]: 248-56), 나는 (그리고 다른 많은 사람들은) 바울의 요약을 유대교적이라고 본다. H. D. Betz, *Galatians* (Philadelphia: Fortress Press, 1979), 274 and n. 26; *PPJ*, 112-14을 보라. 우리는 갈 5:14과 롬 13:8-10에 관한 다른 물음들을 다음에 다시 살필 것이다.
5. 또한 갈 5:19-22; 고전 5:10f.; 5:6; 참조. 롬 1:18-32; 고후 12:21(오직 성적인 죄)은 전체 죄악 목록이 아니라 고린도 그리스도인 가운데 몇 사람(혹은 한 사람)이 저지른 죄들을 언급한다. 일반적으로 이 죄들은 디아스포라 유대교에서 나온 것으로 본다. 예컨대 Ernst Käsemann, *Commentary on Romans* (Grand Rapids: Wm. B. Eerdmans, 1980), 49f.를 보라.

방의 성적 관행에 대해 유대인이면 누구나 느꼈을 반감을 분명히 느꼈다.

바울은 완전한 할라카 체계(세세한 응용 율법. ⓘ)를 만들어 내지 않았다. 바울의 기준은 임시변통적으로 보이며, 그 가운데 많은 것이 개종자에게 놀랍게 다가왔을 것이다. 이 모든 것들이 이웃을 사랑하고 성령으로 행하라는 권고에서 나온 것이 아니기 때문이다. 따라서 우리는 바울의 첫 관심사가 개종자들에게 유대교 행위를 가르치는 것이 아니었다고 합당하게 추론할 수 있다. 고린도전서는 바울이 옳은 행위(즉, 고상한 유대교적 행위)를 성령으로 사는 생활의 자명한 결과로 보았고 그런 것을 가르치는 데 많은 시간을 들이지 않았음을 보여 주는 것 같다. 이처럼 바울은 편지로 잘못된 행동을 바로잡으려 했다. 또한 바울이 간혹 성경의 **계명들**을 자신의 견해를 떠받치는 토대로 사용한 것도 사실이다. 그래서 바울은 고전 10장에 있는 모형론적 근거와 기독론적 근거에 비추어 우상 숭배가 잘못임을 보여주기 위해 길게 이야기하는데, 이는 성경을 경전으로 사용하는 데 의존한다. 그러나 여기에서와 계명을 인용하는 롬 13:8-10에서도 제일되는 계명은 언급되지 않는다.

또한 우리는 옳은 행위와 옳지 않은 행위 목록에 나오는 모든 권고와 금지(예. 갈 5:19-23; 고전 6:9-11)가 특별히 성경적이거나 유대교적이지 않다는 것에 주목해야 한다. 바울의 이혼관은 예수 전승의 한 형태와 맞닿아 있다(고전 7:10f.). 창기와 합하는 것을 전적으로 금한 것(고전 6:15-20)은 유대교 율법을 넘어서서 그리스도와의 연합에 대한 바울 자신의 해석에 근거를 두고 있다. '올바르게 행하는 것'보다 '선한 것을 생각하는 것'을 강조하는 빌 4:8도 유대교 전승 중 어디서 나왔는지 추적하기 쉽지 않다.

이렇게 바울은 완전한 행동 체계를 가르치거나 발전시키지 않았다. 바울은 성경의 계명에서 자신의 규율을 명시적으로 이끌어내지 않는 경우가 많다(자신의 규율을 지지하려고 성경을 사용할 때에도 마찬가지다). //96// 그리고 옳은 행위에 대한 바울의 모든 견해가 성경의 율법이나 유대교 전승과 엄밀하게 일치하지 않는다. 그럼에도 바울의 윤리관에 담긴 유대교의 내용은 인상적이며 주목할 만하다.

2. 바울이 행동과 관련하여 '율법' 혹은 '계명'이라는 말을 사용할 때 율법의 어떤 측면이 강제력을 갖는지 이론적으로 결코 구분하지 않는다. 또한 그리스도인이 순종해야 할 '율법' 및 의롭지 않고 모든 사람을 죄에 얽매이게 하며 그리스도 안에 있는 자들에 대해 죽은 율법을 전혀 구별하지 않는다. 이는 논쟁적인 지점이기에, 바울이 사실상 그리스도인이 순종하는 율법과 모세의 율법을 구별했는지, 그렇지 않았는지 먼저 주목할 필요가 있다. 현재의 논점은 바울이 일반화하는 구분 내지 이론적인 구분을 전혀 하지 않았다는 것이다.

휘프너는 바울이 갈라디아서에서 율법과 관련하여 한 가지를 구분하고 있는데 그 구분은 "율법 전체"(whole law)(5:3)에서 "온 율법"(all the law)(5:14)으로의 변화로 표현된다고 제안했다. 5:3의 "율법 전체"는 양적으로 이해된 모세 율법으로 보아야 한다: 제대로 이룰 수 없는 수많은 개별 계명으로 이루어진 율법 말이다.[6] '온 율법'은 전혀

---

6. Hans Hübner, *Das Gesetz bei Paulus* (Göttingen: Vandenhoeck & Ruprecht,

다르며, 유대교 토라를 가리키는 것이 전혀 아니다.[7]

휘프너의 제안을 택하면 바울의 한 가지 난점이 해결된다. 바울은 5:17에서 성령의 인도를 받는 사람은 율법 아래 있지 않다고 말함으로써 그리스도인의 생활과 율법 사이의 대립을 계속해서 말한다. 그러면 바울은 어떻게 갈 3장; 5:3; 5:17처럼 5:14에서도 동일한 율법을 뜻할 수 있었는가? 이렇게 5:14에 나오는 또 하나의 '율법'을 살펴볼 여지가 생긴다. 하지만 휘프너의 제안에는 난점이 있는데, 이 제안을 따를 경우 우리는 바울이 '율법'이라는 낱말의 의미를 의도적으로 바꾸었으며 '전체'(whole)에서 '온'(all)으로 수식어를 바꾸어 이를 표현했고, 그 후에 모세 율법을 인용함으로써 이 다른 율법을 정의했다고 생각해야 한다는 것이다. 휘프너의 해결책이 지나치게 세밀한 것은 아닌지 염려스럽다. 왜냐하면 특히 이 주장의 흐름을 이해하는 데 더욱 간단한 방법이 있는 것처럼 보이기 때문이다.

먼저 갈 5:14이 말하는 바, 다 이루어진 "온 율법"이 모세 율법과 이론적으로 구분되지 않는다고 이해할 만한 두 가지 명백한 이유를 제시해야겠다. 첫째로 바울은 유대인으로서 표준적 유대교 율법의 요약을 근거로 하는 한 구절을 인용한다.[8] 바울의 선조 중 어떤 사람이 모세의 율법과 무관한 율법을 의미하기 위해 이 인용문을 사용할

1980, 38-42) 마지막 요점에 대하여 Hübner는 갈 3:10에 대한 자신의 해석을 언급한다: 사람이 율법의 모든 것을 행할 수 없으므로 율법은 저주한다.

7. Ibid., 116.
8. 샤바트 31a; 토비트 4:15 ("네가 미워하는 것을 아무에게도 하지 말라"). 한 계명 혹은 몇몇 계명을 인용함으로써 율법을 요약하는 다른 경우에 대해서는, 그리고 2차 문헌을 위해서는 *PPJ*, 112-14와 각주를 보라.

수 있었다는 것은 믿기 어렵다. 둘째로 얼마 지나지 않아 바울은 동일한 구절을, 십계명 중 네 가지 계명과 "그 외에 다른 계명"을 요약하는 데에 인용한다(롬 13:8-10). 확실히 휘프너는 바울이 갈라디아서를 쓸 때와 로마서를 쓸 때 율법에 관한 생각을 거의 완전히 바꾸었다고 생각했다. 우리가 이 책 제1장에서 지적했듯 휘프너는 로마서에 나타난 바울의 율법 반대 이유가 율법이 자랑하는 데 이르게 하기 때문이라고 생각했다. //97// 율법은 자랑하는 형태로는 아니지만 그리스도인에 의해 성취되어야 한다.[9] 나는 이미 롬 3-4장과 9:30-10:13에 대한 휘프너의 해석에 반대하는 주장을 폈다. 여기서는 명백히 바울이 시기적으로 아주 밀접한 두 서신에서 같은 구절을 인용할 때 동일한 내용을 말하고 있다는 점을 분명히 주지할 것이다.

그러나 갈 5:14을 이해하기 위해 우리는 바울이 논증하는 방식을 이해해야 한다. 즉, 바울은 역설적이게도 자신의 반대자가 쓰는 말을 사용해서 그들을 다시 반박한다. 전체적인 주장의 맥락에서 갈 5:14이 말하는 바는 다음과 같다: '너희는 "어떤 사람"에게서 참으로 아브라함의 후손이 되려면 할례와 율법을 받아들여야 한다고 부추김을 받았다. 너희는 그렇게 해서는 안 된다. 나는 율법을 전한 것이 아니라 믿음을 전했고, 너희는 믿음으로 성령을 받았다(3:1-5). 더 나아가 그리스도 안에 있는 자들은 아브라함의 자손이다(3:29). 만일 너희가 할례로 시작하면, 모든 유대교 율법을 지켜야 한다(5:3). 너희가 율

---

9. Ibid., 116. 또한 Hübner는 바울이 그리스도인에게 축소된 율법을 요구하는 것으로 본다(*Gesetz*, 78). 이 요점에 관해서는 곧 다시 살필 것이다.

법을 행함으로 의롭다 함을 얻으려고 생각하면, 그리스도에게서 끊어진다(5:4). 게다가 나는 율법을 이룰 수 있는 **진정한**(real) 방법을 너희에게 말해 줄 수 있다: "네 이웃을 네 몸과 같이 사랑하라. 그것을 행하는 것이 **실제로**(actually) 온 율법을 이룬다"(5:14).'

이와 동일한 식의 주장이 지혜와 관련하여 고린도전서에 나온다. 바울은 이렇게 말한다: '너희는 지혜를 제공하는 다른 사람을 따르려는 유혹을 받고 있다. 나는 지혜를 전하지 않고 십자가를 전했다(고전 1:18). 하나님은 지혜를 멸하신다(1:19). 그러나 사실 나는 너희에게 **진정한**(real) 지혜를 주며 또 줄 수 있다.' 갈 5:14에서는 온 율법과 모세의 율법을 구별하는 용어를 끌어들이지 않지만, 고전 2:6에서는 자신의 지혜가 "이 세상의 지혜"가 아니라고 말한다. 하지만 주장의 방식은 동일하다: '바울은 자신이 전한 것을 상기시킴으로써(갈 3:1-5; 고전 1:17, 23; 2:4) 그리고 증거 본문을 사용함으로써(갈 3:6-14; 고전 1:19) 율법, 곧 지혜에 반박한다. 그런 후에 바울은 자신을 따르면 개종자들이 원하는 것에 이르게 됨을 이야기한다.' 지혜의 경우 바울은 이 지혜를 이 세상의 지혜와 이론적으로 구별하지만 그 내용은 드러내지 않은 채 성령에 호소한다(고전 2:10). 율법의 경우에는 이론적으로 구별되지 않지만 그 내용이 요약된다: 네 이웃을 사랑하라. 두 경우에 모두 바울은 논쟁 기법을 사용했다. 다른 사람이 개종자에게 어떤 유혹이나 가치를 제공하든 상관없이 바울은 그들이 바라는 것을 줄 수 있다.

바울은 **어떻게** 할례를 받지 않은 자가 온 율법을 이룰 수 있는지 설명하지 않고, 단순히 할례를 받지 않더라도 온 율법을 이룰 수 있다고 단언한다. 그리고 이웃 사랑이 어떻게 사실상 하나님의 모든 명령을 행하는 데 이르는지 전혀 보여주지 않고서, 의심의 여지없이 유대교에서 율법이 동일한 방법으로 요약되곤 하는 사실을 들어 쉽게 확언한다.[10]

갈 6:2은 동일한 선상에서 이해될 수 있다. 여기서 "그리스도의 법"으로 특징지어진 율법은 사실상 서로 짐을 질 때 이루어진다. //98// 갈라디아서에 기초를 두고 생각할 때 '그리스도의 법'이 5:14의 '온 율법'이나 모세의 율법과 어떻게 다른지 결정하려고 애를 써봐야 무익하다.[11] 사실 그리스도의 법은 5:14과 아주 밀접하게 연결되어 있다. 아마 '서로 짐을 지라'는 '네 이웃을 사랑하라'와 구별될 수 없을 것이다. 다만 전자가 성경의 인용이 아니라는 점을 제외하고 말이다. 바울의 다른 서신을 전혀 이용할 수 없다면 갈라디아서의 독자들은 다음과 같은 바울의 말에 혼란스러워 했을 것이다. "율법을 받아들이지 말라; 너희는 네 이웃을 네 몸과 같이 사랑하면 온 율법을 이룰 것이다; 너희는 율법 아래 있지 않다; 너희는 서로 짐을 짐으로써 율법을 이룬다." 그러나 독자는 바울이 5:14과 6:2의 '율법'을 다른 율

---

10. 위의 각주 8을 보라.
11. 갈 6:2에 나오는 '그리스도의 율법'이 예수 전승을 뜻한다는 제안(W. D. Davies, *Paul and Rabbinic Judaism*, 4th ed. [Philadelphia: Fortress Press, 1980], 144; James D. G. Dunn, *Unity and Diversity in the New Testament* [Philadelphia: Westminster Press, 1977], 68f.은 갈라디아서에 근거를 둘 수 없고 다른 서신에 나오는 바울의 권고와 예수님이 말했다고 하는 어록의 유사성을 지적하는 데 근거를 둘 수 있다고 말한다. Davies, 138-40에 나오는 목록을 보라.

법과 전혀 구별되는 율법이라는 뜻으로 말한다고 이해하지 않을 것이다.[12] 바울이 율법을 이론적으로 구분하지 않는다는 나의 말은 그런 뜻이다. 5:14과 6:2에서 구체적으로 촉구되는 것은 모세의 율법이다. 그리고 그리스도인이 지켜야 할 율법이 모세의 율법과 어떻게 다른지는 자세한 정의로 더 이상 명확히 드러나지 않는다.

우리는 이 문제를 다른 식으로 표현할 수 있다. 갈라디아서의 독자는 바울이, "너희는 **그 율법** 아래 있지 않지만 그럼에도 **한 법** 즉 이웃을 사랑하라고 명령하는 그리스도의 법 아래 있다" 혹은 "너희는 율법 아래 있지 않지만 그럼에도 할례를 받음으로써 율법을 이루지 아니하고 네 이웃을 사랑함으로써 율법을 이룬다: 그것이 참된 성취

---

12. 5:14을 모세의 율법이 아닌 율법을 뜻한다고 보는 이해를 옹호하는 입장을 알려면, Jost Eckert, *Die urchristliche Verkündigung im Streit zwischen Paulus und Seinen Gegnern nach dem Galaterbrief* (Regensburg: F. Pustet, 1971), 160f., 233. Eckert는 6:2에 이르기까지 율법과 그리스도는 화해될 수 없는 실재였다고 주장한다. 6:2은 '역설적 표현'이다. 하지만 바울이 모세의 율법과 전혀 다른 율법을 염두에 두고 있는 것이 또한 분명히 드러난다. 율법의 내용은 변화를 겪었다(161). 그러나 5:14과 6:2의 내용은 동일해 보이며, 우리는 또한 성령의 첫째 열매(5:22)가 사랑임을 지적할 수 있다.

    Peter Stuhlmacher는 또 하나의 구분을 제시했다. 그는, 그리스도의 율법이 '시온-토라'(Zion-Torah) 즉 '모세-토라'에 상응하는 선지자가 예언한 종말론적 토라라고 제안한다. 이는 단순하게 모세의 율법과 동일하지 않고 모세 율법의 영적 의도를 성취한다("Das Gesetz als Thema biblischer Theologie," *ZTK* 75 [1978]: 273-75). 이는 다음의 주장과 반대된다. Ulrich Wilckens, *Rechtfertigung als Freiheit: Paulusstudien* (Neukirchen-Vluyn: Neukirchener Verlag, 1974), 109. Wilckens는 율법은 철저하게 동일하지만 개인의 사정이 다르다고 주장한다. 나는 그 어떤 구분도 갈라디아서에 분명하게 나타나지 않는다고 반복할 수 있을 따름이다.

다"라는 식으로 이해할 수 있다. 내 생각에 후자가 바울의 의도에 훨씬 근접한다. 왜냐하면 이루어야 할 율법이 레 19:18이기 때문이다.

로마서에도 율법에 대한 이론적 구분이 없다. 에이브러험 맬허비〔Abraham Malherbe〕가 지적했듯 롬 3:31에서 바울은 자신의 신학에서 극단적이고 그릇된 내용을 이끌어내고("우리는 율법을 폐한다") 그 후에 잘 알려져 있듯 수사적으로 병행하는 방식으로 그 내용을 반박한다. 강력한 '굳게 세운다'는 말은 '폐한다'는 말에 대한 수사적 반박이다. 문맥으로부터 우리는 굳게 세워야 할 '율법'이라는 것이 유대인과 이방인의 동등성에 합치하는 것임을 알 수 있지만, 수사적 의문문과 대답에 따르면 31절의 "율법"은 특별한 의미와 뉘앙스를 가질 수 없다.[13]

롬 8:3-4에서 바울은 하나님이 자기 아들을 보내신 목적이 그리스도인들에게 "율법의 요구를 이루어지게 하려 하심"이었다고 쓴다. 몇몇 학자들은 롬 8:1-4의 율법이 롬 7장의 율법과 동일하지만 다른 관점에서 본 것이라고 최근에 주장했다. 동일한 율법이지만 이 율법을 대하는 사람의 상황이 다르다는 것이다. 말하자면, 죄 아래 있는 사람에게는 죄와 사망의 율법이지만, 성령 안에 있는 자들에게는 생명의 성령의 법이다.[14] 롬 8:2a의 "생명의 성령의 법"이 우리가 앞에

---

13. Abraham J. Malherbe, "ΜΗ ΓΕΝΟΙΤΟ in the Diatribe and Paul," *HTR* 73 (1980): 231-40.
14. Eduard Lohse, "ὁ νόμος τοῦ πνεύματος τῆς ζωῆς, Exegetische Anmerkungen zu Röm 8, 2," in *Neues Testament und christliche Existenz* (Tübingen: J. C. B. Mohr [Paul Siebeck], 1973), 279-87; 참조. Ferdinand Hahn, "Das Gesetzesverständnis im Römer-und Galaterbrief," *ZNW* 67 (1976-77): 49,

서 지적했듯 분명 *nomos*라는 낱말에 대한 언어유희처럼 보이지만,[15] 8:4에 따라 그리스도인 안에서 이루어지는 "율법의 요구"와 7:14-25에서는 그리스도인이 행할 수 없고 8:2b에 따르면 그리스도인이 벗어나는 율법이 명시적으로 구분되지 않는다.[16] //99// 그러나 롬 8:4의 율법과 모세의 율법 사이에 명확한 구분이 없을 뿐 아니라 논증의 흐

60; Peter von der Osten-Sacken, "Das paulinische Verständnis des Gesetzes im Spannungsfeld von Eschatologie und Geschichte," *EvTh* 37 (1977): 568. Hübner의 공식〔formulation〕(*Gesetz*, 125)은 다음의 견해를 대표한다: "*nomos*가 성령의 법이 되는 사람은 … 왜곡된 율법에서 벗어났다 … ." Hübner의 견해에 따르면, 이 해석은 로마서에만 적용된다. 또한 Hübner는, 로마서에서 바울이 사실상 율법을 축소한다고 지적한다(78). 또한 다음을 보라. Paul Meyer, "Romans 10:4 and the End of the Law," in *The Divine Helmsman* (New York: KTAV, 1980), 73. 이 논의는 롬 3:27('믿음의 *nomos*')의 논의와 연결되어 있다; 이 책 서론의 각주 26을 보라. 또한 83에 나오는 율법에 대하여 죽음을 다룬 논의를 보라.

15. 서론의 각주 26.
16. 여기서 나는 롬 8:4에 나오는 *to dikaiōma*의 의미에 관하여 Räisänen 교수와 편지를 주고받은 데서 특별히 도움을 얻었다. Räisänen의 견해(*Paul and the Law*, 근간)는 롬 8:4에서 *nomos*는 뜻이 변하여 '그리스도인 바울이 해석한 율법'이 되지만 "바울은 그런 변화를 알고 있다는 낌새를 전혀 보여주지 않는다"는 것이다. 우리는 다음에 사실상 구분을 다룰 것이다. Leander Keck, "The Law and 'The Law of Sin and Death'," in *The Divine Helmsman* (New York: KTAV, 1980), 51.에서는 8:4이 성령이 모세의 율법을 이룰 수 있는 능력을 준다고 말하는 것으로 읽는 읽기에 반대한다. 그는 *to dikaiōma tou nomou*가 '율법의 옳은 의도 즉 생명'을 뜻한다고 말한다(53). 이는 롬 7:18f.에 나오는 '선한 것'에 대한 Bultmann의 읽기를 기초로 하여 세워진 주장이다(이 책 제1장 각주 136). 그러나 롬 7장에 나오는 '선한 것'이 율법이 행하라고 명령하는 선한 것을 뜻하는 것과 마찬가지로 롬 8:4에 나오는 '율법의 요구'는 '율법이 행하라고 요구하는 것'이다.

름상 둘은 동등하다. 비그리스도인은 육신 안에 있기에 율법을 이룰 수 없다—율법 가운데 하나도 이룰 수 없다. 하지만 성령 안에 있는 그리스도인은 율법을 이룬다. 8:4에 나오는 "율법의 요구"가 "하나님의 법"이 명령하는 "선한 것"(7:16, 18, 22)과 다른 것이라면, 독자에게 그 사이의 구분은 사라지며, 게다가 육신에 속한 것과 성령에 속한 것 사이의 대립은 무의미해진다. 육신 안에서는 사람이 율법의 선한 요구를 **행할 능력이 없다**(7:18-22; 8:5a, 7-8); 성령 안에 있는 자들은 율법을 이룬다(8:4).

또한 롬 8:1-4에 나오는 구분이 율법에 대한 그리스도인의 태도와 롬 7:14-25; 8:5, 7-8에 나오는 비그리스도인의 태도의 차이를 의미하는 것이 아니라는 사실에 주목할 필요가 있다. 어느 문단에서도 태도에 대한 내용(예. 자랑할 수 있을 만큼 충분히 공로를 세우는 것)은 전혀 없다. 문제는 능력에 관한 것이다.[17] 육신에 있는 사람은 아무리 노력한다 해도(바울은 이 점을 비판하지 않는다), 율법이 요구하는 바를 행할 수 없다; 성령 안에 있는 자는 행할 수 있고 또 실제로 행한다.

이 점은 논쟁적이지 않기에, 우리는 롬 13:8-10이 그리스도인이 지켜야 할 율법과 모세의 율법을 명백하게 구분하지 않는다는 점에 간단히 주목하고자 한다. 거기서 바울은 레 19:18을 인용할 뿐만 아니라 십계명의 네 계명을 가지고서 레 19:18에 포함되어 있는 '그 외의 다른 계명'을 덧붙인다.

바울이 논리적으로 포함하지 않는 문장으로 모든 율법을 요약한

---

17. 또한 Meyer, "Romans 10:4 and the End of the Law," 73.

다는 사실(갈 5:14)과 계명을 열거할 때 선택적으로 한다는 사실(롬 13:8-10) 자체는 율법의 내용과 성질이 바뀌었다는 것을 보여주지 않는다. 다른 유대교 선생들은 율법을 요약하면서 한 율법 혹은 몇몇 계명('이웃을 사랑하라', '자선을 베풀라', '우상 숭배를 피하라' 등의 계명)을 인용하면서[18] 율법을 축소하려고 하지 않았고, 어떻게 언급한 계명이 모든 계명을 포함할 수 있는지 설명하지 않았다. 그러므로 설명의 결여는 바울이 가진 전승들과 일치한다. 그렇지만 유대교 선생들은 할례를 금하고 율법을 죄와 연결시킨 후에 한 계명을 전체 율법의 요약으로 제시하지 않았다. 이런 이유로 바울의 요약은 실질적인 문제를 만든다. 그런데도 바울은 이를 설명하지 않는다.

그러므로 그리스도인이 전혀 율법 아래 있지 않다는 견해—그리스도인은 율법에 대하여 죽되, 단순히 율법 일부에 대해 죽은 것도 아니고 교만으로 왜곡된 율법에 대해 죽은 것도 아니며 율법 자체에 대해 죽었다는—와 그리스도 안에 있는 자들이 율법을 이룬다는 견해—단순히 율법의 부분을 이루거나 옳은 정신으로 추구함으로 율법을 이루는 것이 아니라는—사이에는 긴장이 느껴진다. 그래서 두 입장을 치밀하게 주장할 수 없다는 것을 발견하게 되더라도 전혀 놀랍지 않을 것이다. //100// 그리스도 안에 있는 자들이 율법에 대면하는 상황을 구분 짓고 분명하게 다루어야 한다는 압력은 고전 9:19-21에 분명하게 나타난다. 여기서 바울은 자신의 상황을 서술한다. 그는 모든 인간의 제한에서 벗어났지만, 자신의 사명을 위하여 스스로 종이

---

18. *PPJ*, 112-14.

되었다.

> 유대인들에게는 내가 유대인과 같이 된 것은 유대인들을 얻고자 함이요 율법 아래 있는 자들에게 [내가] 율법 아래 있는 [자] 같이—율법 아래 있지 아니하나—[된] 것은 율법 아래 있는 자들을 얻고자 함이요, 율법 없는 자에게는 [내가] 율법 없는 자와 같이—하나님께는 율법 없는 자가 아니요 도리어 그리스도의 [그] 율법 아래 있는 자나—[된] 것은 율법 없는 자들을 얻고자 함이라.

여기서는 "그리스도의 [율]법 아래"로 번역되어 있지만 사실상 번역할 수 없는 *ennomos Christou*라는 표현은 앞에 나오는 부정적 내용 "하나님께는 **법 없는 자가 아니요**"(*mē ōn anomos theou*)와 유사하다. 그러나 이 표현은 바울 자신이 과거에 어떤 사람이었는지 이야기하는 "**법 없는**"이라는 선행하는 말에 의해 규정된다.[19] 바울은 자신이 이방인에게 복음을 전하고 그들 가운데 살 때 율법 **바깥**에 서면서도 어떻게 여전히 그리스도의 율법 **안**에, 그러므로 하나님의 율법 안에 머물러 있을 수 있는지를 공식적으로 표명하려고 분명하게 시도하고 있다. 이 가능성을 공식적으로 표명하려고 시도하고 있지만, 이 구절은

---

19. Markus Barth ("Die Stellung des Paulus zu Gesetz und Ordnung," *EvTh* 33 [1976]: 516)는 *ennomos Christou*가 토라와 다른 법이 아니라 하나님의 유일한 거룩하고 선한 율법이라고 주장한다. 우리는 부분적으로 다음과 같은 점에 동의할 수 있다: 바울은 다른 율법을 염두에 두지 않았다. 하지만 그는 엄밀하게 말해서 모세의 율법을 언급하지 않는다; 그런 점에서 그는 '법 없는' 자다.

어떻게 바울이 둘 모두를 다룰 수 있는지 말해주지는 않는다.[20] 사실 바울은 이론적으로 자신의 상황을 규정할 수 있는 명확한 방법을 갖고 있지 않다. 이방인 가운데서 있을 때 바울은 유대교의 율법을 지키지 않았다: 이는 갈 2:11-14에 분명하게 나타난다. 하지만 바울은 자신을 하나님의 율법 밖에 있는 자로 보지 않았다, 왜냐하면 그는 *ennomos Christou*이기 때문이다. 만일 이것이 예수의 말씀을 지키는 것을 가리키는 말이라면, 이는 확실히 모호하다. 그러므로 이를 하나의 자기 주장으로 읽는 편이 낫다. 그러나 이 자기 주장은 그리스도인이 하나님과 올바른 관계를 이루고 있고 하나님의 뜻에 따라 산다는 확신에 기초를 두고 있지만, 갈 5:14과 롬 8:4처럼 철저히 체계적으로 생각해서 하는 말은 아니다. 바울이 여기서 예시하고 있는 그리스도인은 율법 **아래** 있지 않지만, 그렇다고 해서 하나님을 향하여 법 없는 자는 아니다. 다른 곳에서와 마찬가지로 여기서 바울은 그리스도인이 '법 없는' 자이지만 동시에 실제로 법이 없는 자가 아니라는 사실을 주장하기를 바란다: 그리스도인은 율법 바깥에 있지만 율법을 이룬다.

3. 어떻게 그리스도인이 율법 아래 있지 않으면서 율법을 이루는지 이론적으로 명확하게 표명되지는 않지만, 다행히 우리는 바울이 율법 준수에 관해 '실제로 생각한' 것을 영영 꿰뚫어 볼 수 없는 상태에 있지는 않다. 유대인의 율법의 구체적인 측면에 대한 명료한 서술

---

20. 우리는 다음에 고전 9:17-21이 바울 자신의 선교 관행을 서술하는지 고찰하자. 이 책 제6장 179-90을 보라.

이 있기에 바울이 그리스도인이 지켜야 할 율법의 부분을 사실상 구분했다는 것을 알 수 있다.

1) 다시 갈라디아서부터 살펴보자. 갈라디아서에서 바울은 이방인 회심자에 대하여 할례와 이에 따른 유대 율법에 대한 형식적 수용을 폐지한다. 할례 자체가 중요하지 않다(6:15). 아브라함의 후손이 되기 위하여 할례를 받아들이는 것은 배제된다. //101// 더 나아가 유대 그리스도인이 (어떤 음식을 금하는 율법이나 정결법이 분명한지, 분명하지 않은지 상관없이)[21] 이방인 그리스도인과 동행할 때 식사를 규율하는 율법을 따르는 것은 잘못이다(2:11-14). 셋째로, 유대교 율법이 요구하는 특별한 날과 절기를 지키는 것은 우상 숭배로 돌아가는 것과 동일하다 (4:10).

2) 로마서와 고린도전서를 보면, 바울이 이 세 가지 율법 혹은 여러 율법들에 관하여 일관된 태도를 취했다는 것이 드러난다. 할례는 대수롭지 않은 문제로 "하나님의 계명"(고전 7:18f.)에서 명시적으로 빠졌다. 고전 8장과 10장, 특별히 10:27은, 그리스도인이 이방인의 음식을 먹을 것이라고 바울이 예상했음을 보여주며, 롬 14:1-4에서 바울은 어떤 음식을 먹든지 기본적으로 대수롭지 않은 문제라고 이야기한다. 사람마다 자신의 확신을 따를 수 있다. 롬 14:5-6에는 "날들"

---

21. 우리는 이 당시 디아스포라의 유대인들이 제사장의 정결법을 일반 유대인에게 확장하는 것을 수용했는지 수용하지 않았는지 모른다. 내 추측으로, 그들은 그 점을 수용하지 않았고 안디옥의 문제는 손 씻는 것에 관한 것이 아니라 음식에 관한 것이었다. 당면한 목적에 비추어 보면, 이 문제는 별로 중요하지 않다. 의식상의 정결을 일반 유대인에게 확장하여 요구한 연대를 다룬 2차 문헌에 대해서는 다음을 보라. *PPJ*, 154 n. 40.

에 관하여 비슷하게 언급되어 있다.

엄밀하게 말하자면 이 논의들은 동일한 것이 아니다. 다른 곳에서와 마찬가지로 로마서 14장에서는 갈라디아서보다 유대인과 이방인을 향하여 더욱 차분하고 훌륭하게 균형을 이루고 있다. 갈라디아서에서 할례와 안식일을 받아들이는 것은 이방인 회심자가 속박으로 돌아가는 것으로 간주되며 유대인 그리스도인이 식사법을 지키는 것은 위선으로 간주된다. 롬 14장과 고전 7:17-18에서 바울은 유대인이 전통적 유대교 계명을 계속 지킬 것이라는 점을 인정한다. 고전 7:17에서는 이들이 그렇게 할 것을 **예상한다**. 롬 14장에서는 계명을 지킬 것을 **허용한다**. 고전 7:17-20은 유대인이 여전히 할례받을 것을 예상한다. 고전 8장은 음식에 대하여 다양한 견해를 인정한다. 롬 14장은 음식과 날들에 관한 다양한 관행을 인정한다.

이 다양함 이면에서 우리는 바울이 갈라디아 이방인 개종자에게 어떻게 '율법 전체'를 지킬 것인지 말하기 전에, 그들에게 배제되었던 세 항목에 특별한 관심을 기울였고 이를 결코 강요하지 않았다는 것을 볼 수 있다.

바울이 사실상 율법을 축소하는 이 행위에 대해 이론적 기초를 제시하지 않았지만 어떤 율법을 배제하고(또는 선택적인 것으로 간주하고) 또 어떤 율법을 요구했다는 것을 근거로 어떤 원리를 인식할 수 있는가? 어떤 사람은 바울이 율법의 '윤리적' 측면을 지켰지만 '의식적' 부분을 거부했다고 제안하곤 했다.[22] 물론 시대착오적인 점이 있지

---

22. 예를 들어 Eckert, *Verkündigung*, 159을 보라: 적어도 바울은 '의식'법을 타당

만, 그런 종류의 구분에는 분명 무언가가 있다. 더 나아가 그것은 엄밀하지 못하다: (바울이 계명을 인용하지 않았지만 계속 내세웠던) 우상 숭배의 금지가 윤리적인가, 의식적인가? 또한 바울은 율법의 '정신'을 지키는 것을 문자대로 지키는 것과 구분하여 기독교적 행위로 규정하지 않는다. 빌 3:3과 롬 2:29이 보여주듯 바울은 내적/외적 구분을 알고 있다.[23] 하지만 바울은 이 구분에 따라 율법을 구체적으로 다루지 않는다. //102// 바울은 갈라디아서에서 할례를 단순한 형식주의로 반대하지 않으며, 베드로를 비판함에 있어서도 이런 태도를 비판한 것이 아니다(갈 2:11-14). 빌 3:3과 롬 2:29은 이 점에서 아주 교훈적이다: 이 두 구절은 바울이 계명 자체를 거부하지 않았고 계명의 문자적 준수를 피하는 유대교적 방법을 철저히 따랐음을 보여준다.[24] 하

하지 않다고 본다. 다음의 글에는 매우 민감한 논의가 실려 있다. Wolfgang Schrage, *Die konkreten Einzelgebote in der paulinischen Paränese* (Gütersloh: Gerd Mohn, 1961), 특히 213-33: 바울은 의식법과 도덕법을 결코 명시적으로 구분하지 않는다. 하지만 우리는 그가 그리스도인에게 타당한 의식법을 결코 인용하지 않는 반면 도덕법을 타당한 것으로 인용하는 사실을 볼 수 있다. 더 나아가 바울은 한 율법을 명시적으로 인용하지 않을 때에도 성경의 윤리적 부분을 준수할 것을 사실상 요구한다.

23. 두 구절의 관계에 대해서는 156를 보라.
24. 우리는 어떻게 Philo가 비난하는 풍유론자(allegorist)가 자신의 율법관을 공식적으로 표명했는지 자세히 알지 못한다. 여기서 나는 그들이 율법을 부인하지 않았지만 풍유적-윤리적 의미로 율법을 대할 때 실제로 율법을 지키는 것이라고 주장했다고 가정하고 있다(Philo, 『아브라함의 이주에 대하여』 89-23을 보라). 어쨌든 롬 2:25-29에 분명히 나타나는 입장은, '참된' 할례가 나머지 율법을 지키는 데 있지 할례의 외부적 행위에 있지 않다는 것이다. 여기서는 할례를 포기하거나 '참된' 할례가 선택적이라고 지적하는 것이 전혀 없다. 이 장의 부록은 이 측면과 다른 측면에 관하여 로마서의 독특한 특

지만 바울은 율법을 중요하게 논의하는 데서 이 구분을 사용하지 않았다. 할례는 이방인 개종자에게는 분명히 시행하지 말아야 할 것이다; '날들'과 음식에 관한 율법은 해도 되고 안 해도 되는 것으로 분명히 주장했다. 이 율법은 율법의 정신으로 '참되게' 지킬 수 있는 것이 아니다. 실제로 무시되었다.

또한 우리는 바울이 소위 '율법'이라고 불리는 이차적인 시대(dispensation)를 염두에 두었다는 느낌을 전혀 주지 않는다는 점에 주목해야 한다.[25] 우리가 보았듯 바울은 적어도 율법 이루기를 선호하는 구절에서 이론적으로 모세의 율법을 염두에 둔다. 그리고 바울이 할례를 제거하면서는 설명 없이(고전 7:19) 또는 창세기에 기초를 두고(갈 3장, 롬 4장) 제거하지, 메시아 시대의 도래를 기초로 삼고 제거하지 않는다. 심지어 "새 언약"이라는 용어가 나타나는 고후 3장(4장에서 더욱 충분히 논의됨)도 그리스도와 더불어 두 번째 율법을 주셨음을 이야기하지 않는다. 모세 율법을 덮는 수건은 제거되었다(고후 3:15f.). 바울에게 율법은 단지 하나님의 뜻일 뿐 아니라 유대교 성경에 계시된 하나님의 뜻이다. 이 율법이 구체적으로 적용될 때 우리가 주목했던 방식들로 구별되기는 하지만 말이다.

성을 고찰할 것이다.
25. 다음과 비교하라. Davies, *Paul and Rabbinic Judaism*, 144: 예수의 말씀은 바울에게 새로운 토라였다. Davies의 두 번째 요점 즉 바울에게 그리스도는 하나님의 지혜며 유대교에서 토라는 지혜와 동일했다(147-76)는 논쟁의 여지가 없다. 하지만 나는 바울이 *nomos*라는 말을 사용했을 때 유대교 성경이나 유대교 성경 안에 계시된 하나님의 뜻을 뜻했지 두 번째 법전이 아니었다고 주장하고 싶다.

바울과 거의 비슷한 시기의 유대교 문헌에는 하나님과 인간의 관계를 규율하는 계명(mitsvot bēn adam le-Maqom)과 인간과 인간의 관계를 규율하는 계명(mitsvot bēn adam le-adam)이 구분된다.[26] 우리는 이 구분이 바울이 어떤 계명을 지켜야 할 것인지 선택할 때 근거로 삼았던 기초를 형성한다고 말할 수 있는가? 엄격하게 말하면 그렇게 말할 수 없다. 왜냐하면 단일신론은 두 번째 범주에 들어 맞지 않을 것이기 때문이다.

하지만 할례와 안식일과 음식법에는 다른 것들과 구분되게 하는 공통적인 무언가가 있다: 이 율법들은 유대인과 그리스-로마 세계의 다른 인종 사이에 사회적 구분을 만들었다. 더 나아가 이 율법들은 이교 저자들에게 비판과 비웃음을 샀던 유대교의 부분이었다.[27] 또한 유대교의 단일신론은 유대인을 이방인과 구분시키지만, 안식일, 음

---

26. *PPJ*, 179, 341, 364을 보라. 사실상 '도덕법'이나 바울이 지적하듯이 인간 관계를 규율하는 좀 더 엄밀한 계명으로의 축소에 관해서는 Hübner, *Gesetz*, 78을 보라.
27. 그리스-로마 세계에 속하는 다른 족속들도 할례를 시행했지만, 할례는 유대인의 독특한 (그리고 싫어할 만한) 표지 가운데 하나로 인식되었다. 할례와 안식일과 음식 관련 율법이 이교도의 비판 대상이었다는 요점에 대해서는, M. Stern, "The Jews in Greek and Latin Literature," in *The Jewish People in the First Century* I, 2 (Philadelphia: Fortress Press, 1976), 1101-59, 이와 관해서는 특히 1150-59; 참조. Jerry L. Daniel, "Anti-Semitism in the Hellenistic-Roman Period," *JBL* 98 (1979): 45-65을 보라. 간략하게 요약하면 이렇다: Seneca: 안식일 준수를 반대함; Persius: 안식일을 비웃음; Petronius: 할례는 유대인의 주된 표지다; Martial: 할례와 안식일을 공격함; Tacitus: 사람을 싫어하고 분리적인 태도를 비판함; Juvenal: 안식일과 할례와 돼지 고기 금지를 비웃음.

식법, 할례처럼 이교도의 비웃음을 사지는 않은 듯하다.[28] 어느 경우든, 바울은 한 분이신 하나님에 대한 신앙에 대해서는 의문을 품을 수 없었을 것이다.

나는 그리스도인이 지켜야 할 율법에 있어서 순전히 실제적 근거로부터 이교 사회에 가장 적대적인 요소를 바울이 의식적으로 제거하여 이교 사람들이 개종하기 비교적 쉽도록 하려 했다고 제안하고 싶지 않다. 오히려 우리는 바울의 두 가지 중요한 확신을 기억해야 한다: 모든 사람은 같은 근거에서 구원받을 것이다; 바울은 이방인 사도로 부르심을 받았다. //103// 이 확신을 실천할 때 분명 할례, 안식일, 음식법이 '율법 전체'에서 혹은 '하나님의 계명'에서 없어지게 된다. 하지만 우리는 바울이 율법을 사실상 축소하는 데 대하여 이론적 근거를 제공하지 않았던 점을 또한 기억해야 한다. 우리는 바울 자신이 율법을 축소한 사실을 인정했기 때문이 아니라 오직 바울의 율법 축소 방식을 목격할 수 있기 때문에, 바울이 이웃을 사랑하라는 요구에서 율법이 이루어진다고 말했을 때 사실상 하나의 **축소된** 율법(a reduced law)을 의미했다고 말할 수 있다. 바울은 그것을 여전히 '율법 전체'(the whole law)라고 불렀다.

바울이 율법을 축소한 사실을 얼마나 의식했는지 우리는 딱 잘라 말할 수 없다.[29] 바울은 할례, 안식일, 음식 관련 규제가 성경에서

---

28. 유대교 예배를 비웃었지만, 이는 단일신론보다는 예배의 은밀한 특색과 더욱 관계있었다. 그래서 Petronius는 유대인이 돼지를 숭배한다고 주장했다. Stern, "The Jews in Greek and Latin Literature," 1151을 보라.
29. '율법'의 뜻이 변한다는 것과 율법을 축소하는 것에 대한 바울의 의식(意識)

명령하는 바임을 확실히 알았다. 그리고 할례, 안식일, 음식 관련 규제가 그리스도 안에 있는 자들에게 구속력을 갖지 못한다고 말할 때 충분한 의도를 확실히 가지고 있었다. 이는 반박할 수 없다. 하지만 바울은 실제로 자신의 한계에 대해 이론적 근거를 대지 않으면서도, 성령 안에 있는 자들은 율법이 요구하는 것을 지킨다고 주장했다(롬 8:4). 어느 정도로 바울이 율법의 내용을 바꾸면서도 여전히 율법을 지켜야 한다고 말하는지는 고전 8:1에 놀라울 정도로 분명하게 나타난다. 그리고 나는 이 구절을 바울이 쓴 매우 놀라운 문장 중 하나로 보고 있다. "할례받는 것도 아무것도 아니요 할례받지 아니하는 것도 아무것도 아니로되 오직 하나님의 계명을 지킬 따름이니라."[30]

율법이 하나이며 하나님이 그 모든 부분을 동등하게 명령하셨다고 하는 유대교의 일반 견해로 인해 바울은 자신이 '율법'을 축소한 것을 이론적으로 대할 때 어려움을 느꼈을 것이다.[31] 후대 랍비의 표현에 따르면 어떤 계명을 고의로 거부하는 것은 이를 주신 하나님을 거부하는 것과 진배없다.[32] 그러므로 바울은 율법의 어떤 부분이 강

에 대해서는 특별히 Räisänen, *Paul and the Law*를 보라.
30. 할례는 레 12:3에서 직접 명령한다; 참조. 17:9-14.
31. *PPJ*, 112; Moore, *Judaism in the First Centuries of the Common Era,* vol. 1, (Cambridge, Mass.: Harvard University Press, 1927), 235.
32. 내가 알기로, 기원전 200-기원후 200년의 기간 유대교 문헌에서 이 견해에 대한 예외는 전혀 없다. 모든 사람이, 모든 율법을 받아들이고 어느 율법도 거부할 수 없다는 견해를 택했다. *PPJ*, 92-96; 134f.; 138 n. 61(힐렐 학파가 51%의 순종만을 요구했다는 Hübner의 견해에 반대함)을 보라. 속죄는 율법을 줄 수 있는 하나님의 권리를 받아들이는 틀 속에서 의식적 혹은 비고의적 범죄를 다루기 위하여 정해졌다. 그러나 '의식적 범죄'와 '거부'는 차이가

제력이 없다거나, 해도 되고 안 해도 되는 것이라고 명시적으로 주장하면서 당대 유대교의 울타리를 멀리 넘어갔다. 그렇더라도 바울은 율법이나 성경을 버린다든지 이를 주신 하나님을 거부할 수 없었다. 반대로 바울은 율법을 굳게 세웠고(롬 3:31) 그리스도인이 율법을 반드시 이루어야 하고 실제로 이룬다고 주장했다(갈 5:14; 롬 8:1-4). 바울은 율법이 하나이며 하나님이 주신 것이라는 생래적 견해와 유대인과 이방인이 동등한 입장 위에 서 있다는 새로운 확신을 '통합'했던 것 같다. 그런데 이때 이론적 설명 없이 둘 모두를 주장함으로써 율법의 일부를 제거해야 했다.

이런 전체 논의에서 바울이 기독교적 행동을 율법 측면에서 파악했다고 볼 수 없다: 바울의 윤리는 성령과 이웃 사랑에 근거를 두고 있다.[33] 이때 드러나는 긍정적인 점을 우리는 인정할 뿐만 아니라

난다. 해석 기술에 따라 서로 다른 집단들은 율법을 받아들이면 어떤 결과가 실제로 따르는지 규정할 수 있었다. 그리고 이런 식으로 실제적이고 문자적인 순종이나 동의는 피할 수 있었다. 그래서 예컨대 "주의 이름을 망령되이 일컫지 말라"는 계명을 범하는 데는 속죄가 없다는 율법 자체의 진술을 받아들이는 랍비는 없었다. 그리고 서로 다른 주해 기술에 따라 속죄가 제시되었다 (PPJ, 159f.). 잘 알려져 있듯이 안식일 율법 가운데 어떤 것들에 대한 문자적 준수는 여러 가지 방식으로 방해를 받았다(미쉬나와 탈무드에 나오는 Erubin을 보라). 그러나 그 모든 경우를 보더라도 율법을 받아들이고 율법에 동의했으며, 율법이 구속력이 없다고 명시적으로 선언한 데는 전혀 없었다. 위에서 내가 지적했듯이(각주 24), 풍유론자들도 이런 식으로 이해되었을 가능성이 대단히 큰 것으로 나는 생각한다. 그들은 문자적으로 율법을 준수하지 않고 율법의 '참된' 내용을 지켰다.

33. 참조. J. Murphy-O'Connor, "Corpus paulinien," *RB* 82 (1975): 142: 바울의 명령은 구약에서 말하는 '율법'은 결코 아니다. Schrage, *Einzelgebote*는 이런 종류의 반대를 재치 있게 다룬다. Schrage는 바울이 성령에 호소하여 행위의

강조할 필요가 있다. 더 나아가 나는 바울이 권하거나 명령하는 행위의 몇몇 측면이 바울이 생각하는 바 그리스도와의 연합의 의미로부터 나온다는 점을 좀 더 힘주어 강조하려 했다(예. 고전 6:15). //104// 더 나아가 우리가 위에서 주목했듯 바울이 열거하는 옳은 행위와 잘못된 행위들이 완전히 유대교적인 것은 아니다. 이 모든 것을 인정한다 해도 우리는 성령이 그리스도인을 인도하여 하게끔 하시는 것이 곧 "율법이 요구하는 바"(롬 8:4)라는 것에 주목해야 한다. 더 나아가 '율법이 요구하는 바'는 논리적/필연적으로 '성령으로 사는 것'과 이웃을 사랑하는 것에 따라오는 것으로 드러난다. 위에서 우리가 언급했듯이 이 원칙 자체가 동성애나 심지어 근친상간—고전 5장에서 분명히 드러나듯—을 배제하는 것은 아니다. 그렇다고 해서 바울이 자신이 요구했던 행동과 사랑의 계명을 연결시키려는 노력을 전혀 하지 않았다는 말은 아니다. 예컨대, 고전 8장에서는 '네 이웃을 사랑하라'는 제목 아래 우상을 숭배하지 말라는 금지 조항을 두려고 한다.[34] 고전 10장에 더욱 자세한 바울의 주장이 보여주듯, 이것이 완전히 만족

근거를 제시하는 방법을 요약하지만(71-75), 한편으로 성령으로 사는 것과 내적인 자유 그리고 다른 한편으로 외적 권위와 명시적 계명 사이에 아무런 모순이 없다고 지적한다(76). 한 가지 좋은 예는 고전 6:18f.인데, 여기서 성령에 호소하는 것이 성적 부도덕에 반대하여 명시적 금지 명령의 근거를 제공한다.

34. Osten-Sacken, "Das paulinische Verständnis des Gesetzes," 569에서는 사랑의 계명이 인용되지 않는 때라도 바울의 생각에 대한 정보를 제공한다고 올바로 지적한다. 하지만 우리는, 고전 8장이 바울이 옳다고 주장했던 것과 사랑의 계명이 때때로 그다지 관련성이 없는 점과 바울이 둘을 결합하려고 애를 써야 했다는 점을 보여준다.

스럽지는 않았다. 바울이 성적 관행과 (여기서는 '우상에게 드린 음식'을 포함하여) 우상 숭배를 다루는 것을 보면, 그가 유대교적 확신을 굳게 붙잡았고 기독교적 원리의 측면에서 유대교의 금지를 다시 공식화하려고 애를 쓴 것이 드러난다.

하지만 현재 우리의 관심사는 바울이 '성령으로 사는 생활'을 어떤 뜻으로 말했는지 충분히 설명하려는 것이 아니라 율법을 어떻게 다루었는지 이해하려는 데에 있다. 바울의 성경 해석이 갖는 다른 측면으로 곧장 가기 전에, 지금까지 율법에 관한 바울의 긍정적 진술을 우리가 연구한 결과를 요약해야 한다. (1) 바울은 '배타적인 소집단'의 구성원이 되는 데에 옳은 행위에 대한 요구가 포함되어 있다는 통상적 기대를 갖고 있다. 바울이 이 기대를 진술했던 방법들 가운데 하나는 그리스도인이 '율법'을 이루어야 한다거나 '계명'을 지켜야 한다는 것이었다. (2) 바울은 율법을 이룰 것을 요구하는 구절에서 그리스도인의 율법과 모세의 율법을 이론적으로 구분하지 않는다. 다른 말로 하면 바울은 그리스도 안에 있는 자들이 죽게 된 율법과 이루어야 하는 율법을 구분하지 않는다. (3) 하지만 구체적인 적용에서 그리스도인에게 요구하는 행위는 두 가지 방식에서 모세의 율법과 다르다: (a) 바울의 모든 권고가 성경에 근거를 두고 있는 것이 아니다. (b) 바울은 의도적이고 명시적으로 율법의 요구 조건 중 세 가지, 즉 할례, 날들과 절기, 음식 관련 규제를 '율법'에서 제거하거나 해도 되고 안 해도 되는 것으로 주장했다.

두 번째 사항과 세 번째 사항을 통합하는 것이 어려운 것은 분명하다. 우리가 지적했듯 최근의 몇몇 해석가는 그리스도인이 이루어야 할 율법(예. 롬 8:4)과 죄를 사망을 가져오려고 사용하는 율법(롬 7:10f.)이 동일하다고 주장했다. 그들은 율법이 동일하지만 개인의 지위가 바뀌었다고 주장함으로써 두 요점을 통합했다.[35] 이 견해의 강점은 바울이 그리스도인이 이루는 '율법'과 모세의 율법을 이론적으로 결코 구분하지 않는다는 점이다. 더 나아가 변하는 것은 율법이 아니라 사람이라는 견해는 바울이 롬 7-8장에서 그 문제를 다루는 방법에 일치한다: 차이는 사람이 육신에 있는가, 아니면 성령 안에 있는가 하는 점이다. //105// 하지만 구체적인 적용에 관하여 질문할 때 이 견해는 무너진다. 로마서에서도 율법의 내용이 바뀐다. 사실 바울은 롬 14장에서 두 종류의 율법—절기를 규율하는 율법과 음식을 규율하는 율법—이 선택사항이라고 말한다. 우리는 바울이 계명을 구별하는 이론적 근거를 전혀 제공하지 않았지만 사실상 구별했다는 사실을 피할 수 없다.

율법과 범죄/순종의 결과

앞서 우리는 바울이 기독교적 행위를 율법에 일치하는 것으로 보지 않고 성령으로 행하는 생활에서 나온다고 보았다고 파악함으로써 우리 연구에 반대할 학자들이 있을 것이라는 사실에 주목했다. 이에 대해 우리는 기독교적 행위가 성령으로 행하는 생활에서 나온

---

35. 각주 14.

다고 파악하는 것은 옳지만 성령으로 사는 것과 율법에 따라 사는 것이 바울의 견해에서 대립되는 것으로 파악되지 않는다고 대답했다. 즉, 성령으로 살면 율법을 순종하는 데 이른다. 이제 우리는 잠재적으로 반박받을 이 견해의 두 번째 부분을 다루어야 한다: 바울의 금지 명령은 법적 구속력이 있는 것으로 간주되어서는 안 된다; 이 율법은 유대교의 표준 방식에서 작용하듯이 작용하지 않는다.[36] 바울의 권고 및 율법에 관한 전통적인 유대교적 사고 방식의 관계를 추적하는 가장 좋은 방법은 바울이 한편으로 행위와 다른 한편으로 상급/형벌이라는 표준적 관계를 주장하는지 여부를 묻는 것이라고 생각한다. 바울은 유대교에 잘 알려져 있는 방법으로 순종하면 상급을 받고 불순종하면 형벌을 받으며, '배타적인 소집단' 안에서 범하는 범죄는 속죄를 받을 수 있으며, 극악무도하고 고치지 않은 범죄는 내쫓김을 당한다고 주장했는가? 다소 적은 증거이긴 하지만 그것을 토대로, 바울이 그렇게 주장했다고 말할 수 있다.

몇 가지 방법으로 율법이 여전히 법으로 작용했다는 견해를 지지하는 증거를 제시하기 전에, 우리는 대표적인 난점을 제거하고 그런 후에 한계와 유보 사항을 언급할 것이다. 대표적인 난점은 어떻게 상급과 형벌에 관한 바울의 진술을 믿음으로 의롭다 함 내지 은혜로

---

36. 각주 33. 이런 종류의 비판은 "바울이 특정한 교훈이나 일반적인 율법에 대한 순종을 결코 권면하지 않은 것은 사실이다. 순종은 그리스도 안에 있는 하나님의 부르심에 대한 응답이다"는 Murphy-O'Connor, "Corpus paulinien," 140에 내재되어 있다. 물론 바울은 롬 13:8-10에서 특정 교훈에 대한 순종을 권한다. 우리는 교훈으로서 교훈을 순종해야 하는지 여전히 물어볼 수 있다.

얻는 구원과 조화시킬 수 있는가 하는 것이다. 이 문제는 기본적으로 신학적이다: 소위 행위로 의롭다 함을 얻는다는 유대교적 교리와 바울을 어떻게 구분해낼 수 있을까? 이제는 상급과 형벌에 관한 바울의 진술이 단순히 바울 '본인'의 견해로부터 제거될 수 있는 유대교적 '잔재'가 아니라는 인식이 있다.[37] 하지만 이런 진술과 바울 사상의 나머지 부분을 어떻게 연관시켜야 하는지에 대해서는 명확한 견해가 없는 것 같다.[38] 그러나 나는 여기에 문제가 없다고 생각한다.

---

37. G. P. Wetter (*Der Vergeltungsgedanke bei Paulus* [Göttingen: Vandenhoeck & Ruprecht, 1912], 155)는 바울이 상급과 형벌에 대하여 참으로 생각했다는 사실을 부인하는 데까지 나아갔다. Floyd V. Filson (*St. Paul's Conception of Recompense* [Leipzig: J. C. Henrichs, 1931], 1f.)은, Wetter와 다른 사람들이 바울의 사상에서 보답의 역할을 축소했다고 주장했고, 더 나아가 보상을 동화되지 않는 찌꺼기로 고찰할 수 없다고 내세웠다(117). 이제는 이 주장을 일반적으로 받아들인다. 예컨대 Georges Didier, *Désintéressement du Chrétien. La rétribution dans la morale de saint Paul*, 1955, 특히 13 n. 25, 17, 219; L. Mattern, *Das Verständnis des Gerichts hei Paulus* (Zürich and Stuttgart; Zwingli Verlag, 1966); Ernst Synofzik, *Die Gerichts-und Vergeltungsaussagen bei Paulus* (Göttingen: Vandenhoeck & Ruprecht, 1972), 특히 9 (일단 상급과 형벌을 '유대교적'인 것으로 특징짓는 것은 바울의 생각에서 합법적인 위치를 이 개념에 주지 않는 것을 뜻하지만, 이 경우는 틀림없이 그것이 아니다); Calvin J. Roetzel, *Judgment in the Community* (Leiden: E. J. Brill, 1972); Karl P. Donfried, "Justification and Last Judgment in Paul," *ZNW* 67 (1976): 90-110.
38. 앞의 각주에 열거되어 있는 연구서들은 일반적으로 믿음으로 의롭다 함이나 은혜로 얻는 구원과 관련하여 상급과 형벌을 다루지 않는다. 그래서 Filson은 이 문제에 대하여 말하되, 하나님의 은혜를 바울이 강조했다고 할 때 보상을 어떻게 다룰 것인가를 말했다(*Recompense*, 14). 은혜와 행위를 조화하는 전형적인 방법은 다음에 제시되어 있다. Herman Ridderbos, *Paul: An Outline of His Theology* (Grand Rapids: Wm. B. Eerdmans, 1975), 179: 행위는 "공로가 문제되지 않는 곳에서" 선하다. Roetzel, *Judgment*, 1-13은 여러 입장을 요약

'율법의 행위로가 아니라'는 바울의 진술은 그리스도의 몸에 들어가는 것과 관계된다. 바울이 그리스도 안에 있는 자들 편에서 옳은 행동을 기대하는 것이나 그리스도인이 저지르는 범죄가 처벌될 것이라고 바울이 생각하는 것은 '율법의 행위로가 아니라'는 진술과 항상 모순되는 것이 아니다. //106// 이는 선택과 구원이 하나님의 은혜로 되며 상급과 형벌이 행위에 상응한다는 일반적인 유대교적 견해와 일치한다. 하나님의 자비와 하나님의 공의는 전혀 충돌하지 않는다. 사실상 이런 점에서 바울은 1세기 유대교의 특징적인 견해를 대표하는 완벽한 본보기다: 하나님은 자비로 구원하는 자들을 그들의 행위에 따라 심판하신다. 일반적인 유대교 견해에 따르면 하나님은 회개할 시간을 허용하기 위하여 심판을 연기하시거나 죄인이 회개할 때 용서하면서 자비를 보이시기에, 위의 구분은 어느 정도 지나치게 단순화된 면이 없지 않다. 그렇지만 기본적 구분은 타당하다: 하나님의 백성에 소속하는 것은 순전히 하나님의 은혜로 말미암은 결과다; 하나님은 택하신 자들의 행위를 심판하셔야 하는데 그렇게 하지 않으면 변덕스러운 분이 될 것이기 때문이다. 바울은 이러한 입장을 전적으로 공유하는 것 같다.

그러므로 율법 지킴의 요구와 은혜를 통합하는 데는 신학적인

한다. Roetzel은 믿음으로 의롭다 함과 공로에 따른 심판이 바울에게서 '변증법적 관계'를 이루지 않는다는 견해를 갖고 있다. "이들 동기들을 조화하려는 모든 시도는 바울의 관심사라기보다 서양 신학자들이 일관성을 얻기 위한 관심사라고 할 수 있다"(178). 내 의견은 다르다: 둘을 조화시키는 데는 어려움이 전혀 없다: 믿음으로 의롭다 함은 입교와 관계있다; 행동과 더불어 공로에 따른 심판은 입교 후와 관계있다.

난점이 전혀 없든지, 혹은 없어야만 한다. 하지만 바울이 율법을 법으로 작용하는 것으로 보았음을 주장하는 데에는 실질적인 어려움이 있다. 바울이 자신의 활동 배경을 바라보는 입장에 이 전체 탐구 영역의 한계가 함축되어 있다. 바울이 본 상황은 이러하다: 하나님은 인간을 구원하려고 자기 아들을 보내셨다; 시간이 없었다; 구원의 메시지를 들을 길 없는 자들에게 전하는 것은 바울의 책임이었다.[39] 죄인이며(고전 6:9-11) 죄 아래 있었더라도(롬 3:9) 이 메시지에 응답했던 자들은 그리스도의 죽음으로 말미암아 전에 지은 범죄에서 깨끗이 씻기고 죄에 매인 데서 해방되었다. 이후로 그들은 주님의 재림을 기다리며 순결하고 흠 없는 상태로 있을 것이다.[40] 주님의 재림이 가깝고 그리스도인이 흠 없이 남아 있어야 하는 이런 상황에서 율법을 법으로 표현하거나 설명하는 것이 제한된 역할을 하는 것은 이해할 수 있다. 바울은 행동을 규율하는 엄밀한 할라카를 발전시킨 것도, 개종 이후의 범죄를 씻는 속죄 제도를 발전시킨 것도 아니었다.[41] 서론적 논의가 분명히 보여주듯 바울은 죄와 육신으로부터 자유와 성령으로 옮겨간 자는 이에 따라 살아야 한다고 아주 분명하게 생각했

---

39. 롬 13:11-14; 15:17-24.
40. 예. 살전 5:23; 빌 2:15f. 이 책 9, 94에 나오는 구절을 보라.
41. 참조. Paul Wernle, *Der Christ und die Sünde bei Paulus* (Freiburg: J. C. B. Mohr [Paul Siebeck], 1897), 69: 바울은 죄를 짓는 그리스도인이 어떤 수단에 의하여 용서를 얻을 수 있는지 결코 묻지 않은 듯이 보인다; Floyd Filson, *Recompense*, 16f.; 84: 바울은 완전한 행동을 강조했고 기독교적 회개를 제시하지 않았다.

다.[42] 바울의 권고문 중 많은 경우는 단순히 독자들에게 그렇게 하라고 권한다. 이 권고 중 다수는 매우 일반적이라서 구체적 계명으로 기능할 수 없다. 살전 4:3이 한 가지 예다. 우리가 알고 있듯 바울은 *porneia*, 즉 음행에 반대했다. 바울에 따르면 이는 '색욕'으로 아내를 취하지 말라는 뜻이다(4:5). 그러나 우리는 이 구절에서 *porneia*에 해당할 만한 것을 정확히 정의하기 어렵다. 할라카의 엄밀함이 없다는 것이다.[43] '하나님은 보수자'라는 진술과 바울 자신의 권고를 무시하는 것이 하나님을 저버리는 것이라는 진술(4:6-8)은 바울이 한편으로 이에 대한 자신의 교훈을 '법'으로 생각했음을 보여준다. 율법을 범하는 것은 실제로 이를 주신 하나님께 범죄하는 것이다.[44] 그리고 거기에는 보복이 따른다. 그런데도 여전히 바울의 교훈은 실제로 법으로 작용할 수 없다. //107// 왜냐하면 적어도 여기서 바울은 *porneia*를 정의하면서 그리스도인 자신이 그 죄를 범했는지 여부를 알 수 있는 방식으로 정의하지 않았고, 또한 이 범죄의 경우에 속죄의 수단을 전혀 제공하지 않기 때문이다.[45] 이런 점에서 바울의 교훈이 모호하다는 것은 고린도전서에서 확증된다. 고린도전서에서 우리는 바울과

---

42. 이 책 6f.와 94를 보라.
43. 일반 법칙을 할라카로 바꾸기 위하여 결정해야 할 질문들에 관하여 몇 가지 예들이 *PPJ*, 76-78에 제시되어 있다.
44. 참조. 각주 32.
45. 또한 바울은 범죄에 대한 형벌이 어떤 것인지 구체적으로 언급하지 않는다; 그러나 바울이 형벌을 하나님께 맡기기 때문에, 구체적이지 않다는 것은 유대교 사상의 특징이다. 예컨대 랍비들은 인간 법정이 범죄를 다루어야 할 때만 형벌에 관하여 구체적으로 언급한다.

개종자가 *porneia*에 해당하는 것에 대해 서로 다른 결론을 이끌어낼 수 있었음을 본다(고전 5:1).

따라서 반복하자면 바울서신에는 사실상 체계적인 할라카가 없다.[46] 또한 우리는 바울이 선교하며 전한 것에는 행동에 관한 아주 자세한 교훈이 담겨 있지 않았을 가능성이 있음을 이전에 언급했다.[47] 이러한 점은 율법이 여전히 법으로 작용하는지 여부의 중요성의 한계를 명확히 보여준다.

이 모든 논의에 있어서 반드시 유보해야 할 중요한 사항은 바울이 보통 계명—율법에 있는 계명들, 즉 '주께로부터 받은' 것들 또는 자신이 만들어낸 계명—을 인용하지 않고서 단순히 지켜야 한다고 말한다는 것이다. 어떤 교훈 뒤에 있는 동기나 이론적 근거가 하나님의 명령에 있다고 말하는 경우는 거의 없다. 바울은 주님의 말씀을 기초로 하여 이혼을 금했고(고전 7:10), 신 25:4을 "복음 전하는 자들이 복음으로 말미암아 살리라"는 주의 명령으로 보았다(고전 9:8f., 14). 하지

---

46. 바울은 혼인의 부분을 자신의 견해에 불과하다고 표현하지만(고전 7:25, 40), 혼인에 대한 바울의 논의(7:1-16, 25-40)는 할라카에 가깝다. 왜냐하면 다양한 가능성과 우연적 요소들이 고찰되고 평가되기 때문이다. 물론 모든 경우에 판결이 나는 것은 아니다.
47. 여기서 강조점은 '체계적'과 '상세한'에 있다. 바울은 옳은 행동에 관하여 분명한 생각을 갖고 있었다; 그러나 분명 바울은 할라카적인 엄밀한 방식으로 자신의 견해를 공식화하지 않았다. 한 가지 예를 더 들자. 롬 13:13f.는 그리스도인에게 적절한 행동이 '방탕과 술취함'을 포함하여 어떤 행동 목록을 포함하지는 않을 것임을 보여준다. 이것이 할라카가 되려면, 바울은 어느 정도로 즐거운 유쾌함과 열정이 '방탕'을 형성하는지 어느 정도로 마셔야 '술취함'의 조건이 충족되는지 말해야 했을 것이다.

만 더욱 전형적인 것은 구체적인 문제를 다룰 때 문제를 해결하기 위해 계명으로서 계명을 인용하지 않은 채 일종의 주장들(분명 어떤 경우는 성경에 근거를 둔다)을 펼친다는 점이다. 나는 간음과 우상 숭배(우상의 상에서 먹는 것; 고전 6:15-18; 10:1-22) 논의에서 바울이 그리스도와의 연합을 기초로 하여 주장하는 것을 이에 대한 가장 대표적인 경우로 본다. 또한 고전 10장은 어떻게 바울이 계명을 인용하지 않고서 행동을 규정하기 위해 성경을 사용할 수 있었는지 보여준다. 내가 여러 차례 제안했듯 우리는 바울의 많은 견해가 나오는 참된 원천이 유대교 성경과 전승이라고 추측할 수 있겠지만, 그럼에도 바울은 구체적인 문제를 해결하는 계명을 좀처럼 제시하지 않는다.

이것과 이와 비슷한 점들을 고찰함에 있어서 어떤 학자들은 바울이 율법에 관하여 전통적 유대교 사고 방식을 가지고 있지 않았다는 견해를 취하는데 이는 납득할 만한다.[48] 다음 논의에서 나는 다시 균형을 잡기 위하여 몇몇 학자의 연구를 다루고자 한다. 바울에게서 율법이 법으로 여전히 작용한 정도를 정확하게 평가하기란 어렵고 앞으로도 여전히 어려울 것이다. 나는 그 점을 무시하고 싶지 않다. 또한 그 점을 과장하고 싶지도 않다.

---

48. 예컨대 각주 33에 나오는 Murphy-O'Connor의 견해를 보라. Bultmann의 공식 표현은, 그리스도인이 율법의 요구에서(즉 법으로서 율법에서) 자유롭게 되었지만 그런데도 율법을 행할 의무가 있다는 것이었다. Bultmann은 고전 6:12과 10:23("모든 것이 가하나")을 아주 올바르게 인용한다. *Theology of the New Testament*, vol. 1 (New York: Charles Scribner's Sons, 1951-1955), 341을 보라. 현재 요점은, 바울이 '그런데도'(그런데도 할 의무가 있다)라는 말을 했을 때 율법은 법으로 작용했다는 것이다.

바울은 고린도 교회와 풀어야 할 난점이 있었기에 일반적인 권고와 위협을 주던 경향을 넘어서서 구체적인 권고가 필요했다. 여기서 우리는 바울이 고린도 공동체 안에 있었던 범죄, 상급과 형벌, 개종 후 속죄받을 가능성을 구체적으로 다루어야 할 때 철저하게 유대교적 방식으로 했음을 본다. //108// 우리의 당면 목적을 위해서는 범주에 따라 적절한 구절을 열거하고 간단하게 언급하는 것으로 충분할 것이다. 각주를 보면 더욱 자세한 논의가 어디에 나타나는지 알 수 있을 것이다.[49]

---

49. 보상에 관한 Filson의 책(1931)은 바울이 이 세상에서 (죽음을 포함하여) 그리스도인이 당하는 형벌과 심판 때 (정죄를 포함하여) 당하는 형벌과 그리스도인이 받을 것으로 예상하는 상급을 제시한다고 볼 수 있는 구절들의 개관을 포괄적으로 제시하는 데 여전히 가치가 있다(85의 개요를 보라). 개별 구절에 대한 Filson의 해석을 반대하는 일은 당연히 있을 수 있다. 그러나 Filson이 바울의 서신에서 이 모든 견해가 있을 수 있다고 한 것은 옳다. 지금 간단하게 개관하는 마당에 나는 바울의 율법에 관하여 이 주제들이 관련을 맺고 있는 문제만 다루려 한다.

전반적인 관점에 관하여 이 책과 Filson의 책이 보이는 차이를 구별하는 일이 가치 있을 듯하다. Filson은 이 문제를, 바울이 보상을 받아들이는 것이 하나님의 은혜와 자비를 믿는 그의 신념과 어떻게 일치하는가 하는 것으로 보았다. 그는, 바리새인으로서 바울이 보상을 강조했지만 자비가 들어설 여지를 허용했다고 주장했다(13). 그리고 그리스도인으로서 바울은 은혜를 중앙에 놓았지만 상급의 개념을 포기하지 않았다고 주장했다(13f., 127). 이 논의에서 Filson은 Moore의 견해와 반대로 바리새주의에 대한 Schürer와 Bousset의 견해를 받아들였다고 솔직히 말했다(7). 나는 일단 은혜가 일차적으로 선택과 구원에 적용되고 보상이 배타적 소집단 내의 행위에 적용된다는 것(하나님은 자비로 구원하는 자들을 그 행동에 따라 심판하신다)을 깨달을 때 은혜와 공로가 갈등을 일으킨다고 하는 추정이 바울에서 그리고 다른 형태의 유대교에서 해소된다고 이미 지적했다(이 책 105f. 참조).

Didier, Mattern, Synofzik, Roetzel, Donfried (각주 37)가 쓴 좀 더 최근의

1. 먼저 범죄가 고통과 사망을 가져온다는 바울의 견해에 주목해 보자.[50] 고전 11:27-34에서 바울은 사망과 죽음을 "주의 잔을 합당치 않게 먹고 마시는" 것과 연결시킨다. 고전 5:1-5에서는 근친상간을[51] 범한 남자가 그 범죄로 인하여 죽게 될 것이라고 가르친다.[52] 반대로 선행은 이생에서 보답을 받으며, 이는 고후 9:6-15의 씨를 뿌리고 거두는 논의에서 나타난다. 여기에서 바울은 자선이 가져다주는 이 세상의 상급을 소망했다.[53]

책들은 상급과 형벌과 심판의 여러 측면을 다룬다. Filson의 책만큼 전 분야의 배경을 철저하게 제시하는 책은 아무것도 없다.

50. Filson (*Recompense*, 85)은, 바울의 견해에 따르면 고난이 죄의 결과인 경우가 드물고 그리스도의 고난에 참여하는 것에 속한다고 옳게 지적했다.

51. 레 18:8은 사람이 '자기 아버지의 부인'의 '하체를 범하지' 말 것을 명하며, 이 구절에서 바울의 말이 나온다. 그래서 우리는 그 여자가 생모인지 계모인지 말할수 없다.

52. 고전 5:5에서 *pneuma*와 *sarx*를 별 특징 없이 사용하므로, 다른 해석이 있을 가능성이 열린다. 그래서 Mattern은, 공동체의 심판이 죄인을 여전히 그리스도인으로 남게 하고 마지막 심판 때 그가 구속받게 한다고 제안했다. 그녀의 주장에 따르면, *sarx*는 말 그대로는 아니지만 죄에 대하여 '죽은' 전인(全人)을 가리킨다. 그러므로 *pneuma*도 구속 받은 전인이다(Mattern, *Gericht*, 105-8). 바울이 *sarx*를 인간 몸이라는 뜻으로 사용하는 경우가 드물다는 것은 참으로 사실이다. 그러나 바울은 빌 1:22-24에서도 *sarx*를 인간의 몸이라는 뜻으로 사용한다. 그리고 여기서는 이렇게 보아야 뜻이 가장 잘 통한다.

Donfried는 고전 5:1-5을 고쳐 번역하면서, *pneuma*는 (하나님의) 성령을 뜻한다고 주장한다("Justification and Last Judgment," 107-9). 그러나 그의 제안에 대해서는 Synofzik, *Vergelt unsa ussagen*, 154에서 적절히 대답했다. 또한 '영은 구원을 얻게 한다'는 말을 이해할 수 있는 다양한 가능성은 다음의 책이 논의한다. Goren Forkman, *The Limits of the Religious Community* (Lund: CWK Gleerup, 1972), 144-47.

53. 참조. Mattern, *Gericht*, 151-93, 특히 162-68. 바울에게서 행위에 대한 보상을

2. 그리스도 안에 있는 자는 범죄하더라도 속죄받을 수 있다. 앞 문단에서 언급한 첫 두 구절에서 형벌과 사망은 속죄로 귀결된다.[54] 한 구절(고후 12:21)에는 교회에서 범죄하는 구성원을 회복하기 위한 회개의 유효성이 함축되어 있다: 성적인 범죄를 회개하지 않는 자를 형벌(아마 출교나 정죄; '근심함'의 힘은 구체적으로 표현될 수 없다)로 경고할 때

논하는 Mattern의 전체 논의는 랍비주의에 나타나는 상급과 형벌과 잘못되게 비교하는 데 기초를 두고 있다. 여기서 Mattern은 행위가 균형 잡히고 숙고한 다음 행한 것이라 할 때 대다수의 선한 행동은 구원을 상급으로 받는다고 주장한다(176, 192f.). 그런 후에 Mattern은 상급과 형벌에 대한 바울의 견해와 랍비들의 견해를 구별하려고 시도하지 않을 수 없다. Mattern은, 바울의 견해에서 심판은 행위 자체에 따르지 않는다: "바울에 따르면 심판은 하나님의 일에 그리스도인이 명백하게 참여하는 데 더욱 관계있다"(192). 이런 종류의 소소한 구분은 도움이 되지 않을 것이다. 고후 9:6-15에서 바울은 모호하지만 그럼에도, 선한 행위, 특히 자선에 대한 상급이 있을 것이라는 약속을 분명히 제시한다. 우리가 고전 3:5-4:6을 논의할 때 보겠지만 Mattern은 바울이 다양한 정도의 상급을 생각할 수 있었다고 말하는 점에서 옳다.

54. Moule은 고전 11:29-32에서 "그것은 [형벌이] 치료책으로 드러나고 적어도 그 사람에게 구원을 예비해 주는 심판으로 드러나든 혹은 형벌이 그 사람을 치명적인 자기 염려의 상황으로 내몰든 말든 상관없이 … 그 사람의 반응에 의존한다"(C. F. D. Moule, "The Judgment Theme in the Sacraments," in *The Background of the New Testament and its Eschatology* [New York: Cambridge University Press, 1954], 464-81, 이와 관해서는 특히 481). 나는 자기 염려에 관한 언급 구절을 보지 못하겠다. 하지만 그렇게 하지 않더라도 말하고자 하는 요점은 훌륭하게 드러난다. 여기서 바울은 고난을 속죄를 위한 하나님의 징계로 받아들여야 한다는 일반적인 유대교적 견해와 전적으로 일치한다.

다른 곳과 마찬가지로 Mattern은 바울의 견해와 랍비의 견해를 구분하려고 지나치게 애를 쓴다. Mattern은 주의 심판이 공동체를 공동체로 보존하며 그래서 공동체는 세상의 정죄를 벗어난다고 주장한다(*Gericht*, 101-3, 108). 그러나 11:30에 나오는 *en humin polloi* ("너희 중에 … 많고")는 공동체를 뜻할 수 없다. 그것은 차라리 공동체에 속한 몇몇 개인을 가리킨다.

[55] 바울은 회개가 회복을 가져온다는 것을 함축한다.

3. 형벌은 공동체가 줄 수 있다. 근친 상간을 범한 사람을 내쫓아야 하며,[56] 사실상 *porneia* 및 다른 죄를 범한 자 모두 "내어 쫓아야" 한다(고전 5:9-13).[57]

4. 바울은 한 구절에서 심판 때의 상급과 형벌을 언급한다. 고전 3:5-4:6에서 바울은 사도로서 자신의 일과 아볼로의 일을 비교한다. 각 사람은 자신이 한 일에 따라 상급(*misthos*)을 받을 것이다(3:8). 바울의 터 위에 세우고 있는 아볼로에 관하여 바울은 성공하고 실패하는 정도가 다양할 것이라고 주의를 준다(또는 경고한다, 3:10).[58] 각 사람의 일은 심판 날에 드러나고 불로 시험을 받을 것이다(3:13). 만일 바울이 닦은 터 위에서 세우는 자로서 아볼로의 일이 살아 남으면, 아볼로는 상급을 받을 것이지만, 불타 없어지면 "자기는 구원을 얻되 해를 받을" 것이다(3:14f.).[59] 마지막 두 절에는 두 가지 기본적인 견해가 분명

---

55. 참조. 고후 13:2에 나오는 '용서하지 않는다.'
56. 그러므로 예컨대 다음을 보라. Forkman, *Limits*, 172.
57. Wernle은 고전 5:11, 13의 내쫓음을 5:3-5에 나오는 총체적 파문보다 덜 포괄적이라고 보았다. 그는 5:11, 13을 고후 12:21과 연결시켜서, 고전 5:11이 '명확한 추방'을 가리키지 않고 죄인이 회개할 때 철회하는 잠정적 형벌을 가리킨다고 결론을 내렸다(*Der Christ und die Sünde*, 47). Forkman (*Limits*, 149-51)은 고전 5:9-13이 부분적 추방을 가리킨다고 본다.
58. 내 판단으로 Filson은 다양하지만 구체적으로 언급되지 않은 상급이라는 개념을 여기서 발견하는데, 이것은 옳다(*Recompense*, 109; 참조. 115, 126).
59. 14절의 '상을 받고'와 15절의 '구원을 얻되'의 관계를 딱 잘라 말하기 어렵다. Wetter는, 구원에는 단계가 있다고 말하기 시작하지만 그것들을 서술할 수 없었고 그래서 자신은 믿지 않지만 랍비가 말하는 형벌을 속죄하는 것으로 택했다고 말한다. '상을 받고'와 '구원을 얻되'는 전혀 구별되지 않는다

히 나타난다: 이 세상에서 형벌을 받지 않는 잘못은 심판 날에 처벌받는다. 더 나아가 마치 이 세상에서 형벌과 사망이 속죄를 가져오는 것과 마찬가지로 심판 날에 받는 형벌은 속죄를 가져온다.[60]

바울은 자신이 그 날에 주께로부터 심판을 받게 될 일을 하지 않았을까 생각하기도 했다(고전 4:4f.). 분명 바울은 자신의 고난(예. 고후 11:23-27)을 행한 잘못에 대한 형벌이 아니라 그리스도의 고난에 참여하는 것으로 보았을 것이다(예. 롬 8:17). //109// 지금까지 바울이 고난에 비추어 스스로를 점검했지만 형벌을 받을 만한 잘못은 드러나지 않았다. 그러나 바울은 그런 잘못이 심판 날에 드러날 가능성을 열어 두었다.

또한 우리는 논의를 매듭짓기 위해 바울이 고후 5:10과[61] 롬 14:10에서 그리스도인의 고난을 언급한다는 점에 주목해야 한다. 고전 3:8, 12과 같이 고후 5:10은 바울이 심판 날에 당할 다양하지만 구

(*Vergeltungsgedanke*, 114f.). 아마 바울이 두 견해를 다 주장했을 가능성이 짙다. 두 견해는 심판 때 행위에 대한 상급이 있다는 것(물론 구체적으로 언급하지 않지만)(14절)과 심판 때의 형벌은 속죄하므로 구원한다는 것(15절)이다. 간단하게 말해서 바울은 그것을 명백하게 드러내지 않는다.

60. Donfried ("Justification and Last Judgment," 105f.)는, 이 구절이 개별 그리스도인의 죄를 언급하는 것도 아니고 마지막 심판 때의 구원을 언급하는 것도 아니라고 주장한다. 나는 그가 문맥에 관하여 말하는 것에 상당히 동의하지만, 마지막 심판을 분명히 고려하는 듯이 보인다. 그리고 사도의 행하는 일과 다른 그리스도인에게 해당하는 것을 구별할 이유는 없다. 참조. Synofzik, *Vergeltungsaussagen*, 39-41, 153(Donfried에 대한 대답).
61. 고후 5:10에서 '우리'는 그리스도인을 언급한다. 다음의 책도 마찬가지임. Mattern, *Gericht*, 155 (살았거나 죽었거나 모든 그리스도인); Filson, *Recompense*, 88; Donfried, "Justification and Last Judgment," 105.

체적이지 않은 상급과 형벌에 대해 생각했다는 견해를 보여주는 듯하다.[62] 이 두 구절은 바울이 고전 3:5-4:6에서 자신과 아볼로에 관하여 이야기하는 것을 그리스도인들에게 일반적으로 적용했음을 나타낸다.

5. 그리스도인이 자신의 지위를 잃을 수 있다는 바울의 우려가 담긴 구절이 몇몇 있다. 이 문제를 딱 잘라 말하기란 결코 쉽지 않다.[63] 편의상 우리는 이 구절을 여러 범주로 나누어 살펴보려 한다.

1) 악덕 목록은 그리스도인이 죄를 지으면 정죄당한다는 사실을 가리키는 것으로 읽을 수 있다.[64] 갈 5:19-21과 고전 6:9-10에서 바울은 죄들을 열거하는데 이 죄를 범하는 자들은 하늘 나라를 상속하지 못한다고 한다. 우상 숭배와 성적 부도덕이 두드러지게 드러나는 이 목록은 비그리스도인—육신을 따라 사는 자(갈 5:16-21) 혹은 의롭지 못한 자(고전 6:9)—의 행위를 서술한다. 하지만 갈라디아서에서 바울은 자신의 독자들에게 그런 죄를 범하지 말라고 경고하며, 반면에 고전 6:9-11은 5장에 나오는 성적 부도덕의 논의를 따른다. 그리스도인이 (바울의 견해로) 비그리스도인의 행위를 대표적으로 드러내는 죄를 범하면 정죄당할 것이라는 내용이 담겨 있는가? 아마 그렇지 않을 것이다. 우리는 바울이 다루는 성적 부도덕의 한 구체적인 경우(고전 5:1-

---

62. 각주 58.
63. Donfried "Justification and Last Judgment," 106-10을 보라. 더불어 앞의 문헌을 참조하라. 가장 완벽하게 구절을 나열하는 것은 Filson, *Recompense*, 89, 97이다.
64. Donfried "Justification and Last Judgment," 107.

5)에서 그 사람이 결국 구원받을 것이라는 언급을 상기해야 한다. "하나님 나라를 유업으로 받을 수 없다"는 표현과 더불어 이 악덕들은 아마 전통적인 것일 것이며 바울은 표준적인 경향을 반복하고 있을 따름이다. 조지 푸트 무어(George Foot Moore)는 "훈계적인 정죄를 매우 많이 했던" 랍비들에 대해 언급했다.[65] 이러한 것이 반복적으로 되풀이하여 나타나는 바울 및 다른 이들에게도 마찬가지인 듯하다.

전통적인 악덕 목록이 지닌 영향은 고전 5:9-13에 분명히 나타난다. 여기서 바울은 먼저 성적 부도덕을 논의한다. 그러고 나서 탐하는 사람과 토색하는 자들과 우상 숭배하는 자를 다루고, 고린도인이 사귀지 말아야 할 그리스도인(형제의 이름을 갖고 있는 자) 안에 이런 사람들과 다른 사람들을 포함시킨다. 우상 숭배자가 그리스도인이 될 수 있었는가? 우리는 다음에 이 문제를 다시 살필 것이다. 지금으로서는 한 악덕이 다른 악덕들을 끌어들이는 경향이 있다고 말하는 것으로 족하다. 바울이 사실상 거명한 집단에 속하는 모든 사람을 정죄했다고 보기에는 미심쩍은 데가 있다.

2) 그처럼 바울이 자신이 헛되이 일한 것은 아닌지, 그리스도인들이 헛되이 믿은 것은 아닌지 두려워하는 몇몇 경우들도 진위가 확실치는 않다. //110// 바울은 고난으로 데살로니가인들의 믿음이 약해지게 된다면 자신의 일이 헛되게 될 것이라고 두려워하며(살전 3:5), 고린도인들에게 하나님의 은혜를 헛되이 받아들이지 않도록 촉구한다(고후 6:1). 이런 구절은 불길한 느낌을 주지만, 진위가 너무 확실치

---

65. G. F. Moore, *Judaism in the First Centuries of the Christian Era*, vol. 2, 388 n. 4.

않아서 불길한 결과를 확실히 낳지 못한다. 고후 12:21의 "근심한다"는 진술과 고후 13:5에 "그렇지 않으면"[시험하고 자신을 확증하지 못하면]이라는 경고도 마찬가지다. 아마 여기서 우리는 고전 9:27 "내가 남에게 전파한 후에 자기가 도리어 버림이 될까"에서 바울이 자신에 대한 관심을 표현하는 것으로 분류해야 한다.

3) 더욱 강력하면서도, 바울이 기독교로부터의 영구적인 배제와 아마도 구원을 생각할 수 있었음을 보여주는 세 구절이 있다. 그러나 그 가운데 어느 것도 사악한 행위와는 관계없다. 갈 5:1-4은 할례를 받아들이는 자들이 그리스도에게서 끊어지고 종 노릇 하는 것, 즉 그리스도 이전의 상태로 돌아가는 사실을 가리킨다(참조. 또한 4:11: '헛될까'). 고전 15:2의 "헛되이 믿지 아니했으면"이라는 말은 바울의 복음을 거부하는 자가 구원을 받지 못할 것이라는 사실을 가리키는 듯하다. 롬 11:22에서는 이방인 그리스도인이 하나님의 인자 속에 계속 거하지 아니하면 "끊어질" 수 있음을 보여준다. 여기서는 공격보다 위협이 더 분명하게 드러난다.

바울에 따르면 고후 11:13-15의 거짓 사도는 잘못된 목적을 채워주며, 갈 1:7-9에서 바울은 자신의 복음에 반대되는 복음을 전하는 자들에게 저주를 말한다. 바울이 고요한 마음 상태로 다른 기독교 설교자가 정죄를 받을 것이라고 주장했을지는 딱 잘라 말하기 어렵다.

이 구절들은 합당히 '율법'이라고 불릴 만한 것을 넘어서지만, 바울의 견해에 따르면 그리스도가 없는 상태로 돌아가는 것이 가능하

다는 것을 보여주는 것 같다.⁶⁶

6. 우리는 죄악된 **행위**가 영구적 추방이나 정죄에 이르게 된다는 바울의 말을 여전히 탐구하는 중이다. 고전 8:11(분명 롬 14:15에도 나타난다; "그리스도께서 대신하여 죽으신", "그리스도께서 위하여 죽으신"을 주목하라)은 흥미롭다. 그 핵심은 우상에게 드린 음식을 먹는 자가 우상이 존재하지 않는다는 것을 안다면 아무 해를 입지 않는다는 것이다. 하지만 연약한 형제가 그런 행위를 보고 "사실상 우상에게 드린" 음식을 먹으면(8:7), 즉 이교 신의 존재를 믿고 먹으면, 그 결과 멸망한다. 여기서 음식을 먹는 자 본인이 숭배하고 있다고 생각하는 경우에만 사실상 우상 숭배를 범한 것이 된다.⁶⁷

고전 8장에 나오는 구분에 비추어서, 우리는 고전 10장이 말하는 바, 우상의 상에서 먹는 행위가 정죄에 이른다는 것을 함축하는 것으로 읽어서는 안 된다. 모형론적 주장이 말하는 바는 우상 숭배를 범하는 자들이 죽임을 당할 것이라는 사실이다. 바울은 성적 부도덕을 범하는 자들(10:8), 주를 시험하는 자들(10:9), 원망하는 자들(10:10)을 포함시키면서 모형론적 미드라쉬를 계속 진행한다. //111// 10:20-21에서는 8:11을 넘어서서 이 논의를 끌고가는 것처럼 보인다: 우상에게 드린 음식을 먹는 자는 누구든지 실제로 다른 신에 참여하지 않는다 해도 사실상 마귀에 참여하는 것이며, 그런 사람은 주의 상에서 내쫓

---

66. Mattern도 마찬가지다(*Gericht*, 118, 213). 물론 Mattern은 자신의 결론을 다른 구절에 둔다.
67. 참조. Mattern, *Gericht*, 117: 이는 믿음에 의존하지 행위 자체에 의존하지 않는다.

긴다. 그러나 10:27-29은 우상에게 드린 음식을 먹는 데 참여한 자에게 여전히 우상 숭배의 죄가 있음을 다시 지적한다.

그러므로 그리스도인이 비그리스도인의 상태로 돌아가서 불신자의 운명을 당할 수 있지만 신자를 반드시 정죄에 이르게 하는 행위는 없는 것처럼 보인다. 바울이 우상에게 드린 음식에 대해서는 우물쭈물하는 것처럼 보이기는 하지만 말이다.

바울의 율법관을 이해하기 위해 이와 같은 행위의 의미를 고찰하기 전에, 우리는 먼저 바울의 모든 입장이 얼마나 속속들이 유대교에 속해 있는지 주목해야 한다. 우리가 고찰했던 구절은 본질적으로 범죄, 순종, 상급, 형벌, 속죄, 내쫓김, 정죄에 관한 바울의 견해에 관하여 확고하게 말할 수 있을 정도로 자세하거나 엄밀하지 않다. 하지만 이 구절들은 당대 유대교에 비추어 볼 때 상당히 통하는 면이 있다는 점에서 몇 가지 결론을 내릴 수 있다. 동시대 유대교인들과 마찬가지로 바울은 구원이 기본적으로 배타적인 소집단의 구성원이 되는 데 달려 있지만 그런 맥락에서 행동이 여전히 중요하다고 생각했다. 범죄는 회개해야 하고 그렇지 않으면 하나님의 형벌을 받는다.[68] 하지만 형벌 자체가 속죄를 가져다준다. 형벌과 상급은 이곳에

---

68. 우리는 사해문서에서 특별히 1QS에서 형벌이 두드러지는 것을 주목할 수 있다. 그리고 회개에 대한 랍비의 강조가 압도적인 것과 아울러 회개에 대한 강조점이 상대적으로 없는 것을 주목할 수 있다. 바울은 하나님께 대한 회개를 꼭 한 번 언급하며 형벌이나 징계는 더 자주 언급한다. 하지만 형벌을 속죄하는 것으로 보는 견해는 랍비 문헌과 다른 문헌에서 널리 입증되고(솔로몬의 시편), 바울의 견해는 어쨌든 너무 드러나지 않아서, 그의 견해가 유대교의 어느 한 운동과 특별히 연결되어 있다고 말할 수가 없다.

서 또는 장차 배타적 소집단 내부에서 생긴다. 잃어버림과 칭찬(고전 3:15; 4:5)은 '응분'이라는 의미에서 받지만, 구원은 행위를 열거하거나 행위를 서로 저울질해서 얻는 것이 아니다.[69] 행위에 적절한 상급과 형벌을 굳게 믿었던 반면, 특히 마지막 심판을 위해 보답이 유보되어 있는 때에 상급이나 형벌이 어떤 것이 될 것인지 정확히 말하기를 꺼리는 것은 이해할 만하다.[70]

무엇이 영구적으로 집단의 한 일원을 내쫓고 정죄하게 될 것인지 정확하게 규정하기 어렵다는 데 있어서 바울서신만이 이례적인 것은 아니다. 1QS에는 어떤 사람이 극악무도한 범죄로 인하여 돌아올 소망 없이 내쫓김을 당한다.[71] 하지만 랍비 문헌 **자체에는** 본질적으로 정죄하는 범죄는 없다. 랍비 문헌에는 바울서신에서처럼 여러 못된 짓을 하는 사람들이 정죄를 당할 것이라는 취지의 말이 있다.[72] 이런 뜻에서 우리는 랍비 문헌과 바울서신에서 배타적 소집단에 남는 것은 행위 여하에 달려 있다고 말할 수 있다.[73] 하지만 그 어떤 경우

---

69. *PPJ*, 가령 126.
70. *PPJ*, 125-28.
71. 1QS 7. 1f., 16f.
72. 이 목록들은 점점 늘어나는 경향이 있다: 산헤드린 10.13과 ARNA 36을 비교해 보라. 초기 문헌에서 추방되는 죄는 우상 숭배와 같이 하나님을 고의적으로 부인하는 것이다. *PPJ*, 134f.을 보라.
73. *PPJ*, 92-97, 146f., 236f. (랍비 문헌); 295f. (사해문서); 362, 371, 397(외경과 위경); 451f.; 503; 518 n. 6(바울에게서 회원 자격이 행위에 달려 있는 정도)을 보라. G. B. Caird (*PPJ*에 대한 서평, *JTS* 29 [1978]: 542)는, 일반적으로 유대교처럼 바울에게 선한 행위는 '안에' 머물러 있는 조건이었다고 내가 말하는 것에 놀라움을 표시한다. 여기서 그 쟁점을 분명하게 밝히고 싶다.

라도 불순종의 행위로 인해 자동적으로 추방되는 것은 아니다. 그래서 랍비들이 속죄를 논의할 때 모든 죄가 사함을 받을 수 있는 것으로 나타난다.[74] 오직 고의적이고 회개하지 않는 범죄만이 정죄를 가져온다. 이는 하나님에 대한 거부를 표하기 때문이다.[75] 결국 사람의 의도에 달려있다. 계명을 주신 하나님을 부인하려는 의도를 가진 자들은 약속된 하나님의 분깃을 갖지 못한다. //112// 바울의 경우에도 이는 그다지 다르지 않다: 우상의 상에서 먹고 그럼으로써 자신이 어떤 실재하는 신을 경배하고 있다고 생각하는 자는 멸망한다. 이 표현은 다르게 나타난다. 랍비들은 범죄자의 의도, 회개의 효력, 다른 속죄 수단을 강조하고 바울은 행위에 대한 이해를 강조한다. 그렇지만 그 결과는 실질적으로 같다. 랍비의 견해에 따르면 죄를 범하고 회개하지 않는 자들은 하나님을 부인하는 의도를 갖고 있는 것으로 보인다. 바울의 견해에 따르면 자신의 믿음을 부인하는 자는 믿음이 가져다주는 구원을 잃는다.

그러나 이 모든 것이 죄와 무슨 상관이 있는가? *nomos*라는 말은 현재 논의하는 구절 가운데 어디에도 나오지 않으며, 바울은 '그리스도의 율법'을 범하는 자들은 속죄가 없을 경우 형벌받는다(혹은 마침내 정죄당할 것)는 취지의 말을 어디서도 하지 않는다. 그러면 형벌, 상급, 심판, 내쫓김, 속죄를 다루는 구절을 율법 논의에 끌어들이는 우리의 태도는 옳은가? 나는 옳다고 믿는다.

---

74. *PPJ*, 162.
75. *PPJ*, 177, 182.

첫째로 율법을 언급하는 구절과 옳은 행위와 그 행위의 상급 혹은 옳지 않은 행위와 그 행위의 결과를 서술하는 구절은 여러 곳에서 꽤 명시적으로 연관된다. 그래서 갈 5:22에서 "사랑"으로 시작하는 "성령의 열매"는 이웃을 사랑하라는 "율법 전체"에 긍정적 차원에서 연결될 수 있다(5:14). 육신의 행위를 낳는 자들은 하나님 나라를 유업으로 얻지 못한다. 그래서 성령으로 인도함을 받지 못하고 사랑의 법을 이루지 못하면 정죄를 받는다. '율법'이라는 말을 긍정적으로 사용하는 구절과 롬 13-14장에 나오는 행위를 기초로 하여 상급과 형벌을 함축하는 구절 사이에는 또 하나의 연결 고리가 있다. 이것의 전반적 맥락은 소위 로마서의 권면 부분이다. 그리고 여기서 바울은 이웃을 사랑하라는 원칙과 아울러 명시적인 계명을 "율법"의 개요로 제시한다(13:8-10). 그러므로 형제를 판단하지 말라는 말(14:4)과 더불어 교훈을 좀 더 전한 후 바울이 모든 그리스도인에게 똑같이 임할 하나님의 심판 개념에 호소하는 것(14:10)은 놀라운 일이 아니다. 심판은 앞에서 요약한 율법과 긍정적인 관련이 있는 것 같다: 그리스도인은 율법을 얼마나 잘 이루었는가에 따라 심판을 받는다. 이 구절에서 우리는 앞에서 언급한 요점을 상기할 수 있다: 즉, 율법의 내용은 변한다. 롬 13:8-10에서는 율법이 성경의 율법과 다른 것이라는 단서가 없다. 그러나 그리스도인이 심판을 받을 것(14:10)이라고 말하기 전에 바울은 날들과 음식 관련 규제를 지키는 것이 필수적이지 않다고 이야기한다(14:1-6). //113//

하지만 율법과 심판의 연관을 살피는 데는 *nomos*라는 단어의 출현과 심판, 상급, 형벌 언급 사이의 대수롭지 않은 연결 고리보다는 율법과 심판 사이의 연결 관계를 보는 것이 더 중요하다. 바울은 그리스도인이 올바르게 행동해야 한다고 생각한다. 그리고 그가 그런 올바른 행동을 보여주기 위하여 사용하는 낱말 가운데 '율법'이 있다: 그리스도인들은 율법을 이루어야 한다. 더 나아가 바울은 그리스도인이 행위에 따라 심판을 받을 것이라고 생각한다. 이 행위에는 근친상간 같이 성경의 율법에 의해 명시적으로 정죄된 행위 및 살전 4:1-8에 언급된 *porneia*나 잘못된 재료로 터 위에 세우는 것(고전 3:12-15)과 같이 성경에서 다루지 않고 할라카 방식으로 서술되지 않은 기타 일반적인 범죄가 포함된다. 이런 잘못된 행위들은 하나님으로부터 보복을 당한다. 이것들이 '율법'으로 요약되거나 정죄되지는 않지만, 옳바른 행위에 대한 요구는 여전히 **법으로** 작용한다.[76] 범죄에는 형벌이, 순종에는 상급이 있다.

이를 다르게 표현하면 그리스도인이 바울의 요구를—바울이 이 요구를 '율법'이라고 부르든 말든 상관없이—이루는 방식과 유대인들이 전통적으로 모세의 율법을 지키는 방식 사이에는 차이가 없다.

사람이 개별적인 모든 행위에 따라 의롭다 함을 얻고 심판을 받는다고 추정되는 유대교의 율법주의적 견해와 행위는 전체로서 파악된다고 하는 바울의 견해를 구분하는 것은 일반적인 일이다. 이와 같이 우리는 고전 3:13-15에서 *ergon*, 즉 "행위"라는 단수형이 감탄

---

76. Schrage, *Einzelgebote*, 96-102을 보라: "사도의 요구가 갖는 의무적 특성은 율법의 요구보다 깐깐하지 않으며" 바울의 구체적 요구는 '율법'이라고 부를 수 있다.

부호와 더불어 강조되고 있음을 발견한다.[77] 이는 잘못된 구분으로 주해를 그릇되게 만든다. 첫째, 유대교에서 말하는 '의로운'과 '불의한'이라는 낱말은 기본적 지위와 정향(定向)을 가리키지 개인적 행위를 나열한 결과를 가리키지 않는다.[78] 이와 같이 추정되는 대립은 실제로 존재하지 않는다. 둘째, 바울이 단수형을 사용하든 복수형을 사용하든 원하는 결론에 이르지 못한다. 바울은 얼마든지 그리스도인에게 요구하는 행위를 "하나님의 계명들(entolai)을 지키는"(고전 7:19) 것이라고 부를 수 있다. 고후 9:8에 나오는 "모든 착한 일"은 복수 개념을 함축하며, 롬 13:9에 나오는 "이외의 다른 계명"은 사랑의 한 율법이 여러 계명을 포함한다는 사실을 함축한다. 바울은 '계명', '행위', '율법'이라는 용어를 사용하지 않는 곳에서도, 개인의 옳은 행위를 요구한다.[79]

---

77. Synofzik, *Vergeltungsaussagen*, 41; 참조. Hübner, "Das ganze und das eine Gesetz," 244f.; Hahn, "Gesetzverständnis," 61 (의롭다 함을 얻은 사람은 행위(*erga*)의 율법을 이루지 않는다; 바울은 복수형을 사용하지 않는다); Mattern, *Gericht*, 141-51; J. Christiaan Beker, *Paul the Apostle* (Philadelphia: Fortress Press, 1980), 247f.
78. *PPJ*, 색인의 다음 항목을 보라 "The Righteous."
79. Marcus Barth, "Dis Stellung des Paulus zu Gesetz und Ordnung," 506; Schrage, *Einzelgebote*, 95-98; Hoheisel, *Das antike Judentum in christlicher Sicht* (Wiesbaden: O. Harrassowitz, 1978), 200 ("*impliziert der neue Weg des Glaubens seinerseits das Prinzip der Werke*"(그러므로 믿음의 새로운 길은 행위의 원칙을 함축한다))도 옳다.

요약

　로마서와 갈라디아서에서 사람이 율법의 행위로 의롭다 함을 얻을 수 있다는 것을 분명히 부인한 후에, 그리고 율법과 죄를 연결시킨 후에, 그럼에도 바울은 그리스도 안에 있는 자들이 율법을 이룬다거나 율법을 이루어야 한다고 말함으로써 옳은 행위를 요약한다. 그리스도인이 이루는 율법은 제2의 율법이 아니며, 바울은 요약적 진술에서 이 율법을 유대교의 성경과 구별하지 않는다. //114// 하지만 바울은 논점을 구체적으로 다루면서 세 가지 율법/율법 범주들, 곧 할례, 특별한 날들, 특별한 음식에 관한 요구를 그릇되거나 선택적인 것으로 간주했다. 이 율법이 가진 가장 분명한 공통 분모는 이것들이 유대인과 이방인을 구별시킨다는 데에 있다. 바울이 요구했던 내용은 부차적인 측면에 있어서 모세의 율법과 다르다. 곧, 바울이 의무적인 것으로 여겼던 행위의 많은 측면은 특별히 성경에서 규율했던 것이 아니다.

　바울서신은 할라카적이지 않다. 심지어 구체적인 행동 사항을 다룰 때도 그렇다. 바울은 율법을 인용하여 행위 규칙을 이끌어내는 경향을 보이지 않는다. 하지만 이런 사실에도 불구하고 어떤 중요한 의미에 있어서 바울의 행동관은 율법으로 작용한다. 말하자면, 불순종에는 형벌이 순종에는 상급이 있다.

　앞에서 우리는 바울이 '믿음'을 '율법'과 대립시켰을 때 구원받을 배타적 소집단의 일원이 되려면 무엇이 요구되는가 하는 문제가 있음을 보았다. 그러나 이 소집단의 사람들이 어떻게 행동해야 하는지의 문제를 다룰 때에 바울은 믿음과 율법을 전혀 대립적으로 보지 않았다. 우리가 믿음과 입교 조건으로서 율법의 **대립**을 강조했다고 해서, 입교 이후에 믿음이 작용하지 않는다고 보아서는 안 된다. 바울은 생명으로 살고 믿음으로 산다(갈 2:20). 그리고 믿음은 사랑으로 표현되어야 한다(갈 5:6). 바울은 믿음에 굳게 서라고 고린도인에게 촉구한다(고전 16:13). 우리가 말하고자 하는 바는 그리스도인에게 적합한 행동을 논의할 때 바울이 '믿음으로 사는 것'과 '율법을 이루는 것' 사이에 아무런 모순을 느끼지 않았다는 사실이다. 계명을 행하는 것(고전 7:19)은 믿음으로 사는 데 반드시 필요하다. 나는 이때 바울이 그리스도의 몸 안에 거해야 한다고 생각하면서 '율법주의자'가 되었다고 주장하는 것이 아니다. 오히려 바울은 행동을 논의하면서 믿음으로 율법을 이루게 되었음을 강조한다. 그리고 상당한 정도로 율법은 여전히 법으로 작동했다. 믿음과 율법 사이의 단호한 대립은 그가 하나님의 백성의 회원이 되는 데 필수적인 요건을 논의할 때만 나타난다. 주목해야 할 주요한 사항은 바울이 율법에 관하여 말한 내용이 그가 다루고 있는 문제에 달려 있었다는 것이다.

행위 문제에 대한 바울의 대답에는 자체의 논리가 있다. 율법에 대하여 죽었던 자들이 어떻게 율법에 순종하게 되는가에 대한 체계적인 설명은 없다. 하지만 바울은 성경이 하나님의 뜻을 표현하는 것으로 보았다. 의가 율법으로 말미암지 않는다는 진술조차도 성경으로부터 부분적인 지지를 받는다는 것을 상기할 필요가 있다. 따라서 행동에 문제가 생겼을 때 그는 무엇보다도 그리스도인이 율법을 지켜야 한다고 대답했는데, 이는 자연스러웠다. 또한 '율법'이 하나님의 계획에 일치한다는 바울의 견해도 똑같이 이해할 수 있다: 하나님은 믿는 모든 자를 차별 없이 구원하기 위하여 자기 아들을 보내셨다. 따라서 구체적으로 율법은 그리스도의 보편적 주 되심이라는 계시에 의해, 그리고 이에 따른 이방인 선교의 요구에 의해 수정되었다. //123//

부록
로마서 2장

지금까지 나는 일부러 롬 1:18-2:29을 언급하지 않았다. 이는 율법을 행하기 위한 요구 조건을 논할 때 반드시 고려되어야 한다. 지금까지 이를 다루지 않았던 것은 이 단락이 독특한 관점을 갖고 있기에 따로 다루어져야 한다고 생각했기 때문이다. 논의는 *nomos*라는 단어가 11번 나오는 롬 2장에 집중될 것이다.[1]

이 단락의 목적에 대해서는 일반적으로 의견이 일치한다. 이 단락에는 바울의 해결책, 곧 그리스도를 믿음으로 얻는 의의 근거를 마

---

1. 현재의 목적을 위해서 2:1부터 유대인만 염두에 두고 있는지 아닌지 반드시 딱 잘라 말해야 하는 것은 아니다. 어디서 이방인에서 유대인으로 강조점이 변화하는지에 관해서 논의가 상당히 많이 있어 왔다. 예를 들어 다음을 보라. F. Flückiger, "Zur Unterscheidung von Heiden und Juden in Röm. 1, 18-2, 3," *TZ* 10 (1954): 154-58. 입장들의 개요를 알려면 다음을 보라. Dieter Zeller, *Juden und Heiden in der Mission bei Paulus*, 2d. ed. (Stuttgart: Verlag Katholisches Biblelwerk, 1976), 149 and n. 36.

련하기 위해 모든 사람의 보편적 범죄함(3:9, 20)을 드러내려는 의도가 담겨 있다.[2] 로마서의 첫 네 장이 담고 있는 기본 주제는 모든 사람이 똑같이 믿음의 기초 위에서 구원받을 수 있다는 것이다. '똑같이'(equally)라는 낱말은 이방인이 구원에 동등하게 이를 수 있는 기회를 강조한다. 그러므로 지금까지 제기되어 왔던 부정적인 주장은 다음과 같다: 곧, 유대인에게 유리했을 모세 율법의 행위로는 안 된다. 하지만 유대인도 역시 죄를 지을 수 있다는 주장, 즉 2장에 두드러지는 주장에서는 유대인에게 특별히 집중한다.

1:18부터 시작하는 단락은 바울의 주된 목적에 어울리는데, 이 단락의 여러 부분이 유대인과 이방인 둘 모두를 정죄하기 때문이다. 또한 이 단락은 유대인과 이방인이 동일한 기초에서 심판받는 것으로 묘사한다. 왜냐하면 "하나님께서는 외모로 사람을 취하지 아니하시기"(2:11) 때문이다. 하지만 여기에는 여러 가지 난점이 있다. 이 단락에는 내적 불일치가 있다. 여기의 모든 자료가 실제로 바라던 결론에 이르지는 않으며, 실질적으로 바울이 다른 곳에서 견지했던 입장들과 충돌하는 지점이 있다.

난점들을 상세히 살피고 어떻게 학자들이 이를 다루었는지 고찰하기 전에 내가 이 단락에 대해 취했던 관점을 보여주는 것이 좋을

---

2. J. Cambier, "Le jugement de tous les hommes," *ZNW* 67 (1976-77): 187; L. Ramarosan, "Un 'nouveau plan' de Rm 1, 16-11, 36," *Nouvelle Revue Théologique* 94 (1972): 951; Günther Bornkamm, "Gesetz und Natur (Rom. 2, 14-15)," *Studien zu Antike und Urchristentum* (Munich: Chr. Kaiser, 1963), 93f.

것 같다. 롬 1:18-2:29에서는 디아스포라 유대교에서 비롯한 교훈 자료들(homiletical material)을 이상하리만치 많이 넘겨받아 미미한 방식으로만 변경하는데, 결과적으로 롬 2장에서 다루는 율법은 바울이 다른 곳에서 율법에 대해 말했던 여러 가지 것들과 도무지 조화될 수 없는 것 같다.

이 단락 내에 존재하는 모순은 눈에 쉽게 띄며 널리 알려져 있다: 1:18-32에서 이방인이 보편적이고 포괄적인 용어로 정죄받는 반면, 2:12-15, 26에서 바울은 어떤 사람이 행위로 구원받을 것이라는 가능성을 받아들인다. //124// 수사학적으로는 확실히 유대인의 정죄에 강조점이 있다(2:14: 이방인도 너희 유대인들보다 낫다). 그런데도 2:12-15는 모두가 죄의 세력 아래 있다는 결론과 제대로 어울리지 않는다(3:9, 20). 바울이 유대인의 고약한 불순종을 단호하게 정죄할 수 있는 방식(2:17-24)도 매우 놀랍다. 왜냐하면 롬 10:2에서 바울은 자기 동족이 율법에 열심이 있다고 특징지으면서 갈 2:15에서는 유대인을 '이방인 죄인'과 대조하기 때문이다. 1:18-32에서 이방인의 성적 부도덕에 대한 과장된 서술은 고전 6:9-11과 같은 구절에 비추어 볼 때 그다지 놀랍지 않다. 그러나 2:17-24에 나오는 유대인의 행위에 대한 서술은 그와 비슷하지 않다.

우리는 특별히 이 단락의 과장된 특징을 살펴야 한다.[3] 수많은 학자는 롬 1-2장에 나오는 이방인과 유대인의 행위에 대한 바울의 '서

---

3. 다음을 보라. Heikki Räisänen, "Paul's Theological Difficulties with the Law," in *Studia Biblica* 1978, vol. 3 (Sheffield: JSOT Press, 1980), 308f.

술'을 분명한 정죄로 보았다. 그래서 플로이드 필슨(Floyd V. Filson)은 "1:18-32의 대부분은 개인적 관찰을 기초"로 한 "당대의 상황에 대한 보고"라고 썼다.[4] 프란츠 무스너(Franz Mussner)는 롬 1-2장을 바울이 "경험적으로" 아무도 율법을 이루지 못한다고 확신했음을 보여주는 사실로서 인용한다.[5] 헤르만 리더보스(Herman Ridderbos)는 2:1-3:20을 "유대교에 대한 위대한 고발"로 2:1-12을 "명백한 기소"로 묘사했다.[6] 크리스티안 베커(J. Christiaan Beker)는 이 유대인이 자신의 부도덕으로 인해 율법에 대한 자랑과 "경험적으로" 모순되는 것을 2:23-24이 보여준다고 말한다.[7] 그는 롬 1-5장을, 특별히 2장을 "자신의 유대교 청중이 이해할 수 있도록 의도되었던" 유대인의 범죄에 대한 "사실적" 설명으로 본다.[8] 다른 말로 하면, 롬 1:18-2:29은 귀납적으로 도달한 진술로서 율법을 이룰 수 없는 인간의 무능력에 대한 객관적 서술이며, 이는 롬 7:14-25에 나오는 동일한 인간 상태에 대한 실존적 서술에 대응한다는 것이다. 그러나 7:14-25은 사실 과장된 것으로서, 육신에 있는 자들은 전적으로 율법을 지킬 수 없는 반면 성령 안에 있는 자들은 율법을 지킨다는 진술의 일부를 형성한다. 이때 바울의 고난은 이 구절에 진지함을 부여하기에, 우리가 이 구절을 인간 상태에

---

4. Floyd V. Filson, *St. Paul's Conception of Recompense* (Leipzig: J. C. Hinrichs, 1931), 29.
5. Franz Mussner, *Der Galaterbrief* (Freiburg: Herder, 1974), 191f.
6. Herman Ridderbos, *Paul: An Outline of His Theology* (Grand Rapids: Wm. B. Eerdmans, 1975), 135.
7. J. Christiaan Beker, *Paul the Apostle* (Philadelphia: Fortress Press, 1980), 82.
8. Ibid., 242.

대한 심오한 진술로 생각한다 해도 넉넉히 용서받을 것이다.[9] 위에서 우리가 주장했듯, 그리고 레이제넨이 지적했듯, 이 구절은 성령 안의 삶이라는 바울의 견해에 빗대어진 비그리스도인의 삶에 대한 과장된 견해로 보는 것이 가장 좋다.[10] 여기서 바울은 율법이 죄를 가져오지 않도록 하나님을 해방시키는 문제와 또한 율법을 죄에서 완전히 분리시키려는 노력과 씨름하고 있기에, 저 구절들은 매우 부자연스럽게 읽힌다(따라서 심오해 보인다).

그러나 롬 1:18-2:29을 인간 상태에 대한 객관적이고 귀납적인 진술로 받아들이는 것은 바울이 복음에 대한 진리(truth of gospel: 복음을 내용으로 하는 진리를 의미. ⓒ)뿐 아니라 복음인 진리(gospel truth: 바울의 말이 진리 자체라는 의미. ⓒ) 역시 말하는 것으로 생각하는 데 우리가 너무 익숙해져 있음을 보여준다. 그것은 너무 뻔하고도 심지어 경솔한 읽기이다. //125// 예컨대 베커는 여기서 바울이 율법에서 참으로 잘못된 것, 즉 유대인이 율법을 지키지 않았다는 점을 말하고 있는 것으로 본다.[11] 유대인 모두가 성전의 물건을 도둑질했는가? 율법에 대한 바울의 생각이 나오는 원천을 파악하려면 바울의 과장된 수사법을 파고들어가야 한다. 또한 우리는 롬 1:18-2:29을 롬 7장과 혼합해서는 안

---

9. 나는 Räisänen의 비난을 감사히 받아들인다: "Paul's Theological Difficulties with the Law," 310f. 이는 *PPJ*, 509을 언급한다. Räisänen이 지적하듯이, 롬 7장이 '심오한 분석'이라는 견해는 이 장에 관한 나의 다른 언급과 모순되었다(*PPJ*, 475). 이 책 75를 참조하라.
10. Räisänen, "Paul's Theological Difficulties," 310f.
11. Beker, *Paul the Apostle*, 246f., 242. Beker는 자신의 주장에서 롬 2장과 7장을 결합한다.

된다. 롬 1:18-2:29은 아무도 율법을 지킬 수 없다는 것이 아니라(이는 7:14-25의 주장이다) 모든 사람이 중대하고 가증한 죄를 지었다고 주장한다. 더 정확하게 말하자면 이 단락의 일부에 이러한 비난이 담겨 있다. 우리가 다음에 자세히 주목하겠지만 몇몇 구절은 어떤 사람이 율법을 완벽하게 잘 지킬 수 있다는 가능성을 내비친다. 이 문제를 분명하게 표현해 보자. 롬 1:18-2:29에서 진술된 것과 같은 보편적 죄악 됨에 대한 바울의 주장은 납득이 가지 않는다: 이 주장은 내적 모순과 심한 과장에 근거한다. 바울 시대에 이런 식의 과장된 진술은 수사학적 힘을 가졌을 것이다.[12] 그렇지만 우리는 롬 1:18-2:29이 유대인과 이방인에 대한 객관적인 서술 내지 심지어 일관성 있는 서술을 제시하려고 기록된 것이 아니라는 점을 인정해야 한다. 바울은 자신이 어떤 결론을 내리려 하는지 알고 있으며, 그리스도가 보편적 구주가 되시기 위해서는 보편적 죄악이 필수적이기에 이는 바울에게 중요한 결론이다.[13] 분명 이것은 다른 방식으로 발견할 수 있는 것을 가리키고 있을 뿐이다: 바울은 먼저 인간의 곤경을 분석하여 죄와 구

---

12. 참조. 에스겔 33:25f. "너희는 피 있는 고기를 먹으며 너희 우상들에게 눈을 들며 피를 흘리니 … 너희가 칼을 믿어 가증한 일을 행하며 각기 이웃의 아내를 더럽히니 …" 바울의 시대와 근접한 것을 지적하면 솔로몬의 시편 8:9f.가 있다. "그들이 혼란을 일으켰으니 아들이 어미와 아비가 딸과 더불어 일으켰도다. 그들이 간음을 행했으니 각기 이웃의 아내와 간음을 행했도다." 아마 모든 제사장이 이 모든 일을 실제로 행하지 않았을 것이다. 다른 관점에서 볼 때, 로마서 2장에는 유대인들의 성적 비행에 대한 혐의가 전혀 없다는 것이 놀랄 수 있다.
13. 여기서 우리는 한 입장을 지지하는 모든 주장이 바울이 '실제로 생각한' 것을 보여주지는 않는다는 앞에서 지적한 요점을 상기한다(이 책 4).

원에 대한 입장에 이르지 않았다.

하지만 이 단락에서 더욱 실질적인 방식으로 문제를 제기할 수 있다. 첫째로 율법을 행하는 자들은 의롭다 하심을 얻을 것이라는 유명한 진술이 있다(2:13). 더 나아가 회개에 관한 바울의 진술(2:4)은 실제로 상응하는 병행구가 없으며 아무리 생각해도 전형적인 것이 아니다. "듣고 행함"의 주제(2:13)는 유대교 문헌에 병행구가 수없이 많지만, 바울서신에는 하나도 없다. *dikaios para tōi theōi* ("하나님 앞에서 의로운", 2:13에도 나옴)라는 표현도 바울서신에는 병행구가 없으며 셈족 유대교 표현에 의존하고 있다.[14] 2:27의 진술, 즉 율법을 지키는 이방인이 율법을 지키지 않는 유대인을 심판할 것이라는 진술은 그리스도인('성도')이 세상을 심판할 것이라는 바울의 견해(고전 6:2)와 모순되지 않는다. 우리는 바울이 선행을 전적으로 옹호했음을 깨닫더라도 실제로 율법 행하는 것에 대한 강조(구절들은 아래 열거되어 있음)가 두드러진다는 것을 인정해야 한다.

---

14. 이에 대한 논의와 관련 구절은 다음을 보라. L. Mattern, *Das Verständis des Gerichts bei Paulus* (Zurich and Stuttgart: Zwingli Verlag, 1966), 123-40. "하나님 앞에서 의로운"에 대해서는 다음을 보라. Otto Michel, *Der Brief an die Römer*, 12th ed. (Göttingen: Vandenhoeck & Ruprecht, 1963), 77 n. 1. Mattern의 논의는 극히 유익하다. 그녀는 롬 1:18-2:29이 흔치 않은 경우라는 것과 바울의 생각에 꿰맞추기 위해서 설득력 없는 구분법을 채택하는지를 직시한다. 그녀는 바울이 2:5ff.에서 실제로(*wirklich*) 그리스도인을 논하는 것이 아니지만 사실상(*faktisch*) 그들을 염두에 두었다는 점을 시인한다(137 n. 37). 이어서 그녀는 주장한다. "롬 2장에서 말하는 심판은 오로지 믿음과 불신을 구분하는 역할만을 수행할 뿐이다…"(138). 그럼 우리는 믿음이 참으로 언급이 된 적은 없지만 사실상 의도되었다고 결론 내려야 하는가?

여기서 제기된 문제에 대응하는 방식이 몇 가지 있었다. 이 중 두 가지는 간단히 다룰 수 있고, 반면 나머지 둘은 다소 더욱 상세하게 다룰 필요가 있다. 처음 셋은 귄터 보른캄(Günther Bornkamm)이 충분히 논의했다: (1) 2:14의 이방인은 이방인 그리스도인이지 유대교 율법을 지키는 이방인이 아니다.[15] (2) 바울은 가설적으로 말하고 있다. 즉, 누구든지 율법을 지키면 의롭다 함을 얻을 것이지만 아무도 율법을 지킬 수 없다는 말이다. 이 설명은 부분적으로 율법에 대한 바울의 반대가 율법이 만족스럽게 성취될 수 없기 때문이라는 가정에 달려 있다.[16] //126// (3) 2:13에 나오는 율법 행하는 자는 (사람들이 가정하는) 유대교적 율법주의(Jewish legalism)의 양태를 따라서가 아니라 믿음에 기초하여 율법을 올바로 행하는 자다.[17] 보른캄은 이 조화로운 제안들을 정확히 반대하면서[18] 네 번째 견해를 제시했는데, 이는 내가 한

---

15. 예. C. E. B. Cranfield, *The Epistle to the Romans*, vol. 1 (Edinburgh: T. & T. Clark, 1979), 152; A. König, "Gentiles or Gentile Christians? On the Meaning of Rom. 2:12-16," *Journal of Theology for South Africa* 15 (1976): 53-60; F. Flückiger, "die Werke des Gesetzes bei den Heiden," *TZ* 8 (1952): 17-42, 특히 17 n. 3.
16. 다음을 보라. Andrea van Dülmen, *Theologie des Gesetzes bei Paulus* (Stuttgart: Verlag Katholisches Bibelwerk, 1968), 76f.; 253 n. 69; Karl Hoheisel, *Das antike Judentum in christlicher Sicht* (Weisbaden: O. Harrassowitz, 1978), 200 (참조. 187).
17. 철저하게 이 주장을 펴는 최근의 예는 다음의 글에 있다. J. Cambier, "Le jugement de tous," note 210: '*anticipativement ... acceptaient le Christ*'(이미 … 그리스도를 받아들인) 자들.
18. Bornkamm, "Gesetz und Natur," 107-11.

때 받아들였던 것이다.[19] (4) 롬 2:13은 그리스도인이 장차 심판을 받을 것임을 뜻할 따름이다. 그리고 이는 고후 5:10과 롬 14:10 등과 같은 구절과 일치한다. 내가 이야기했듯, '심판받는다'를 뜻하려고 *dikaioun*의 미래 수동형을 사용한 것은 이상하다.

이 제안 가운데 어느 것도 만족스럽지 못하다. (1) 구절 전체는 유대인/이방인―즉, 모든 인류―와 율법에 관한 것이다. 여기에서 말하는 이방인은 이방인 그리스도인이 아니다. (2) 어떤 이방인이 율법을 만족스럽게 지킬 것이라는 진술은 가설적인 것이 아니다. 2:14과 2:27을 이해함에 있어, 이방인이라도 율법을 지키면 의롭다 함을 받겠지만 율법을 지킬 수 없다는 뜻으로 받아들이는 것은 잘라 말해 불가능하다. 바울은 율법을 지키는 자들이 율법을 지키지 않는 자들을 정죄할 것이라고 말한다(2:27). (나중에 좀 더 충분히 설명하겠지만) 이 장의 요점은 율법을 행할 능력이 있는 사람은 아무도 없다는 것이 아니다: 몇 절은 율법을 지키는 자들을 언급한다. (3) 유대인에 대한 정죄는 이들이 율법을 지키지 않는다든지 충분히 지키지 못했다는 것이지 잘못된 정신으로 율법을 지켰다는 것이 아니다.

2:13에 대한 나의 과거의 설명을 돌이킬 수 있는 시간이 주어졌기에 무엇이 잘못되었는지 분명하게 말해야 할 것 같다. 롬 2:13은 바울이 행위를 언급하는 롬 14:10, 고후 5:10 및 다른 본문들과 전혀 다르다. 저 본문들은 그리스도인을 언급하고 있기 때문이다. 반면 롬

---

19. *PPJ*, 515f. 역시 더 일찍 다음의 책이 그 견해를 취했다. Bornkamm, "Gesetz und Natur," 110. 참조. Ernst Käsemann, *Commentary on Romans* (Grand Rapids: Wm. B. Eerdmans, 1980), 57f., on Rom. 2:6.

2:13은 모든 인류를 가리킨다: 유대인이든 헬라인이든 모든 사람은 하나의 표준, 즉 율법으로 심판을 받고, 율법을 행한 자들은 의롭다고 인정받을 것이다.

에른스트 케제만(Ernst Käsemann)은 롬 2장을 다른 곳에 나오는 바울의 생각들과 조화시키는 것이 얼마나 어려운지 충분히 알고서, 대부분의 장들에 대한 주석에서 2장과 조화시키기를 거부했다. 케제만은 2:13-16에서 말하는 이방인이 이방 그리스도인이 아니라고 강력하게 주장했고,[20] 또한 2:14에서 바울이 가설적으로 말한 것이 아니라고 주장했다.[21] 더 나아가 2:26에서 사람이 율법을 지키는지 여부에 대한 질문이 남아 있음을 본다.

> 26절에 있는 τὰ δικαιώματα τοῦ νόμου라는 표현은 구원받은 공동체의 일원이 되었음을 입증하는 율법을 엄격히 준수하는 태도를 명백하게 드러낸다 … . 신 30:16에서처럼 δικαιώματα는 법적 진술로 규정되는 … 전체 토라를 가리킨다.[22]

그렇지만 케제만에 따르면 2:27에서 언급되는 이방인은 가상의 사람이다. 그런 이방인들이 틀림없이 있을 것이다: 일관되게 "이방인에 대해 계속해서 더욱 호의적으로 묘사하고 이와는 반대로 이상적인

---

20. Käsemann, *Romans*, 73.
21. Ibid.
22. Ibid.

유대인을 [평가하는]" 것은 바울의 잘못된 판단일 것이다.[23] 그러면 무엇이 바울을 잘못된 판단에서 벗어나게 할 수 있는가? 열쇠는 29절이다. 케제만의 주장에 따르면 거기서 바울은 이방 그리스도인을 염두에 두고 있다. //127// "그래야 비로소 문맥이 이해되고 신학적 절정에 이를 수 있다."[24] 이 변화는 *gramma*("문자")와 *pneuma*("영")라는 낱말에 주목할 때 확인된다. 이 단어들은 바울이 기독교적 차원에서 글을 쓰고 있음을 보여준다.[25] 영을 가지고 있는 자들은 율법을 지킨다.

케제만의 견해로는 이 장에 세 가지 구분되는 지점이 있다. 26절까지 바울은 유대인의 관점으로 글을 쓰다가 구원의 토대로서 유대 율법을 지킬 것을 요구한다. 하지만 27절에서 바울은 갑자기 가설적으로 말하며, 만일 (이방인 그리스도인이 아니라) 이방인이 율법을 지킬 수 있다면 그들이 율법을 범하는 유대인을 심판할 수 있을 것이라고 이야기한다. 29절에서 관점은 다시 변하여 영으로 사는 자들이 참된 유대인이라고 이야기한다.[26] 이렇게 되면 기독교적 관점이 드러나는 마지막 절에 비추어 2장을 다시 읽어야 한다.[27]

---

23. Ibid.
24. Ibid., 75.
25. Ibid., 76f.
26. 많은 학자는 빌 3:3을 언급하면서 2:28f.의 참된 유대인과 참된 할례를 기독교적 의미로 이해한다. 예컨대 다음을 보라. Peter Richardson, *Israel in the Apostolic Church* (New York: Cambridge University Press, 1969), 138f. Räisänen은 *pneuma*라는 단어가 2:29에서 바울이 그리스도인을 논의하는 데로 '미끄러져' 들어갔던 점을 가리킨다고 주장한다. *Paul and the Law*.
27. Käsemann, *Romans*, 76: 2장의 마지막 문장은 "홀로 요점을 제시하면서 전체

케제만의 연구가 갖는 가장 큰 가치는 2장이 기독교 신학의 절정에 도달한다고 주장하면서도 2장의 대부분(26절까지)을 표면으로만 본다면 성경 주해가 얼마나 왜곡되는지 보여준다는 데에 있다. 관점의 이중적 변화는 본질적으로 그럴듯하지 않아 보인다. 더욱 중요한 것은 관점의 이중적 변화가 본문에 의하여 정당화되지 않는다는 점이다. 2:27에 나온 이방인에 관한 진술은 2:14에 비해 어법이나 어조가 그렇게 가설적이지 않다. 케제만은 이것을 가설적으로 보지 않으면 바울이 판단을 잘못한 것이 되므로 이 구절이 가설적이어야 한다고 생각하지만, 이는 실제로 내세울 만한 논거가 되지 않는다. 더 나아가 2:29에서 *pneuma*의 용법은 특히 바울스럽지 않다. 이 절에 대한 확실한 읽기는 29절의 "영"이 28절에 나오는 "육신"과 반대되며 29절에 나오는 "마음"과 평행한다고 읽는 것이다. 이러한 구분은 바울의 글에서 그렇게 일반적인 것이 아니다. 바울의 글에 아주 통상적으로 나오는 구분에 따르면 육과 영이 서로 대립하는 세력으로 파악되지만(예. 롬 8:9), 여기서의 구분은 그리스와 유대의 일반적인 용례에 일치하여(그리고 이 구분은 바울의 글, 고후 7:1에서도 나타난다) '육'은 물리적 몸이며 '영'은 내면 자아('마음')로 나타난다.[28] 즉, 영은 하나님의 영이 아니라 율법을 지키는 사람의 영이다. 참된 유대인은 율법을 지키는 자, 겉으로 드러내지 않으려 하는 자, 육신으로는 할례를 받지 않았지만('육에 있지만') 내적으로 은밀히 할례를 받은 자다. 이는 마음의 영

의 의도를 드러낸다."

28. 그리스인은 '몸' 혹은 '육'을 '영'보다는 '혼'(*psychē*)과 대립시키곤 했다. 참고 자료를 알려면 다음을 보라. *TDNT* 6: 390, n. 335; *TDNT* 7: 103.

적 할례이며 의문의 할례가 아니다(*en tōi kryptōi ... kai peritomē kardias en pneumati ou grammati*). 2:26-29의 참된 유대인은 빌 3장의 참된 유대인과 같지 않다. 빌 3장의 참된 유대인은 "그리스도 예수 안에서 자랑하는" 자들이다. 또한 그들은 갈 3장과 롬 4장에 나오는, 그리스도를 믿는 아브라함의 참 후손과도 같지 않다. 지금까지 우리는 어쨌든 롬 2장의 어느 시점에 바울이 유대교적 관점에서 벗어났다는 증거를 보지 못했다.

롬 2장에 디아스포라 유대교 자료가 나타나는 것은 놀라운 일이 아니다. //128// 일반적으로 1:18-2:29에 나오는 자료의 상당 부분이 바울 이전 유대교 전승에서 나온 것이라는 데 동의한다. 예를 들어, 케제만은 2:4이 유대교의 기도 어구에 기초를 두고 있고, 2:17-24이 디아스포라 회당의 신앙 고백을 담고 있다고 생각했다.[29] 또한 율법을

---

29. Käsemann, *Romans*, 70f. 참조. Zeller, *Juden und Heiden*, 149; Leander Keck, *Paul and His Letters* (Philadelphia: Fortress Press, 1979), 10. Bornkam의 연구는 특별히 살필 가치가 있다. 그는 "Paulus heir ganz von den Voraussetzungen des Juden aus denkt und redet"(바울은 여기서 전적으로 유대인의 전제에서 생각하고 읽는다"고 지적한다)("Gesetz und Natur," 110). 그는 또한 디아스포라 유대인의 언어 양식과 사유 양식에(회당이 이미 채택했을 수 있는 대중 철학에도) 바울이 의존하는 것을 충분히 본다. 그러나 그는 바울이 자신이 끌어 쓰는 유대교 변증 전승의 요점과 다른 점을 지적하기 위하여 자신의 자료를 사용한다고 주장한다. 특별히 다음의 글을 보라. Günther Bornkamm, "The Revelation of God's Wrath," *Early Christian Experience* (New York: Harper & Row, 1969), 47-70. 하지만 내가 보기에 롬 2장에는 바울이 기독교적 관점에서 유대교 자료를 사용하는 것보다 유대교 내부의 논쟁을 반영하는 것으로 보이는 점이 몇 있다: (1) 의로운 이방인이 있느냐 없느냐의 문제(롬 2:14f., 27f.); (2) 율법을 알면 필연적으로 의에 이르는지 그렇지 않은지의 문제(롬 2:13; 솔로몬의 지혜 15:2f.); (3) 참된 순종 즉

아는 점과 관련하여 롬 2:17-18과 솔로몬의 지혜 15:1-3의 관계가 종종 지적된다. 솔로몬의 지혜를 쓴 사람은, "당신을 아는 것이 완전한 의로다"라고 주장하는데, 이 견해 또는 이와 유사한 견해는 롬 2장에서 공격을 받는다. 케제만 및 몇몇 다른 사람들은 여기서 유대교적 견해에 대한 바울의 (기독교적) 공격을 본다. 유대교의 견해에 따르면 유대인의 죄책은 대단치 않다.[30] 하지만 지식이 반드시 올바른 행위로 이어지는지에 대한 유대인 내부의 논쟁으로, 즉 그리스어를 구사하는 디아스포라에서 쉽게 이해될 수 있는 논쟁으로 보는 것이 더 낫다. 이 장에는 유대교의 내적 논쟁/권면을 가리키는 몇 가지 다른 측면이 있다: 유업에 의존하는 것에 대한 비판,[31] 율법을 들을 뿐만 아니라 행하라는 권면,[32] 양심이 참된 재판장이라는 사실을 상기시킴,[33] 이방인이 의롭게 되기 위하여 얼마나 많은 율법을 행해야 하는지의

외면적인지 내면적인지의 문제(롬 2:28f.; 신 30:2, 6; 렘 31:33; 1QS 5:4; 그리고 다른 유대교 문헌에도 종종 나타난다).
30. Käsemann, *Romans*, 54.
31. 롬 2:17, 28; 참조. Philo, 『미덕에 대하여』 206: 모든 인류는, "참으로 탁월한 성품을 갖지 않는 자들은 자신의 족속의 위대함에 대하여 자랑해서는 안 된다"는 점을 기억해야 한다. 참조. 『상급과 처벌에 대하여』 152.
32. 롬 2:13; 참조. Philo, 『상급과 처벌에 대하여』 79, 82: "만일 그가 말하듯이 당신이 하나님의 규례에 순종하여 그 계명을 지키면 … , 그 규례를 들을 뿐만 아니라 네 생애와 행위로 그것을 실행하라 … ." "이제 율법의 계명들이 우리 입에만 있고 그 계명을 받아들이는 것이 거의 혹은 전혀 없지만, 우리가 그들과 사귈 때 따르는 행위들을 거기에 덧붙일 때 … ."
33. 롬 2:15; 참조. Philo, 『상급과 처벌에 대하여』 206, 끝: 유일한 참된 재판장은 양심이다.

문제,[34] 참된 할례를 구성하는 것이 무엇인지의 문제.[35]

1:18-2:29을 지배하는 유대교 관점을 가장 철저히 다루면서도 여전히 바울이 이 자료를 실질적으로 형성했다고 주장한 것은 아마도 클라우스 부스만(Claus Bussmann)의 방식일 것이다.[36] 부스만은 이 단락을 바울의 선교 설교(missionary preaching)에서 발췌한 문장을 담고 있는 것으로 보아야 한다고 주장했다.[37] 이 견해에 따르면 바울은 회당 자료에서 가져와 쓰면서[38] 자신의 관점을 집어넣었다.[39] 하지만 이 단락을 부스만이 바울의 선교 설교를 반영한다고 보는 다른 구절과 비교하면 차이는 분명하다. 예컨대, 살전 1:9-10과 같은 다른 구절은 그리스도 중심적이다. 부스만이 바울의 글에서 롬 1:18-3:20의 평행구로 인용하는[40] 고전 1:21-24은 사실상 롬 1:18-2:29이 얼마나 명확하게 구별되는지 우리가 좀 더 분명하게 보도록 도와준다. 고전 1:21-24에서 바울은 자신의 설교에 관해 "우리는 십자가에 못박힌 그리스도를 전한다"고 말한다. 사실상 바울의 선교 메시지를 가리키는 모든 단서는 십자가에 달리심과 부활의 복음을 주요 주제로 가지고 있

---

34. 이는 랍비 문헌에 자주 등장하는 화제다. 로마서에서 제시하는 대답은 특이하지 않다. 다음을 보라.
35. 아래를 보라.
36. Claus Bussmann, *Themen der paulinischen Missionspredigt auf dem Hintergrund der spätjudisch-hellenistischen Missionsliteratur* (Frankfurt and Bern: H. Lang, 1971), 108-11. 여기에는 좀 더 이전의 참조 문헌이 있음.
37. 이 점에 관해서는 다음을 또한 보라. Käsemann, *Romans*, 34.
38. Bussmann, *Missionspredigt*, 111-22.
39. Ibid., 121f.
40. Ibid., 109.

다.[41]

부스만은 이 구분을 무시하고 바울이 다른 식으로 롬 2장에 자신의 특징을 부각시킨다고 주장한다. 바울의 독특한 모티프는 모든 사람이 죄의 세력 아래 있다는 것이다.[42] 이제 이것이 바울의 결론(3:9, 20)인 것은 의심의 의지가 없다. 더 나아가 이방인에 관한 구절인 1:18-32도 이 결론에 들어 맞는다. 우리는 이 구절이 이방인의 행동에 관한 정확한 서술이라고 확신하지 못할 수도 있지만, 이 공공연한 비판의 전체적인 특징은 모든 사람이 죄 가운데 있다는 주장과 일치한다. 하지만 2장은 실제로 모든 사람이 정죄받았다고 주장하지 않는다. 모든 사람은 동일한 기초 위에서 심판을 받지만, 그 결과들은 3장 결론에 나타나는 보편적 특성과 결코 일치하지 않는다. //129// 율법의 성취에 근거한 구원이 거듭 제안되지만, 이것이 가설적이라든지 그 목표를 달성할 수 없다고 생각하게끔 하는 용어로는 제시하지 않는다:[43]

> 2:7: 참고 선을 행하여 영광과 존귀와 썩지 아니함을 구하는 자에게는 영생으로 하시고
>
> 2:10: 선을 행하는 각 사람에게는 영광과 존귀와 평강이 있으리니 …

---

41. 참조. *PPJ*, 444-46.
42. Bussmann, *Missionspredigt*, 122.
43. Ferdinand Hahn ("Das Gesetzesverständnis im Römer- und Galaterbrief," *ZNW* 67 [1976-77]: 36f.)은 율법의 완전한 성취 가능성이 롬 2장에 담겨 있다고 본다. 한의 견해로는 그 가능성이 나중에 배제된다.

2:13: 율법을 행하는 자라야 의롭다 하심을 얻으리니

2:14-15: 율법이 요구하는 것을 행하는 유대인은 흠 없다고 인정받을 것이다.

2:25-28: 율법을 지키는 자는 율법을 지키지 않는 자를 정죄할 것이다.

이 모든 것은 일반적으로 생각하는 것 이상으로 3:9, 20에 있는 결론보다 훨씬 더 나아갔다. 종종 바울이 1:18-2:29에서 모든 이방인을 정죄하고서 유대인에 반대되는 주장을 납득시키기 위하여 2:14에 몇몇 예외의 경우를 두었다고 말하곤 한다. 확실히 2:14과 2:27은 율법을 지키지 않는("율법을 범하는", 2:27) 유대인들에 대한 정죄를 강조하기 위해 의도된 것이 틀림없다. 그러나 이 장 전체는 자연스럽게 아무도 율법을 지키지 못한다—더구나 율법은 지켜질 수 없다—는 결론에 이르지 않는다. 이 장에는 부스만이 부여하고 있는 바울의 독특한 모티프, 즉 모든 사람의 정죄에 대한 강조점이 없다.

실제로 바울의 결론은 2장을 읽은 후에 놀랍게 나타난다. 2장에서 자연스럽게 이어지는 결론은 "참된 유대인이 되기 위하여 마음 깊은 곳에서부터 회개하고 율법을 지키라"다. 만일 하나님의 길이 참으심이 회개에 이르고자 함이라면(2:4), 어떤 이방인이 너희 유대인보다 율법을 더 잘 지킨다면(2:14, 27), 모든 사람이 동일한 기초, 즉 모세의 율법을 마음으로 절실히 느끼고 지키는지 여부에 따라 심판을 받는다면(2:13, 28), 분명 사람은 자신이 깨끗한지 확신하기 위하여 자신의 동기를 살피고 율법 지킴이 단순히 외적인 것이 아님을 확인하며 회당(2:24; 교회가 아니다. 고전 14:23과 비교해 보라)에서 부끄러움을 당하

지 않도록 행해야 한다. 간단하게 말해서 회개하고 자신의 길을 바꾸는 것이다.

내 생각으로 1:18-2:29을 읽는 가장 좋은 방법은 회당 설교로 읽는 것이다. 회당 설교는 종종 신랄하기도 하고 과장되기도 하지만, 이 설교가 본래 목적하고 있는 것은 청중들이 그리스도를 믿는 믿음으로 아브라함의 참된 자손이 되도록 이끌려는 것이 아니라 엄밀하게 말해 비기독교적 유대교 용어로 더 나은 유대인이 되게 하려는 데에 있다.[44]

간단하게 말해 나는 2:16 외에는 1:18-2:29에서 바울의 뚜렷한 흔적을 발견하지 못하겠다. 이 구절은 그리스도인을 염두에 두고 있지 않고, 여기서는 기독교적 관점이 아무런 역할을 하고 있지 않다. 2장 전체는 유대교적 전망에서 쓰였다. 2장 전체에 걸친 문제는 사람이 그리스도 안에 있는 결과로서가 아니라 유일하게 구원을 결정하는 요소로서 유대 율법을 행하는가, 행하지 않는가 하는 것이다.

---

44. O'Neill은 2장과 로마서 나머지의 차이를 명확하게 표현했다: "바울은 [로마에 있는 그리스도인들에게] 그들이 율법의 요구를 꽤 성공적으로 지키고 있을 것이지만 율법 자체는 이런 식으로 의롭게 되는 것이 … 잘못이라고 말한다는 것을 보여주려고 애쓰고 있다(이 책 제3장을 보라). 그러나 우리가 다루는 이 단락은 이 문제를 전혀 의식하지 않으며, 사람이 율법을 지키는지 지키지 않는지의 문제밖에 없다고 가정한다." O'Neill은 이렇게 덧붙인다: "현재 주장은 동일한 결론에 즉 유대인뿐만 아니라 이방인도 하나님에 의하여 영생 상급을 받을 수 있다는 결론에 이른다. 그러나 이 주장은 바울의 중요한 문제를 무시함으로써 거기에 이른다. 물론 하나님은 의를 상급으로 주실 것이다. 하지만 현재 구절에 기초를 둘 때, 이방인이 의롭게 되도록 돕는 가장 좋은 방법은 그들에게 율법을 전파하는 것일 것이다." J. C. O'Neill, *Paul's Letter to the Romans* (Baltimore: Penguin Books, 1975), 48.

'행함'은 바울서신의 다른 어느 곳에서도 강조되지 않는다. //130// 선행을 요구하는 것이 비-바울적인 것은 아니지만, 여기서 율법 행함을 집중적으로 거론하는 점은 놀랍다. 롬 2장에서는 행함과 행하지 않음(*prassō*, 2:1, 2, 3, 25; *poieō, poiētēs*, 2:3, 13f.), 행위(*erga, ergon*, 2:6, 7, 15), 순종과 불순종(*peithō, apeitheō*, 2:8), 선행을 행함과 악행을 행함(*ergazomai to agathon, katergazomai to kakon*, 2:9f.), 범함(*parabasis, parabatēs*, 2:23, 25, 27), 지킴(*phylassō*, 2:26), 온전히 지킴(*teleō*, 2:27)을 언급한다. 행해야 할 것이 유대교 율법 자체라는 점은 2:12, 13, 17, 18, 23, 25에서 논박할 수 없이 분명히 나타난다. 14절의 *nomos*의 의미는 더 어렵지만, 보른캄은 여기서 통상적인 *nomos*와의 차이점이 내용이 아니라 계시의 방식이라고 설득력 있게 주장했다.[45]

---

45. 2:14에서 율법은 하나님의 동일한 율법인데, 이 율법을 유대인은 모세를 통하여 알았고 이방인은 자연을 통하여 알았다. Bornkamm, "Gesetz und Natur," 101. Käsemann, *Romans*, 64은 바울이 토라를 도덕법에 국한시키지 않는다는 근거로 Bornkam을 반박한다. 그 논리는 이방인이 '본성상' 율법의 도덕적 측면만 알 수 있고 고래서 유대인이 아는 율법의 내용은 이방인이 아는 율법의 내용과 틀림없이 다르다는 것이다. 이는 롬 1:18-32과 악덕의 목록에서와 마찬가지로 솔로몬의 지혜 14-15장에는 유대인들이 이방인들을 보았던 것처럼 두 가지 전형적인 이방인의 죄가 우상 숭배와 성적 부도덕이며 성적 행동과 살인과 거짓말하는 것과 거짓 맹세 등과 같은 도덕적 요점은 물론이고 단일신론이 '본성'적으로 파악되어야 한다는 점이 분명하게 나타난다. 아마 롬 1:18-2:29 배경에 있는 설교 자료는 이런 것들이 '율법'을 형성하는 것으로 보는 것 같다. 내가 보기에 바울이든 그 밖의 누구든 유대인 저자는 율법이 단일신론과 도덕적 정당함이라는 요구조건과 다른 것들을 포함하고 있음을 알았을 것이지만 설교의 목적상 율법을 순종하고 율법에 의하여 판단받는 일에 관한 논의는 이런 요점에 아주 자연스럽게 국한될 것이다. 또한 우상 숭배의 금지를 받아들이는 것이 전체 율법을 받아들이는 것이라는 랍

전체의 요지는 2:25-29에 요약되어 있다(일단 '영'에 대한 뚜렷한 바울적 해석이 2:29에 나오지 않는 것 같다). 문제는 유대인이 선한가, 아닌가 하는 점이다. 즉, 아브라함의 믿음을 공유한다는 기초에서가 아니라 율법에 순종한다는 기초에서 판단할 때 유대인이 선한가, 아닌가 하는 것이다.

하지만 참된 유대인이 되는 방법에 대한 비기독교적이며 유대교적 내부 논의로 이 장을 읽는 것과 전적으로는 일치하지 않는 것처럼 보이는 두 가지 요점이 있다. 하나는 케제만이 2:29에서 바울의 관점이 바뀌었다는 입장을 전개하면서 진술한 것이다. 그는 "할례받지 않은 유대인이 없었으며" 그래서 참된 유대인이 할례를 받을 필요가 없다고 말하는 2:28은 유대교 관점에서 쓰인 것이 아니라고 주장한다. 또한 레이제넨은 이방인이 의롭게 되기 위하여 전체 율법을 이루어야 한다는 기대(2:13과 2:27에 담긴 뜻)가 표준적 유대교의 견해가 아니라고 지적한다. '의로운 이방인'에 대한 랍비의 토론에서 그들은 유대인에게 요구되는 것과 같은 율법이 아니라 율법의 일부(예, "노아의 계명들")를 지킬 것으로 예상된다.[46]

비의 요점도 지적할 수 있다(*Sifre Deuteronomy* 54; *PPJ*, 135을 보라). 세부 사항에서는 그 말이 옳지 않지만, 그것이 설교의 목적에 타당하다고 볼 수 있다. 우리가 곧 지적하겠지만 체계적이고 구체적이고 자세하게 생각할 경우 율법의 일부를 전체 율법으로 인용하거나 율법의 측면들만을 '그 율법'으로 언급하면 문제가 생긴다. 율법의 간결한 진술을 찾는 설교 학자와 그 밖의 다른 사람들이 필연적으로 그런 식으로 생각하는 것은 아니다. 참조. 이 책 99와 각주 18.

46. *PPJ*, 210f.와 n. 28, 30을 보라.

이 두 가지 요점은, 특히 우리가 표준적인 랍비 문헌을 사용하여 그 자료의 특성을 확립할 경우, 유대교 회당 자료에서는 예상될 수 없는 것이다. 그러면 바울이 이 두 가지를 독창적으로 말했다는 결론이 나오는가? 내 생각에는 그렇지 않다. 왜냐하면 둘 중 어느 것도 랍비적이지도, 바울적이지도 않기 때문이다. 심판이 율법에 따른다는 일반적 명제는 까다로운 요점이 아니다. 전형적이지 않은 것은 바로 모든 인류가 심판을 받고 동일한 율법에 따라 의롭다 함을 얻거나 정죄를 받을 것이라는 견해다. 만일 바울이 2:12-15을 새로 쓰지 않았고 전승 자료를 이용했다면 우리는 이 구절의 본래 배경에서 말하는 '율법'의 내용을 모른다는 사실을 인정해야 한다. 설교로 제시될 때에도 이 문제가 여전히 모호하게 남아 있었을 수도 있다.[47] 구체적이고 자세하게 생각해본다면, 이방인이 순종해야 하는 율법과 본성적으로 확인할 수 있는 율법은 토라와 동일한 것이 될 수 없다. 하지만 사람들은 언제나 그런 식으로 생각하지 않는다. 그리고 우리는 모든 유대교 설교가 이방인이 따를 것으로 합당하게 예상할 수 있는 율법과 계시/특별한 교훈을 요하는 율법 사이를 나누는 랍비의 상세한 구분을 유지하지 않을 것이라고 가정할 수도 있다. //131// 우리에게는 롬 2장을 비교할 수 있는 디아스포라 회당 설교들이 없기에 2:12-15이 비기독교적인 유대교 주제라는 증거를 결코 제시할 수 없다. 그럼에도 나는 바울이 이 부분을 작성했다고 하는 견해보다 전승으로부터 사용했다는 견해가 더 그럴듯하다고 생각한다.

---

47. 각주 45.

롬 2:25-29에 관련한 상황은 조금 더 낫다. (나머지) 율법이 성취될 때 할례가 참으로 완성된다고 하는 주장하는 병행구가 유대교 문헌에 전혀 없는 것은 아니다. 페더 보르겐(Peder Borgen)이 지적했듯 필론의 글에 나타나는 할례 논의에 따르면 어떤 유대인들은 '참된' 할례가 율법의 윤리적 측면이 성취될 때 완성된다고 생각했다.[48] 이것은 롬 2:25-29에서 취하는 할례에 대한 입장과 아주 비슷하다: 할례는 (나머지) 율법이 요구하는 바를 행하는 것과 관련한다. 이 입장은 랍비적이지 않지만[49] 유대교적인 것처럼 보인다.[50] 적어도 바울스럽지는 않다. 만일 우리가 빌 3장으로 판단한다면 바울은 그리스도 예수 안에서 자랑하는 자들이 참으로 할례받은 자라고 말할 것이다.

이와 같이 어떤 면에 있어서도 우리는 바울이 '자신'의 견해에 따라 자료를 수정했다는 납득할 만한 주장을 발견하지 못한다.

그렇다면 로마서 2장이 있는 이유는 무엇인가? 첫 번째 대답은 이미 주어졌다. 어떤 면에서 2장은 바울의 주장과 일치한다. 곧, 이

---

48. Peder Borgen, "Observations on the Theme 'Paul and Philo'," in *Die paulinische Literatur und Theologie* (Aarhus: Forlaget Aros, 1980), 특히 86-9, 91f. Philo의 글에서 중요한 구절은 *Migr.* 92와 *Quest. Ex.* II. 2이다. 중요한 것은, '풍유론자들'이 할례를 일차적으로 시적으로가 아니라 윤리적으로 해석한다는 점이다.
49. Borgen, ibid., 88. 여기서는 *b. Shabbath* 31a에 따르면 Hillel이 황금률을 지켰던 자에게 '입교자'의 지위를 주었다고 지적한다. 하지만 곧 몸의 할례를 받을 것으로 기대되었다.
50. 참조. Neil J. McEleney, "Conversion, Circumcision and the Law," *NTS* 20 (1974): 332: "할례가 통상적으로 한 사람이 유대인이 되는 공인된 방법이었던 반면에, 모든 경우에 할례가 필요하다고 믿지 않은 사람도 있었다."

장은 유대인과 이방인을 동일한 기반 위에 놓는다—다시 말하자면, 롬 3, 4장(모든 사람이 그리스도를 믿음으로 의롭다 함을 받을 수 있는 동등한 기회를 가진다)에서 하는 것처럼 하지는 않지만, 평등한(equal) 터 위에 놓는다. 일관되거나 객관적인 방법은 아니지만 이 대답의 여러 부분들은 3:9에 이른다. 아마 로마서가 기록된 특수한 상황도 한 요인일 것이다. 바울은 자신이 알지 못했던 한 교회에 편지를 쓰면서 전승 자료를 이례적으로 많이 사용했을 수 있다.

나는 1:18-2:29, 특히 롬 2장을 바울 사상의 나머지 부분으로부터 아주 날카롭게 구분해냈다는 반박을 예상한다. 나는 관점의 차이를 강조하는 것이 꼭 필요하다고 대답할 수밖에 없다. 하지만 여기서 취하는 입장을 분명하게 밝히기 위하여 한두 가지를 마지막으로 언급하겠다.

나는 이 단락이 삽입구라든지, 사용한 자료가 내적으로 일관되지 않고 바울 '자신'의 견해와 다른 견해를 반영하기 때문에 바울의 말 뭉치에서 제외시켜야 한다고 말하는 것이 아니다. 일반적으로 관찰되는 바, 바울서신 안에서 바울 이전 기독교 자료가 다루어지고 있을 때, 바울이 직접 쓰지 않은 자료가 포함되어 있더라도, 만일 그 자료가 바울에게 거슬렸다면 그렇게 할 수 없었을 것이다.[51] 롬 2장에 관해서도 역시 동일하게 논평할 수 있다. 하지만 차이점이 하나 있다: (기독교 이전 자료가 사용된) 빌 2:6-11의 찬송은 기독론적 찬송이다. 그리

---

51. 이런 맥락에서 한 낱말이나 한 구를 덧붙임으로써 바울이 인용한 자료의 견해를 '수정했다'고들 종종 말한다. Käsemann, *Romans*, 13을 보라.

고 롬 1:3-4에 나오는 고백도 기독론적이다. //132// 그런데 롬 2장에는 특별히 기독교적 사고 방식이 전혀 반영되지 않는 관점이 나온다. 죄가 열거되는 것 자체는 (기독교) 고유의 것이 아니다. 덕과 악덕에 대한 바울의 목록은 특별히 기독교적 견해를 반영하지 않았다. 행동에 관한 바울의 좀 더 자세한 논의는 (고전 6:15-18에서처럼) 종종 기독교적 견해를 반영하는 것 같지만 일반적으로 옳고 그른 행동에 관한 바울의 견해에는 표준적인 헬레니즘계 유대교의 사고 방식이 반영되어 있다. 그럼에도 바울이 항상 일관된 것은 아니며, 자신이 직접 만들어내지 않은 자료를 자주 사용했고, 행동을 논하면서 디아스포라 회당 전승에 의존한다는 점을 기억한다 하더라도, 롬 2장은 여전히 두드러진다. 또한 롬 2장이 두드러지는 이유는 구원을 직접적으로 다루면서 구원이 율법 준수에 따라 이루어진다는 사실을 진술하기 때문이다. 롬 2장에서 율법에 대해 언급된 내용은 다른 모든 면에 있어서 바울서신으로 알려진 범주에 적합할 수 없기에, 이러한 이유로 부록에서 다루었다. //137//

제4장
옛 시대와 새 시대

우리의 네 번째 범주는 몇 가지 방식에 있어서 두 번째 범주(율법의 목적. ⓒ)에 속한다. 구속사(*Heilsgeschichte*)에서는 율법의 역할을 다루어야 하기 때문이다. 하지만 네 번째 범주는 두 번째 범주와는 다르다. 관점이 다르기 때문이다. 바울은 두 단락에서 옛 시대와 새 시대를 평가적 방식으로 비교한다: 고후 3:4-18과 빌 3:3-11.

이 두 단락의 특징은 부분적으로 여기에서 다루어지지 않는 질문에 주목함으로써 알 수 있다. 여기서는 율법을 주시는 하나님의 뜻이나 의도에 관하여 묻지 않는다. 이상에서 우리는 율법의 기능이나 율법을 주시는 하나님의 목적을 그리스도를 보내심에 비추어 논할 때(갈 3장; 롬 4:15; 5:20; 7:7-13), 바울이 율법을 어떤 식으로든 죄와 연관시켜서 부정적인 역할을 부여하여 하나님이 줄곧 의도하신 바—믿음에 기초한 모든 사람의 구원—를 보여주려 했음을 확인했다. 롬 7:10; 7:14-8:4에서는 하나님이 생명에 이르게 하려고 선한 율법을 주셨지만 죄/육신이 그 목적을 저지했고 이로써 하나님이 자신의 아들을 보내심으로 그 상황을 구속하셔야 했다고 말한다(롬 7:25; 8:3). 지금 고찰하는 구절들은 율법을 그리스도 안에 있는 생명과 비교하고 대조하지만, 하나님이 율법을 주신 의도가 무엇이었는가에 관한 물음에 대해서는 다루지 않는다.

이 단락들은 어떤 방식에 있어서 다른 단락들과 다르다. 다른 단락에서는 의가 율법으로 말미암지 않는다고 말할 때, 율법 아래 있는 생활을 평가한 것이 아니며 따라서 (우리가 말하는) 종교로서 유대교를 평가한 것도 아니다. 그 단락들은 어떻게 사람이 그리스도의 몸에 들어가는지와 관계 있으며 특별히 이방인에 관한 논의에서 나온다. 물론 바울은 '율법의 행위로는 안 된다'는 원칙을 이방인은 물론이고 유대인에게도 적용한다. 그러나 이 구절들은 율법 아래 있는 생활을 평가하지 않으며, 단순히 율법이 '의'에 이르지 못한다거나 그리스도 안에 있게 하지 못한다고 말한다.

하지만 지금 살피는 두 단락에는 평가 같은 것이 보인다. 고후 3장에서 바울은 모세로 말미암아 온 언약(*diathēkē*, 3:14) 또는 역할(*diakonia*, 3:7)〔dispensation: *diakonia*는 다양한 뜻을 함의한다. 여기서 저자는 *diakonia*를 보통 dispensation으로 옮겼고, 개역성경에서는 "직분"으로 옮겼다. 본서에서는 문맥에 따라 "시대", "체제", "역할"로 옮겼다. ⓒ〕과 자신이 일꾼된(*diakonos*) 새 *diathēkē* (3:6) 혹은 *diakonia* (3:8)를 비교한다. //138// 이것은 부분적으로 바울과 모세의 비교며 부분적으로는 그들이 일꾼된 언약의 비교다. 바울이 평가적 비교의 방식으로 말해야 하는 것은 이것이다: "영광되었던 것이 더 큰 영광을 인하여 이에 영광될 것이 없으나"(3:10). 옛 것의 가치를 떨어뜨리는 것은 새로운 체제(dispensation)뿐이다. 이것은 3:14에 역시 분명하게 나타난다: 성경을 읽는 유대인은 수건 때문에 보지 못하는데, 이 수건은 오직 그리스도를 통하여 제거된다.

고후 3:10-11에 나오는 기본적인 비교가 직설적이기는 하지만, 이 절들은 바울의 율법 논의에 있어서 항상 걸림돌이 되어 왔던 딜레마를 나름대로 드러낸다. 먼저 율법이 죽이며(고후 3:6) 모세의 체제가 사망(3:7)과 정죄(3:9)의 체제로 불린다는 점에 주목해보자. 영의 체제(3:8) 또는 의의 체제(3:9)는 생명을 준다(3:6). 한편으로 율법과 사망으로, 다른 한편으로 영과 생명으로 나누어지는 이 흑백의 대립은 롬 8:2과 같은 구절에서 친숙하다. 롬 7장에서 바울이, 율법은 하나님이 주셨으며 선한 것이라는 자신의 본래 확신과 생명이 오직 그리스도로 말미암아 왔으며 따라서 율법으로 구원할 수 없다는 자신의 새로운 확신을 통합하려고 애를 쓰고 있었던 것을 우리는 기억한다. 이 동일한 문제가 고후 3장에 반영되어 있는 것 같다. **사망의 역할은 영광스러웠다**(3:9). 바울은 어떻게 정죄하고 죽이는 것이 영광스러울 수 있는지 설명하지 않는다. 다른 곳에서와 마찬가지로 여기서 바울은 두 확신 사이에 사로잡혀 있지만, 이를 해결하려고 전혀 몸부림치지 않고, 둘을 사실로서 진술할 뿐이다.

만일 바울이 율법이 정죄하고 죽인다는 확신으로 출발했고 그가 회심하기 전에 출구를 찾고 있었다면, '율법의 문제는 죽이는 것'이라는 입장이 더 일관되게 표현되었을 것이다. 확실히 바울은 그런 말을 매우 자주 반복한다. 하지만 바울은 어떻게 하나님이 주신 율법이 죄와 사망의 율법이 되었는지를 직접적인 문장으로 표현하면서는 율법의 영광을 능가하는 영광이 나타났고 이제 율법은 전혀 영광이 될 수 없다고 말할 뿐이다(3:10f.). 사망의 체제와 생명의 체제 사이의 흑백 대조는 밝음의 정도, 곧 영광스러웠던 것과 더 영광스러운 것으로 표현된다. 이 이중적인 대조 형식을 가장 간단하게 설명하면, 바울은 더 영광스러운 것을 발견했기 **때문에** 모세의 역할을 덜 영광스러운 것으로 격하하게 되었고 **그래서** 흑백 용어로 생각하면서 사망/생명의 대조를 발전시켰다고 할 수 있다. 나는 율법이 오직 정죄하고 죽인다는 시초의 확신에서 어떻게 다른 방향으로, 즉 생명을 주는 무언가를 찾는 방향으로, 그리스도 안에 있는 믿음으로 생명이 생긴다는 확신으로, 새로운 체제가 더 영광스럽기 때문에 율법이 그 영광을 잃었다고 하는 진술로 나갈 수 있었는지 알 수 없다. //138//

    이 장에는 율법을 다루는 데 있어서 바울의 어려움을 볼 수 있는 두 번째 요점이 있다. 3:7에서 바울은 율법이 받은 "영광"에 "없어질" 혹은 "폐지될"이라는 서술형 분사를 붙인다(*tēn doxan ... tēn katargoumenēn*). 이것으로 보아 우리는 율법 자체는 존재하지만 그 영광을 잃어버렸다(혹은 잃어 가고 있다)고 생각할 수 있다. 이런 생각이나 이와 관련된 생각은 3:14-16에서 지속된다: 옛 언약은 여전히 읽히고 있다; 비그리스도인 유대인이 구약을 읽을 때 구약은 가려져 있다; 그리스도인이 읽을 때는 가려져 있지 않다. 하지만 3:11에서 없어질 것은 바로 율법이다. 3:7의 여성형 분사와 달리 *to katargoumenon* (사라지는 것)이라는 중성 분사는 율법에 주어져 있던 영광을 가리키지 않고 주어져 있는 것(10절: *to dedoxasmenon*), 즉 율법을 가리킨다. 하지만 모나 후커(Morna D. Hooker)는 3:11에서 폐지되고 있는 것이 율법 자체가 아니라고 주장했다. 율법일 리가 없다. 왜냐하면 "성경은 [바울에게] 그리스도에 대한 가장 중요한 증거를 제공하기" 때문이다. 쓸모없이 되어 가고 있는 것은 모세의 사역이다. 이는 '율법의 의문에 대한 순종'에 기초를 두고 있는 하나님과의 관계다. 3:11에 나오는 두 개의 구(*to katargoumenon*, "사라질" 혹은 "폐지될"; *to menon*, "있을")는 율법을 가리키되 율법의 다른 측면을 가리킨다. 순종하는 자들에게 생명을 주는 체계로서 율법은 사라질 것이지만, "그리스도에 대한 증거를 드러내는 한 율법은" 계속될 것이다.[1] 나는 3:11에 나오는 두 분사에 대한 후커의 설명에 동의하지 않는다. "사라질 것"이 "영광되었던 것"(3:10), 즉 모세의 역할 자체를 가리키며 "남을 것"이 "더 큰 영광"(3:10), 즉 새 역할을 가리킨다고 보는 것이 훨씬 자연스러워 보인다. 그런데 후커의 설명은 바울의 입장에 드러나는 진정한 모호함을 두드러지게 한다. 한편으로 율법은 정죄와 사망의 법이기에 (율법의 한 측면이 아니라) 사라지고 있다. 다른 한편으로는 율법의 영광만 사라졌고 반면에 율법은 여전히 남아서 그리스도를 증거한다. 여기서 나는 율법의 두 측면 사이의 명확한 구분을 발견하지 못하겠다. 오히려 우리는 한 딜레마의 두 면을 본다: 율법은 영광스러웠고 그것의 유일한 '결점'은 더 큰 영광을 인하여 그것이 영광될 것이 없다는 것이며, 그리고 그리스도인들은 여전히 율법을 올바르게 읽을 수 있다는 것이다. 비그리스

---

1. Morna D. Hooker, "Beyond the things that are written? St. Paul's Use of Scripture," *NTS* 27 (1981): 303f. 참조. W. D. Davies, "Paul and the People of Israel," *NTS* 24 (1977): 11f.; 고후 3:11, 13에 나오는 분사 '사라질'은 율법을 가리키지 않고 모세의 사역과 모세의 얼굴에 나타난 영광을 가리킨다.

도인 유대인에게 문제되는 것은 이들이 주께로 돌아가지 않았다는 것뿐이다(3:15f.). 반면에 율법은 구원하지 못하므로 바울은 율법이 정죄하고 죽이기만 할 뿐이고 그 자체는 남게 될 새 시대를 위해 사라질 것이라고 말한다.

바울은 또한 빌 3:4-11에서 평가적 방식으로 두 체제를 비교한다. 여기서 바울은 1인칭으로 말한다. 그리고 게오르크 아이히홀츠(Georg Eichholz)가 지적했듯 바울은 자신의 체험을 범례적인 것으로 본다.[2] 두 체제를 비교하는 진술은 다음과 같다: "무엇이든지 내게 유익하던 것을 내가 그리스도를 위하여 다 해로 여길 뿐더러"(3:7). 이는 고후 3:9-11과 같은 관점을 정확하게 반영한다. 고후 3:9-11에서는 율법이 오직 새로운 시대의 더 큰 영광으로 인하여 자신의 영광을 잃었다고 한다. //140// 빌립보서에서 우리는 또한 종종 지적했던 '흑백' 사고방식을 꿰뚫어 보는 통찰을 얻는다: 일단 더 큰 선(善)이 나타나면, 이전에 선하던 것을 차선으로 여기지 않고 '해'로 본다. 하지만 빌립보서에서 율법이 사망만을 가져다주는 법이라고 말함으로써 율법에 관하여 부정적인 결론을 이끌어 내지는 않는다. 오히려 바울은 두 의를 대조함으로써 계속 말을 이어간다. 만일 바울이 그리스도를 얻고 그 안에서 발견된다면, 그는 율법에 터를 두었던 자신의 의를 가지지 않게 되고 다른 의, 즉 그리스도를 믿는 믿음을 터로 하여 하나님으로부터 오며 그리스도 안에서 발견되고 그리스도의 고난에 동참하

---

2. Georg Eichholz, *Die Theologie des Paulus im Umriss* (Neukirchen-Vluyn: Neukirchener Verlag, 1972), 224f.

는 데 있는 의를 얻게 될 것이다(3:8-10). 옛 의가 잘못된 유일한 것은 그것이 새 것이 아니라는 것이다. 즉, 옛 의에는 다른 용어로 설명된 결점이 없다. 바울은 옛 의를 확신하지만 우리가 위에서 말했던 것처럼[3] 열심을 내는 바리새인으로서 바울의 '결점'은 자신의 태도가 아니라 나중에 '해'로 여겼던 '유익'을 자랑한 것이다.

여기서 우리는 롬 9:30-10:13에서 이와 동일한 태도를 보았음을 상기해야 한다. 유대인은 율법에 근거한 의를 분명 열심히 좇으면서 맹목적으로 좇기 때문에 구원받지 못하는 것이 아니라, 참된 의는 그리스도를 믿는 믿음에 터를 두기 때문에 구원받지 못하는 것이다.

수많은 학자는 빌 3:9(*mē echōn emēn dikaiosynēn*)과 롬 10장(*tēn idian zētountes*)에 나오는 "내가 가진"으로 번역된 낱말을 강조하면서, 추정되는 바 유대교의 자기 의를 반대하고 의의 선물을 받아들이는 것에 중점을 둔다.[4] 나는 이 문제가 잠시라도 바울에게 제기되었다면 그가 공로를 좇는 자기 의에 강하게 반대했을 것을 의심하지 않는다. 그러나 나는 이것이 두 어구의 의미(force)라고 생각하지 않는다. 로마서에서 바울은 두 의, 즉 율법과 별개로 그리스도에게 기초를 두고 있는 "하나님의 의"와 그것을 모르는 유대인이 율법에 기초를 두고 추구하는 의를 구분한다(롬 10:3f.). 빌립보서에서는 한때 자신이 토라를

---

3. 이 책 44.
4. Rudolf Bultmann, *Theology of the New Testament*, vol. 1 (New York: Charles Scribner's Sons, 1951-1955), I, 267; Ernst Käsemann, *An die Römer* (Tübingen: J. C. B. Mohr [Paul Siebeck], 1974), 271 ["die Werke der Leistungsfrömmigkeit"] (ET: *Commentary on Romans* [Grand Rapids: Wm. B. Eerdmans, 1980], 281).

지키는 자였고, 토라를 가지고 '유익'이었던 의와 그리스도를 믿는 믿음에 기초하고 있고 '하나님께로서 난 의'라고 불리는 의를 대조한다. 그래서 바울은 두 의에 관하여 안다.[5] 두 의의 차이는 공로와 은혜의 구별이 아니라 두 역할 사이의 구별이다. 율법으로 난 의가 있지만, 이제 새로운 역할 때문에 그 의는 전혀 가치 없다. **참된 의**(하나님의 의/하나님께로서 난 의)는 그리스도로 말미암는다.[6] 다른 의를 잘못된 것으로 만드는 것은 구속사의 이와 같은 구체적 사실이지 은혜가 공로보다 우월하다는 추상적 이론이 아니다.

그래서 바울이 두 역할에 관하여(고후 3장) 혹은 율법 아래 있던 생활의 상대적인 선과 그리스도 안에 있는 삶에 관하여(빌 3장) 직접적으로 말할 때, 바울의 생각은 그리스도 안에 있는 삶의 더 큰 가치에 지배된다. //141// 바울의 사고 안에서 더 가치 있는 것은 절대적으로 가치 있는 것이 된다. 그리스도에 비추어 볼 때 율법은 영광을 완전히 잃는다(고후 3:10). 그리고 율법 아래 있는 의는 "유익"에서 "해"로 바뀐다(빌 3:7). 바울이 율법에 순전히 부정적인 역할(즉 율법은 죽인다)을 부여하는 것은 바로 이런 사고 방식 때문인 것 같다(고후 3:6). //143//

---

5. Herman Ridderbos (*Paul: An Outline of His Theology* [Grand Rapids: Wm. B. Eerdmans, 1975], 170)는 "바울에게서 이 의는 전적으로 자신의 내용을 획득하며 유대교와 완전히 다르다"고 말한다. 물론 나는 이 차이가 "무엇보다도 '전가한다'는 낱말"에 표현되어 있다고 보는 리더보스의 견해를 따를 수 없다. 두 의에 관해서는 다음을 또한 참조하라. J. A. Sanders, "Torah and Christ," *Interpretation* 29 (1975): 380; Sanders, *PPJ*, 505f.
6. Räisänen, "Legalism and Salvation by the Law," in *Die Paulinsche Literatur und Theologie* (Aarhus: Forlaget Aros, 1980), 71: "유대인이 자신의 의를 세우는 것은 … 그들이 그리스도를 버린 것과 동일하다"; "악의 뿌리는 기독론적 실패에 있지 인간론적 실패에 있지 않다."

제5장
결론: 바울과 율법

결과 요약

    제1부의 주장이 짊어지고 있는 무거운 짐은 '서로 다른 질문들과 서로 다른 해답'이라는 표현으로 정리된다. 우리는 율법에 관한 바울의 다양한 진술이 율법 자체에 관한 이론적 사유의 결과가 아니라 여러 가지 확신에서 나오고, 이 여러 가지 확신에 이바지한다는 것을 거듭 살펴보았다. 바울의 율법 논의가 진행되는 주된 노선들은 기독론과 구원론(특히 이 논의들의 보편적 측면들) 및 소위 기독교적 행동에 의하여 규정된다. 이 주제에 관하여 바울은 표현에서는 다소 다양하지만 명확한 개념들을 갖고 있었다. 그리고 율법이 이 개념들과 연결되어 등장했을 때, 이 개념들은 바울이 율법에 관해 말한 바를 규정했다.

    사람이 어떻게 구원받을 수 있는가(더 정확하게 말해서 최종적 구원을 준비하는 적절한 상태에 있는가)를 논의하면서 바울은 언제나 '그리스도로 말미암아 된다', 그리고 '율법으로는 안 된다'고 말했다. 이 말은 율법을 지키라는 주장이나 율법의 실질적 준수가 그리스도를 믿는 자들(those who faith in Christ)의 공동체에 들어가는 조건(the condition for entering the community)으로 설정될 수 없다는 뜻이다. 때로 '그리스도와 함께 죽음' 또는 '그리스도의 고난에 참예함'이라는 표현으로 분명하게 드러나는 그리스도를 믿는 믿음이 이 공동체에 들어가는 유일한 입교 수단(the only means of entry)이다.

의가 율법으로 나지 않는다는 주장을 어떻게 구원받을 자들의 몸(the body)에 들어가는가 하는 문제로 제한하는 것은 바울이 갈라디아서 대부분에서 그토록 거세게 주장하는 율법의 측면들을 신경쓰지 않아도 되는 문제 또는 개인 양심의 문제로 취급할 수 있다는 사실을 발견할 때 더 잘 드러난다. 할례는 중요하지 않고(고전 7:19; 갈 6:15), 절기와 음식은 각 개인이 결정할 수 있다(롬 14:1-6). 화제가 바뀌면 바울이 율법에 대해 말하는 바 역시 바뀐다.

바울은 하나님이 율법을 주셨다는 본래 확신을 유지하고 있다가 그리스도가 구원하시고 따라서 율법은 구원하지 못한다는 확신으로 나아갔기에, 율법을 주신 하나님의 목적과 율법이 하나님의 전체 계획에서 차지하는 기능을 설명해야 했던 것은 당연하다. 이 문제는 바울을 괴롭혔고 이는 결국 현존하는 서신들 중 가장 어려우면서도 부자연스러운 몇몇 구절들을 낳게 했다. //144// 그는 아마도 자신의 마지막 서신인 로마서에서 여전히 이 문제와 씨름하고 있었을 것이다. 이와 관련하여 바울의 모든 시도를 깔끔하게 포괄하는 진술은 하나도 없다. 일반적으로는 바울이 이 문제를 다룰 때 율법을 죄와 연결시켰다고 말할 수 있다. 바울은 거의 대부분의 경우에 율법과 죄를 하나님의 목적에 종속시킴으로써 율법을 죄와 연결시켰다. 하나님의 의도는 율법이 모든 사람을 죄 아래 예속시켜 하나님이 모든 사람에게 똑같이 자비를 베푸실 수 **있도록** 하기 위함이었다(갈 3:22-24; 참조. 롬 5:20f.). 하지만 롬 7장에서 하나님의 뜻과 죄와 율법의 관계가 바뀐다. 7:7-13에서 바울은 죄가 하나님의 목적에 반대되게 율법을 사용하는 것으로 묘사한다. 율법은 (죄를 금함으로써) 여전히 범법함을 **낳지만**, 이는 하나님의 의도에 부합하지 않는다. 7:14-25에서 개인이 율법을 지키지 못하게 막고 범법함에 이르게 하는 것은 육신 또는 '다른 법'이다. 하나님의 뜻은 율법에 순종하는 것이지만, '육신에 속한' 자들은 그렇게 할 수 없다. 모든 경우에 있어서 해결책은 하나님이 자기 아들을 보내시는 데서 드러난다.

구체적 행위에 관련될 때, 선한 유대인으로서 바울은 개종자들이 성경에 계시된 하나님의 뜻에 따라 행동해야 하며 헬라인의 관습에 따라 행동해서는 안 되며 더욱이 근친상간과 같은 일들을 허용할 어떤 새로운 열광주의에 따라서도 안 된다고 생각했다. 이미 주목했듯 바울은 여기서 우리가 아는 세 가지 예외만을 말한다. 바울은 할라카를 전혀 남기지 않았고, 이로 인해 우리는 당면한 문제에 한해 판단할 수 있을 뿐이다. 더 많은 경우가 있었다면 더 많은 예외가 생겼을지 우리는 말할 수 없다. 그러나 바울의 윤리적 견해가 기본적으로 유대교적이었다는 것은 분명하다.

마지막으로 우리는, 모세의 시대와 그리스도 안에서의 시대를 평가하면서 바울이 이전에 영광스러웠던 모세의 역할을 쓸모 없는 것으로 생각했음을 보았다.

중심 관심사와 체계의 결여

율법에 관한 체계적 사유가 없다는 것은 무엇보다도 두 곳에서 분명하게 드러난다. 하나는 율법과 죄를 상반적으로 연결 지은 것이다(두 번째 범주). 바울은 이렇게 말할 수 있었다: 하나님은 율법이 노예로 만들거나 범법함을 낳게 하도록 뜻하셨고 죄는 하나님의 뜻에 반대되게 율법을 사용했지만, 여전히 죄는 범법을 낳고 인간은 육신이 연약하여 하나님이 지금 뜻하시고 또 전에 명령하셨던 선한 것을 행할 수 없다. 이 모든 진술은 우리가 두 가지 깊은 확신—하나님이 율법을 주셨다는 것과 구원이 그리스도를 믿는 믿음에 의하여 모든 사람을 위한 것—에서 나오는 것으로 특징지었던 딜레마에서 비롯한 것으로 이해할 수 있다. 우리가 알고 있는 바, 바울의 첫 번째 서술 방식, 즉 갈라디아서에서는 율법과 죄를 긍정적으로 연결 지었고 죄를 직접적인 하나님의 뜻으로 돌렸다. 이 서술 방식이 만족스럽지 않다는 것을 우리는 충분히 이해할 수 있다. 좌우간 이런 서술 방식이 로마서에서 부분적으로 계속되는 것을 볼 수 있지만(5:20), 다른 식의 진술도 볼 수 있다. //145// 한 가지 서술에 따르면 하나님의 뜻은 율법으로 생명에 이르는 것이었지만 죄는 범법을 불러일으키기 위하여 율법을 사용했다. 또 다른 서술에 따르면 육신의 연약함 때문에 사람은 하나님이 뜻하시고 계명에 표현되어 있는 선한 것을 행하지 못한다.

이 표현들은 또한 문제를 일으킨다. 하나는 죄를 하나님의 통제권 바깥에 두면서 자율적 권세의 위치에 둔다. 다른 하나는 (분명 해결하기 어려웠던) 율법과 죄의 긍정적 연관성을 부수고 육신을 하나님의 통제권 바깥에 둔다. 바울은 선을 이루려 했지만 결국 실패로 돌아간 율법에 대해 말하게 되고, 더 나아가서 그러한 실패를 하나님의 탓으로 돌릴 수 없으므로 하나님과 율법을 구별하게 된다: **하나님은 율법이 할 수 없었던 것을 하신다**(롬 8:3). 바울이 죄, 율법, 하나님의 뜻 사이에서 어떤 것과 더 깊이 조화시키려고 했는지 알 수는 없지만, 이 가운데 어느 하나가 바울의 참되고 최종적이고 변할 수 없는 견해라고 간주하지 않는 것이 정당할 것 같다. 그렇지만 우리는 다음과 같이 묘사되는 몇 가지 견해를 볼 수 있다: 하나님은 율법을 주셨다; 하나님은 선한 것을 뜻하신다; 구원하시려는 하나님의 뜻은 궁극적으로 승리할 것이다; 하나님은 자기 아들을 보내심으로써 구원을 마련하셨다.

특징적으로 체계적이지 않은 바울의 율법 사상은 또한 올바른 행동을 논할 때 확실히 전면에 나타난다. 바울은, 의롭게 하지 못하며 그리스도인에 대해 죽은 율법과 성령 안에 있는 자들이 성취하는 율법을 전혀 구별하지 않는다.[1] 이 상황은 표준적인 성경 주해 문제

---

1. 우리는 이런 맥락에서 율법이 과거에 국한될 수 있고(예. 갈 3:24f.) 좀 더 못하게 되지만 계속되는 것으로 고찰될 수 있음(고후 3:14f.)을 지적할 수 있다. Räisänen의 논평을 주목하라: "그래서 우리는 율법에 관한 바울의 신학

를 제시하는데, 이는 다시 자세하게 설명할 필요가 없다. 다시 상기하겠지만 우리의 '해결책'은 각 진술(의는 율법으로 나지 않는다; 그리스도인은 율법을 이룬다)이 바울의 중심적 확신 가운데 하나에서 나온다는 데에 있다. 하나는 사람이 어떻게 구원받을 자들의 몸(the body)에 들어가는지와 관계있고, 하나는 일단 들어온 다음 그들이 어떻게 행동했는지와 관계있다. 바울은 율법에 관한 진술들을 그것들이 형성된 맥락에서 추출하지 않았다. 또 바울은 이 진술들을 대답으로 제시하려 했던 질문과 별개로 진술들 사이의 관계에서 이를 고찰하지도 않았다.

우리는 이 책의 논의를 통해 바울이 율법을 여러 가지로 다룬 것을 통일된 뜻으로 이해하려고 여러 차례 시도했음을 확인했다. 최근에 가장 주목할 만한 시도는 (1) 바울의 생각이 갈라디아서와 로마서 사이에 발전되었고,[2] (2) 율법이 가리키는 바가 사실 바울의 모든 진술에서 동일하지만 다른 관점에서 본 것일 뿐이라는 것이다.[3] 나는 이 견해들을 주장하는 사람들과 수많은 점에서 의견을 달리했다. 그러나 몇 가지 일치하는 점도 있음을 지적하지 않을 수 없다. 갈라디

에서 두 가지 상충하는 생각의 흐름을 발견한다. 바울은 율법의 폐지와 율법의 영구적으로 규범적인 성격을 확인한다. 줄곧 바울은 도무지 율법을 구별하지 않는다." "이럼으로써 바울은 불가능한 것을 동시에 하려 한다. 상황에 따라서 바울은 어떤 때는 마 5:17의 *katalysai*를 어떤 때는 *plērosai*를 확언한다"(*Paul and the Law*).

2. 그래서 다음을 특별히 보라. Hans Hübner, *Das Gesetz bei Paulus* (Göttingen: Vandenhoeck & Ruprecht, 1980).

3. Hübner는 로마서 안의 다양한 진술을 이런 식으로 설명한다. *Gesetz*, 118-29를 보라. 이 책 제3장 각주 4를 보라.

아서와 로마서에 나오는 율법에 관한 진술들, 특히 율법의 기능과 율법이 하나님의 뜻/죄와 맺는 관계를 다루는 진술들은 다 같지 않다. 하지만 내가 보기에 그 진술들은 바울의 사상의 근본적인 발전을 반영하는 것이라기보다 동일한 문제를 풀기 위한 다양한 시도다. //146//

율법에 관한 바울의 진술이 율법에 대한 관점의 차이에서 비롯했다는 기본 입장에는 여러 가지 변형된 형태가 있다:[4] 율법은 죄와 연관해서 또는 약속과 연관해서 나타난다;[5] 율법은 구원의 방법 또는 생활의 규범으로 나타난다;[6] 율법이 육신에 속한 자들을 대할 때가 있고 또는 영에 속한 자들을 대할 때가 있다;[7] 율법은 자기 의의 성취를 돕는 수단 또는 믿음으로 순종해야 할 하나님의 뜻에 대한 표현이다.[8] 이것들 가운데 마지막 것은 내 생각에 근거가 전혀 없다. 나는 사람이 율법을 지키는 내적 태도와 관련된 구분을 바울이 이야기하는 경우를 전혀 발견하지 못한다. 바울은 '율법의 행위'를 반대하면서 율법의 행위로 공로를 성취하려는 의도에 반대하는 것이 결코 아

---

4. 바울의 다양한 진술을 다루는 방법들에 대한 Räisänen의 비판적 분석을 보라. "Paul's Theological Difficulties with the Law," in *Studia Biblica* 1978, vol. 3 (Sheffield: JSOT Press, 1980), 302-4.
5. Ferdinand Hahn, "Das Gesetzverständnis im Römer- und Galaterbrief," *ZNW* 67 (1976-77): 41, 49, 57, 60f.
6. Wolfgang Schrage, *Die konkreten Einzelgebote in der paulinischen Paränese* (Gütersloh: Gerd Mohn, 1961), 232.
7. Peter von der Osten-Sacken, "Das paulinische Verständnis des Gesetzes im Spannungsfeld von Eschatologie und Geschichte," *EvTh* 37 (1977): 568.
8. Schrage, *Einzelgebote*, 76f.; Hübner, *Gesetz*, 118f.; 참조. Ernst Käsemann, *Commentary on Romans* (Grand Rapids: Wm. B. Eerdmans, 1980), 94.

니다.[9] 그리고 바울은 율법 준수를 권하면서 이런저런 방식으로 태도를 결코 언급하지 않는다. 위에서 언급한 세 번째 입장, 즉 율법은 동일하지만 육신에 속한 사람을 대할 때가 있고 영에 속한 사람을 대할 때가 있다는 입장은 세분화될 수 있다. 우리는 육신에 속한 자들과 영에 속한 자들의 차이(롬 7:14-8:8)가 태도의 차이라는 주장을 꽤 광범위하게 다루었다. 에두아르트 로제(Eduard Lohse), 휘프너, 다른 학자들이 로마서에 적용하면서 제기하는 최근 주장은 불트만의 입장이 변형된 것에 불과하다. 이 입장들은 롬 3:17에 나오는 "믿음의 *nomos*"가 "믿음으로 순종할 때의 모세의 율법"을 뜻하는 반면 롬 8:2a에 나오는 "그리스도 예수 안에 있는 생명의 성령의 *nomos*"는 "올바른 정신으로 순종할 때의 모세의 율법"을 뜻한다고 추가적으로 주장해야 하는 고생에 직면했다.[10]

하지만 롬 7:14-8:8은 다른 해석에 종속된다. 내 생각에 이 해석은 더 큰 장점이 있다: 율법의 결점은 육신에 속한 자들이 율법을 이룰 수 없다는 것이다. 예컨대, 폴 마이어는 롬 7:14-25에 나오는 (의심의 여지 없이 존재하는) 무능력의 주제를 롬 1:18-2:29(그는 또한 이 구절을 무능력에 근거한 주장으로 읽는다)과 롬 9:30-10:4(그는 유대인이 율법을 지키지 못했다는 뜻으로 이 구절을 받아들인다)을 연결 짓는다.[11] 나는 롬 1:18-2:29과

---

9. 이 책 32-35를 보라. 이 부분은 사람들이 공로의 문제를 종종 발견하는 롬 3:27-4:4을 다룬다.
10. 이 책 서론 각주 26과 32-43; 98f., 특히 각주 14을 보라.
11. Paul Meyer, "Romans 10:4 and the End of Law," in *The Divine Helmsman* (New York: KTAV, 1980), 59-78. 우리는 Meyer의 의견과 달리 롬 10:3이 유대인은 율법으로 나는 의 외에 다른 의를 몰라서 그 의에 복종하지 않는다

9:30-31에 대한 이런 해석에 대해 논박했다. 이제 롬 7:14-25의 무능력/능력의 구별을 바울의 율법 사상의 핵심으로 만들려는 것에 반대하여 몇 가지 일반적인 고찰을 제공할 것이 남아있다.

이러한 구분은 바울이 율법에 대해 말한 중요한 측면들을 포괄하지 못하기에 율법에 관한 바울의 다양한 진술들을 제대로 설명하지 못한다. 이는 율법이 죽인다는 서술의 이유를 설명할 수는 있지만 갈라디아서에 나오는 율법에 관한 다양한 진술을 실제로 설명하지 못한다. 만일 육신적 무능력을 출발점으로 택한다면 율법에 따른 의가 있는지에 관한 논쟁은 설명하기 어려우며, 율법이 모든 사람을 죄에 종 노릇 하게 하려는 **의도를** 하나님이 **갖고 계셨다는** 진술(갈 3:22-24)을 이해할 수 없다. //147// 사실 육신으로 할 수 없음과 영으로 할 수 있음을 나누는 구분은 어떻게 바울이 '그리스도'와 '율법'을 서로 배타적인 대안으로 표현하게 되었는지를 설명하지 못한다(빌 3장). '영 안에서의 율법'과 '육신 안에서의 율법'의 구분이 바울의 기본적 견해라면, 이는 롬 7:14-8:8 외에 다른 곳에서 언급되어야 했다. 그런데 왜 바울은 '율법 외에 그리스도를 믿는 믿음' 대 '율법의 행위'라는 서술 방식이 분명한 대안으로서 필요했을까? 바울이 입교 조건에 관한 논쟁(사람이 율법으로 의롭다 함을 얻지 못한다)에서 율법의 기능에 대한 다양한 설명(율법은 종노릇하게 한다, 율법은 죄를 알게 한다, 율법은 죽인다)**으로 방향을** 바꾸었는지 납득할 만하다. 그러나 율법이 육신에 속한 자들

고 말하며 그들이 율법을 지키지 못했다고 말하지 않음을 주목해야 한다(Meyer, 69-71). 후자는 7:14-25의 주장이지 10:3f.의 주장이 아니다.

은 죽이지만 영에 속한 자들에게 생명이 된다는 것을 기본적 구분으로 놓은 후, 율법의 기능에 대한 **다양한** 설명으로 나아가고, 마지막으로 율법은 의롭게 하지 못한다는 진술로 나아가는 것은 매우 어려운 일이다. 더 나아가 영/육의 구분은 율법의 내용에 있어서 바울이 실제로 변화시킨 것들을 설명하지 못한다. 바울 사상에서 율법은 언제나 동일하고 다양한 전망으로 보이는 것일 따름이라고 아주 상세하게 주장하는 사람들이 구체적 사례를 고찰하지 않는 것은 주목할 만하다. 만일 율법에서 기본적으로 '잘못'된 것이 인간이 율법을 이룰 수 없다는 점이라면 할 수 있는 능력을 받은 영에 속한 자들이 율법의 일부만 이루게 된다고 볼 이유는 없다. 사람은 영으로 할례, 음식, 절기를 규제하는 율법을 지킬 수 있어야 한다. 하지만 율법의 기본적인 결함이 유대인이나 이방인에게 하나님의 백성이 되는 자격을 주지 못하는 것이라면(이 자격은 그리스도를 믿는 믿음에 의하여 마련되었다), 왜 바울이 이 세 가지 율법을 배제하거나 선택적인 것으로 보았는지 쉽게 납득할 수 있다.

    나는 바울이 율법에 관하여 말한 모든 것을 통합하는 내적 통일성을 찾으려는 것이 잘못이라고 생각하지 않는다. 바울이 율법의 서로 다른 부분이나 측면을 이론적으로 구분하지 않는 것을 보면 통일성을 찾고 싶은 마음이 생긴다. 그럼에도 나는 율법에 관한 모든 진술을 적절하게 설명하는 단일한 통일체가 없다는 결론에 이르렀다. 하지만 나는 단순히 비일관성을 옹호하는 자들에 반대하여, 바울이 한정된 몇 가지 확신을 가지고 있었기에 이를 서로 다른 주제에 적용하면서 율법에 관해 서로 다른 말을 하게 되었다고 주장하는 바다.[12] 바울의 체계가 정말 일관적이지 못하다는 비난을 받을 만한 곳, 즉 구원의 기초는 율법의 성취라는 롬 2장의 진술에서도, 우리는 바울이 다른 확신(유대인과 이방인의 동등성)을 확언하고자 하므로 자신의 중심 확신 가운데 하나(구원은 예수 그리스도를 믿는 믿음에서 난다)에 반대되는 자료를 사용했다고 생각할 수 있다. 그럼에도 롬 2장은 주장과 설명의 비일관성이나 다양성을 넘어서 바울의 참된 자기 모순에 이른 경우라 할 수 있다. //148//

앞에서 사용했던 용어를 사용하자면 나는 바울이 여전히 '체계적'(systematic)이지는 않지만 대체로 '일관성 있는'(coherent) 사상가라고 본다.[13] 레이제넨은, "신학자 바울은 일반적으로 추정되는 것만큼 일관성 있고 설득력 있는 사상가는 아니다"라고 주장하면서 반대 뜻을 표명했다.[14] 내가 말할 수 있는 것은 우리가 용어에서만 차이가 난다는 것이다. 각기 다양한 진술이 하나의 확인 가능한 '중심 확신'에서 나온다면, 나는 바울을 '일관성 있는' 사상가라고 부르겠다. 만일

---

12. 이것은 기본적으로 Christiaan Becker (*Paul the Apostle* [Philadelphia: Fortress Press, 1980])가 바울의 사상을 보는 방법과 기본적으로 일치한다. 그러나 그는 율법을 논의할 때 자신의 특유한 해석학적 해결 열쇠를 사용하지 않는 듯하다. Beker는 이 책 다른 부분에서 바울이 율법을 거부하는 것에 대한 서로 다른 해석을 제시하지만, 그 해석들이 어떻게 연결되어 있는지는 거의 설명하지 않는다. 예컨대 186f.; 237; 240; 246을 보라. '정합성'(243)에 대한 그의 진술은 갈 3장에 나오는 바울의 동기에 대한 자신의 설명들 가운데 하나인 이방인을 위한 그리스도의 주되심(240)을 고려하지 않는다.
13. Sanders, *PPJ*, 518.
14. Räisänen, "Paul's Theological Difficulties," 314.

바울이 자신의 다양한 결론을 서로 관련 짓지 않는다면 그는 '체계적이지 않다'. 그가 '설득력 있는' 사람인지 아닌지는 다른 문제다. 바울이 창 15:16을 인용하고 창 17:9-14을 무시하여 할례에 반대하는 자신의 주장을 '입증'하고 있다고 믿는 현대인은 거의 없을 것이다. 마치 롬 3:9의 결론이 롬 1:18-2:29에 의해 입증된다고 보는 사람이 거의 없듯이 말이다(물론 많은 주석가는 바울을 전적으로 믿으면서 바울의 주장이 여전히 설득력 있다고 본다). 분명히 일보 후퇴한 입장에 따르면 오직 바울의 견해들을 옹호하는 진술이 언제나 현대인에게 설득을 갖지는 않을지라도 바울의 기본적 견해는 옳다. 하지만 나는 이 문제를 말 그대로 신학자에게 맡기지 않을 수 없다.

갈라디아서와 로마서

최근 갈라디아서와 로마서의 차이에 관해 상당한 주의가 기울여졌다. 이는 유사한 주제에 관한 바울의 진술들을 구체적 상황을 고려하지 않고 병합시켜서는 안 된다는 아주 정확한 관찰에 근거를 두고 있다. 휘프너와 존 드레인(John W. Drane)은 율법이 실질적인 역할을 맡는 발전에 대한 이론을 제공해 왔다.[15] 그래서 두 서신의 관계에 별도로 관심을 두고 살피는 것이 필요하다. 지금으로서는 충분한 설명

---

15. Hübner, *Gesetz*; John W. Drane, *Paul, Libertine or Legalist?* (London: SPCK, 1975). 여기서 취하는 입장은 다음의 책에 나오는 입장과 아주 비슷하다. Beker, *Paul the Apostle*, 94-108.

을 하기보다 요약의 형태로 요점을 제시하려 한다.

1. 우리는 편지의 어조와 수신자의 차이를 인식해야 한다. 둘은 기독교 공동체에 보낸 편지지만 갈라디아서는 바울의 사역을 해치고 있는 기독교 선교사들의 관점에 반대하는 논쟁적 정황에서 쓰인 것이다. 여기서 취하는 관점에서 볼 때 로마서는 다른 입장을 염두에 두고 쓰였으며, 기독교 운동에 속하는 바울의 반대자를 직접 반대하여 쓰인 것이 아니다.[16]

2. 두 서신에서 바울은 아브라함의 참된 후손이 되는 유일한 길은 믿음으로 되는 것이라는 변함 없는 입장을 취한다. 그래서 의가 율법으로 나지 않는다는 입장도 변하지 않는다. 더 나아가 두 서신에서 바울은 믿음을 유대인과 이방인의 유일한 입교 수단으로 본다. 물론 이 견해는 갈라디아서보다 로마서에서 훨씬 자세하게 유대인에게 적용된다. 왜냐하면 갈라디아서에서는 이것이 2:15-16에만 나오기 때문이다. 두 서신에서 유대인과 이방인이 믿음 이전에 갖는 위상은 동일하다. 그리고 두 서신은 율법 아래 있는 것과 '육신에 속한' 상태에 있는 것을 동일하게 본다.[17] 물론 유대인이 '죄 아래' 있다는 주장도 갈라디아서보다 로마서에서 훨씬 풍부하긴 하다. //149// 창 15:6("아브라함은 믿음으로 의롭다 함을 입었다")은 두 서신에서 모형론적으

---

16. 참조. Wilhelm Wuellner, "Toposforschung und Torahinterpretation bei Paulus und Jesus," *NTS* 24 (1978): 463-83; Paul Wernle, *Der Christ und die Sünde bei Paulus* (Freiburg: J. C. B. Mohr [Paul Siebeck], 1897), 91f.

17. 갈 5:16-18, 4:21-31; 롬 7:1-4을 보라. George Howard (*Cristis in Galatia* [New York: Cambridge University Press, 1979], 13; 참조. 86 n. 47)는 율법과 육신이 갈라디아서에서 얼마나 동일한지를 보지 못한다.

로 사용된다. 물론 주장을 이루는 세부 사항 가운데 몇몇은 서로 다르다.[18] 그래서 휘프너는 갈 3:17에 나오는 430년이라는 말이 로마서에 다시 나타나지 않는다는 사실을 옳게 지적한다. 롬 4:10에서 믿음이 율법보다 앞선다는 것은 창 15장과 창 17장의 간격으로 축소되었다.[19]

3. 두 서신에서 바울은 의가 율법으로 나지 않음을 확언한 다음 율법의 목적과 기능이라는 문제를 다룬다. 율법과 죄의 긍정적 연관이 계속되고 있지만 가장 큰 변화는 적어도 로마서 7:13에 나타난다.

4. 바울은 두 서신에서 올바른 행동을 논의하면서 레 19:18을 인용한다(갈 5:14; 롬 13:8-10). 또한 바울은 로마서에서 십계명 가운데 네 계명을 인용한다. 로마서가 올바른 행동에 관하여 좀 더 명시적으로 드러내는 이유를 밝히는 것은 어렵다. 아마 바울은 자신의 몇몇 진술이 반율법주의에 이르는 것으로 해석되었다는 사실을 의식하게 되었을 것이다(롬 3:8; 6:1f., 15). 이와 같이 로마서에서 율법을 명시적으로 옹호하는 진술들도 설명될 것이다(3:31; 7:7, 12). 그런데도 이런 설명은 여전히 사변적인 것으로 남는다.[20]

---

18. Ulrich Luz (*Das Geschichtsverständnis des Paulus* [Munich: Chr. Kaiser, 1968], 184)는 롬 4장은 '현상학적'(phenomenological) 정향을 갖고 있고 갈 3장은 '역사적' 정향을 갖고 있다고 주장한다. 좌우간 아브라함은 의가 믿음으로 난다는 것을 보여주는 모형론적 증거다.
19. Hübner, *Gesetz*, 45.
20. 한 가지 훨씬 사변적인 가능성은, 바울이 고린도의 곤란한 일 때문에 구체적인 율법을 인용할 필요를 느끼게 되었다는 것이다. 갈라디아서와 고린도전후서의 비교 연대 추정이 불확실하며, 앞으로도 여전히 불확실한 상태로 남을 것이 분명하다. 하지만 Hübner는 갈라디아서가 고린도전후서보

5. 휘프너는 갈라디아서에서 율법 준수가 전적으로 배제되어 있고 로마서에서는 **전적으로** 배제되어 있지 않다고 주장했다. 휘프너는 갈라디아서를 해석함으로써 바울이 율법을 따르던 예루살렘 유대 그리스도인을 필연적으로 믿음 없는 사람으로 보지 않았다는 점에 주목해야 한다고 이야기한다.[21] 이와 같이 휘프너는 바울이 로마서에서 할례에 대해 어느 정도 긍정적인 가치를 부여하는 것은 바울 사상의 발전을 반영한 것이라고 생각한다.[22] 하지만 두 서신에서 율법의 중요한 측면들이 선택적인 것으로 간주된 것은 주목할 만하다: 갈 6:15(휘프너는 이 구절을 인용하지 않음)은 할례가 본질적으로 대수롭지 않은 것이라고 말하며, 롬 14:1-6에서는 안식일과 음식 율법에 대해서 이런 입장을 택한다.

  따라서 휘프너가 일반적으로 보여주는 두 서신의 대조는 지나치게 포괄적이다.[23] 레이제넨이 말하듯, "바울의 사상에 나타나는 몇몇 모순은 이미 **갈라디아서**에 나타나며, 대부분은 여전히 **로마서**에 남아

다 앞선다고 주장한다(*Gesetz*, 91 and 157 n. 47). 그 난점에 관해서는 다음을 보라. Udo Borse, *Der Standort des Galaterbriefes* (Bonn: Hanstein, 1972); Gerd Lüdemann, *Paulus, der Heidenapostel*, vol. 1 (Göttingen: Vandenhoeck & Ruprecht, 1980), 122-36.

21. Hübner, *Gesetz*, 25.
22. Hübner, *Gesetz*, 46f.
23. 참조. Jack Suggs, "'The Word if Near You': Romans 10:6-10 within the Purpose of the Letter," in *Christian History and Interpretation* (New York: Cambridge University Press, 1967), 298: 로마서에서 바울은 자기 입장을 밝히는데, 이 입장은 '가능한 한 유쾌한 상태로' 바뀌지 않았다.

있다."24

바울의 율법 사상의 기원

바울에게 있어서 율법이 언제나 동일하지만 경우마다 율법을 대하는 인격의 위상이 다르다는 견해가 적절한지 논의하면서, 내가 생각하는 바울 사상의 순서를 가지고 부분적으로 주장을 펼쳤다. //150// 만일 바울의 사상이 롬 8:3-4의 구분에 터를 두고 있다면, 나는 어떻게 바울이 갈라디아서에서, 구체적으로 하나님의 계획 안에서 율법의 기능을 다루는 단락(갈 3:22, 24: 율법은 사람이 그리스도를 믿는 믿음으로 구원을 받게 하려고 일단 종 노릇하게 하려는 목적으로 주신 것이다)에서 율법에 관해 어떻게 그렇게 말할 수밖에 없었는지 이해할 수 없다. 하지만 반대 방향의 발전은 이해할 수 있다.

논의 가운데 이를 언급하긴 했지만, 두 가지 서로 다르면서도 연관되어 있는 문제를 따로 고찰하는 것이 유익할 것 같다. 이 두 문제는 바울 사상의 순서와 원천에 관한 것이다. 이는 분명 우리가 직접 다룰 수 없는 영역이며 여기에 뛰어들려는 시도는 서론에서 언급한 요소, 곧 바울이 어떤 입장을 취한 이유와 유리하게 제시하는 주장 사이의 구분에 방해를 받는다.

율법에 대한 바울 사상의 원천을 탐구할 때 주된 관심은 언제나

---

24. Räisänen, "Theological Difficulties," 302.

부정적 진술에 쏠려있다. 특히 율법은 죄와 육신과 더불어 그리스도인이 죽은 옛 질서에 속하므로 율법에 순종해도 의에 이르지 못하며 그리스도인은 율법에서 벗어났다고 하는 진술에 집중되어 있었다. 어떻게 바울은 이 부정적 판단에 이르렀는가? 율법 자체에는 두 가지 주요한 서술이 따라붙는다. 곧, 율법은 지킬 수 없다거나 율법을 순종하면 자랑에 이르게 된다는 것이다.

이 설명을 논박하는 주장이 둘 있다. 하나는 간단히 말해 주석가의 말로 보는 것이다. 바울이 율법에 순종할 수 없기 **때문에** 율법이 의롭게 하지 못한다고 명백하게 말하는 경우는 없다. 또 율법에 순종하는 것이 자기 의에 이르므로 율법의 흠을 잡는 명백한 경우도 없다. 그래서 나는 이상에서 갈 3:8-14에 나오는 주장의 초점이 3:10에 있는 "누구든지"에 있지 않고, 갈 5:3은 모든 율법을 지킬 **수 없다**고 말하지 않으며, 롬 1:18-2:29은 율법 순종이 불가능하다는 견해에 근거를 두지 않는다고 주장했다. 이와 같이 우리는 롬 3:27-4:4에 나오는 자랑에 대한 논의가 율법의 결점이 자기 의에 이르는 것이라는 결론에 도달하지 않음을 확인했다. 율법주의적 자기 의에 반대하는 주장은 로마서 및 많은 곳에서 발견된다. 이렇게 기록되어 있다. 믿음은 **자기 공로를**〔in one's own merit〕 자랑하지 못하게 하므로 율법을 배제한다(롬 3:27); 유대인은 **공로의 업적**〔meritorious achievement〕으로 의를 추구했기 때문에 잘못했다(9:32); '자기 의'는 **율법주의적 업적**〔legalistic achievement〕의 의다(10:3); 바울은 율법으로 자기 의를 비난했을 때 공로에 이르는 업적〔achievement which leads to merit〕을 비난했다(빌 3:9).²⁵ 그러나 고딕체로 표현된 어구는 주석가의 말이 틀림없다. 각각의 구절을 다른 방식으로 읽는 것이 더욱 자연스럽다.

하지만 각 구절의 주석적 분석보다 더 설득력 있는 주장이 있다. 나는 다른 곳과 이 책의 수많은 곳에서 바울이 곤경에서 해결책으로 생각해 나갔다기보다 해결책에서 곤경으로 생각해 나갔다고 주장했다.²⁶ //151// 만일 이것이 사실이라면, 율법에 대한 바울의 부정적 진술이 생겨난 원천을 율법 체계 자체 속에서 발견하는 모든 입장은 그릇된 것으로 판명된다. 만일 율법에 대한 바울의 생각이 생겨난 원천이 율법을 이룰 수 없다거나 율법 이루는 것이 자랑에 이른다는 것이라면,²⁷ 또는 율법이 연약하며 참된 의를 낳을 수 없다는 것이라면(롬 8:3), 우리는 바울의 생각이 인간 상태에 대한 분석과 믿음 이전에 인간 상태에 있어서 율법이 차지하는 위치에 대한 분석에서 나왔다고 가정해야 할 것이다. 하지만 그럴 것 같지 않다.

---

25. Käsemann의 로마서 주석은 이 서신을 철저하게 읽되, 바울 신학을 넌지시 깔고서 '성취'(Leistung)에 대한 공격이란 측면에서 읽는다. 그래서 Käsemann은 예컨대 유대인이 율법을 성취에 대한 요구로 오해했다고 주장한다(Romans, 93). 롬 3:27은 '자기 자랑'(Selbstruhm)에 대한 비판이다(ibid., 102); 롬 9:30-33은 유대인이 율법을 성취에 대한 요구로 오해하는 데 대한 공격이다(ibid., 277); 롬 10:5에서 바울은 모세가 "행위를 성취로 이해할 것을 요구한다고" 말한다(ibid., 284); 그와 같이 절마다 해석된다. 율법주의에 대하여 있었다고 하는 바울의 비판에 관해서는 그 다음 세부 단락을 보라.
26. PPJ, 442-47; 이 책 35f.; 125.
27. 그래서 Käsemann, Romans, 88f.은 다음과 같이 추론한다: 참된 순종은 율법을 행함으로 이루어지지 않기 때문에, "율법에 대한 봉사와 그리스도께 대한 봉사는 서로 배타적이다."

부분적으로는 바울이 인간의 곤경과 그 곤경에서 율법이 맡은 역할을 말하는 다양한 방식 때문은 아닐 것이다. 예컨대, 바울은 모든 인간을 율법 아래 두었는데,[28] 인간 상태를 분석해서는 이 입장에 도달할 수 없다. 그리고 바울서신에서 믿음 이전의 유대인과 이방인이 처한 위상을 같게 보는 것보다 더 비논리적인 부분은 거의 없다. 이처럼 우리는 갈 3-4장에서 바울이 "우리"는 율법 아래 있었다거나 (3:23) "우리"는 초등 학문(stoicheia)의 종이었다(4:3)고 말하는 것을 목격했다. 이런 식으로 모든 인류를 동등하게 보는 것은 모든 사람이 똑같이 그리스도를 믿은 믿음으로 구원을 받아야 한다는 확신에서 나온 것으로 설명할 수 있다. 그러나 이는 "이방인 죄인"과 "유대인" 사이의 구분(갈 2:15)이 보여주듯, 믿음 이전의 유대인과 이방인이 처한 실제 상태를 서술하기 어렵다. 이처럼 롬 1:18-2:29에서 유대인과 이방인을 똑같이 죄책을 진 자로 만들려는 힘겨운 시도는 실제로 롬 3:9의 결론에 이르게 한 사고의 절차라기보다는 그 결론에 이르러야 하는 필요에서 나온 것으로 보는 것이 가장 낫다. '모든 사람이 죄 아래 있다'는 결론은 율법을 옹호하는 바울의 주장으로 설명되지 아니하고 하나님이 모든 사람을 똑같이 구원하기 위하여 자기 아들을 보내셨기에 모든 사람이 죄 아래 있음에 틀림없다는 선행적 확신으로 설명된다.

또한 우리는 바울이 하나님의 계획에서 율법이 맡은 역할에 대해 다양하게 설명하는 것에 거듭 주목했다(두 번째 범주). 설명이 다양

---

28. 이 책 68f.; 81-83.

하면서 논증이 없다는 것은 이 진술 가운데 어떤 것도 바울 사상의 원천으로 내세울 수 없음을 보여준다. 오히려 우리는 하나님이 율법을 주신 이유에 대해 설명하려는 투쟁, 곧 율법이 구원하지 못하며 하나님의 전체 계획의 일부였음에 틀림없다는 한 쌍의(twin) 신념 때문에 필요했던 투쟁을 본다.

그리스도와 율법의 대립점을 고찰할 때 바울 사상의 핵심이자 율법에 대한 부정적 진술의 원천에 이를 수 있다. 가장 분명하면서도, 내 생각에 가장 함의하는 바가 많은 구절은 빌 3:4-11이다. 게오르크 아이히홀츠는 이 구절을 주석하면서, "바울에게 있어서 그리스도와의 만남은 이전에 토라가 **자기 신학의 중심**(the middle of his theology)이어야 했던 것처럼 그리스도가 자기 신학의 중심이 되게 한다"고[29] 통찰력 있게 진술했다. //152// 빌 3장에서 율법에서 난 의와 예수 그리스도를 믿는 믿음에서 난 의가 서로 배타적인 대안으로 제시된다. 이 뚜렷한 양자택일은 롬 10:3에서도 비슷한 용어로 표현되었다. 물론 더 자주 나오는 서술 방식은 의가 율법으로 나지 아니하고 그리스도를 믿는 믿음으로 난다는 것이다.

또한 빌 3장에서 우리는 바울의 회심/부르심을 율법에 의한 의와 믿음에 의한 의의 명백한 대립이 생겨나는 원천으로서 관심을 기울이게 된다.[30] 바울은 한 의를 가졌지만 더 나은 의를 위하여 그 의를 포기했고, 그 결과 바울은 전에 가졌던 의를 차선이 아닌 '해'로

---

29. Georg Eichholz, *Die Theologie des Paulus im Umriss* (Neukirchen-Vluyn: Neukirchener Verlag, 1972), 224f.
30. Eichholz, ibid.와 다음 각주를 보라.

여겼다. 우리는 바울이 자신에게 주어진 그리스도의 계시가 이방인 사도직을 수반하는 것으로 보았음(갈 1:16) 또한 상기해야 한다. 이 계시는 예수가 단순히 유대인의 메시아라는 것이 아니라(바울은 의심의 여지없이 그 사실을 믿었다) 예수가 온 우주의 구주와 주로 임명되셨다는 것이다.[31] 그래서 우리는 다음과 같은 경험과 사유의 단계들(train of ex-

---

31. 참조. Luz, *Geschichtsverständnis*, 218-20: 다메섹 체험 때문에 바울은 자신의 이전 생활을 평가하게 되었던 것이 틀림없다. 처음부터 바울이 이방인에게 복음을 전하도록 부르심을 입었다면 특히 그렇다. Stuhlmacher의 다음 논문에는 이 점에 관하여 탁월한 논의가 담겨 있다. "Das Ende des Gesetzes," *ZTK* 67 (1970): 14-39: Stuhlmacher는 바울의 대화에서 시작하면서, 바울의 생애에 두드러지는 두 가지 세력은 '바리새인이 해석하는 유대교 율법'과 '그리스도의 복음'이었음을 보인다(24). 이 복음은 일차적으로 기독론적이며, 이는 그리스도냐 율법이냐의 양자 택일을 확인한다(29). 조금 이르지만 우리는 다음의 글에 담긴 논의를 인용해야 한다. Otto Pfleiderer, *Paulinism*, vol. 1 (London: Williams and Norgate, 1887), 3. 바울의 회심과 의가 율법으로 나지 않는다는 그의 주장이 어떤 관계를 맺고 있는지에 대하여 최근에 다음 글이 설명한다. J. G. Gager, "Some Notes on Paul's Conversion," *NTS* 27 (1981): 697-704. 하지만 Gager는 자신의 모형 때문에 바울이 "율법의 의미를 약화시켰다고" 말한다(701). 그러나 우리가 도처에서 보았듯이, 바울은 상대적으로 율법을 흥미가 끌리지 않게 제시하는 것을 넘어서서 많은 점을 말했다.

김세윤(*The Origin of Paul's Gospel* [Tübingen: J. C. B. Mohr (Paul Siebeck), 1981], 특히 269-311)은 참고 문헌이 붙은 유익한 논의를 제공한다. 율법에 관한 바울 사상의 기원으로서 다메섹 체험(김세윤이 옹호하는 견해)에 대한 대안으로, 김세윤은 갈라디아서에 나오는 유대인 그리스도인과의 논쟁을 제시한다. 이는 율법에 관한 바울 사상의 궁극적 원천이 될 만큼 참으로 대안적인 가능성인 것 같지 않아 보일 것이다. 바울은 이방인 선교의 사명을 맡은 날, 율법에 관하여 어떤 결단을 내렸던 것이 틀림없으며, 자신이 이방인 사도로 부르심을 받은 소명이 율법에 관하여 명확하게 적용되는 것으로 보았다. 하지만 우리는 '믿음으로 의롭게 되지 율법으로 의롭게 되지 않는다'

perience and thought)을 대하게 된다: 하나님은 자기 아들을 바울에게 계시하고서 이방인의 사도로 세우셨다. 그리스도는 유대인의 메시아일 뿐만 아니라 우주의 구주와 주다. 만일 구원이 그리스도로 말미암고 유대인뿐만 아니라 이방인을 위한 것이라면, 율법을 아무리 잘 행하더라도 상관없고 사람의 내적 태도와도 상관없이 **좌우간 구원은 유대인의 율법으로 말미암지 않는다. 구원은 그리스도를 믿는 믿음으로 나며 율법은 믿음에 의존하지 않는다.**

이를 출발점으로 할 때 우리가 바울서신에서 볼 수 있는 다양한 입장을 바울이 어떻게 취하게 되었는지 이해하기란 아주 단순해 보인다. 만일 의가 율법으로 난다면 그리스도의 죽음은 필요가 없었을 것이다. 그러나 하나님은 구원하기 위하여 그리스도를 보내셨다; 그러므로 의는 율법으로 나지 않는다(갈 2:21; 3:21). 이와 같이 율법에 의한 의를 완전히 거부하고 율법과 그리스도를 완전히 나눈 후에, 바울은 여전히 '하나님이 인간에게 오시는 길을 정당화해야' 했다. 바울은 왜 하나님이 율법을 주셨는지 설명해야 했다. 이로써 율법과 죄가 연결되고 율법에 대한 가장 부정적 진술에 이르게 된다. 그러나 바울은 그 후에 행동에 대한 지침을 제공해야 했다.

다른 말로 하면 갈라디아서에 나오는 주제의 순서(의는 믿음에서 나기 **때문에** 율법은 의에 이르지 않는다; 하나님은 부정적인 방식에서 믿음으로 구원에 이르기 위하여 율법을 주셨다; 그리스도인은 레 19:18이 요약하는 율법을 성취한다)

는 표현을 먼저 갈라디아서에서 접한다. 그리고 이 특정한 표현과 그것을 지지하는 주장은 갈라디아서의 갈등에서 생겨났을 것이다.

는 바울이 실제로 생각한 방식을 보여준다.

바울이 은밀히 회심/부르심 이전에 율법에 대해 불만을 가지고 있었을 가능성을 결코 배제할 수 없다. 하지만 만일 은밀한 불만족을 살필 경우, 율법 아래 있는 자신의 상황에 대해 좌절했을 가능성이나 율법 아래 있는 유대인의 상황에 대한 분석보다 이방인에 대한 태도를 보는 편이 더 낫다. //153// 바울이 이방인에게 본래 연민을 느끼면서, 이방인을 무시하고 하나님의 계획에서 부수적인 위치로 강등시키는 유대교의 배타주의에 화가 났다고 볼 수도 있다. 우리는 유대인과 이방인이 믿음 이전의 상황에서나 하나님 백성이 되는 입교 수단과 관련하여 동일한 기반 위에 서 있음을 살펴보았다. 이는 자신의 선교가 이방인을 하나님의 종말 백성에 포함시키기 위함이라는 확신에 앞서서 이방인의 상황에 대한 의식적/무의식적 관심을 반영하는지도 모른다. 이는 부르심을 받기 이전 바울의 생각을 꿰뚫어 보려는 다른 시도와 마찬가지로 완전히 사변적이지만, 바울이 동족과 관련하여 율법을 분석하면서 자기 백성이 율법의 요구에 맞게 생활할 수 없기에 또는 그들이 율법을 지킬 수 있다고 자랑했기에 이미 율법의 길에 만족하지 못했다고 주장하는 사색보다는 더욱 그럴듯한 사색인 것 같다.

우리는 지금까지 바울이 율법을 육신, 죄, 사망과 실제로 같게 보는 이유로서 그의 '흑백 논리적 사고 방식'을 제안했다: 율법이 구원하지 못하기에 차선이 되지 못하고 악의 세력 편에 분류된 것이다. 하지만 우리는 이 극단적 반전이 적어도 부분적으로 헬레니즘계 비관주의, 즉 인간이 스스로 거의 통제하지 못하는 세력에게 종이 되었

다고 보았던 시대 정신(Zeitgeist)에 영향받았을 가능성 또한 받아들여야 한다.[32]

하지만 부르심을 받기 이전 바울의 본래 확신이 분명하게 드러나는 경우가 한 차례 있다. 사람들은 종종 바울이 율법의 행위로는 사람이 의롭게 되지 못한다고 말한 다음 어떻게 자신은 율법을 지지하거나 전체 율법은 성취되어야 한다고 말할 수 있었는지 질문한다. 바울 자신의 전기에 이에 대한 합당한 이유가 있는 것 같다. 유대인 바울은 율법의 교훈을 거부할 이유를 가지고 있었던 때를 제외하고서 율법을 하나님의 뜻의 구현하는 것이자 율법의 교훈을 자명하게 참된 것으로 보았다. 따라서 바울이 행위를 다루면서 율법에 의지했던 것은 자연스럽다. 이렇게 하여 논리적 모순에 이르렀을 수 있지만, 인간적으로 볼 때 매우 납득할 만하다.

바울 사상의 원천을 고찰할 때 필요한 마지막 질문이 있다. 왜 바울은 자신의 상황이나 그와 비슷한 상황에 처한 다른 사람들이 이끌어내지 않았던 결론을 이끌어 냈는가? 바울은 예수가 메시아며, 그의 죽음과 부활이 구원의 의미를 갖고 있고, 예수가 율법에 의해 저주를 받았지만 하나님의 변호를 받았다고 생각한 유일한 유대인이 아니었다.[33] 또 바울은 마지막 날에 이방인이 하나님의 백성에 들어

---

32. Peter Brown은 약간 후대에 관하여 이렇게 말한다: "죄를 짓는 것은 더 이상 단순히 잘못하는 정도로 그치지 않았다. 잘못한다는 것은 실수하는 것이 아니었다: 그것은 알지 못하는 사이에 어떤 보이지 않는 악의 세력에 조종된 것이었다"(*The World of Late Antiquity* [New York: Harcourt Brace Jovanovich, 1971], 53f.).

33. 참조. Peter Stulmacher, "Das Gesetz als Thema biblischer Theologie," *ZTK* 75

오게 될 것이라고 생각한 유일한 유대인이 아니었다. 분명 바울은 창 15:6을 읽은 유일한 유대인이 아니다. 갈라디아서에 나오는 바울의 대적은 '하나님의 이스라엘'에 속한 자들이라면 반드시 그리스도를 믿는 믿음을 갖고 있다는 점을 부인하지 않았다. 그들은 그저 그리스도를 믿는다고 해서 율법을 거부해야 한다는 것을 인정하지 않았던 것뿐이다. 그들이 보기에 이방인은 예수를 받아들이고 할례를 받고 율법을 받아들여야 한다. //154// 내가 볼 때 이 점은 여전히 문제로 남게 될 것이다. 사변적인 대답만 존재하기 때문이다. 아마 바울은 이방인에게 율법을 받아들이라고 요구하는 것이 불공정하다고 생각했을 것이다. 즉, 이방인이 이등 시민으로 계속 남게 되었을 것이기 때문이다. 혹은 바울은 가령 베드로보다 훨씬 근본적으로 생각했다: 만일 이방인이 하나님의 백성에 속할 수 있다면 **모든** 차별이 없어져야 한다. 이런 식의 근본적 태도는 극단을 향하는 바울의 경향과 일치할 것이다. 어쨌든 우리는 바울의 사상이 갖는 독특함을 인정해야 한다.

이는 바울이 율법에 관하여 취하는 입장들이 **단순히** 그의 새 확신에서 나오는 논리적 결과가 아니라는 뜻이다. 나는 율법에 관한 바울의 진술이 율법에 관한 분석적 사고가 아니라 자신의 중심적 확신에서 생긴다고 주장하면서 그의 결론이 순전히 논리적 방식으로 확신 때문에 필요했음을 이야기하는 것이 아니다.[34] 아마 틀림없이 다

(1978): 287.

34. 갈 2:21은 바울이 율법에 대한 자신의 부정적 결론이 그리스도의 죽음 때문에 있어야 하는 것을 보았던 것을 가리키는 듯하다. 그와 비슷하게 바울은 베드로가 유대인과 이방인의 구별을 유지하려는 태도를 위선으로 묘사

른 유대 그리스도인은 율법에 관한 결론을 바울처럼 이끌어내지 않았지만 핵심 확신—그리스도를 믿어야 한다; 끝이 가까웠다; 이방인이 하나님 백성에 합류할 때다—은 공유하고 있었을 것이다.[35] 우리가 알고 있는 바울의 입장은 그에게 여전히 독특하다.

했다(갈 2:11-14). 이는 바울이 자신의 입장을 유일하게 가능한 입장으로 보았음을 함축한다. 현재의 논점은 다른 사람들이 이런 식으로 그 점을 보지 않았다는 것이다. 바울이 자신의 입장을 그리스도를 믿는 믿음에 의하여 논리적으로 가능한 것으로 보았다는 요점에 관해서는 다음을 참조하라. Karl Hoheisel, *Das antike Judentum in christlicher Sicht* (Wiesbaden: O. Harrassowitz, 1978), 182: 바울 사상의 요체이자 그의 생애를 이끌어 간 원동력인 "예수 그리스도를 믿는 믿음에서만 구원이 있다"는 인식은 "구원에 이르는 다른 모든 길을 순전히 논리적으로 배제한다." 다음을 또한 보라. Franz Mussner, "'Christus (ist) des Gesetzes Ende zur Gerechtigkeit für jeden, der glaubt' (Röm. 10, 4)," in *Paulus-Apostat oder Apostel* (Regensburg, 1977), 35f.; Eckert, *Verkündigung*, 108.

35. 이는 바울 사상의 원천에 대한 다른 설명에도 적용될 것이다. 예컨대 바울이 묵시론적 율법관을 가졌다든가 유대교 메시아주의가 율법이 수정되거나 폐기될 것이라는 기대에 이르렀다든가 하는 설명이다(*PPJ*, 479와 각주에 나오는 언급 내용). 다른 유대인 그리스도인들은 자기 시대의 사건을 종말론의 눈을 통하여 보았다. 그리고 그들 모두는 율법에 대한 바울의 결론을 이끌어내지 않았지만 예수님이 메시아라고 생각했다. Gager, "Some Notes on Paul's Conversion," 702에서는 바울의 전기를 보면 율법에 대한 바울의 입장이 설명된다고 지적한다. 그리고 그가 언급하는 바와 같이 이것은 유대교 묵시주의를 통하여 성경에 나오는 '의'를 추적하는 것보다 낫다. 그렇더라도 한 가지 수수께끼가 남는다. 바울은 율법에 신실한 추종자로서 유일하게 그리스도를 믿게 된 사람이었는가?

유대교와 일반적인 율법주의에 대한 바울의 비판

위에서 나는 적어도 부분적으로 율법에 관한 바울의 진술에서 전통적이며 올바르게 추구된 유대교에 대한 바울의 비판이 두 가지, 즉 기독론과 선택에 달려 있음을 주장했다.[36] 롬 9:30-10:13과 같은 구절에서 비그리스도인 유대인은 그리스도를 믿지 않는다는 점에서 책잡힌다. 또 롬 3:27과 같은 다른 본문들은 유대인이 공격받는 위치를 선호한다고 본다. 그리고 누가 아브라함의 참된 자손인가에 대한 주장(갈 3장; 롬 4장; 참조. 9:6, "이스라엘에게서 난 그들이 다 이스라엘이 아니요")은 넌지시 유대인의 선택관을 거부한다. 이것들은 *PPJ*, 550-52에서 바울이 제기했다고 말한 비판과 동일한 것이다. 여기서 부분적으로 이를 반복하는 것은 아주 많은 독자들이 이 주장을 오해한 것처럼 보이기 때문이다. 특별히 데이비스(W. D. Davies)는 유대교가 기독교가 아니기에 바울이 비난했다는 나의 진술에 대해 내가 유대교와 기독교를 완전히 나누기를 바란다고 보았고,[37] 어떤 학자들은 바울이 자신의 생래적으로 가지고 있었던 믿음에 대해 실질적인 비판을 하지 않았다는 뜻으로 나의 말을 받아들였다.[38]

---

36 이 책 47. 참조. Hoheisel, *Das antike Judentum*, 184-87.
37. W. D. Davies, *Paul and Rabbinic Judaism*, 4th ed. (Philadelphia: Fortress Press, 1980), xxxv-xxxvii.
38. 예. *PPJ*에 대한 G. B. Caird의 서평, *JTS* 29 (1978): 542. 이 책 제1장 각주 142와 148을 보라.

　　몇몇 학자들은 *PPJ*의 552 맨위에 있는 이탤릭체 문장(바울이 유대교에서 잘못된 것으로 본 것은 유대교가 기독교가 아니라는 점이다 ("이것이 바 유대교에 대한 바울의 비판에서 주목해야 할 점은 그것이 바울의 생래적(native) 종교 자체에 대한 비판이며 정의상 유대교가 무엇인지를 다루는 비판이라는 것이다. 바울은 어떤 사람이 율법을 이룰 수 없었고 따라서 율법이 의의 방도로 적절하지 못하다고 말하지 않는다. 또 바울은 율법 이루는 것이 몇몇 사람에게는 자기 의에 이른다고 말하지도 않는다. //155// 내가 딱 잘라 말할 수 있는 것은 무능력과 자기 의가 율법에 관한 바울의 진술에서 도무지 두드러지지 않는다는 점이다(롬 7:14-25에서 육신의 무능력에 관한 극단적인 진술을 빼고는). 바울은 유대교를 비판할 때 포괄적인 방식으로 비판한다. 그리고 그 비판은 두 초점을 갖고 있다: 그리스도를 믿지 않는 점과 이방인이 동등하지 않다는 점이다. 이 두 가지는 롬 9:30-10:13에 두드러지게 나타난다. 이 둘은 이방인 사도로 부르심을 받은 바울의 소명과 관련되어 있으며 유대교 자체를 공격한다.

하지만 나는 앞에서 다룬 것을 단순히 반복하고 싶지 않다. 다른 학자들은 율법에 반대한 바울의 주장이 대체로 기독론적이라고—이는 그렇게 새롭지 않다—보았다. 그럼에도 기독론적 비판은 유대교

로 바울이 유대교에서 발견한 문제다: 유대교는 기독교가 아니다", 한국어판, 970])을 원래 쓴 의도대로 보지 않았기 때문에 나는 내용을 분명하게 하기 위하여 좀 더 자세한 두 가지 내용을 지적하지 않을 수 없다: (1) 내 의도는 그것이 바울이 잘못으로 발견한 모든 것이라는 뜻이었지, 바울이 기독교가 유대교와 전혀 단절된 것으로 보았다는 뜻이 아니었다; (2) 이 문장은 550에서 시작하는 요약의 끝에 나온다. 이 요약은 바울이 유대교 언약(즉 언약적 율법주의)을 부인하는 것을 강조한다. 그리고 결론을 내리는 이 문장은 앞 페이지에 비추어 읽어야 한다.

의 율법주의에 대한 비판과 밀접한 관련이 있다고 주장했다. 이때 '율법주의'는 참된 신학이 대응해야 하는 바 자기 성취를 향한 인간의 경향으로 일반화된다. 이러한 심화된 단계들 중 어느 것도 바울서신에 대한 엄밀한 성경 주해로 정당화되지 않는다고 생각한다.

우리는 에른스트 케제만의 *Commentary on Romans* (『로마서』, 한국신학연구소, 1982)를 두 경향의 좋은 예로 볼 수 있다. 케제만은 롬 9:30f.를 주석하면서 다음과 같은 해석을 제공한다: "요점은 율법으로 의를 요구하시는 하나님의 뜻에 도달할 수 없다는 것이다. 이는 오해되어 성취를 요구하게 된다"(277). 롬 10:3에 나오는 *tēn idian* [*dikaiosynēn*]("그들 자신의 의")이라는 구절은 이런 뜻이다: '경건한 성취 활동을 향한' '사람 자신의 의'(281). 케제만은 이어서, 이것이 'ζῆλος (열심)에 근거를 둔 전형적인 유대인의 죄'라고 말한다(281).[39] 케제만은 이렇게 말한 다음, 바울이 율법에 관하여 일반적인 이론을 펴지 아니하고 "주권에 나타난 변화를 확언하고 이런 이유로 무엇보다도 기독론의 측면에서 주장한다"는 올바른 통찰로 나아간다(282). 그러나 그런 후에 케제만은 자신의 방식대로 일반화를 시작한다.

> 믿음도 율법의 행위로 보았던 이스라엘은 그 목표에 도달할 수 없었다. 왜냐하면 오직 그리스도가 우리로 하나님의 참된 뜻을 알 수 있게 하시고 오직 성령이 우리로 그 뜻을 이룰 수 있도록 하실 수 있기 때문이다. 모세의 토라는 그리스도와 더불어 마침이 되는데, 이는 사

---

39. 참조. Herman Ridderbos, *Paul: An Outline of His Theology* (Grand Rapids: Wm. B. Eerdmans, 1975), 139.

람(*der Mensch*)이 이제 하나님의 권리를 인정하기 위하여 자기 권리를 포기하기 때문이다(283).

이스라엘, 율법주의, 일반화된 신학 사이에 맺어진 이런 연관은 계속된다. 두 가지 예가 더 있다: (1) 롬 10:14-21의 예: "18-19절에 따르면 죄책[즉 유대교의 죄책]은 엄밀하게 말해서 은혜를 거부한 데 있다"(293); (2) 롬 11:6의 예: "죄가 아니라 경건한 활동으로 인해 유대교는 자신에게 제시된 구원을 얻지 못하고 속박에 계속 매인다"(302).

여기서 인용된 자료의 대부분이 좀 더하거나 좀 덜할 뿐 이는 분명히 자의적 주석이다.[40] 물론 오래되고 존중되는 (아마 너무 숭배되는)

---

40. 우리는, 율법을 행하는 것이 선택을 얻을 수 있다고 가정하면서 은혜를 거부하는 것으로 간주될 수 있도록 바울이 롬 11:6에서 은혜와 공로를 실제로 대조시킨 점을 지적해야 한다. 흔히는 (그리스도를 믿는) 믿음과 하나님의 긍휼을 받는 올바른 수단으로서 율법을 행하는 것을 대조한다. 하지만 우리는 롬 11:6을 바울이 유대인과 율법에 관하여 말하는 다른 모든 것을 평가하는 기초로 여기고 매달려서는 안 된다. 롬 11:1-12의 요지는 선택이다. 만일 선택이 '행위'에 달려 있다면, 그것은 어떤 사람은 선택하고 어떤 사람은 마음을 강퍅하게 만드시는 하나님의 자유로운 선택이 아니다. 만일 행위가 선택을 받는 올바른 조건이라면, 바울은 왜 그리스도를 믿지는 않지만 율법을 지키는 유대인이 선민에 속하지 않는가를 설명할 수 없다. 여기서도 즉 은혜와 공로의 대조가 개인의 자기 의에 초점을 두지 않는다. 바울은 롬 9:30-10:13에서처럼 왜 율법을 지키는 유대인이 적어도 잠정적으로는 하나님의 백성에 속하지 않는지 설명하고 있다. 그런데도 여기 나타난 표현이 롬 9:30-10:13과 달리 기독론적이지 않고 '은혜'와 '공로'가 마치 종교적 추상물인 양 이 둘에 초점을 두는 것은 놀랍다. 하지만 바울의 다른 모든 논의에 비추어 볼 때 우리가 율법과 유대인의 결점에 관한 논의에 아주 일반적으로 나타나는

전승에 기초를 둔 자의적 주석 말이다. //156// 바울이 선행을 하려는 동족의 열심을 비난했다는 발견은 혼란스러울 따름이다. 바울은 유대인의 결점에 대한 중요한 논의에서 유대인이 율법을 충분히 잘 행하지 않았고(롬 2:17) 의는 그리스도를 믿는 믿음으로부터 오는 것이기에 율법 행함이 참된 의에 이르지 못한다고 비난한 것이지(롬 10:3f.), 경건한 활동에 대한 열심을 비난하는 것이 아니다.

하지만 이 결론부의 요점은 케제만의 입장의 두 측면에 초점을 두는 데에 있다: 왜냐하면 내 생각에 두 측면은 이 입장이 그토록 오랫동안 유지되고 여전히 많은 사람에게 설득력을 가지는지 드러내기 때문이다.

한 측면은 기독론과 자기 노력의 단념 사이의 직접적 연관이다. 이는 283쪽에 있는 긴 인용문에서 볼 수 있다. "오직 그리스도가 우리로 하나님의 참된 뜻을 알 수 있게 하시고 … ." 이는 바울의 견해를 충분히 표현한 진술이다. 그러나 이는 곧바로 "사람"(*der Mensch*, 즉 인류 자체)이 "자신의 권리를 포기한다"고 말함으로써 해석된다. 그리스도를 받아들이는 주된 요점은 성취의 단념이 되며, 그리스도를 부인하는 자들은 필연적으로 자기 주장의 죄를 짓는다는 것이다. 일단 이렇게 해석하면 유대교에 대한 바울의 **기독론적 반대**(christological objections)를 유대교의 **자기 의**(Jewish self-righteousness)에 대한 것으로 읽기가 아주 쉽다. 그래서 바울이 **유대교를 반대했고**(opposed Judaism) **기독론적으로 주장했다는**(argued christologically) 올바른 주석적 인식은 바울이

개별화되고 일반화된 용어로 롬 11:6을 읽어야 하는지는 의문이다.

유대교의 **전형적인 자기 의**〔the self-righteousness which is typical of Judaism〕에 반대했다는 주장—논증이나 성경 주석적 증명이 없이 기본적인 신학적 가정에 근거를 둔—이 된다. 이 단계는 한 세기 이상 유대교 문헌이 자기 의를 증거한다고 읽은 데서 촉진되었다. 그러나 이렇게 추정된 바, 유대교의 자기 의에 대한 반대는 자기 의 개념이 유대교 문헌에 나오지 않듯 바울서신에도 나오지 않는다.

바울이 태도에 대해 뭔가 말한 것이 있다면 무슨 말을 했을지 그 논의를 추측해보는 것이 도움이 될 것이다. 랍비 문헌은 사람이 율법의 요구를 행함에 있어서 "마음을 지도하는 것"에 대한 이야기로 가득 차 있다(PPJ, 107-9을 보라). 율법 행함에 있어 하나님께 대한 올바른 헌신의 태도로 행하는 것에 대한 관심사는 분명 1세기 회당에 있었고 롬 2:28f.에 반영되어 있다. 율법 교사들은 분명 순종이 단지 외적인 것이 될 수 있음을 알았고 그 위험에 대해 경고했다. 우리는 어떤 유대인이 그릇된 태도로 율법을 행했음을 합리적으로 생각할 수 있다. 그러나 이 문제에 관심을 갖고 있는 것은 랍비지 바울이 아니다. 이때 바울은 이미 외면성과 이에 따른 율법주의를 비판하는 **일부** 자료를 가지고 있었다. 주목할 만한 점은 이런 자료들이 롬 2장에서 전승 자료를 사용하는 경우를 제외하고는 사용되지 않는다는 것이다. 바울은 유대인 개인이 겪었을 결점을 분석하지 않았다. //157// 자신의 생래적 종교인 유대교에 대한 바울의 비판은 유대교 내의 어떤 개인이 자기 의를 향하고 있는지 여부와 관계없다. 더욱이 바울은 그런 결점을 가지고 유대교 자체를 비난하지 않았다.

내가 언급하고 싶은 케제만의 연구의 두 번째 측면은 유대교에 대해 가정된 비판이 개인화되고 일반화되는 방식이다. 이와 같이 대부분의 유대인이 그리스도의 선포를 거부한다는 바울의 불평(롬 10:18-21)은 이들이 **은혜를** 거부한다는 뜻으로 일반화되었다(Käsemann, 293, 위의 인용문). 그러나 분명 비그리스도인 유대인은 자신이 언약에 충실하여 하나님의 은혜 안에 머물러 있다고 생각했다. 오직 "그리스도의 말씀"(10:17)을 은혜와 동일시할 때에 이들이 은혜를 거부했다고 말할 수 있다. 바울이 이런 관계를 생각했을 가능성이 크기에 그는 자기 동족이 기독교 복음을 거부하며(롬 10:14-21) 은혜를 거부한다고(11:6; 참조. 6:14f.) 비난할 수 있었다. 그러나 바울에게 있어서 비판의 무게는 그리스도를 거부하는 사실에 놓여 있다; 이는 유대인이 자기 의를 추구한다는 것을 입증하는 것이다. 유대교가 역사적으로 지금 우리가 말하는 자기 의를 가르쳤다는 비판은 없다. 또 유대인 개개인이 그런 태도에 젖어 있었다는 비판도 없다. 현대 신학자가 **사실상** 유대인의 결점이 자기 의에 있다고 말하기 위해서는 그리스도를 거부하는 것이 **곧** 은혜를 거부하는 것이라는 바울의 가정을 공유해야 할 뿐만 아니라 유대인이 공로로 인한 의를 좋아했기 **때문에** 은혜를 거부했다는 가정을 또 내세워야 한다. 이는 롬 9-11장에 나오는 유대인의 실패에 관한 논의를 개인화하고 일반화할 뿐만 아니라 역사를 건너뛰어 버린다: 유대인 개인은 은혜 자체를 거부하고 그래서 열심을 내어 자기 의를 얻으려는 죄를 지었다(케제만으로부터 인용함, 281). 이렇게 바울의 논의는 몇 가지 방식으로 본래 정황에서 벗어나게 된다. 롬 9-11장은 유대인이 기독교 복음을 거부하는 문제를, 유대인을 구원하되 그리스도를 믿는 믿음에 터를 두고 구원하려는 하나님의 의도에 비추어서 다루고 있다; 바울은 유대인의 잘못을 개인의 자기 의가 아니라 기독교 메시지를 거부하는 **집단적인**(collective) 것으로 간주한다(특히 10:18-21).

일반화는 케제만이 1인칭("우리")으로 바꾸고 "인간"(der Mensch)이라고 칭할 수 있는 방식에도 나타난다.[41] 이런 형태의 일반화는 케제만이 속한 학파에서 전형적이지만, 결코 그 학파에만 국한되는 현상은 아니다. 바울의 율법에 대한 보다 전문적인 논의에 더욱 위장된 형태로 상당수 퍼져 있는 일반화의 아주 노골적인 사례 중 하나는 린더 케크의 유명한 바울 저서에 나타난다:[42]

> *nomos*는 생활 방식, 의무를 다함으로써 하나님과 관계 맺는 방식을 의미한다. 첫 번째 경우에 '율법'은 성경, 특히 오경을 가리키지만, 바울의 *stoicheia*에 대한 언급은 *nomos*가 모세의 율법에 국한되지 않음을 보여준다. //158// 바울의 관심사는 법이나 의무가 구체적으로 무엇인지 아니라 '율법의 법적 특징'에 있다. 바울은 현상학적으로 율법에

---

41. 참조. 예컨대 다음을 보라. Hans Hübner, "Identitätsverlust und paulinische Theologie," *KuD* 24 (1978); 181-93; "Das ganze und das eine Gesetz," *KuD* 21 (1975): 244f.; Heinrich Schlier, *Der Brief an der Galater*, 5th ed. (Göttingen: Vandenhoeck & Ruprecht, 1971), 132 ("die Menschen, die das Prinzip ihrer Existenz in den Gebotserfüllungen haben, sind dem Fluch unterworfen"[자신의 실존 원리를 율법 성취에 두는 사람들은 저주에 던져진다]); Franz Mussner, *Der Galaterbrief* (Freiburg: Herder, 1974), 223. 다음에 나오는 비판과 비교하라. Ulrich Wilckens, *Rechtfertigung als Freiheit: Paulusstudien* (Neukirchen-Vluyn, Neukirchener Verlag, 1974), 9.
42. Leander Keck, *Paul and his Letters* (Philadelphia: Fortress Press, 1979).

관하여 생각한다. 그래서 바울은 한 율법을 다른 율법과 구별하고 의식법과 도덕법(예. 십계명)을 구별함으로써 율법을 구조화하는 데 전혀 관심이 없다. 사람이 율법의 요구를 충족하면서 율법에 따라 살면, 어떤 율법에 순종하고 있는지는 중요하지 않다. 율법으로 사는 것, 하나님과 바른 관계를 유지하기 위하여 의무를 이루는 것('율법의 행위'를 하는 것)은 하나님의 은혜를 순전하게 의지하며 사는 것이 아니다(86).

나는 이 모든 것에 동의하지 않는다: 나는 바울이 *nomos*를 가지고 *stoicheia*를 언급한 경우를 확인할 수 없다; 우리는 바울이 율법에 관하여 현상학적으로 생각하지 않았음을 거듭 살펴보았고,[43] 십계명이 도덕법의 예라고 하는 비교적 사소한 논지도 정확하지 않다. 그러나 여기서 기본적으로 반박해야 할 것은 바울의 율법 반대가 '삶의 방식, 곧 하나님과의 관계'에 대한 반대라는 견해다. 이 해석 때문에 케크는 바울이 갈라디아인과 논쟁하면서 취하는 입장을 특이하게 해석하게 된다: "율법의 요구를 충족하는 것과 하나님에 대한 온전한 신뢰는 뒤섞이지 않는다"(87). '하나님의 백성에 속하기 위해 할례를 받고 모세의 율법을 받아들여야 할 요건'(갈라디아서의 문제에 대한 나의 해석)이 '율법의 요구 충족'(케크의 해석)으로 일반화되는 등식으로 인해 케크는 자신의 진술을 바로 철회해야 했다. 케크는 '율법의 요구

---

43. 적어도 갈라디아서에서 '율법이 법이라는 것'에 관한 현상학적 사고 방식을 옹호하는 견해로는 다음을 보라. Hübner, "Das ganze und das eine Gesetz," 242.

충족'과 '신뢰'가 섞이지 않는다고 말한 후 "신뢰/믿음이 단정적으로 의무를 폐지하는 것은 아니다"라고 써야 했다(89).

우리는 이 일반화의 결점이 어디에 있는지 분명하게 알아야 한다. 케크는 갈라디아서에 나오는 할례 문제가 전형적이라고 주장한다. 즉 믿음에 보충적인 요구로서 제시하려는 것은 무엇이든지 동일하게 틀렸다는 것이다(88). 만일 화제를 기본적인 입교 요구 조건에 국한시킨다면 이는 괜찮은 일반화다. 입교 형식으로서 할례에 반대했던 것과 같이 바울이 다른 모든 입교 형식에 열성적으로 반대했을 것임은 의심의 여지가 없다. 하지만 케크의 진술은 바울을 반대했던 선교사들의 입장을 잘못 이해하기 쉽다: 이는 마치 다른 유대 그리스도인이 가진 일반적인 견해, 곧 그리스도에 대한 믿음이나 하나님에 대한 신뢰를 거부하는 것처럼 들릴 수 있다. 그들이 그런 입장을 가지고 있지 않았다는 것은 거의 틀림없다. 또한 바울은 그들이 그런 입장을 가지고 있다고 비난하지 않았다. 하나님과 관계 맺는 방식, 삶의 방식이 당면한 문제였다고 케크가—다른 많은 사람들과 마찬가지로—말할 때 일반화는 엉뚱한 방향으로 가기 쉽다. 바울과 유대교(그리고 추정되는 바 갈라디아에서 반대했던 선교사들)는 모두 '행함'이 소수의 내부 집단이 꾸려가는 생활에 **필수적**(integral)이며 구성원들에게 **요구되는**(required) 것이라고 생각했다. 이것이 바로 율법의 요구를 충족하는 것과 믿음이 섞이지 않는다는 진술을 스스로 수정해야 했던 이유다: 갈라디아 논쟁에 참여했던 양쪽 당사자는 '행함'과 율법의 요구를 옹호했고, 바울도 다른 사람 못지 않았다. //159// 그들은 모두 '믿음'과 '요구'가 완전히 잘 섞여 있다고 생각했다. 문제는 어떤 사항이 요구되고 거기에 **어떤 의미**〔signficance〕가 있었는지 하는 것이었다. 문제가 되는 구체적 요구는 할례였다. 그리고 이는 바울의 주장에 따르면 본래 중요하지 않은 관행이었다(갈 6:15; 고전 7:19). 하지만 할례를 받아들이는 것은 모세의 율법을 하나님의 백성에 속할 수 있는 자격에 본질적인 것으로 받아들인다는 의미를 가지고 있었다. 바울의 반대는 모세의 율법이 '행함'을 요구한다는 사실이 아니라 모세 율법의 수용이 하나님의 백성, 즉 아브라함의 후손에 속하는 데 결정적인 점이라면 그리스도는 헛되게 죽으신 것이라는 데에 있었다(갈 2:21).

갈라디아의 논쟁은 '행함' 자체에 관한 것이 아니다. 대립하는 어느 쪽도 '행함'의 요구를 믿음의 부인으로 보지 않았다. 바울은 개종자들에게 요구 사항을 제시하면서 자신이 믿음을 부인했다고 생각하지 않았기에, 다른 구체적인 것들을 요구했던 유대 그리스도인들이 믿음을 부인했다고 생각할 이유는 없다. '행함' 자체와 '믿음' 자체에 벌어졌다고 하는 갈등은 간단히 말해 갈라디아서에 존재하지 않는다. 당면했던 문제는 '신뢰'라는 단어로 요약되는 삶의 방식과 '요구'로 요약되는 삶의 양식이 아니라, 어떻게든 하나님의 이스라엘에 속하기 위한 요구 조건이 '유대인이 되는 것도, 헬라인이 되는 것도' 아니라는 것이다.

'믿음'과 '율법' 논쟁이 입교 조건에 관한 논쟁이라는 말에서 나는 바울에게 믿음이 그리스도의 몸에 들어가는 시점에만 필요하다는 것을 의미하지는 않는다. 오히려 그 반대다. 그리스도를 믿는 믿음은 언제나 그리스도 안에서 삶의 일부가 되었을 것이며 하나님에 대한 신뢰는 결코 흔들려서는 안 된다. 바울의 반대자들도 똑같이 말했을 것이다. 하나님을 신뢰하고 그리스도를 믿는 것이 필요하다는 논쟁은 없었다. 논쟁은 유대인이 되어야 하는지 여부에 관한 것이었다.

일단 바울서신에서 '믿음'과 '율법'의 명백한 대립이 전체 삶의 양식보다도 핵심적인 구성원 자격 조건과 관계가 있다면, 바울이 율법에 관하여, 흠 없는 상태에 관하여, 범죄의 형벌과 순종의 상급에 관하여 긍정적으로 말하는 진술에 큰 비중을 두는 것이 크게 당혹스럽지 않을 것이다. 믿음 자체가 '선행'의 반대가 아닌 것으로 간주된다면 바울이 유대교를 선행—율법주의와 자기 성취에 대한 의존—으로 비난했다고 생각할 부담이 줄어들 것이다.

마지막으로 한 가지를 정리할 필요가 있다. 갈 3장과 롬 3-4장에 나오는 율법에 관한 논쟁은 무엇보다도 (배타적으로 갈라디아서에서) 기독교 내부의 논쟁이다. //160// 바울의 유대교 비판은 갈 3장에서 누가 아브라함의 참된 후손인지에 관한 주장에 함축되어 있고, 롬 3-4장에서 보다 더 분명하게 나타난다. 롬 3-4장은 유대교가 그런 위치를 주장할 만한 특권이 없다고 거듭 주장한다. 바울은 롬 9-11장, 고후 3장, 빌 3장에서처럼 유대교에 초점을 둔다. 이때 바울의 비판은 유대인이 선행에 열심이었다는 것이 아니다. 우리가 거듭 언급해 왔지만 이에 대해 바울은 전혀 반대하지 않았다. 바울의 비판은 이중적이다: 율법으로 자기 의를 추구했던 유대인은 그리스도를 믿지 않았고 '육신을 따라' 이스라엘의 선택을 의지했다는 것이다. 우리는 기독론에 관하여 충분히 말했기에 이제는 바울이 선택의 유효성을 부인할 때 유대교의 어떤 핵심을 공격한다는 사실에 주목할 필요가 있다. 우리는 아브라함의 자손이 되기 위하여 유대인이거나 유대인이 되어야 할 필요가 없다; 하나님은 유대인의 하나님이시며 마찬가지로 이방인의 하나님이시다(롬 3:29). 이는 특별히 이스라엘에 관한 것이 아님을 의미한다;[44] 하나님은 외모로 사람을 취하지 않으신다(2:11); 이스라엘은 본래 특권을 갖고 있었지만(롬 3:2; 9:4f.) 하나님 앞에 실제 이 점을 갖고 있지 않다(롬 3:9); 유대인과 헬라인은 아무 차별이 없다(롬 3:22; 10:12). 우리가 유대인의 배타주의와 특권을 이처럼 부인하는 것에 지나치게 우쭐대기 전에, 닐스 달(Nils A. Dahl)이 지적했듯 바울이 그다지 특수주의적이지 않다는 점을 상기해야 한다.[45] 바울은 그리스도를 믿지 않는 유대인을 '아브라함의 자손'에서 배제했다(다음 장에서 이 문제를 다룰 것이다). 바울은 유대교의 특수주의(particularism)에 반대하지만 다른 특수주의를 끌어들인다. 분명 비그리스도인 유대인뿐 아니라 바울의 그리스도인 반대자들도 하나님이 모든 사람의 하나님이 되려 하신다는 데 동의했을 것이다. 하지만 이들은 하나님의 그런 뜻이 그들의 입교 조건(할례와 율법 수용)에 동의할 마음이 있는지에 제한된다고 보았을 것이다.[46] 그렇게 되면 그리스도를 믿으라는 바울의 요구보다 효과가 덜할 수 있지만, 그 차이는 보편주의와 특수주의 사

---

44. 원래 유대교의 가정(假定)에 관해서는 *PPJ*, 87을 보라. 랍비들은 하나님의 편애주의의 문제로 씨름했지만, 편애가 있다는 사실을 부인하지 않았다: ibid., 87-101.

45. Nils A. Dahl, "The One God of Jews and Gentiles (Romans 3:29-30)," in *Studies in Paul* (Minneapolis: Augsburg Publishing House, 1977), 191.

46. Dahl, ibid.에서는 유대교에서 선택—그리고 덧붙이자면 선택의 수용—의 개념이 보편적 단일신론과 특수주의를 중재한다고 올바르게 지적한다.

이의 흑백 논리적 차이가 아니다.[47]

율법과 성경

율법에 관하여 이처럼 긴 글을 썼지만 보다 더 흥미롭고—또한 보다 더 실망스러울 수도 있는—잠재적인 소주제 중 하나인 '율법'과 '성경'의 관계 그리고 율법과 하나님의 뜻 사이의 관계를 무시할 수 없을 것 같다. 바울이 말한 율법과 성경을 다룰 때의 기본적인 관찰은 바울이 율법 자체에 반대하며 율법을 인용할 수 있었다는 것이다.[48] 가장 분명한 경우는 아브라함의 자손이 되기 위해서 할례를 받지 않아도 된다는 것을 입증하려고 성경을 인용한 것이다. 이 경우 바울은 할례를 아브라함 가계의 자격으로 분명히 연결하는 구절(창

---

47. 나는 유대교 식의 특수주의가 인류에게 얼마나 이바지하는지의 문제를 제쳐 둔다. 다음의 글이 제시하는 논의를 보라. E. E. Urbach, "Self-Isolation or Self-Affirmation in Judaism in the First Three Centuries: Theory and Practice," in *Jewish and Christian Self-Definition*, vol. 2, (Philadelphia: Fortress Press, 1981), 269-98, 특히 Baeck과 Guttmann을 다룬 269-71.
48. Otto Michel, *Paulus und seine Bibel* (Darmstadt: Wissenschaftliche Buchgesellschaf, 1972), 142, 145. 그의 지적에 따르면, 이것은 성경이 구약 종교에 반대하고 새로운 기독교 종교에 옹호한다는 것을 뜻한다. 참조. Peter Stuhlmacher, "Theologische Probleme des Römerbriefpräscripts," *EvTh* 27 (1967): 378: "바울에게 구약은 가장 깊은 의미에서 모세의 율법과 모순되며 복음을 증거하는 책이다." 바울이 (자기가 해석한 것으로) 성경을 계속하여 사용하는 것을 권위적이라고 보는 점에 관해서는 다음을 보라. H.-J. van der Minde, *Schrift und Tradition bei Paulus* (Munich: F. Schöningh, 1976).

17:9-14)이나 실제 할례 계명("제 팔일에는 그 아이의 양피를 벨 것이요", 레 12:3)을 인용하지 않았지만, 이를 무시할 수도 없었다. //161// 또한 바울은 성경에 나오는 두 가지 의를 발견하고 이 중 하나가 구원한다(따라서 다른 하나는 구원하지 못한다)고 말할 수 있었다(롬 10:5-10). 또 바울은 어떻게 하든 율법이 그 아래 있는 자들을 정죄한다고 말한다(갈 3:10; 신 27:26을 인용함).

이는 자연스럽게 바울의 생각에 나타나는 바 바울이 동의하는 율법(또는 율법의 측면/부분)과 동의하지 않는 율법(또는 율법의 측면/부분)의 구분을 탐구하게끔 만들었다. 여기에는 수많은 제안이 있어 왔다. 예를 들어 핸슨(A. T. Hanson)은 바울의 관점에서 옛 시내 산 언약과 나머지 언약을 구분하려고 했다. 돌판(고후 3:3)은 시대에 뒤진 시내 산 언약의 일부다.[49] 이 구분에 대한 한 가지 반박이 눈에 띈다: 롬 13:8-10은 십계명 중 네 가지 계명의 순종을 권한다. 성경 어휘 사전을 조금만 살펴보면 바울이 옹호하는 것과 거부하는 것 사이의 용어는 구분되지 않는다: 바울은 *nomos* (율법)와 *graphē* (성경) 둘 모두를 사용하지만, 분명하게 구분할 만한 방식으로 사용하지는 않는다. 그래서 *nomos*가 때때로 "성경"을 의미하기도 한다(롬 3:19; 7:1; 고전 14:21).[50] 여기서 나는 장황해질 수 있는 논의를 가지치려 한다: 바울이 율법의 참되지 않은 부분/측면에서 참된 것을 체계적인 방식으로 구분해낸다든지, 또는 능가하거나 작동하지 않는 부분/측면(고후 3:10f.)에서 성

---

49. A. T. Hanson, *Studies in Paul's Technique and Theology* (London: SPCK, 1974), 136-45.
50. Beker, *Paul the Apostle*, 252.

취된 것(롬 8:4)을 구별했음을 보여주는 분명한 경우가 없다.[51]

유대 성경 주해의 역사에서 한 성경 구절을 인용하면서 다른 구절에 반대하거나 심지어 본문의 명확한 의미를 인정하지 않고 전복하는 일은 전례가 없지 않다. 랍비전통(rabbinism)에서 제3의 구절을 가져와 두 구절 사이의 관계를 결정하거나 의미를 분명하게 하는 장치는 잘 알려져 있다. 신 24:1에 반대되게 (다마스커스 언약에서) 창 1:27을 인용하듯이 말이다(CD 4:20f.). 랍비 엘리아자르(Eleazar)는 출 20:7("주는 그 이름을 망령되이 일컫는 자를 죄 없다 하지 아니하리라")의 명백한 의미를 바꾸면서 출 34:7("인자를 천대까지 베풀며 악과 과실과 죄를 용서하리라")을 수정된 출 20:7 읽기의 정당 근거로 호소하여, 결과적으로 하나님은 회개하는 자를 죄 없다 하실 것을 의미하게 된다. 랍비 이쉬마엘이 말했다는 네 가지 속죄 방법에는 바로 그 계명(출 20:7)이 인정되지 않는다. 이 랍비는 종합적으로 회개, 속죄일, 고난, 죽음이 속죄가 없다는 성경의 계명과 관련한 범죄를 용서할 것이라고 간단히 말한다.[52]

바울이 성경을 다루는 방식은 랍비의 것과 부분적으로는 정도에서 차이가 나고 부분적으로는 종류에서 차이가 난다. 롬 14:1-6을 놓고 보면 이 점이 좀 더 분명하게 드러난다. 율법의 큰 두 범주, 즉 음식과 절기를 선택적인 것으로 제쳐 두었다. 여기서 정도의 차원은 아주 분명하게 드러나서 통상적인 유대교의 성경관을 명백하게 침해한다. //162// 나는 롬 14장에서 절기와 음식 율법을 선택적으로 제쳐둔

---

51. 참조. Räisänen, *Paul and the Law*.
52. *PPJ*, 158-60에 나오는 자세한 사항과 구절들.

다면 일반적인 유대인이 전혀 받아들이지 않을 것이라고 생각한다. 만일 유대인이라면 이렇게 소리칠 것이다. "무슨 말이든 하라. 에스겔이 신명기를 수정했다고 말하라. 참된 순종이 내면적이지 외면적이지 않다고 말하라. 디아스포라에서 율법은 적절하지 않다고 말하라. 그러나 하나님이 율법을 주셨을 때 순종하든 말든 **신경 쓰지 않으셨다고 말하지는 말라**."

오래전 조지 푸트 무어는 바울의 선조 유대인이 어떻게 구원의 길로서 회개와 용서라는 유대교의 핵심 교리를 암묵적으로 부인할 수 있었는지 문제를 제기했다.[53] 이 문제는 대답하기 어려운 것으로 알려져 있었다. 물론 나는 대답이 있다고 생각한다.[54] 그러나 당면한 문제는 어떤가? 어떻게 바울의 선조들 중에 있는 어떤 유대인이 여전히 성경을 성경으로 보고 하나님의 계획과 뜻을 나타내기 위해 성경을 인용하면서 그 계명 가운데 몇몇을 선택적인 것이라고 말할 수 있었겠는가?

나는 이 표현이 시대착오적일 수 있다는 점에 주춤하기는 하지만 바울이 정경(canon) 안에 있는 정경을 발견했다고 생각한다. 바울은 자신이 발견한 바를 표출하여 서술하지 않았고, 이에 대해 의식적으로 고민했을 것 같지도 않다. 우리는 바울의 생각이 작동하는 모습 속에서 이를 인식할 뿐이다. 이것은 다음과 같다: 성경에는 이스라엘의 불순종을 비난하는 부분이 있듯, 믿음, 의, 이방인, 사랑을 언급하

---

53. George Foot Moore, *Judaism in the First Three Centuries of the Common Era*, vol. 3 (Cambridge, Mass.: Harvard University Press, 1930), 151.
54. *PPJ*, 499-501.

는 부분들도 있다; 이렇게 정경 내적으로 일치하지 않는 부분들, 특히 이방인과 관련해 일치하지 않는 부분들은 명시적으로나 암시적으로 중요하지 않다.

이런 식으로 성경을 읽는 태도를 헤집고 들어가 보면 바울의 활동을 결정했던 위대한 확신들이 드러난다: 하나님은 세상을 구원하기 위하여 차별이 없이 모든 사람을 구원하기 위하여 그리스도를 정하셨다. 하나님은 언제나 이를 뜻하셨고—하나님은 아브라함에게 미리 알리셨다—하나님의 뜻은 단일하며 성경에 진술되어 있다. 구원은 지금, 곧 마지막 날에 이방인을 불러들이는 사도(이 과업에 자신이 합당하지 않을지라도)인 바울과 함께 성취되고 있다. //171//

제2부

바울과 유대인

제6장
그리스도의 사도 바울과
이스라엘 민족

서론

이제는 유대 민족에 관한 바울의 사상 및 바울과 유대 민족과의 관계 문제를 다루려 한다. 이 두 주제를 다루면서 우리는 또한 바울의 자기 이해, 즉 자신의 정체성, 삶, 사역을 논의하게 된다. 이 문제는 제1부에 나오는 문제와 같이 복잡하고 때로는 모호하다. 이 물음에 대답하면서 율법에 관해 쓴 것보다 분량이 적다 하더라도 이는 질문이 덜 중요하거나 덜 까다롭기 때문이 아니라 이 질문을 다루고 있는 구절의 수가 적고 이와 관련해 더욱 폭넓은 동의가 있기 때문이다. 먼저 '그리스도의 몸'과 이스라엘과의 관계에 대한 바울의 개념에서 시작한 후 바울의 삶의 방식과 선교적 실천을 다루고 마지막으로 모든 이스라엘이 구원될 것이라는 진술을 고찰할 것이다(롬 11:26).

제3의 족속[1]

바울이 자신의 활동을 어떻게 보았는지에 대해서는 의견이 상당히 일치한다. 바울뿐 아니라 아니라 초기 기독교 운동에 관해서도 상당히 많은 것을 설명하는 가장 명확하고도 유일한 진술은 롬 15:16이다: "… 나로 이방인을 위하여 그리스도 예수의 일꾼이 되어 하나님의 복음의 제사장 직무를 하게 하사 이방인의 제물이 성령 안에서 거룩하게 되어 받으심직하게 하려 하심이라." 엄숙한 제사장 용어[2] 특별히 '이방인의 제물'이라는 표현은 사도들이 활동했던 배경을 보여준다. 곧, 하나님의 통치가 도래했고 이스라엘이 세워지고 있고 이방인이 하나님의 백성에 들어올 때가 이르렀다.[3] 흔히 바울은 궁핍을

---

1. 제3의 족속에 관해서는 Adolf von Harnack, *Die Mission und Ausbreitung des Christentums in den ersten drei Jahrhunderten*, 4th ed. (Leipzig: J. C. Hinrichs, 1924), 259-81. (*The Expansion of Christianity in the First Three Centuries*, 300-35)를 보라.
2. 바울은 다른 곳에서 제사장 용어로 자신을 묘사한다: 롬 1:9; 특별히 빌 4:17f. 바울은 고전 9:13f.에서 제사장과 사도의 유비를 말한다. 다음의 글에는 탁월한 논의가 있다. Michael Newton, "The Concept of Purity at Qumran and in the Letters of Paul" (Ph. D. diss, McMaster University, 1980), 139-53.
3. Dieter Zeller, *Juden und Heiden in der Mission des Paulus*, 2d. ed. (Stuttgart: Verlag Katholisches Bibelwerk, 1976), 255, 272-75, 284는 특별히 Stuhlmacher의 주장("Interpretation von Römer 11:25-32," in *Probleme biblischer Theologie* [Munich: Chr. Kaiser, 1971], 특히 560f., 그리고 "Erwägungen zum Problem von Gegenwart und Zukunft in der paulinischen Eschatologie," *ZTK* 64 [1967]: 430f.)을 반박하면서, 바울이 활동을 벌인 정황은 시온으로 가는 이방인의 순례가 아니다. 그는 이방인이 시온으로 끊임없이 나아가고 있지 않으며 바울의 견해에 따르면 이스라엘이 높아지고 승리하지 못한다고 지적한

채우기 위해 모금하는 이유에 대해 매우 빈번하게 표현했지만(롬 15:25-27; 고후 9:12 등), 롬 15:16은 바울과 예루살렘에 있는 '기둥들'이 이 문제를 어떻게 보았는지 보여준다: 이 구절은 이방인의 헌물을 가리킨다. 롬 15:16에 나오는 "이방인의 제물"이 이방인 자체를 가리킨다 하더라도 말이다.[4] 복음을 전하고 모금하는 바울의 모든 사역은 마지막 날에 이방인이 시온 산으로 순례를 올 것이라는 기대를 배경으로 삼고 있다.[5] //172//

우리는 위에서 베드로와 예루살렘의 지도자인 사도들뿐 아니라 바울이 '거짓 형제들'이라고 불렀던 자들도 이방인이 하나님의 백성에 들어가도록 설복되거나 적어도 허용되어야 한다는 데 동의했음을 보았다. 갈라디아서에서 당면한 쟁점은 이방인의 입교 조건이었

다. 두 요점이 옳지만, Zeller는 바울이 전통적 그림 즉 대안들이 전제하는 그림을 변경하는 방법 가운데 몇 가지만 지적하고 있다.

　이 종말론적 견해가 자기 경력에 대한 바울의 견해에 핵심적이지만, 이방인이 하나님의 백성에 포함된다는 것이 바울의 종말론적 기대를 망라하지 않는다. 특별히 그리스도인이 '새 창조'가 되는 과정에 있음을 지적해야 한다: 고후 3:18; 4:15; 5:17. 종말론적 기대는 온 우주를 포함한다: 롬 8:18-25.

4. 다음을 보라. William Sanday and Arthur C. Headlam, *The Epistle to the Romans*, 5th ed. (Edinburgh: T. & T. Clark, 1902), 405; C. E. B. Cranfield, *The Epistle to the Romans*, vol. 2, (Edinburgh: T. & T. Clark, 1979), 756 ("이방인으로 구성되는(consisting of) 제사"); Ernst Käsemann, *Commentary on Romans* (Grand Rapids: Wm. B. Eerdmans, 1980), 393 ("이방 세계가 헌물이다").

5. 순례에 대해서는 각주 3과 다음의 책에 나오는 논의를 보라. W. D. Davies, *The Gospel and the Land* (Berkeley and Los Angeles: University of California Press, 1974), 특히 217. Davies는 "바울 사역의 중심은 지리적 종말론에서" "'그리스도 안에 있는' 공동체"로 바뀌었다.

다: 즉, 그리스도를 믿는 믿음이냐, 아니면 그 믿음과 더불어 모세 율법의 수용이냐. 하지만 이방인을 위해 '오직 믿음'을 강조하는 바울의 주장은 이 부분의 제목을 정당화해주지 못한다. 베드로와 야고보는 예수 그리스도를 믿는 믿음이 이방인에게 적절하다는 데 동의한 것 같다("그들은 아무것도 더하지 않았다", 갈 2:6). 행 15:29과 달리 바울은 동의해야 할 최소한의 행동 기준이 있다고 말하지 않지만, 바울과 예루살렘 사도들은 이 문제에 대한 합의에 이를 수 있었던 것으로 보인다. 나는 제1부의 상당한 부분을 할애하여 올바른 행동에 대한 유대인 바울의 견해가 어떠했는지 주목했다. 어쨌든 바울의 이방인인 개종자들이 부분적으로, 그러나 오직 부분적으로, 우리가 이들을 제3의 족속이라고 부르게 할 만한 유대 율법을 지켰다는 것은 본질적으로 사실이 아니다.

중요한 것은 바울이 입교 조건인 '예수 그리스도를 믿는 믿음'을 이방인뿐만 아니라 유대인에게도 적용했다는 점이다.[6] 이전에 의로운 유대인으로 살았던 베드로와 바울도 하나님의 백성이 되기 위하여 **다른 무엇을 해야 했다**; 그들은 그리스도를 믿어야 했다(갈 2:15f.).

---

6. Lloyd Gaston ("Paul and the Torah," *Anti-Semitism and the Foundations of Christianity* [New York: Paulist Press, 1979], 66), Franz Mussner ("'Christus [ist] des Gesetzes Ende zur Gerechtigkeit für jeden, der glaubt' [Röm. 10,4]," in *Paulus-Apostat oder Apostel* [Regensburg, 1977], 31-44)와 다른 이들은, 그리스도를 믿는 믿음이 이방인에게 유일한 입교 조건이었으며 하나님의 백성이 되는 자격에 다가가는 두 번째 수단을 제공했다고 주장한다. 하지만 위에서 우리는 바울이 그 수단을 유대인에게 또한 적용했음을 보았다(이 책 29f., 34).

바울은 '아브라함의 씨'에 가능한 한 유대인(자신과 같은 사람들, 빌 3:4-6)을 포함시키지 않으려 했다.

우리가 보게 되겠지만, 다른 측면에서처럼 여기에서 메시아의 틀은 바울에 의해 실질적으로 수정했다. 결국 바울의 견해에 따르면 하나님의 백성에 들어가는 이방인은 육신에 따른 이스라엘에 속하지 않았다. 이스라엘이 세워지고 이방인이 이스라엘의 조건에 따라 인정되는 것이 아니었다. 조건이 바뀌었다. 그러나 새 조건은 기존에 선택되었던 백성에게도 적용된다: 의는 유대인에게든 이방인에게든 예수 그리스도를 믿는 믿음으로 나며 율법의 행위로 나지 않는다; 그리스도께 속하는 사람이 아브라함의 참 후손이며(갈 3:29) 다른 것으로는 아브라함의 참 후손이 되지 못한다. 이미 이스라엘에 속했던 자들도 새로운 운동에 합류해야 한다는 바울의 견해는 바울계 어떤 저자가 쓴 표현을 고찰할 때 더욱 분명해진다. 엡 2:11-22은 이방인이 육신에 따른 이스라엘에 입양된 것처럼 말한다: 너희 이방인은 더 이상 나그네가 아니라 **동일한**[동료, fellow] 시민이다(2:19). 바울의 견해는 하나님의 백성에 들어오는 것과 관련하여 유대인과 이방인이 동일한 토대 위에 있으며 사실상 제3의 실체에 합류해야 한다는 것이었다.

우리는 바울이 이방인의 종말론적 순례라는 전통적 견해를 수정하는 추가적인 방식에 주목하지 않을 수 없다. 이방인은 보조자가 아니다. //173// 바울은 이방인이 재화를 가지고 와서 이스라엘에게 간청할 것이라는 견해(사 45:14)를 존중할 수는 있겠지만, 바울서신은 하나님의 종말론적 백성 안에서 유대인의 우월성을 아주 강력하게 부인한다(롬 3:9, 22; 10:12; 갈 3:28).

현존하는 바울의 편지들 중 단 한 차례만, 셋이 하나를 이루는 용어(tripartite terminology)가 명시적으로 나타난다. 고전 10:32에서 바울은 유대인과 헬라인과 하나님의 교회를 언급한다. 하지만 분명 바울은 유대인과 헬라인이 그리스도를 믿어야 한다고 주장하면서 기독교 운동으로 제3의 족속을 만들었다는 뜻으로 자신의 글이 읽히는 것을 두려워했을 것이다. 애초에 바울은 자신이 속한 운동을, 단순히 다른 집단에 속한 하나의 집단이 아니라, 할례자와 무할례자, 종과 자유자, 남자와 여자로 이루어진 옛 인류를 초월하고 대체하면서 '새 창조'를 지향하는 것으로 보았다.[7] 하지만 바울은 실제로 모든 사람이 새 창조에 들어오는 것이 아님을 알고 있었고, 양극적 구분—아브라함의 자손과 아브라함의 자손이 아닌 자, 내 백성과 내 백성이 아닌 자(롬 9:25, 호세아 인용), 변화되고 있는 자와 멸망하고 있는 자(고후 3:18-4:3; 참조. 빌 3:18-20)—을 자주 사용했다. 이 양극적 구분에서 종종 '참 이스라엘' 개념에 의해 바울의 사상이 형성되었음이 분명하지만, 그 구절은 나타나지 않는다. 바울이 참 이스라엘의 개념을 사용할 때, 그의 생각이 제3의 족속 개념을 향하고 있음을 거부할 것은 분명하다. 앞으로 우리가 보다 더 풍성하게 다루겠지만 바울은 모든 이스라엘이 참 이스라엘 안에 포함될 것으로 생각했기 때문이다.

바울이 교회의 구성원들을 참 이스라엘로 간주했다는 것은 보편적으로 인정되는 바가 아니기에 제3의 실체로서 교회 문제를 다루기

---

7. 갈 3:28; 6:15; 고전 12:13; 고후 5:17. 참조. Harnack, *Mission*, 304f.

전에 이 점에 관심을 기울일 필요가 있다. 논란이 가장 많은 구절은 갈 6:16이다. 여기에 "하나님의 이스라엘"이라는 표현이 나온다. RSV는 이렇게 번역했다: "이 규례로 행하는 자 곧 하나님의 이스라엘에게 평강과 긍휼이 있을지어다(Peace and mercy be upon all who walk by this rule, upon the Israel of God)." 이 번역은 성경 주해에 있어서 두 가지 판단에 의존한다: (1) 헬라어에서 '~하는 자' 앞에 나오는 '~과 긍휼'이라는 표현을 그 앞에 나오는 '평강'과 결합된 것으로 본다. (2) '하나님의 이스라엘' 앞에 있는 *kai* (흔히 "그리고"로 번역됨)는 설명을 위한 보족어로 두 번째 집단을 가리키기보다 '이 규례를 따른 자'를 설명하는 역할을 한다. NEB의 번역자들은 '*kai* 하나님의 이스라엘'이라는 구에 대해 다른 결론에 도달했다: "이 원칙을 자신의 지침으로 여기는 모든 자는 누구든지 그들에게 그리고 하나님의 모든 이스라엘에게 평강과 긍휼이 있을지어다." 일부 학자들은 '하나님의 이스라엘'을 두 번째 집단으로 이해했다. //174// 버튼(Ernest deWitt Burton)의 견해에 따르면 이 표현은 "기독교 공동체가 아니라 유대인에게 적용된다. 하지만 *tou theou*에 비추어 볼 때는 모든 유대 민족에게 적용되지 아니하고 경건한 이스라엘, 은혜의 선택에 따라 남은 자(롬 11:5), 심지어는 과거의 바울처럼 진리를 보지 못했던 자도 포함된다."[8]

하지만 대부분의 학자는 '하나님의 이스라엘' 앞에 있는 *kai*를 설명적 보족어로 보고 이 구가 6:16에서 앞에 나오는 "이 규례에 따라

---

8. 다음을 보라. Ernest deWitt Burton, *The Epistle to the Galatians* (Edinburgh: T. & T. Clark, 1921), 357f. 참조. Peter Richardson, *Israel in the Apostolic Church* (New York: Cambridge University Press, 1969), 74-84.

행하는 자들"과 6:15에 나오는 "새로 지으심을 받은 자"를 가리키는 것으로 읽었다. 즉, 이 어구는 그리스도인을 가리킨다.[9] 내가 보기에 이 두 주장이 가능성이 가장 큰 읽기다. 먼저 게르트 뤼데만(Gerd Lüdemann)이 지적했듯, 갈 6:16은 이 서신의 요지를 요약하는 추신(postscript)의 일부다.[10] 따라서, 예를 들면, 6:12-14은 2:14을 상기시키고 6:14은 2:20을 상기시킨다. "규례"(6:16)란 할례도 무할례도 중요하지 않다는 것으로, 이는 할례가 필요하지 않다는 앞의 주장을 부드럽게 표현한 것이다. 앞에서 바울은 이방인의 할례를 요구하던 자들에게 저주를 퍼부었다(1:8f.). 우리는 대적들이 할례가 중요하지 않다는 규례에 따라 행하는 자들과 동일한 복을 받게 될 것을 바울이 지금 말하고 있다고 생각하기 어렵다. 둘째로 갈라디아서의 상당 부분이 오직 그리스도를 믿는 자들만이 아브라함의 자손이라는 주장(3:6-29)에 할애되어 있다. 그래서 그리스도인을 하나님의 이스라엘이라고 부르는 것이 그다지 심한 비약은 아니다.

---

9. 다음을 보라. J. B. Lightfoot, *Saint Paul's Epistle to the Galatians*, 10th ed. (London: Macmillan, 1892), 224f. 이 표현은 "여기서 할례자 가운데 나온 신실한 회심자를 표현하지 않고 일반적으로 영적 이스라엘 즉 유대인이나 이방인 할 것 없이 신자의 전체 몸을 표현한다; 그래서 *kai*는 설명적 보족어(epexegetic)다. 즉 이 말은 동일한 것을 새 측면 아래 끌어들인다"); Pierre Bonnard, *L'Epitre de Saint Paul aux Galâtes*, 2d ed. (Neuch tel and Paris: Delachaux & Niestl, 1972), 131 ("그 규례를 따르는 자들은 선택된 민족 새 언약의 이스라엘을 형성한다"); Heinrich Schlier, *Der Brief an die Galater*, 5th ed. (Göttingen; Vandenhoeck & Ruprecht, 1971), 283 (논쟁 당사자에 대하여 수많은 이름을 인용함); Gerd Lüdemann, 'Paulus und das Judentum' (근간).

10. Gerd Lüdemann, 'Paulus und das Judentum'.

두 번째 요점은 '하나님의 이스라엘'이라는 표현이 그리스도인 자체를 가리키는 것으로 이해되지 않더라도 바울이 그리스도인을 '참 이스라엘'로 여겼다는 실질적인 증거가 있다는 결론에 이른다. 갈 3장과 롬 4장에 나오는 아브라함에 대한 논의는 바울의 견해에 따르면 유대인 자체가 아니라 그리스도를 믿는 자들이 유업을 주장할 수 있음을 말하고 있다. 이 견해는 롬 9장에서 되풀이된다. 바울은 먼저 앞의 내용에 기초를 두고 주장한다. 바울의 진술에 따르면 언제나 "이스라엘에게서 난 그들이 다 이스라엘이 아니요 또한 아브라함의 씨가 다 그 자녀가 아니었다"(9:6f.). 그리고 바울은 이 요점을 입증하기 위하여 이삭과 야곱을 언급하는데, 이 두 사람은 자기 형제들을 **배제하고** 유업을 받았다(9:7-13).[11]

하지만 애매한 점이 하나 있다. 바울은 비그리스도인 유대인이 '이스라엘'이라는 칭호를 분명히 갖고 있음을 부인하지 않는다. 롬 9:24에서 바울이 '우리'라고 지칭한 대상은 이방인뿐 아니라 유대인으로 구성된다. 그러므로 '우리'는 '유대인'이라는 칭호를 배제하지 않는다. 그러나 다른 두 집단 사람들로 구성된 제3의 집단은 (갈 6:16 을 빼고 볼 때) '이스라엘'이라는 칭호를 받지 않는다. 로마서의 같은 장에서 바울은 "이스라엘"(9:4)이 상속받은 특권과 의에 이르지 못하고 실패한 "이스라엘"(9:31)에 대해 이야기한다. 9:6에서는 구분된 두 '이스라엘들'을 바라보고 있는 것 같다: 이스라엘의 후손이 된 자들과

---

11. 참조. Käsemann, *Romans*, 262: 롬 9:6ff.에서 이 개념은 참된 이스라엘에 대한 것이다. 이 개념은 아브라함의 씨라는 동기의 변용이다.

이스라엘에 속한 자들. 하지만 이 용법은 일관되게 사용되지 않는다.
//175//

잘 알려져 있는 것처럼 바울은 '우리'를 어떤 고정된 것을 지칭하기 위한 칭호로 사용하지 않았다. 바울은 '그리스도인'이라는 용어를 만들지 않았고, 그랬다면 이 용어에 거부했을지도 모른다. 제1부에서 내내 바울의 '기독교적' 확신과 '기독교' 운동에 관하여 다루었다. 많은 사람은 이 단어가 '제3의 족속'이라는 어구로 표현되는 바, 바울이 말하는 교회에 적용되는 것을 거부할 것이다. 바울이 여기에 있었다면 가장 먼저 반대했지 모른다. 그렇지만 누군가는 바울에게 채근할 것이다. 롬 9:24의 "우리"가 누구를 가리키다는 말인가? 그러면 또 고후 3:18에 나오는 "우리"는 누군가? 확실히 육신을 따른 이스라엘은 아니다. 그들은 수건을 벗지 않고 모세의 글을 읽었다. 주께로 돌아온 "우리"는 수건을 벗고 모세의 글을 읽는다(고후 3:14-16). 고전 12:13에서 바울은 "우리"가 유대인과 헬라인으로 구성된 하나의 몸으로 세례를 받았다고 말하지만, 분명 유대인이나 헬라인 자체는 아니다.[12] 더 나아가 갈 1:13에서 바울은 "유대교에 속했던 이전 생활"을 이야기한다. 이는 어떤 의미에서 '유대인' 혹은 '이스라엘 사람'이라는 호칭으로 자신을 충분히 서술하지 못한다는 것을 드러내는 것이

---

12. 강조적 '우리'는 또한 고후 5:21; 6:16 (우리는 하나님의 전이다); 갈 4:28; 5:5에 나오는 그리스도인을 언급한다. 현존하는 서신에서 강조인 $hēmeis$를 사용하는 다른 용법 대부분은 다른 그리스도인과 구별하여 바울이나 바울과 그의 동역자들을 언급한다. 어쨌든 이 말은 '다른 사람과 구별되는 우리'를 뜻한다; 이 말이 교회에 적용될 때는 "다른 유대인과 이방인과 구별되는 우리"를 뜻한다.

아닌가?

용어가 혼란스럽더라도 상황은 아주 분명하다. 바울은 "주께로 돌아간"(고후 3:16) 자들이 아브라함 약속의 유일한 상속자라고 생각했다. 아브라함의 후손이 되는 방법은 참된 후손, 곧 그리스도 "안에" 있는 것이다(갈 3:16, 29). 따라서 그리스도 안에 있는 자들은 개념적으로 '참 이스라엘'이다.[13] 그러나 바울은 이 용어를 사용하지 않았다. 바울은 참 이스라엘 사람, 참 유대인이 그리스도 안에 있지 않은 채 살아가고 있다는 사실을 알고 있었기 때문이다. 사실 이들은 교회에 포함되지 않는다. 바울은 유업이 본래 '내 백성'이라 불렸던 자들에게서 이전에 '내 백성 아닌 자'로 불렸던 자들에게 옮겨졌다고 이야기할 수는 있었지만, 적어도 실제 명칭을 지정하지는 않았다. 이렇게 바울은 그리스도 안에 있는 자들을 가리키는 집단의 이름을 쓰지 않는다. 물론 관련된 표현은 굉장히 많다: 이 중에서 주목할 만한 것으로는 '새로 지음을 받은 자', '그리스도의 몸', '하나님의 전' 등이 있다.[14] 그러나 바울은 종종 간단히 강조된 '우리'라는 말을 사용한다.

사해 문서는 바울이 '참 이스라엘'의 개념을 실질적으로 도입하고서 새 집단의 구성원을 단순히 '이스라엘'이라고 부르지 않으려 했

---

13. 참조. Davies (이 책 1장 각주 20); Johannes Munck, *Paul and the Salvation of Mankind* (Atlanta: John Knox Press, 1977), 279; H. J. Schoeps, *Paul: The Theology of the Apostle in the Light of Jewish Religious History* (Philadelphia: Westminster Press, 1961), 237; Leonhard Goppelt, *Typos* (Gütersloh: Gerd Mohn, 1939), 169.
14. 고후 5:17; 갈 6:15 (할례자도 무할례자도 아니다); 고전 3:16ö 12:27; 고후 6:16.

던 태도를 이해하는 데 상당한 도움을 준다.[15] 쿰란의 언약 체결자들은 오직 자신들만 모세의 언약에 진정으로 순종한다고 생각했지만, 다른 이스라엘이 있다는 것을 알았다. 그들은 자신을 '이스라엘' 혹은 '참 이스라엘'이라고 부르지 않고 '빛의 아들들' 내지 다른 수많은 서술적 칭호로 불렀다. 그리고 이 공동체 밖의 유대인들을 '이스라엘의 불의한 자들' 또는 '에브라임과 므낫세의 불의한 자들'로 불렀다.[16] 1QSa에 따르면 다른 유대인들이 쿰란 종파로 들어올 때가 올 것이며, 그때에는 '이스라엘'이라는 칭호가 아주 적절하게 될 것이다.[17] 쿰란의 전쟁 문서는 마지막 전쟁의 참여자들을 '이스라엘'이라고 부른다. 그러나 이 명칭은 이스라엘의 불의한 자들이 예언된 대로 멸망한 이후에 나타난다.[18] //176// '남은 자' 또는 '참 이스라엘' 신학은 본래 남은 자가 아닌 자들의 물리적 멸망에 의존했다. 쿰란과 바울의 글에서 우리는 멸망이 일어나지 않을 때 개종/회심하지 않는 자에게 '이스라엘'이라는 명칭 사용하기를 꺼리고 이를 새로운 집단이나 소집단에 적용하기를 꺼리는 태도가 있었음을 본다.

그래서 바울이 교회의 구성원을 이스라엘에게 하신 약속의 후사로 생각했지만, (한 예를 제외하고는) 이스라엘이라는 이름을 사용하지는 않았다. '하나님의 이스라엘'이라는 칭호는 야곱의 모든 육체적 후손이 마지막에 '내 백성'과 '내 백성 아닌 자'라는 양극적 구분으로

---

15. Sanders, *PPJ*, 244-55.
16. 4QpPs37 3.12; 2.17; 참조 1QM 1.2, "언약을 범하는 자."
17. 1QSa 1.1-6, 20.
18. 예. 1QM 15.1f.

나뉘어질 때에만 참으로 적절하게 될 것이다. 하지만 우리는 바울의 관점에서 교회를 형성하는 구성원의 범위를 알아야 한다. 교회는 곧 이스라엘의 완고한 자들 및 개종하지 않은 이방인과 대립했던 제3의 실체였다.[19]

바울이 자기도 모르게 교회를 개념적으로 제3의 실체로 삼아야 했다면, 구체적인 사회 현실 속에서는 더욱 제3의 실체였을 것이다. 이방인 개종자들이 전적으로 그리스-로마의 일반 주민(*oikoumenē*) 구성원으로 참여할 수 없었던 것은 분명하다. 그들은 기독교를 자신이 참여하는 몇몇 종교들 중 하나로 여길 수 없었다(고전 10:21). 물론 그들이 종교들에 참여하지 않는 것이 공개적으로 드러났을 때 반역죄로 간주될 수 있었다.[20] 그러나 교회 모임은 회당 모임이 아니었던 것 역시 분명하다. 교회와 회당의 모임에는 공통적으로 성경 읽기가 있었지만(고전 14:26; 참조. 고후 3:14), 고린도전후서를 보면 교회와 회당이 사회적으로 구분되었던 것 같다(고전 5:1-5; 11:17-22; 14:23-36). 우리는 하나님의 백성 안에 들어온 이방인들이 단순하게 이스라엘에 합류한 것이 아니라는 것을 다시 한번 본다. 구분되는 입교 조건(믿음)과 구

---

19. 참조. Ulrich Wilckens, "Über Abfassungszweck und Aufau des Römerbriefs," in *Rechftertigung als Freiheit: Paulusstudien* (Neukirchen-Vluyn: Neukirchener Verlag, 1974), 169: 유대인과 이방인으로 구성된 교회는 이스라엘의 완고한 부분에 대립한다.
20. 바울의 이방인 회심자들 적어도 로마 시민이었던 자들이 제국의 배반자로 간주되었을 것이라는 사실은 다음의 책에서 특별히 강조된다. Richard Freund, "Principia Politia: The Political Dimensions of Jewish and Christian Self-Definition in the Greco-Roman Period," (Ph. D. diss.; New York: Jewish Theological Seminary, 1982).

분되는 입교 의식(세례)과[21] 구분되는 사회적 존재(교회)가 있었다.

우리는 또한 기독교를 새 **종교**로 말하는 것이 얼마나 잘못된 것인지에 주목해야 한다.[22] 지금까지 나는 '개종'(conversion)이 유대인과 이방인 모두에게 요구되는 것이라고 말했다. 하지만 데이비스(W. D. Davies)는 (바울이 그러듯이) 개종이라는 용어가 기존 것의 포기를 함축한다면 유대인에게 적용되어서는 안 된다고 지적했다.[23] 더 나아가 데이비스는, "바울은 흔히 우리가 한 종교에서 다른 종교로 옮겨가는 개종이라는 측면에서 생각하지 않고 유대인이 자기 종교의 최종적이거나 참된 형태를 인정한다는 측면에서 생각하고 있었다"고[24] 주장한다. 폴 마이어는 "그 어디서도 바울은 이스라엘이 하나님께 순종하는 길이 토라를 버리는 데 있다고 제안하지 않는다"고[25] 지적했다. 이 진술들은 전적으로 정확하다. 바울의 이론에서 기독교 운동에 들어오는 유대인은 아무것도 포기하지 않는다. 분명 이들은 이방인과 달리 다른 하나님께 돌아가는 것이 아니다(살전 1:9; 참조. 고전 6:9-11; 12:2). 또 바울은 율법에 순종하지 말라고 그들에게 요구하지도 않

---

21. 바울이 자신의 회심자 모두에게 세례를 베풀지 않았지만(고전 1:14-17), 그는 기독교 운동의 모든 회원이 세례를 받았다고 보았다(고전 12:13; 롬 6:4).
22. Arland J. Hultgren ("Paul's Pre-Christian Persecutions of the Church: Their Purpose, Locale, and Nature," *JBL* 95 [1976]: 101f.)은 바울이 기독교를 유대교에 경쟁하는 종교로 보았다고 주장한다. 나는 그 주제가 바울의 명확한 의도인지 동의할 수 없다.
23. W. D. Davies, "Paul and the People of Israel," *NTS* 24 (1977): 24.
24. Ibid., 27.
25. Paul Meyer, "Romans 10:4 and the End of the Law," in *The Divine Helmsman* (New York: KTAV, 1980), 66.

는다.*//177//* 교회의 일원 자격에 본질적인 것으로 받아들여서는 안 되는 율법의 부분들은 이해를 달리 하자면 여전히 지킬 수 있는 것들이다. 가령 할례와 절기와 음식에 대한 부분은 선택적이었다(갈 6:15; 고전 7:19; 롬 14:1-6). 바울은 때로 유대인처럼 산다고 스스로를 묘사한다(고전 9:20). 유대인은 하나님을 포기하거나 율법을 포기하라고 요구받지 않는다.

하지만 바울은 출 34:34을 고쳐 쓴 고후 3:16에서 "모세가 여호와 앞에 들어갈 때"를 "누군가 주께로 돌아가면"으로 바꾼다.[26] "돌아가고"(*epistrephō*) 율법의 참 의미를 가리는 수건이 벗겨진 사람에 분명 유대 그리스도인이 포함되어 있으며, 따라서 바울은 이들에게 이방인에게 쓰는 것과 동일한 동사를 쓸 수 있었다(살전 1:9).[27] 바울이 유대인과 이방인 선교를 위하여 "얻는다"(*kerdainō*)는 단어를 사용한다는 사실 또한 주목해야 한다—고전 9:19-23이 유대인을 얻기 위한 바울 자신의 노력을 가리키는지 여부는 상관없다. 유대인과 이방인은 "바뀐다"(converted)는 뜻에서 얻어진 바 되어야 한다.[28]

이런 맥락에서 우리는 특별히 롬 6:1-7:5에 나오는 "죽음" 언어를

---

26. 칠십인역의 출 34:34은 히브리어와 일치한다.
27. 갈 4:9에서 *epistrephō*는 또한 '개종하다'를—좀 더 정확하게는 '다시 개종하다'를—뜻한다.
28. '개종하다'를 뜻하는 *kerdainō*에 관해서는 다음을 보라. David Daube, *The New Testament and Rabbinic Judaism* (London: Univerity of London, Athlone Press, 1973), 348, 352-61. 하지만 Davies (*Paul and Rabbinic Judaism*, 4th ed. [Philadelphia: Fortress Press, 1980], xxxvi)는 "개종의 단어가 서신에는 없다"고 주장한다.

상기해야 한다. 그리스도인이 죽은 대상 가운데 하나는 '율법'이다. 이는 '포기'라는 차원에서 개종의 언어다. 다른 구절들, 특히 롬 14:1-6에 대해 마이어와 데이비스가 말한 것은 옳다. 곧, 바울은 교회에 들어온 유대인들이 율법을 지키지 말아야 한다고 주장하지 않았다. 그러나 "그리스도 예수 안에서 하나님께 대하여"(롬 6:11) 살기 위해 율법으로 상징되고 죽음으로 요약되는 옛 사람에 대하여 죽는다는 것은 개종의 언어다. 우리는 어떤 것을 받아들이기 위하여 다른 것을 포기한다.

나는 이론상 기독교 운동에 들어온 유대인들이 바울의 관점에서 아무것도 포기하지 않았다고 앞서 말했다. 바울이 자신을 유대인들 가운데서 율법을 따라 산다고 묘사한 것이나 이방인들 가운데서 "율법 없이" 산다고 기술한 것(고전 9:20)은 이를 확증하는 것 같다. 바울의 말에 따르면 이는 "더 많은 사람을 얻고자"(9:19) 하는 사도의 입장이었다. 우리는 나중에 이것이 사도로서 바울의 행동이었는지 살펴볼 것이다. 여기서는 바울도, 다른 유대 그리스도인도 두 가지 **모두** 행할 수 없는 경우가 있었을 것이라는 점을 언급할 필요가 있다. 만일 유대 그리스도인과 이방 그리스도인이 함께 식사를 해야 한다면, 유대인으로 살 것인지 이방인으로 살 것인지 결정해야 할 것이다. 바울은 예루살렘에서는 한 가지 방식으로 행하고 소아시아나 그리스에서는 다른 방식으로 행하거나, 혹은 한 도시의 유대 지역에서는 한 방식으로 행하고 또 다른 지역에서는 다른 방식으로 행했을 수 있다. 그러나 바울이 솜씨가 좋다고 해도 동시에 두 행동을 할 수는 없다. 그리고 베드로도 마찬가지였다. 안디옥에서 급박한 문제가 생겼을 때, 베드로는 자신이 '유대인을 얻기 위하여'(나는 이것이 베드로의 동기였다고 생각한다) 유대인처럼 사는 것이 더 낫다고 결정했고, 바울은 그가 복음에 참되게 행하지 않았다고 비난했다(갈 2:11-14). 고전 11:17-34에는 모든 그리스도인이 식사(아마도 성찬)를 함께 하기를 기대했다. 안디옥 사건에서 바울은 유대인이 있을 경우 유대인 식사법을 지키지 않기를 기대했던 것 같다. //178//

이런 문제가 생겼을 때 바울은 이론적으로 쉽게 주장—무엇을 먹는가, '절기'를 지키는가는 개인 양심의 문제라고—했지만 실제로는 쉽사리 용납할 수 없었다. 이미 드러났듯 이는 개인 양심의 문제였을 뿐 아니라 기독교 통일성의 문제였다. 그래서 바울은 어떤 형태의 행동을 그릇되다고 판단했다. 잘못된 행동은 율법을 따라 사는 것이었다. 갈라디아서를 앞에 둔 우리는 여러 민족이 섞여 있을 때 바울이 유대인을 기쁘게 하고 이들을 얻기 위해 율법에 따라 살았을 것이라고 생각하기 어렵다. 이방인으로 사는 것과 유대인으로 사는 것 사이의 직접적인 갈등을 고려할 때 바울은 현재 동료들의 마음에 들려고 관행을 바꿀 마음을 전혀 가지지 않은 채 이방인으로 사는 것을 복음의 진리에 일치한 유일한 행동으로 보았다. 우리는 여전히 유대인이 무엇을 포기하라는 요구를 결코 받은 적이 없다고 말할 수 있는가? 바울의 견해를 받아들인다면, 유대인 그리스도인은 자기들만 이루어진 공동체에 있을 때에만 유대인으로서 엄격하게 살 수 있었다. 이방인이 있을 때에 그리스도인인 유대인은 사회적 장벽으로 버티고 서 있는 율법의 측면들을 버려야 한다. 그래서 우리는 "그리스도 안에서 유대인은 유대인으로 헬라인은 헬라인으로 남는다. 민족의 특수성은 존중된다"는²⁹ 데이비스의 진술을 다소 수정해야 할 것 같다. 이 말은 종족적 특수성이 충돌하지 않는 동안에만 참되다. 그러나 충돌했을 때 유대인은 자신과 헬라인을 갈라놓은 요소들을 버려야 했다.³⁰

그런데 분명 바울은 교회를 아브라함에게 하신 약속의 성취로 생각했다. 그런 의미에서 교회는 새 종교가 아니었다. 기독교 운동에 속한 유대인은 이방인처럼 개종할 필요가 없었다: 그들은 하나님을 포기하거나 적어도 이론적으로는 율법 준수를 포기할 필요가 없었다. 그럼에도 바울의 견해에 있어서, 더욱이 바울의 실천에 있어서 교회는 아주 중요한 의미로서 제3의 실체였다. 교회는 (유대교의 종말론적 기대에 따라) 육신을 따른 이스라엘에 이방인을 받아들여 세워진 것이 아니라, 유대인이든 헬라인이든 모든 사람을 그리스도를 믿는 믿음으로 그리스도의 몸 안으로 받아들임으로써 세워졌다. 입교는 세례에 의해 인쳐졌고, 할례와 율법 수용에 의해 인쳐진 것이 결코 아니었다. 교회의 예배는 회당의 예배와 달랐다(추정컨대 일부 구성원들은 두 예배에 다 참석할 수 있었을 것이지만 말이다). 행동을 규제하는 규칙은 부

---

29. W. D. Davies, "Paul and the People of Israel," *NTS* 24 (1977): 23.
30. 물론 바울이 보기에 이방인이 유대교의 관습을 받아들여야 하는 윤리적, 특별히 성적 관행의 분야에서는 예외다. Michael Newton ("Purity," 212-16)은 최근에 분명하게 이 점을 논의했다. 그는 바울이 교회의 통일성에 관심을 갖고 있고(그래서 율법에서 유대인과 이방인을 분리시키는 부분을 부인했고) 또한 교회의 순결성에 관심을 갖고 있었다(그래서 교회가 우상 숭배와 성적 부도덕으로 인한 오염에서 순결하게 있도록 하는 율법의 부분들을 지킬 것을 주장했다)고 지적한다.

분적으로 유대교적이었지만 전적으로 그랬던 것은 아니었다. 이렇게 바울의 이방인 교회도 제3의 실체였다. 이방인 회심자들은 어떤 중요한 측면에 있어서 그리스-로마 생활과 분명한 거리를 두어야 했지만, 그리스도인이든 비그리스도인이든 율법을 순종하는 유대인에게 사회적으로 인정을 받을 수 있을 만큼 유대교적이었던 것은 아니다. 그리스도인인 유대인이 이방인 그리스도인과 교제하기 위해서는 율법의 어떤 측면들을 포기해야 했을 것이다. //179// 자신의 의식적인 의도에 반하여 실천에 의해 지지를 받는 바울의 교회관에 따르면 교회는 제3의 실체였다. 이는 실질적으로 교회가 유대인과 헬라인으로 구성되었기 때문만이 아니라 중요한 방식들에 있어서 유대인도 헬라인도 아니었기 때문에 그러했다.

바울의 선교 실천

롬 15:16에서 보았듯 바울은 마지막 날에 이방인이 이스라엘의 하나님을 경배하러 시온으로 순례할 것이라는 잘 알려진 종말론적 체제 내에 자신의 활동 범위를 두었다. 이 이방인을 위한 사역자의 역할은 '이방인의 제물'이 열납될 만한 것인지 확인하는 데에 있었다. 하지만 대부분의 학자는 바울을 유대인과 이방인에게 보냄받은 선교사로 봄에 있어서 부분적으로는 사도행전에 묘사된 바울의 선교 활동에 기초를 두었고 부분적으로는 바울이 적어도 어느 때 "유대인을 얻기 위해" 유대인으로 살았다고 말하는 고전 9:19-23에 기초를 두었다. 예컨대 요하네스 뭉크는 이렇게 썼다.

> 베드로의 활동 영역에서 이 지리적인 구분[갈 2:9] 역시 종교적이었던 것으로 보인다. 사실 베드로는 이스라엘이 승리할 때 이방인이 구원될 것이라는 예루살렘의 견해를 대변했다. … 바울은 다른 견해를 가지고 있었다. 바울은 이방인의 구원이 유대인의 개종에 의해 오는 것이 아니라 이방인의 충만함으로 모든 유대인이 구원에 이르게 될 것을 확실히 알았다(롬 11장). 그러나 사도행전에 나타나듯 바울은 유대인 회당에서 전파하기를 그치지 않았다.[31]

뭉크는 사도행전 외에도 고전 9:20을 주된 증거로 사용했다. 뭉크의 견해에 따르면 바울의 유대인 선교는 그다지 성공을 거두지 못했다. 통상적으로 바울은 회당에서 "기껏해야 약간의 개종자와 하나님을 경외하는 이방인"을 데리고 나왔는데, 결과적으로 바울의 교회는 이방인이 두드러지게 되었다.[32] 뭉크는 이러한 그림에 다소 흔들렸다. 자신의 바울 저서 뒷부분에서, "몇몇 유대 그리스도인이 도처에서 발견되지만" 교회는 "순전히 이방인 그리스도인들"로 구성되어 있었다고 썼다.[33] 롬 9-11장을 다루는 관련 책에서는 이렇게 말했다.

---

31. Munck, *Paul*, 119f.
32. Ibid., 120.
33. Ibid., 200. 그는 계속해서 이렇게 말한다. "유대인에게 복음이 전파되었다는 사실은 그들이 믿었음을 뜻하지 않는다"(ibid., 202).

바울서신과 사도행전에서 보여주는 바울의 교회 모습을 보면, 이 교회들이 이방인 그리스도인으로 이루어져 있음이 드러난다. 이전에 그랬던 것처럼 바울의 교회가 이방인과 유대인이 혼합된 교회라고 추정할 이유는 거의 없다.[34]

표현 방식을 달리 하기는 하지만 뭉크의 견해는 바울이 회당에서 전파하여 유대인을 얻으려 했지만 몇 가지 예를 제외하면 실패했고 이로써 이방인에게 향했다는 것이다. //180//

데이비스는 갈라디아서가 이방인에게 쓴 것이라는 베츠(Hans Dieter Betz)의 가정을 비판하면서, 다음과 같은 점을 인정했어야 했다고 주장했다. 즉 갈라디아서 교회들은,

> 대개 회당 언저리에 살고 있던 유대교 개종자로 이루어졌다. … [베츠는] 바울을 포함하여 초기 그리스도인들의 확장이라는 근본 사실을 무시하거나 적어도 최소화하려는 경향을 갖고 있다. … 가장 초기의 기독교 세포를 품고 바울과 다른 기독교 선교사들의 활동 기지로 도움을 주었던 것이 그리스-로마 세계의 헬레니즘화된 유대교 공동체와 하나님을 경외하는 유대교 개종자들/반(半)개종자들(God-fearing semiproselytes)의 친-유대교 주변부였던 것은 자명하다. 바울은 먼저 그리스의 유대인 공동체로 보내심을 받은 사도였다.[35]

---

34. Johannes Munck, *Christ and Israel* (Philadelphia: Fortress Press, 1967), 125.
35. Davies가 쓴 Betz의 *Galatians*에 대한 서평, *RSR* 7 (1981): 311.

권터 보른캄은 고전 9:13-23을 바울의 선교 활동을 지배했던 "바울의 고전적인 서술"로 보았고,[36] 필립 필하우어는 베드로와 바울의 역할 분담을 논의하면서(갈 2:9), 이것이 지리적 분할을 반영하기에 "회당에서 시작하는 바울의 선교 실천에 모순되지" 않는다고 주장했다.[37]

학자들은 또한 서신들의 내용이 바울의 선교 활동의 본질을 결정하는 데 도움이 된다는 점을 지적했다. 이와 같이 쉡스(H. J. Schoeps)는 바울이 성경을 사용하여 주장하는 것이 교회들에 많은 혈통적 유대인이 포함되었음을 보여준다고 생각했다.[38] 이와 관련한 데이비스의 견해는 약간 모호하다.

> 우리에게는 바울이 유대인이나 유대 그리스도인에게 보낸 편지가 없고 다만 대개 이방인 교회에게 보낸 것만 있다. 그러나 기독교 공

---

36. Günther Bomkamm, "The Missionary Stance of Paul in I Corinthians 9 and in Acts," in *Studies in Luke-Acts* (Philadelphia: Fortress Press, 1980), 194.
37. Phillip Vielhauer, "On the 'Paulinism' of Acts," in *Studies in Luke-Acts* (Philadelphia: Fortress Press, 1980), 38. Vielhauer는 고전 9:19-23을 바울의 선교 활동을 있는 그대로 서술하는 것으로 본다(39). 바울의 선교 활동에 대한 이 견해는 아주 일반적이다. 그래서 예컨대 다음을 보라. Richardson (*Israel*, 36): "방문했던 각 도시에서 이방인에 대한 책임을 지기 전에 유대교 회당에 언제나" 가는 것이 바울의 관행이었다; F. F. Bruce, *Peter, Stephen, James, and John* (Grand Rapids: Wm. B. Eerdmans, 1980), 32; E. Haenchen, *The Acts of the Apostles* (Philadelphia: Westminster Press, 1971), 414; 참조. H. Conzelmann, *1 Corinthians* (Philadelphia: Fortress Press, 1975), 160f.
38. Schoeps, *Paul*, 40.

동체는 필시 회당을 통해 유대교와 밀착했던 유대인과 이방인으로 구성되었을 것이다.[39]

하지만 데이비스는 베츠의 글을 논평하면서 자신의 견해를 더욱 정확하게 설명했다. 베츠의 주장은 갈라디아서의 형식이 헬레니즘적 문헌 표준에 의해 세련되고 헬레니즘화/로마화되었으며 상당히 잘 교육받은 갈라디아의 청중들을 향하고 있다는 것이다.[40] 데이비스는 베츠처럼 서신에서 청중을 추론할 수 있다는 동일한 가정을 제시하지만, 형식보다 내용에 초점을 두면서 바울이 성경을 사용하는 것은 "아주 세련되지만 유대교 성경의 그리스어 번역 및 기본적으로나마 회당 성경 공부에 익숙했던 독자"들을 가리키고 있다고 주장한다.[41] 나중에 데이비스는 "형식상 갈라디아서의 실질 내용은 이전에 유대교로 개종했던 사람, 하나님을 경외하는 사람, 유대인 청중을 요구한다."[42]

---

39. Davies, "Paul and the People of Israel," 19.
40. H. D. Betz, *Galatians* (Philadelphia: Fortress Press, 1979), 2. 이 책 제1장 각주 25을 보라.
41. Davies가 쓴 Betz, *Galatians*에 대한 서평, 312.
42. Ibid. 또한 다음을 참조하라. Robert Jewett, *A Chronology of Paul's Life* (Philadelphia: Fortress Press, 1979), 83 (Jewett는 "고린도 회중의 혼합적 구성에 관한 증거"를 논의하지만, 그것은 사도행전에서 특별히 18:2-4에서 나온다; 참조. Jewett, 36-38); J. Christiaan Beker, *Paul the Apostle* (Philadelphia: Fortress Press, 1980), 6: 그 이방인 사도〔바울. ⓒ〕는 유대인과 또 이방인의 사도였다; 76: "바울의 서신과 사도행전에 나오는 *ethnē*는 대체로 순수 이방인을 가리키지 않고 이방인 가운데 회당에 관심을 갖고 있던 '하나님을 경외하는 자'들이다. …"; John H. Elliot, *A Home for the Homeless* (Philadelphia:

바울의 선교 활동을 규정할 때 고찰해야 할 거의 모든 본질적 요점은 이제 다루어졌다: (1) 바울의 활동에 대한 서술 (2) 서신의 내용 (3) 베드로와 야고보와 바울의 의견 일치. //181// 여기에 우리는 바울이 자신의 개종자들에 대해 규정하는 특징을 덧붙여야 한다. 우리는 바울의 활동에 대한 두드러지는 견해들에 있어서 모든 점이 불확실하거나 의심스럽다는 것을 보게 될 것이다.[43]

사도행전의 증거 자체는 의심스럽다든지 불확실하지 않다. 바울은 한결같이 회당에 먼저 갔다. 행 17:2은 이것이 "그의 규례"였다고

Fortress Press, 1981), chap. 1 at n. 80: 소아시아에서 기독교가 급속히 진보한 것은 '의심할 나위 없이' 기독교가 '유대인 공동체와 이전에 이방인 유대교 개종자' 가운데서 성공을 거두었기 때문이다. "이는 바울의 서신과 사도행전에서 분명하게 나타난다"; Folker Siegert, "Gottesfürchtige und Sympathisanten," *JSJ* 4 (1973): 109-64, 특히 109. Davies처럼 Siegert는 바울이 전제하는 것처럼 보이는 '구약과 놀라운 친밀성'을 지적한다.

'하나님을 경외하는 자'라는 용어의 적절함을 논의할 필요는 없다. 이 점에 관해서는 방금 인용한 Siegert의 이 논문과 다음의 글을 보라. Neil J. McEleney, "Conversion, Circumcision and the Law," *NTS* 29 (1974): 325-28.

43. 다른 사람들은 바울이 자신과 자신의 선교에 관하여 직접 서술한 것에서 나오는 하나의 견해를 옹호하여 지배적인 견해에 의문을 제기해 왔다. 그러므로 다음과 같은 글이 그런 의문을 제기했다. Lüdemann, *Paulus der Heidenapostel*, vol. 1, 96 (문헌을 언급함); Gaston, "Paul and the Torah," 56; Peter Stuhlmacher, "Das Gesetz als Thema biblischer Theologie," *ZTK* 75 (1980): 270f.; *Das paulinische Evangelium*, vol. 1 (Göttingen: Vandenhoeck & Ruprecht, 1968), 99; 그리고 다음에 좀 더 충분히 논의하게 될 Schmithals의 견해. 다음을 또한 참조하라. Claus Bussman, *Themen der paulinischen Missionspredigt auf dem Hintergrund der spätjudisch-hellenistischen Missionsliteratur* (Frankfurt and Bern; H. Lang, 1971), 38. Bussman은 행 17:1-4을 살전 1:9; 2:14-16과 대조한다.

동체는 필시 회당을 통해 유대교와 밀착했던 유대인과 이방인으로 구성되었을 것이다.[39]

하지만 데이비스는 베츠의 글을 논평하면서 자신의 견해를 더욱 정확하게 설명했다. 베츠의 주장은 갈라디아서의 형식이 헬레니즘적 문헌 표준에 의해 세련되고 헬레니즘화/로마화되었으며 상당히 잘 교육받은 갈라디아의 청중들을 향하고 있다는 것이다.[40] 데이비스는 베츠처럼 서신에서 청중을 추론할 수 있다는 동일한 가정을 제시하지만, 형식보다 내용에 초점을 두면서 바울이 성경을 사용하는 것은 "아주 세련되지만 유대교 성경의 그리스어 번역 및 기본적으로나마 회당 성경 공부에 익숙했던 독자"들을 가리키고 있다고 주장한다.[41] 나중에 데이비스는 "형식상 갈라디아서의 실질 내용은 이전에 유대교로 개종했던 사람, 하나님을 경외하는 사람, 유대인 청중을 요구한다."[42]

---

39. Davies, "Paul and the People of Israel," 19.
40. H. D. Betz, *Galatians* (Philadelphia: Fortress Press, 1979), 2. 이 책 제1장 각주 25을 보라.
41. Davies가 쓴 Betz, *Galatians*에 대한 서평, 312.
42. Ibid. 또한 다음을 참조하라. Robert Jewett, *A Chronology of Paul's Life* (Philadelphia: Fortress Press, 1979), 83 (Jewett는 "고린도 회중의 혼합적 구성에 관한 증거"를 논의하지만, 그것은 사도행전에서 특별히 18:2-4에서 나온다; 참조. Jewett, 36-38); J. Christiaan Beker, *Paul the Apostle* (Philadelphia: Fortress Press, 1980), 6: 그 이방인 사도〔바울. ⓒ〕는 유대인과 또 이방인의 사도였다; 76: "바울의 서신과 사도행전에 나오는 *ethnē*는 대체로 순수 이방인을 가리키지 않고 이방인 가운데 회당에 관심을 갖고 있던 '하나님을 경외하는 자'들이다. …"; John H. Elliot, *A Home for the Homeless* (Philadelphia:

바울의 선교 활동을 규정할 때 고찰해야 할 거의 모든 본질적 요점은 이제 다루어졌다: (1) 바울의 활동에 대한 서술 (2) 서신의 내용 (3) 베드로와 야고보와 바울의 의견 일치. //181// 여기에 우리는 바울이 자신의 개종자들에 대해 규정하는 특징을 덧붙여야 한다. 우리는 바울의 활동에 대한 두드러지는 견해들에 있어서 모든 점이 불확실하거나 의심스럽다는 것을 보게 될 것이다.[43]

사도행전의 증거 자체는 의심스럽다든지 불확실하지 않다. 바울은 한결같이 회당에 먼저 갔다. 행 17:2은 이것이 "그의 규례"였다고

Fortress Press, 1981), chap. 1 at n. 80: 소아시아에서 기독교가 급속히 진보한 것은 '의심할 나위 없이' 기독교가 '유대인 공동체와 이전에 이방인 유대교 개종자' 가운데서 성공을 거두었기 때문이다. "이는 바울의 서신과 사도행전에서 분명하게 나타난다"; Folker Siegert, "Gottesfürchtige und Sympathisanten," *JSJ* 4 (1973): 109-64, 특히 109. Davies처럼 Siegert는 바울이 전제하는 것처럼 보이는 '구약과 놀라운 친밀성'을 지적한다.

'하나님을 경외하는 자'라는 용어의 적절함을 논의할 필요는 없다. 이 점에 관해서는 방금 인용한 Siegert의 이 논문과 다음의 글을 보라. Neil J. McEleney, "Conversion, Circumcision and the Law," *NTS* 29 (1974): 325-28.

43. 다른 사람들은 바울이 자신과 자신의 선교에 관하여 직접 서술한 것에서 나오는 하나의 견해를 옹호하여 지배적인 견해에 의문을 제기해 왔다. 그러므로 다음과 같은 글이 그런 의문을 제기했다. Lüdemann, *Paulus der Heidenapostel*, vol. 1, 96 (문헌을 언급함); Gaston, "Paul and the Torah," 56; Peter Stuhlmacher, "Das Gesetz als Thema biblischer Theologie," *ZTK* 75 (1980): 270f.; *Das paulinische Evangelium*, vol. 1 (Göttingen: Vandenhoeck & Ruprecht, 1968), 99; 그리고 다음에 좀 더 충분히 논의하게 될 Schmithals의 견해. 다음을 또한 참조하라. Claus Bussman, *Themen der paulinischen Missionspredigt auf dem Hintergrund der spätjudisch-hellenistischen Missionsliteratur* (Frankfurt and Bern; H. Lang, 1971), 38. Bussman은 행 17:1-4을 살전 1:9; 2:14-16과 대조한다.

말한다. 바울은 거기서 잠시(예. 같은 구절에 따르면 세 안식일 동안) 전파하면서, 어떤 문제에 휘말릴 때까지(17:4-10) 회당 모임에 참석한 "경건한 헬라인"뿐 아니라 몇몇 유대인을 권했다(17:4). 대부분의 학자들이 재구성한 것을 보면 바울은 그런 문제에 휘말린 후에 다른 이방인을 향한 것으로 묘사되지만, 이 특별한 경우에 사도행전은 바울이 도시를 떠나야 했다고 말한다. 우리가 보았듯, 통상 이 과정은 사도행전 저자가 개략적으로 제시하고 있다는 것이 인정될 때에도, 역사적으로 바울 자신의 것으로 간주되었다.

사도행전을 바울의 생각이나 다른 측면의 활동(갈라디아서에 나와 있는 세 번의 예루살렘 여행보다 다섯 번의 예루살렘 여행이 옳다고 생각하는 점)의 자료로 인정하지 않는 학자들은 그렇더라도 사도행전을 바울의 선교 활동을 입증하는 데 도움이 될 만큼 신뢰할 만한 자료로 본다. 하지만 내가 보기에, 우리는 존 낙스(John Knox)가 바울의 연대기와 여행을 규정할 때 세워 둔 원칙을 바울의 선교 활동 문제에 적용할 필요가 있다.[44] 즉, 일차적인 증거는 바울서신이다. 사도행전이 상충되는 내용을 담고 있다면 고려해서는 안 된다. 만일 우리가 바울서신만을 바라본다면 전혀 다른 그림이 나타날 것이다.

바울은 자신의 사역을 논의하면서 전적으로 이방인에 대해 이야

---

44. John Knox, *Chapters in a Life of Paul* (Nashville: Abingdon Press, 1950). 바울의 생애와 활동을 재구성하기 위하여 어떻게 사도행전과 바울의 서신을 평가하는가에 대한 Knox의 견해는 현재 체계적으로 다루어지고 있는데, 특별히 Lüdeman이 그 점을 다룬다(다음 각주를 보라). 바울의 연대기에 대한 Jewett의 최근 작품은 Knox의 견해가 지금 퍼져가고 있음을 또한 보여준다.

기한다(예외, 고전 9:20).⁴⁵ 바울은 이방인 사도로(롬 11:3) 이방인 가운데 그리스도를 전파하기 위하여 부르심을 받았다(갈 1:16; 참조. 2:2: "내가 이방 가운데서 전파하는 복음"). 바울, 베드로, 야고보가 서로 동의한 것은 바울 자신이 "무할례자" 또는 "이방인"에게 가는 것이지(갈 2:7, 9) 단순히 팔레스타인 바깥 지역으로 간다는 점이 아니었다. 바울의 과제는 모든 이방인 가운데 믿어 순종케 하는 것이었다(롬 1:5). 그리고 바울은 이 일을 잘 이루었다는 사실을 보고할 수 있었다: 그리스도께서 이방인들을 순종케 하기 위하여 역사하셨다(롬 15:18). 바울은 헬라인이나 야만이나 모든 이방인에게 빚을 지고 있으므로 "너희[로마인] 중에서도 다른 이방인 중에서와 같이 열매를 맺게 하려"고 로마에 가기를 원했다(롬 1:13f.). 바울은 (사도행전이 보여주듯) 자신이 유대인에게 전하는 것을 유대인들이 혼란스럽게 했다고 말하지 않고 이방인에게 전하려 할 때 방해했다고 말한다(살전 2:16). 베드로가 바울과의 합의를 어떻게 생각했든 간에, 바울은 이를 민족적 의미로 받아들였던 것 같다.⁴⁶ 바울의 선교는 "나로 이방인을 위하여 그리스도 예수의 일꾼이 되어 … 이방인의 제물을 드리는 그것이 성령 안에서 거룩하게 되어 받으실 만하게 하려 하심"(롬 15:16)이었다.

바울이 개종자에 대하여 말하는 특징을 우리가 고찰할 때에 이런 모습은 변하지 않는다. //182// 바울서신에 바울이 설복하여 믿게 했

---

45. 이 책 181f.는 다음의 소논문에서 개작한 것이다. Sanders, "Philippians 3 and 2 Corinthians 11."
46. 다음을 보라. Lüdemann, *Paulus der Heidenapostel*, vol. 1, 96; Zeller, *Juden und Heiden*, 270f.

던 것이 분명한 자들 가운데 유대인으로 확인할 수 있는 사람은 단 한 사람도 없다는 사실은 지적할 만하다. 예컨대 사도행전은 그리스보가 유대인이라고 하지만 바울은 그런 말을 하지 않는다(행 18:8; 고전 1:14).[47] 사도행전처럼 브리스가와 아굴라가 유대인이라는 것을 인정할지라도, 사도행전이 그들이 바울의 회심자인지 분명하게 말하지 않는다는 것 또한 주목해야 한다(행 18:2; 참조 롬 16:3; 고전 16:19).[48]

바울이 유대인이라고 말하는 선교사 부부 안드로니고와 유니아는 "[그보다] 먼저 그리스도 안에" 있던 자라고 묘사된다(롬 16:7). 헤로디온에게만 "그리스도 안에"라는 말이 없다(롬 16:11); 그리고 롬 16장이 로마에 보낸 것이 아니라 바울의 교회 가운데 한 교회에 보낸 것이라든지 바울의 개종자 가운데 몇 사람이 로마로 이주했다고 추정할 경우에만, 헤로디온을 바울에 의해 믿은 사람으로 간주할 수 있다. 롬 16장에 나오는 다른 이름들 중 몇몇은 유대인의 이름이라고 주장할 수 있다. 그러나 우리는 로마 교회에서 유대인을 골라내면 결국 바울 자신의 선교 활동에 대하여 의심스러운 결과만 얻게 될 것임에 주목해야 한다.

더 나아가 바울의 개종자의 이전 생활에 대한 묘사를 보더라도 이들이 대개 유대인이거나 심지어 유대교 개종자 또는 하나님을 경

---

47. 바울이 족속에 따라 자신의 회심자를 구별하지 않으려 했을 것이라는 사실은 아무것도 없는 데서 끌어내는 이런 주장에 대한 단서로 지적되어야 한다.
48. 그들을 동역자로 서술하는 바울의 글(롬 16:3)은 바울이 그들을 얻었는지 그렇지 않은지를 결정하지 않는다. 물론 교회가 그들의 집에서 만난 사실(고전 16:19)은 그런 점을 가리키는 것 같다.

외하는 자였다는 입장에 도움이 되지 않는다.[49] 갈라디아 사람들은 전에 "하나님 아닌 자들"을 경배했다고 한다(갈 4:8). 고린도 사람들은 말 못하는 우상에게 경배했던 이교도들이었다(고전 12:2; 참조. 6:9-11). 데살로니가 사람들은 우상에게서 하나님께로 돌아섰다(살전 1:9). 그리고 빌립보 사람들은 할례를 받지 않은 것으로 보인다(빌 3:2).

상반되는 증거들을 인식한 요하네스 뭉크는 사도행전이 바울의 과정을 정확하게 서술하는 것으로 보았지만, 서신의 내용에 있어서 바울이 유대인을 얻지 못했던 것으로 보았다.[50] 뭉크가 서신의 내용에 있어서 바울의 교회에 혈통적으로나 유대교로 개종했거나 유대인이 있다는 것을 반영할 필요가 없다고 생각한 점은 옳다. 바울의 성경 인용을 보면 독자들이 성경을 가지고 주장하는 데 능할 필요가 없다. 그들은 바울이 권위 있는 본문을 인용하고 있다는 **사실을** 인식하기만 하면 되었고, 바울이 얼마나 명석하게 주장하는지 평가할 수 있는 능력을 가지거나 더욱이 반대 주장을 표현할 수 있는 능력을 가져야 할 필요가 없었다. 갈라디아서가 가장 뛰어난 예다. (로마서를 제외하고) 바울이 교회에 보낸 현존 서신 가운데 갈라디아서는 성경의 주장에 아주 크게 의존한다. 하지만 갈라디아 개종자들이 전에 우상숭배자였다고 한다(갈 4:8). 뭉크가 보았듯 바울은 성경을 인용했던 유대주의자들을 반대하고 있기에 그런 차원의 논증이 필요했다.[51] 바

---

49. Gaston, "Paul and the Torah," 55는 이어지는 증거를 인용하고 바울의 회심자가 전에 하나님을 경외하는 자였음을 재주 좋게 결론 짓는다.

50. Munck, *Paul*, 204-6.

51. Ibid.

울의 주장에는 자신의 교육 상태가 드러나고—바울은 자신이 배운 대로 주장한다—부분적으로는 바울이 반대하는 제3자들("어떤 사람", "저희", 갈 1:7; 5:12 등)의 교육 상태가 드러난다.[52] //183//

바울의 주장 방식과 단어가 한편으로는 바울과 다른 한편으로는 바울의 청중에 대해 드러내는 것은 지금보다 더욱 관심을 받을 필요가 있다. 나는 로빈슨(J. A. T. Robinson)이 대다수의 생각을 대표한다고 생각한다: 로마서는 "유대교적이고 구약적이며 랍비적인 배경을 전제하기에 이에 대해 전혀 알지 못한다면 이해하기 어려울 것이다."[53] 발터 바우어는 단어에 대해 논하면서 로마서를 이해할 수 없을 가능성을 인정했다: 바울이 제사, 진노, 의에 관해 쓸 때, "유대교의 관점에서 이해해야 아주 정확하다. 그러나 이전에 이 단어들을 들어본 적은 있지만 다른 함의와 연상 내용을 가지고 있는 청중들은 어떤가?" 바우어는 몇 가지 예를 들면서 다음과 같이 덧붙인다: "우리는 때로 그리스인이 신약 저자가 말하는 기본적 의미를 이해하지 못했을 것이 분명하다는 인상을 받곤 한다."[54]

그러나 바울의 글은 대체로/전적으로 유대교 교육을 받지 못한 사람들에게 전혀 이해할 수 없는 것이었을까? 바울의 글의 '기본적

---

52. 내 생각으로 동일한 고찰이 그들이 그리스-로마 전통에서 교육을 잘 받은 사람이 **틀림없다는** Betz의 견해에 반박하여 적용된다. 다음을 보라. Betz, *Galatians*, 2; 이 장의 각주 39.

53. J. A. T. Robinson, *Wrestling with Romans* (Philadelphia: Westminster Press, 1979), 7.

54. Walter Bauer, *A Greek-English Lexicon of the New Testament*, 2d ed. (Chicago: University of Chicago Press, 1979), xxiv.

의미'는 종종 매우 분명하게 드러나곤 한다. 예컨대 이방인 청중에게 가장 어려운 서신인 갈라디아서에서 바울은 할례와 율법을 의에 필수적인 것으로 보는 것에 반대하고 있으며, 자신의 주장을 입증하기 위해 권위 있는 본문에 호소한다는 사실은 명백하다. 3:10-12의 증거 본문도 충분히 분명했을 것이다. 왜냐하면 필수적인 단어들이 우리 앞에 놓인 본문에 있기 때문이다. 지금 바울의 세세한 기법을 파악하는 데는 성경 어휘 사전이 필요하겠지만, 주요한 점들은 직설적으로 분명하게 진술되어 있다.

어쨌든 바울은 유대교의 관점에서 글을 썼다. 우리는 제1부(원서 81-83)에서 바울이 이방인을 '율법 아래' 두는 것을 보았다. 즉, 바울은 이방인의 상황을 유대인의 상황에 일치시켰지, 유대인의 상황을 이방인의 상황에 일치시키지 않았다. 이는 유대교의 논증 방식과 마찬가지로 그들을 혼란스럽게 만들었을 수 있지만, 바울은 여전히 자신의 주된 요점을 전달할 수 있었던 것으로 보인다.

로마서의 내용으로부터 로마 교회의 구성을 추론하려는 시도는 바울의 교회들이 얼마나 철저하게 이방인으로 구성되었는지 이해하는 데 도움을 준다. 한편으로 로마 교회 전체는 이방인 선교로 생긴 것이 분명하다. 따라서 이는 바울이 개인적으로 일했든 서신으로 일했든 상관없이 바울의 사역에 적합한 교회다(롬 1:13-15; 15:14-16). 독자들에 가장 직접적으로 건네는 발화는 11:13인데, 여기서 이방인을 향해 말한다. 바울은 로마서 전반에 걸쳐 습관처럼 유대적 관점으로 썼는데, 롬 4:1("육신을 따라 우리의 조상인 아브라함")은 추정되는 청중에 관하여 아무것도 말하지 않는다. 그럼에도 학자들은 보편적으로 그리고 의심의 여지없이 로마 교회에는 유대인과 이방인이 섞여 있었다고 옳게 결론을 내린다. (본래 로마에 보낸 것일 수도 있고 그렇지 않을 수도 있는) 롬 16장에서 유대인을 언급하고 있을 뿐 아니라 다른 곳에는 유대인을 향한 두 차례의 인사말이 나온다. 이 중에서 하나는 명백하게 대체적으로 수사학적인데 다른 하나는 덜하다(롬 2:17; 7:1; 이런 맥락에서 7:1에 나오는 율법은 유대교 율법으로 해석해야 한다). //184// 더욱이 그리스도 이전/이후 유대인과 이방인의 동등성에 매우 많은 관심을 갖고 있는 이 서신의 일반적 주장은 여기에서 바울이 유대인의 상황을 말하는 데 관심이 있었음을 보여준다. 이는 바울이 예루살렘에서 장차 대면할 일을 생각하고 있다는 사실에 의해 상당히 많이 설명되지만, 바울이 로마의 그리스도인 중 몇몇을 유대인으로 생각하고 있음을 가리킬 수도 있다. 그러나 주목할 만한 점은 로마서가 바울서신에서 독특하게도 독자들 가운데 유대 그리스도인이 있다는 점에 관하여 상당히 많은 실마리를 담고 있다는 것이다. 다른 서신들은 그런 실마리를 전혀 담고 있지 않다. 그렇기에 우리는 바울이 자신의 교회들에 보내는 편지들의 내용이 유대 그리스도인 독자층을 전제하지 않는다는 뭉크의 주장에 동의해야 한다.

그러므로 뭉크는 바울의 활동을 규정하기 위하여 사도행전을 받아들이고 그 결과를 규정하기 위하여 바울서신을 받아들임으로써 사도행전과 서신들을 조화하려고 노력했다. 곧, 바울은 유대인을 얻으려고 했지만 이방인만 얻었다는 것이다. 그러나 이는 가능성이 없어 보인다. 우리가 보았듯 바울은 자신을 이방인 사도로 묘사한다. 그러나 더욱 명백한 주장이 하나 있다. 바울의 남아 있는 서신들 중 가장 나중의 것인 로마서에 와서야 바울은 이스라엘 선교의 실패에 대해 반성한다. 살전 2:14-16에 나타나는 유대인에 대한 비난이 바울의 복음을 거부했던 사실과 아무 관련이 없다는 점은 놀랍다. 유대인의 결점은 오히려 바울의 이방인 선교에 반대했다는 데에 있었다. 이스라엘이 복음을 거부한 것의 의미를 묻는 때는 오로지 모금한 것이 수중에 있을 때, 바울이 (마지막에 스페인에서의 활동 계획을 제외하고) '이방인의 제물'을 준비했을 때,[55] 예루살렘으로 여정을 떠나려 할 때뿐이다. 전통적인 구도는 잘못됐다. 곧, 이스라엘의 회복은 일어나지 않았기에 알려진 바와 같이 바울은 구도를 바꾸었다: 하나님은 이방인이 들어오기 이전이 아니라 들어온 이후에 유대인을 구원하실 것이다(롬 11:13-16). 더 나아가 **바울은 이스라엘의 구속에 있어서 이런 방법으로만 자신의 역할을 맡는다**. 바울의 성공적인 이방인 선교의 확장은 이스라엘의 구원에 **간접적인 역할**을 하게 된다.[56] 이방인이 유대인에게 약속된 유업에 들어오는 것을 보는 몇몇 유대인은 적어도 질투로 인해 복음을 받아들이게 될 것이다.

로마서 전체는 성공을 거둔 바울의 선교가 무할례자에 대한 것이었다는 가정에 기초하고 있다.

> 그러므로 내가 그리스도 예수 안에서 하나님의 일에 대하여 자랑하는 것이 있거니와 그리스도께서 이방인들을 순종케 하기 위하여 나

---

55. '준비했다': 롬 15:19에 나오는 *peplērōkenai*를 주목하라. 이 요점은 아래에 다시 나온다.
56. 다음도 마찬가지다. Käsemann, *Romans*에서 롬 11:11-24을 다루는 부분.

로 말미암아 … 역사하신 것 외에는 내가 감히 말하지 아니하노라. (롬 15:17f.)

고전 15:10에서 바울은 자신의 활동이 다른 사도의 것보다 더욱 낫다고 이야기한다. //185// 다른 사도들이 위협할 수 있었고(고후 11장) 바울의 말을 들은 모든 사람이 믿었던 것은 아니지만(고후 2:14-16) 바울은 무할례자 가운데서 행한 자신의 활동을 성공적인 것으로 보았던 것 같다. 바울과 복음이 승리를 거두며 전진했다(고후 2:14). 그러나 로마서―바울이 유대인의 복음 거부에 대하여 깊이 생각하는 서신―에서는 자신의 선교가 성공적인 것으로, 거의 완성된 것으로, 유대인 구원에 간접적으로만 연결되는 것으로 제시한다.

반대로 할례자에 대한 베드로와 다른 사람들의 선교(갈 2:9)는 대개 실패했으며, 이 실패에 대한 바울의 반성과 번민은 예루살렘으로 여행하려 할 때에 정확히 표현된다(롬 9-11장). 바울은 예루살렘을 상대적으로 적은 수의 "성도"가 있는 "믿지 않는 자들"의 집으로 본다(롬 15:31). 바울이 유대인을 얻는 활동에 성공을 거두지 못한 채 평생을 보냈다면, 우리는 유대인이 복음에 대해 '거부'한 일이 로마서 및 로마서에 반영된 바울의 실패감 이전에 기록되었어야 했다고 기대할 것이다.

지금까지 우리는 일관된 그림을 본다: 바울은 이방인의 사도로 성공적인 선교의 결과를 낳았고, 상대적으로 유대인 선교는 성공적이지 못했다. 이 실패는 롬 9-11장에서 처음으로 새로운 문제로 다루어진다. 그는 발생한 일과 일치하도록 종말론적 순서를 재배치하며,

이스라엘의 구원에 있어서 오직 간접적으로만 자신에게 역할을 부여한다. 그렇다면 유대인을 얻기 위해 한때 율법에 따라 살았음을 언급하는 고전 9:19-23는 어떻게 이해해야 하는가? 먼저 우리는 이 절들을 바울의 생애와 활동에 대한 문자 그대로의 서술로 보기 어렵다는 점을 기억해야 한다. 이를 서술된 자체로 받아들일 경우, 바울은 각 도시에서 짧은 기간 토라를 지키며 살았고 그런 후에 최초의 이방인이 교회에 들어왔을 때 율법의 측면들을 적어도 지키지 않은 것이 된다. 대다수의 견해에 따르면 바울이 그렇게 했다는 것은 본질적으로 있을 법한 일이 아닌데도—거의 가능성이 없는데도—정확하게 그렇게 했다고 본다.[57] 이 문제는 바울이 율법에 관하여 일관된 태도를 유지했는지 하는 신학적 문제가 아니다.[58] 바울의 **이론**에 의하면 유대인이 율법을 폐기할 필요가 없음을 우리는 이미 확인했다. 훌륭한 선교사로서 바울이 서로 다른 환경에 적응을 하든, 하지 않든 문제가 되지 않는다. 바울이 그렇게 하고자 했다면 그렇게 할 수 있었다는

---

57. Davies가 그 의견을 수용하는 W. L. Knox는 바울이 그런 식으로 행동하지 않았을 것이라고 보았다. 그러나 그는 우리와 정반대되는 결론을 끌어내었다. 그의 말에 따르면, 바울은 "유대인을 대할 때는 유대인처럼 행동하고 그러면서 이방인을 대할 때는 율법에서 자유롭게 행동할 수 없었다 … ." 하지만 Knox는 바울이 언제나 토라를 지켰다고 생각했다(갈 2:11-14에도 불구하고). 다음을 보라. W. L. Knox, *St. Paul and the Church of Jerusalem* (Cambridge: Cambridge University Press, 1925), 122; Davies, *Paul and Rabbinic Judaism*, 70 and n. 3.

58. 그것은 Conzelmann이 고전 9:20-22에서 보는 문제다. 그는 아무 문제가 없다고 옳게 지적한다. *1 Corinthians*, 160f.를 보라.

것은 의심의 여지가 없다.[59] 이 문제는 우리가 위에서 지적한 바 실천적인 문제다: 어떻게 바울은 **같은 교회 내에서** 유대인에게는 유대인이, 이방인에게는 이방인이 될 수 있었는가?

우리는 이 문제를 이렇게 표현할 수 있다: 바울은 예루살렘에 있었을 때 '카쉬루트'(kashrut: 유대교의 음식법. ⓒ)를 분명히 지켰다. 그런데 엄격한 유대교적 환경 외에 또 어느 곳에 있었을까? 분명 디아스포라 회당에 있었을 것이다. 그러나 디아스포라에서 바울이 가졌던 목적은 이방인을 얻으려는 것이었기에, 우리는 갈 2:11-14에 의거하여 바울이 이방인과 함께 있을 때 식사법을 지키지 않았음을 확신할 수 있다. //186// 다른 말로 하면, 고전 9:19-23이 그의 행동을 말 그대로 서술한 것이라고 고려할 경우 우리는 바울이 각각의 새로운 도시에서 형식상 얼마 동안 율법을 지키면서 어떤 이방인이 복음에 관심을 가지자마자 율법 지키기를 포기하려 했다거나, 또는 두 교회를 세우고 한 곳에서는 율법을 지키고 다른 곳에서는 율법을 지키지 않으면서 두 교회 사이에서 오가곤 했다고 추정해야 할 것이다. 내가 알기로는 이 가능성 중 후자를 바울이 실제로 행동한 방식으로 제시했던 사람은 없다. 그러나 첫 번째 견해의 가능성이 더 큰 것일까?

바울이 자신의 활동을 서술하는 또 다른 구절을 살펴보는 것은

---

59. 이 요점은 다음의 글이 훌륭하게 지적한다. Henry Chadwick, "All Things to All Men," *NTS* 1 (1954-55): 261-75. 일반적인 선교 관행에서의 수용에 관해서는 다음을 보라. Daube, *The New Testament and Rabbinic Judaism*, 336-46. 외부인에 대하여 호의적인 인상을 심어 주려는 바울의 관심은 고전 14:16-25에 명백하게 드러난다.

현재 다루고 있는 문제에 도움이 된다. 롬 15:19에서 바울은 예루살렘에서 '두루'(in a circle 또는 in an arc: "원형을 이루며" 또는 "호를 이루며"라는 뜻을 담고 있다. ⓣ) 행하여 일루리곤까지 복음을 "편만하게"(*peplērōkenai*) 전했다고 말한다. 여기서 바울은 자신을 지중해 지역 대부분에 복음을 전하는 사람으로 묘사한다. 이 진술은 일반적으로 대표적인 곳에 복음을 전했다는 뜻으로 간주된다. 바울은 그 지역의 모든 곳에 복음을 전하지 않았다. 그러나 이 진술은 과장법적이기도 하다. 갈라디아서의 진술에 따르면 적어도 '사도 회의' 때까지는 예루살렘이나 심지어 유대 지역에서도 복음을 전하지 않았다(갈 1:11-24). 바울은 베드로와 야고보를 개인적으로 만났고 유대 지역의 교회들이 자신을 얼굴로 알지 못했다는 것을 강조한다(1:19, 22). 그러나 바울은 두 번째 예루살렘 여행에서도 복음을 전하지 않았는데, 이때 거기에서 바울이 무할례자에게 복음을 전할 것이라는 데 합의를 보았다(갈 2:7-9). 이 역할 분담이 지리적이라기보다 민족적이라는 사실은 사용된 용어—할례자와 무할례자—에 의해 뒷받침될 수 있을 것이다.[60] 그러나 이것이 지리적이든 민족적이든 바울이 예루살렘에서 말씀을 전했을 가능성은 거의 없다. 또한 바울이 일루리곤에서 복음을 전파하지 않았을 가능성도 있다. 이를 가리키는 어구가 단지 '일루리곤까지', 즉 '마게도냐까지'를 의미할 수 있지만 말이다.[61] 따라서 롬 15:19은 바울의 선교 활동에 대한 과장된 진술이다.

---

60. 각주 45.

61. 참조. Käsemann, *Romans*, 394f.; Sanday and Headlam, *Romans*, 407f.; Cranfield, *Romans*, 760-62.

나는 고전 9:19-23 역시 과장법으로 읽는 것이 가장 좋다고 생각한다. 두 진술을 모두 취하면 바울은 자신을 지중해 지역의 모든 사람에 대한 사도로 묘사했다고 볼 수 있다. 두 진술이 문자 그대로 사실이라고 생각하지 않고도 우리는 바울이 때로는 그런 식으로 생각할 수 있었다는 것을 이해할 수 있고 심지어 그의 관점의 넓이에 대해서도 공감할 수 있다. 물론 바울이 때때로 '유대인으로 살았다'는 것은 사실이다—예루살렘에 갔을 때 그렇게 살지 않으려고 노력했겠지만 말이다. 바울이 질문을 받는다면 "불필요하게 거리끼지 않게 하려고"(고전 10:32를 보라)라는 의미로서 "유대인을 얻기 위하여"라고 답할 것이다. 그러나 나는 바울이 활동했던 각 도시에서, 고전 9:19-23이 실천에 대한 글자 그대로의 묘사라면, 요구되었을 방식대로 이리저리 달리 행동했을지 의심스럽다. 바울은 도시에 들어갈 때마다 이방인에게 말씀을 상당히 성공적으로 전하고 이방인으로 살았던 것이 거의 확실하다. //187// 바울의 활동과 교회에 대한 다른 모든 증거들은 너무 일관적이기에, 고전 9:20로 완전히 뒤집혀지는 것은 어려울 것 같다. 특히 롬 15:19에 비추어 볼 때 고전 9:20은 과장법으로 읽는 것이 좋다.

하지만 실질적인 문제가 하나 남아 있다. 다른 모든 학자들이 (명시적이든, 암시적이든) 바울의 사역에 대한 설명과 사도행전의 설명 사이에 차이가 있다는 것을 알았지만,[62] 슈미탈스〔Walther Schmithals〕가 이에

---

62. 각주 42.

대해 포괄적인 구도로 다룬 것은 믿을 만하다.[63] 슈미탈스의 주장은 다음과 같다: '스데반은 유대인들에게 율법을 버리도록 요구하는 복음을 전했는데, 바울을 회심하게 했던 것은 바로 이 복음이다.[64] 예루살렘 공의회에서 바울은 유대인에게 토라로부터 자유로운 복음 전하기를 멈추고 자신의 활동을 이방인에게 국한하다는 데 동의했다. 유대인이 그러한 복음을 받아들여 개종함으로 박해를 받게 되었기 때문이다. 이방인이 토라 없는 기독교로 개종하는 것은 유대인에게 문제가 되지 않았을 것이다.[65] 예루살렘의 합의에 따라 바울과 베드로는 종종 아마 같은 지역에서 각각 이방인과 유대인에게 개별적으로 선교했을 것이다.'[66]

나는 슈미탈스의 의견에 동의하려고 이 입장을 인용한 것이 아니다. 이와 달리 나는 증거들이 말하는 바 유대인에게 율법을 지키지 말라는 요구는 전적으로 바울에게서 기인했다고 생각한다.[67] 하지만 슈미탈스는 초기 기독교 선교 활동을 이해하는 데 관련된 대부분의 문제를 설명하려고 시도했다.[68] 여기서 주의해야 할 점은 마지막 것

---

63. W. Schmithals, *Paul and James* (London: SCM Press, 1965), 16-62.
64. Ibid., 28.
65. Ibid., 24, 25, 43f.
66. Ibid., 50f.
67. 제1부에서 우리는 바울이 율법의 측면을 하나님 백성 자격에 필수적인 것으로 고찰될 때를 제외하고 그 측면에 대한 순종을 대수롭지 않은 문제로 보았음을 서너 차례 지적했다. 갈 6:15; 고전 7:19; 롬 14:1-6을 보라.
68. Schmithals는 한 가지 요점을 위하여 사도행전을 계속 받아들인다: 즉, 바울의 회심자는 전에 '하나님을 경외하는 자'였다는 것이다(*Paul and James*, 60f.). 참조. 각주 49에 나오는 Gaston에 대한 언급.

이다: 바울의 도시에 있던 유대인은 어떠했는가? 바울이 저들에게 말씀을 전하지 않았다면 누가 전했는가? 보른캄은 이 문제에 주목하면서 이를 사용하여 바울의 활동에 대한 전통적 견해를 다시 세우고자 했다.

> 그러므로 사도행전에서 그린 그림에 (물론 이 그림을 너무 도식화했다는 점은 인정하더라도) 전반적으로 이의를 제기할 이유는 전혀 없다. 이 그림은 바울이 (a) 일반적으로 회당을 선교 활동 기반으로 삼은 것과 (b) 결국 갈등으로 인해 회당에 머무르기가 불가능하게 될 때까지 머무르려고 했다는 것을 보여준다. 슈미탈스는 최근에 이 견해를 제기했다. 슈미탈스는 사도 공의회의 합의 사항, "우리는 이방인에게로, 저희는 할례자에게로 가게 하려 함이라"(갈 2:9)에 관심을 촉구하면서 바울이 초지일관 유대인 선교를 거부했다는 주장을 제시했다. 그러나 역사적으로 보아 바울 자신이 이방인 선교를 벌이는 지역과 마을에서 유대인 선교는 다른 사람들에 의해 수행되어야 한다고 생각했다는 것은 상상하기 어렵다. 내가 아는 한, 바울의 서신에는 이런 생각이 나타나지 않는다. 실제로 이를 반박하는 명백한 진술은 몇 군데 있다."[69]

보른캄은 고후 11:24("마흔에 하나 감한 매")과 고전 9:20을 이에 대한 명백한 진술로 인용한다.

---

69. Bornkamm, "'Missionary Stance," 200.

사도행전이 그린 그림에 이의를 제기할 이유가 없다는 보른캄의 진술에도 불구하고, 우리는 그렇게 해야 할 아주 정당한 이유를 확인했다. //188// 즉, 바울이 고전 9:20을 제외하고 자신의 활동에 관하여 말한 모든 부분과 구체적으로 롬 9-11장, 더욱 구체적으로는 11:13-16에서 이끌어낼 수 있는 선교에 관한 추론이 바로 그 이유다. 그러나 우리는 바울이 이방인을 얻었던 도시에서 베드로가 때때로 유대인을 얻으려고 노력했다는 견해에 반대하는 보른캄의 주장이 강력하다는 것을 인정해야 한다. 이것은 경제성과 실용성의 문제가 아니다. (보른캄은 그러한 정책을 역사적으로 '상상할 수 없는' 일로 생각하는 것 같은데, 이는 아마도 실용적인 문제를 의미할 것이다.) 초기 그리스도인은 종말론적 독단의 세계에 살고 있었기에, 실용적이거나 편리한 방식을 위한 선교의 노력은 그다지 중요하지 않았다. 보른캄이 실제로 지적하지 않았지만, 바울이 두 교회, 곧 유대인 교회와 이방인 교회를 각기 나란히 세우기를 분명 반대했을 것이라는 점에 주목해야 한다. 그리스도 안에서 유대인과 이방인은 한 몸의 지체여야 한다(갈 3:28; 고전 12:13). 그리고 바울은 단순히 신비적인 의미로 이런 말을 한 것이 아니었다. 안디옥에서 벌어진 논쟁의 전체 요점은 베드로의 행동이 두 개의 구분되는 기독교 공동체로 이어질 것이라는 점이다. 바울은 안디옥에서 반대했던 결과를 보장하게 될 정책에 결코 동의할 수 없었을 것이다.

우리는 명료한 해답이 없는 문제에 봉착한 것 같다. 여기에는 다섯 가지 선택이 가능하다. (1) 고전 9:19-23은 바울의 선교 활동에 대한 문자적 기술이다. 이방인 사도로서 바울의 자기 서술과 이스라엘의 구원에 간접적인 역할만을 담당하는 것에는 엄청난 실패가 감추어져 있다—실제로 바울은 오랜 세월 유대인을 얻으려 했지만 그렇게 하지 못했고, 로마서에서 자신을 성공을 거둔 이방인 사도라고 서술하면서도 유대인의 개종치 않음을 한탄하며 자신의 실패를 암묵적으로 부인하고 있다(뭉크 입장의 함의). (2) 사도행전은 옳다. 바울은 회당에서 전파했고, 바울의 개종자들은 거의 전적으로 유대인, 유대교 개종자, '하나님을 경외하는 자'였다(데이비스, 베커 등). (3) 우리는 널리 퍼져있는 바울의 서술을 받아들여 고전 9:19-23을 과장법으로 읽을 수 있다. 그리하면 디아스포라 유대인에 대한 문제가 남는다. (4) 우리는 절망하며 포기할 수 있다. (5) 우리는 (3)의 가능성을 받아들여 디아스포라 유대인에 관하여 사색할 수 있다.

물론 (5)는 슈미탈스가 내세우는 주장의 전개 과정인데, 이는 성공하지 못한 채 우리를 딜레마에 빠지게 한다. 독자들은 내가 (1)을 거의 그럴듯하지 않은 것으로 본 점에 대해 놀라지 않을 것이다. (2)는 가능성이 더 없다. (2)는 바울의 자기 묘사뿐만 아니라 개종자들과 편지 내용의 성격에 대한 서신 자체의 증거를 부인해야 한다. 이렇게 우리에게는 (3)-(5)가 남아 있다. 나는 이를 조합해보려 한다.

(4)는 상당 부분 받아들일 필요가 있다. 우리는 알지 못하며 앞으로도 결코 알지 못할 것이다. //189// 우리는 바울이 각 도시에서 무엇을 했는지, (앞으로 논의할 고후 11:24에서 추론되는 한 가지 요점은 제외하고) 디아스포라 동료 유대인에 대해 어떤 입장을 취했는지, 바울 외의 다른 사람들이 디아스포라 유대인을 얻기 위해 어떤 노력을 했는지 정확히 알지 못한다. 나는 무지를 고백한 후, 바울을 무정하면서도 거의 불경건한 자로 보이게 할 사색을 펼칠 것이다. 아마 바울뿐 아니라

모든 사도들이 대표적인 측면으로 생각했을 것이다. 바울은 어떻게 사람들이 복음을 듣지 않고 믿음에 이를 수 있는지 물을 수 있다(롬 10:4). 마치 바울이 모든 개인에게 관심을 갖고 있는 것처럼 들린다. 그러나 다른 차원에서 그렇지 않았다. 바울은 이방인의 "충만한 수"를 얻기를 바랐는데(롬 11:25), 바울도 다른 선교사들도 모든 도시와 마을을 다니며 전하지는 못했다—더 정확하게 말하자면 끝이 오기 전에 주어졌다고 생각한 짧은 시간에 그렇게 하지 않았을 것이다. 바울은 스페인에 가기를 간절히 바랐지만, 소아시아와 그리스의 모든 이방인이 복음을 들은 것이 아님을 확실히 알았고, 많은 사람이 주께 돌아올 기회가 없던 때에 그 지역을 떠날 준비가 되어 있었다. 우리는 롬 15:19의 어구를 상기해야 한다: 바울은 예루살렘에서 일루리곤까지 복음을 "편만하게"(널리 그득 차게)(*plēroō*의 완료태) 전했다. 얼마나 많은 사람에게 복음을 전했는지 관계없이 사역의 일부는 끝났다. 이방인의 "충만한 수"(*plērōma*)는 거의 찼다(롬 11:25).[70] 바울이 아직 해야 할 일이라고 언급한 유일한 사역은 스페인 선교였다(15:24-28).

사실 바울, 베드로, 다른 사람들이 각각 대표적으로 맡은 선교를 수행하려는 긴급한 소망으로 디아스포라 유대인에 대한 특별한 준비를 갖추지 못했다는 것이 확실한 해답이 없는 것 같은 질문에 (내게

---

70. *peplērōkenai*와 *plērōma*의 연관에 관해서는 다음을 보라. Stuhlmacher, "Erwägungen zum Problem von Gegenwart und Zukunft," 430f. 바울이 롬 15:19에 서술된 지역에서 자신의 사역을 '마쳤다'는 요점에 관해서는 다음을 보라. C. K. Barrett, *A Commentary on the Epistle to the Romans* (New York: Harper & Row, 1957), 276f.

는 납득이 갈 만큼) 가장 나은 해답인 것 같다. 우리는 아마 가장 큰 집단을 형성했던 사람들, 즉 알렉산드리아의 유대인이 신약에 전혀 언급되어 있지 않고 갈 2:9에서 언급하는 역할 분담에도 전혀 언급되어 있지 않음에 주목해야 한다. 어떻게 기독교가 이집트에 이르렀는지 아직 알려져 있지 않다. 이방인의 사도 바울은 특히 이집트와 북아프리카를 포함하지 않는 한 원(circle)(아마 '둥근 활 모양'("호", arc), 롬 15:19)을 완성한다고 말한다. 베드로는 머릿수를 세어 팔레스타인보다 이집트에 더 많은 유대인이 있다는 것을 깨닫지 못하고서 할례받은 자들에게 복음 전할 것을 생각했을 것이다. 바울과 예루살렘의 기둥들은 거기까지 생각할 수 있었을 것이다. 소아시아와 그리스에 있는 유대인 외에 문명 세계의 대다수 사람들에게 보냄을 받은 사도는 없었던 것 같다. 바울과 다른 사람들은 이방인의 '충만한 수'와 '온 이스라엘'이 구원받는 것을 생각했을 것이다.

롬 10:14에도 불구하고 사도들은 종말에 있을 하나님의 행위에 많은 사람의 운명을 기꺼이 맡기려 했을 것이다. 바울이 롬 11:25-26에서 계시하는 "비밀"은 적어도 이 지점에서 살펴야 할 한 가지 단서를 제공한다. //190// 시온에서 구원자가 오실 종말에 "**그분은 야곱에서 불의를 내쫓으실 것이다.**" 우리는 바울의 견해를 확립하기 위해 바울이 드는 증거 본문의 정확한 표현에 의존하지 않는 법을 배웠지만, 적어도 한 가지를 확립하기 위해 다음의 말에 의지해야 할 것이다. 즉, 사도들이 아니라 하나님이 이스라엘의 구원을 성취하실 것이다.

나는 바울이 유대인을 교회에 들이기를 거부했을 것이라고 주장하려는 것이 아니라, 다만 이들에 대한 표시가 실제로 없다는 것이다. 이따금 혹은 기회를 따라 유대인에게 전하는 선포가 반드시 이방인의 사도의 관심 밖에 있어야 하는 것은 아니다.[71] 하지만 나는 무엇보다도 바울이 먼저 디아스포라 유대인에게 보낸 사도였지만 실패한 후 이방인에게 갔다는 주장이 우리의 바울 이해를 왜곡시킨다고 믿는다. 또한 우리는 베드로를 팔레스타인에 국한시킬 필요도 없다. 바레트는 베드로가 고린도전후서에 나오는 대적이라고 주장했다.[72] 그리고 고전 9:5을 보면 베드로뿐 아니라 다른 사도들과 주의 형제들도 여행했던 것 같다. 베드로는 바울의 교회에 개입했을 수도 있다. 하지만 규칙에 대한 예외와 합의 사항 위반으로 인해 주된 흐름이 왜곡되어서는 안 된다: 바울은 이방인의 사도였다. 그래서 바울은 자신을 그렇게 칭했으며, 그렇게 행동했다.

동족과의 갈등

우리는 예루살렘에서 일어난 마지막 갈등을 제외하고 바울과 동

---

71. Zeller, *Juden und Heiden*, 270f.도 마찬가지다.; 참조. Munck, *Paul*, 46f. 나는 이 문제를 훨씬 짧게 다루는 논문에서 "바울이 한 유대인이나 몇몇 유대인에게 설교하는 경향이 있었다고 주장하는 것은 어리석다고 본다"라고 썼다 ("Paul's Attitude toward the Jewish People," *USQR* 33 [1978]: 177). 나는 지금도 입장이 같다. Krister Stendahl, 'Response' (ibid., 190)에서는 바울이 이방인 사도였다는 입장을 "결코 유대인에게 증거하지 않았다"는 진술로 '구체화하는 것'은 현실적이지 못할 것이라고 답변했다.
72. C. K. Barrett, "ΨΕΥΔΑΠΟΣΤΟΛΟΙ (2 Cor. 11:13)," in *Mélanges Bibliques en homage au R. P. Béda Rigaux* (Gembloux: Duculot, 1970), 378-96.

족의 관계에 대해 두 가지 다른 정보를 가지고 있다. 이 둘은 모두 갈등을 보여주는데, 하나는 유대교에 대한 바울의 계속적 헌신을 보여준다. 살전 2:16에서 바울은 "우리"가 "이방인에게 말하여 구원받게 하는" 것을 유대인이 방해한다고 말한다.[73] 고후 11:24, 26에서 바울은 다른 일을 제쳐두고 동족으로부터 위험한 일을 당한 것을 언급하면서, 사십에 하나 감한 매를 맞는 유대인의 형벌을 받았다고 말한다. 고후 11:21-29은 확실히 바울의 수사학적 과장을 보여주는 예일 것이다: 바울은 자신의 그리스도인들을 제외한 모든 집단에게서 생각할 수 있는 모든 곳에서 위험에 처했다. 아마 실제로는 그렇게 심하지 않았을 것이다. 하지만 사십에 하나 감한 매는 아주 구체적인 것으로 보이며, 바울서신에서 '박해'에 관한 수많은 언급을 이해하는 데 도움을 준다. 바울과 다른 사람들(마 10:23을 보라)은 '박해'라고 불렀지만 아마 행정관들은 그것을 '처벌'로 간주했을 것이다.

바울서신에는 박해에 관한 내용이 상당히 많다.[74] 어떤 경우에는 실제 박해가 일어나고 있었는지 또는 바울이 단순히 자신과 기독교 교회를 외부 세계에게 박해받는 것으로 묘사하는 습관이 있었는지 알기 어렵다(예를 들면, 고전 4:12; 고후 4:9; 8:2). 그러나 몇 가지 언급은 더욱 구체적이다. 바울은 열심 있는 바리새인으로서 교회를 박해했다

---

73. 나는 이 구절의 진정성을 받아들인다. 어떻게 살전 2:16b를 70년 이전으로 이해할 수 있는지에 관해서는 다음을 보라. Ernst Bammel, "Judenverfolgung und Naherwartung," *ZTK* 56 (1959): 294-315. 또한 다음을 보라. John Hurd, "Paul Ahead of His Time: 1 Thess. 2:13-16," 근간.

74. 이 책 190-192는 다음의 소논문을 개작한 것임. Sanders, "Philippians 3 and 2 Corinthians 11."

(갈 1:13, 23; 빌 3:6; 고전 15:9). //191// 더 나아가 바울은 자신이 기독교의 사도로서 할례를 계속 전했다면 박해를 피했을 것이라고 썼다(갈 5:11). 바울은 할례를 전하는 복음 전도자가 박해를 피하기 위해 할례를 전한다고 비난했다(갈 6:12). 마지막으로 "육신을 따라 난 자"(갈 4:29)로 지칭되는, 다른 사람들에 의한 그리스도인들이'(또 다른) 그리스도인들을 (또는 어쩌면 바울의 그리스도인만을) 박해했다는 알레고리적/모형론적 구절이 있다.

이를 고려할 때 가장 확실하게 드러나는 점은 비그리스도인 유대인이 적어도 몇몇 장소에서 몇몇 그리스도인을 박해했다(또는 형벌했다)는 것이다. 가장 분명하게 입증된 사실은 바울이 그런 박해를 직접 당했다는 것이다. 박해를 언급하는 모든 구절이 기독교 운동에 속한 몇 사람에 대한 유대인의 처벌을 가리키는지는 확실하지 않지만, 이는 가장 가능성이 높은 가정이다. 갈라디아서(특히 5:11과 6:2)와 살전 2:16에서 당면한 문제는 할례에 있는 것 같다. 즉, 유대교에 온전히 개종하도록 요구하는 것 없이 이방인들을 하나님의 백성에 들어오도록 허용하는 문제다.

슈미탈스는 바울이 유대인들에게 토라를 버리라고 촉구했기에 처벌을 받았다고 주장했고,[75] 많은 학자는 범죄자(즉, 범죄자로 처형된 사람)를 메시아로 인정한 것을 박해의 원인으로 보았다.[76] 그러나 직접적인 증거에 따르면 바울은 박해를 초래한 문제로 이방인 선교와 '할

---

75. 이 책 187.
76. Hultgren, "Paul's Pre-Christian Persecutions," 97-104; Beker, *Paul the Apostle*, 143f., 182-84, 202. 다음 각주를 보라.

례'를 지적했다. 살전 2:10; 고전 11:24; 갈 5:11; 6:12이 모두 동일한 현실을 지적하고 있다는 나의 가정에 주의 깊게 주목할 필요가 있다. 이것이 사실이라고 결정적으로 증명할 수는 없다. 아마 바울은 갈 5:11과 6:12에서 구체적으로 언급하는 것 외의 다른 범죄로 인해 마흔에 하나 감한 매를 맞았을 것이다. 아마 데살로니가의 유대인들은 처벌이 아닌 다른 방식으로 바울이 이방인에게 복음을 전하는 것을 '막았을' 것이다. 아마 그들은 공적 모임에서 고래고래 고함을 질렀을 것이다. 하지만 해석자가 따라야 할 가장 가능성 있는 길은 이러한 증거의 단편들을 결합하는 것이다. 말하자면, 그리스도인 유대인을 포함하여(고후 11:26: "거짓 형제") 적어도 몇몇 유대인들은 바울에게 사십에 하나 감한 매를 가할 정도로 바울의 이방인 선교에 반대했다. 즉, 바울은 소명과 사역의 가장 핵심적인 일—곧 이방인에게 완전한 토라 준수를 요구하지 않고 하나님의 백성으로 부르는 일—로 인해 형벌을 받았다. 이렇게 바울은 이방인에게 계속 복음을 전했고, 계속 형벌을 받았다. 만일 바울이 교회를 박해한 이유가 자신이 형벌 받은 것과 동일한 문제에 의거한 것이었다면, 우리는 바울이 이방인에게 토라 없는 복음 전하기를 시작하지 않았다고 결론 내려야 할 것이다. //192//

이 흐름을 따라가면 다음과 같이 재구성에 도달하게 된다. 어떤 유대 그리스도인 복음 전도자들은 이방인에게 유대교 개종자가 될 것을 요구하지 않고서 메시아 운동에 들어올 수 있도록 허용했다. 그래서 이들은 어떤 유대인에게 핍박을 받았다. 다른 유대 그리스도인은 이방인을 허용하지 않았기에(아마 야고보와 베드로의 상황) 혹은 이방인을 허용하되 할례를 고집했기에(갈라디아에서 활동하던 바울의 반대자들이 취한 입장) 핍박을 받지 않았다. 이렇게 우리는 예루살렘 사도들이 대체로 평화롭게 살았던 반면 바울은 어째서 핍박을 받았는지 이해할 수 있다.[77] 바울은, 이방인을 받아들이면서도 박해를 피하기 위해 할례와 나머지 율법 수용을 요구하던 자들을 비난했다는 것이다. 그러나 저들이 자신들의 관점으로 성경에 계시된 하나님의 뜻을 따랐다고 생각하는 것이 더 합리적이다.

우리는 앞에서 고후 11:24이 유대교에 대한 바울의 계속적인 헌신을 보여준다는 사실에 주목했다. 바울은 계속 회당에 참석했다. 헐트그렌(Arland J. Hultgren)은 바울이 형벌을 받지 않았다고 주장했지만, 그는 분명 형벌을 받았다.[78] 바울은 계속 모습을 보였고 명백히 마흔

---

77. 살전 2:15(여전히 이 구절의 진정성을 가정함)은 예루살렘에서 기독교 운동의 핍박 가능성을 제기한다. 이 구절의 말은 모호하다. 죽임을 당한 선지자들은 예수님 이전의 선지자이고 기독교 선지자가 아닐 수 있다(참조. 마 23:37). '우리를 쫓아내고'가 특별히 문제가 된다. 여기서 바울은 자신이 토라에서 자유로운 선교를 선호하는 자와 일치된다고 볼 것이다(참조. 행 8:1, "다 흩어지니라"). 하지만 유대인에 대한 비판의 요지는 바울과 다른 사람이 이방인에게 말씀 전하는 것을 그들이 방해한다는 것이다(2:16). 어쨌든 베드로와 다른 사람들은 예루살렘에서 쫓겨나지 않았다. 혹은 쫓겨났더라면 아주 짧은 기간 쫓겨났다. 그리고 그들은 대체로 평화롭게 예루살렘에서 살았다. 참조. S. G. F. Brandon, *The Fall of Jerusalem and the Christian Church*, 2d ed. (London: SPCK, 1957), 88-100.

예루살렘 사도들이 대체로 형벌을 받지 않은 것은, 핍박의 원인이 정죄 받은 사람을 메시아로 고백하는 것이라고 하는 Beker와 Hultgren과 다른 사람들의 견해(직전 각주를 보라)를 결정적으로 반대한다.

78. Hultgren, "Paul's Pre-Christian Perscutions," 101 n. 8 (여기서 그는 Vielhauer의 견해를 논박한다).

에 하나 감한 매를 맞았다. 의심의 여지 없이 바울은 본인이 받은 형벌을 잘못된 것으로 생각했지만, 자신이 유대 사회에서 완전히 벗어나기를 바랐다면 형벌을 받지 않을 수 있었을 것이다.

고후 11:24에서 이끌어낼 수 있는 가장 중요한 점은 바울을 핍박한 유대인들과 바울이 기독교 운동을 유대교 안에 있는 것으로 이해했다는 것이다.[79] 회당 당국은 바울의 개종자들을 충분히 진지하게 다루면서 할례 없이 하나님의 백성이 된다고 이끌었던 자를 징계하게끔 했다. 바울은 이들이 아브라함에게 하신 약속의 후사라고 말했다. 바울과 비그리스도인 유대인은 이것을 심각한 문제로 여겼다. 저들은 바울을 핍박했고 바울을 벌했다. 누가 이스라엘을 구성하는가 하는 문제가 매우 중요하다는 데에 모두 의견을 같이했기 때문이다. 이처럼 우리는 바울이 새 종교의 토대를 놓는 데 의식적으로 도움을 주고 있지 않았음을 다시금 본다. 바울서신에 등장하는 인물들—바울, 이방인 개종자, '거짓 형제', 베드로, 다른 예루살렘 사도들, 비그리스도인 유대인들—중 어느 누구도 기독교 운동이 유대교의 범위를 벗어나는 것으로 보지 않았다. **형벌에는 소속이 함축되어 있다**(Punishment implies inclusion). 바울이 유대교에서 물러났다고 생각했다면 회당에 참석하지 않았을 것이다. 만일 회당 구성원들이 바울을 외인으로 보았다면 형벌하지 않았을 것이다.

---

79. 다음의 글에 반대됨. Hultgren, ibid., 102.

이스라엘의 구원

앞서 우리는 바울이 '이방인의 제물'을 드리는 제사장으로서 역할을 완수하려고 예루살렘 여정을 준비하고 있을 때, 현존하는 바울 서신에서 유일하게 동족의 운명에 대해 논하는 것에 주목했다. //193// 롬 9-11장의 정취는 너무나도 통렬해서 이를 살피기에 전에 잠시 멈추게 된다. 여기에 무언가를 추가하는 것은 해석가의 연약한 능력을 넘어서는 일이기는 하지만, 축소시키는 것은 가능하다. 바울서신 중 어느 부분보다 9-11장의 의미는 직접적이고 개인적인 읽기에 의존한다. 여기에서 전달되는 감정들이—염려, 번민, 승리의 기대—이 여기에 담긴 사상보다도 더욱 중요하기 때문이다.[80]

최근 유대교-기독교 대화에 '두 언약 신학'(two covenant theology) 문제가 등장했다. 이는 자연스럽게 하나님의 두 백성 개념을 지지하는 식으로 바울의 글을 읽을 수 있는지 하는 문제로 이어진다. 위에서 보았듯, 무스너는 그리스도가 그리스도를 믿는 자들의 의를 위하여 율법의 마침이 되신다는 뜻으로 롬 10:4을 읽었다. 그러나 여전히 율

---

80. 여기서 나는 롬 9-11장의 비판사를 다시 반복하지 않을 것이다. 이 점에 관해서는 특별히 다음을 보라. Zeller, *Juden und Heiden*, 108ff. 이 책은 여러 가지 견해에 대하여 다르게 요약해 두었는데, 이것과 더불어 다음의 책에 나오는 이 단락의 성경 주해적 연구가 연상된다. Richardson, *Israel*, 126-36; Ulrich Luz, *Das Geschichtsverständnis des Paulus* (Munich: Chr. Kaiser, 1968), 19-37; Dahl, "The Future of Israel," in *Studies in Paul* (Minneapolis: Augsburg Publishing House, 1977), 137-58; Peter Stuhlmacher, "Interpretation von Römer 11: 25-32," in *Probleme biblischer Theologie* (Munich: Chr. Kaiser, 1971), 555-70.

법으로 의에 이를 수 있는 유대인에게는 그리스도가 율법의 마침이 되지 않는다.[81] 스텐달(Krister Stendahl)은 이런 식으로 롬 11장을 읽는 가장 영향력 있는 해석가다.[82] 바울은 목회적 관심에서 배타주의를 누그러뜨린다.[83] 롬 11:25-26은 이스라엘이 그리스도를 믿는 믿음과 별개로 구원받게 될 것이라는 뜻이다.

나는 모든 바울 해석가들이 시대착오의 위험을 알고 있고 동시에 고대 작가를 현대 세계에 관련 있도록 만들기 위해 너무 골몰하는 위험 가운데 있다고 생각한다. 하지만 우리 또한 우리 자신의 문제를 염두에 두고서 본문을 자연스럽게 다룬다. 이것은 피할 수 없다. 이제 롬 11장 마지막 부분의 의미를 간략하게 설명하기를 시도하되, 가능한 한 1세기의 관심을 그리고 이 1세기의 관심만을 염두에 두고 설명하려 한다.

이를 이해하기 위해 바울의 활동 안에서 이 단락의 정황을 이해하는 것이 필수다. 그러나 우리가 이에 대해 충분히 이야기했으니 이제는 이를 상기하기만 하면 된다. 즉, 바울이 이방인 가운데서 비교적 성공을 거두었다는 점과 이제 예루살렘으로 여행할 것이라는 점에서 비추어 보았을 때, 이 단락의 정황은 유대인 선교의 실패다.[84]

---

81. 이 책 제1장 각주 111, 112.
82. Krister Stendahl, *Paul among Jews and Gentiles and Other Essays* (Philadelphia: Fortress Press, 1976): "A Response," *USQR* 33 (1978): 189-91.
83. 특별히 다음을 보라. *Paul among Jews and the Gentiles*, 40; "A Response," 190.
84. 바울이 예루살렘 여행과 이방인과 재림의 가까움에 비추어 유대인 선교의 실패를 다루는 것으로서 롬 9-11장에 관해서는 다음을 보라. Davies, "Paul

바울은 스페인에 도착할 때 비로소 이방인 선교를 마칠 수 있을 것이다. 이방인의 충만한 수가 채워지면 재림의 때가 이르게 될 것이다. 하지만 한 가지 문제가 있다. 곧, 이스라엘이 아직 준비되지 않았다. 그러나 바울은 그 문제에 대하여 한 가지 해결책을 갖고 있다. 즉, 하나님이 이방인 선교를 완성시키시려고 이스라엘의 일부를 완악하게 만드신 것이다(롬 11:25). 더 나아가 바울은 이스라엘을 얻기 위해 질투를 일으키는 이방인 선교를 사용할 것이다(11:13-16).

롬 11:25-26a에서 이방인의 구원은 이스라엘의 구원과 밀접하게 연결되어 있는데, 인과적으로 연결되어 있다. 이방인의 충만한 수가 들어올 때까지 이스라엘의 일부의 마음은 완악해질 것이며, 따라서—그런 방식으로[85]—모든 이스라엘이 구원받게 될 것이다. 즉, 바울이 이미 말한 것처럼 이방인 선교의 결과로서 구원받을 것이다(11:13-16). //194// 동일한 요점이 11:31에서 반복된다. 곧, 너희(이방인)에게 보이신 자비로 인해 유대인들이 자비를 받게 될 것이다. 그러므로 바울이 적어도 11:25-26a에서 계시하는 비밀은 이스라엘이 예기치 못하

---

and the People of Israel," 13, 28; Zeller, *Juden und Heiden*, 77, 110. 로마서의 정황에 관해서는 이 책 30-32를 보라.

85. Luz, *Geschichtsverständnis*, 239f.에서는 11:26이 *kai tote*가 아니라 *kai outōs*로 되어 있다는 점을 지적한다. 바울은 시간적 순서를 강조하지 않고 이스라엘의 구속의 방식을 강조한다. 우리는 그래도 시간적 순서가 함축되어 있다고 지적할 수 있다. '그리하여'에 관해서는 다음을 보라. Dahl, "The Future of Israel," 152-54: "바울이 계시하는 비밀은 이스라엘의 궁극적 구원이 아니라 이스라엘이 그 궁극적 구원을 성취하게 될 방식이다." 그는 계속해서 이렇게 말한다. "바울은 이스라엘 민족의 불순종을 그들이 그리스도를 거부하는 것과 동일한 것으로 보고 이 불신의 실망스러움을 내다본다…"

던 방식으로, 즉 이방인의 충만한 수가 얻어진 **후에**, 그리고 베드로와 다른 사람들의 선교 결과가 아니라 이방인 선교를 **통하여** 구원될 것이라는 사실을 보여준다. 이방인 선교와의 이 연관성은 이스라엘의 구원이 그리스도를 떠나서 일어나지 않을 것임을 보여준다.[86]

이 비밀의 놀라운 특성에도 불구하고 11:26a의 이스라엘 구원에 대한 설명은 여전히 '역사적'이다. 즉, 이스라엘 구원은 사도들의 선교와 관련되어 있다. 그러나 바울이 모든 이스라엘이 구원받을 것이라는 사실을 입증하기 위해 인용한 증거 본문은 이방인 선교와 아무 관련이 없다. 이는 재림에 대해 말하며, 이스라엘의 구속을 역사적 기간 내의 사도의 선교가 아닌 종말에 구원자에 의해 직접 이루어지는 것으로 묘사한다. 우리는 다시 이 요점의 한 측면을 살필 것인데, 여기에서는 구원에 이르는 두 길 문제에 대한 인용이 적절한지만 다루려고 한다.

대부분의 학자가 동의하듯, '구원자'는 바울이 이해하는 그리스도가 거의 확실하다.[87] 고전 15:20-28에 나오는 하나님의 종말 대리인은 그리스도이고, 살전 4:13-18에 나오는 "주"도 아마 "주 예수"를 가리키는 것으로 보인다. 종말론적 기대는 엄밀하고 획일적일 필요가 없다. 하지만 이 경우 바울은 예수가 유대인의 메시아며 더욱이 산 자와 죽은 자의 주라고 생각했기에(롬 14:9; 참조. 살전 5:9f.), 바울은 그리스도가 종말에, 즉 나라가 하나님께 넘겨지기 전에 오신다고 생

---

86. 참조. Zeller, *Juden und Heiden*, 257.
87. Luz, *Geschichtsverständnis*, 294f.; Stuhlmacher, "Interpretation," 562-64; Zeller, *Juden und Heiden*, 259f.

각했다(고전 15:24).

그러나 현재 문제, 곧 바울이 그리스도 없는 이스라엘의 구원을 생각했는지에 있어서, 바울이 '구원자'를 하나님으로 이해하는지, 아니면 그리스도로 이해하는지는 중요하지 않다. 바울이 '그리스도 없는 하나님'을 생각한다는 것은 '하나님 없는 그리스도'를 생각하는 것과 마찬가지로 상상할 수 없기 때문이다. 롬 11:25-26을 구원에 이르는 두 가지 길로 해석하는 것은 내가 보기에 뭔가 잘못 짚은 것 같다. 이 해석에 따르면 바울은 두 가지 길을 구분했어야 한다.[88] 하지만 우리가 바울서신에서 확인하는 바, 바울은 오직 한 하나님, 즉 그리스도를 보내시고 "예수 우리 주를 죽은 자 가운데서 살리신"(롬 4:24) 하나님만을 알았다. 바울에게 '구원자'가 '그리스도와 무관한 하나님'일 수 있다고 가정하는 것은 상상하기 어려운 추상적인 기대와 같다. 바울은 로고스 신학자가 아니었다. 우리는 여기서 앞에서 다룬 문제로 돌아간다. 바울 사상에서 '하나님 중심적' 경향과 '그리스도 중심적' 경향이 엄격하게 구별되어서는 안 된다(이 책 41ff.). 모든 사람이 그리스도를 통해 구원받는 것이 하나님의 뜻이다. 이스라엘의 일부를 완악하게 만드신 분은 하나님이시며, 실패하지 않는 말씀을 하시는 분은 하나님이고(롬 9:6), 모든 이스라엘이 구원받는지 살피시는 분은 하나님이신데, 이 일은 결코 그리스도를 떠나서 일어나지 않는다. //195//

---

88. 이것이 Stendahl의 주장에 담긴 뜻인 것 같다. 그래서 Stendahl은 "바울이 예수 그리스도의 이름을 쓰지 않고서 로마서의 이 전체 단락(10:17-11:36)을 쓴다"고 언급한다(*Paul among Jews and Gentiles*, 40).

롬 11:25-26이 그리스도와 무관하게 이스라엘의 구원을 예언하지 않는다는 사실은 바로 앞과 뒤의 구절에 주목할 때 드러난다. 감람나무 비유는 바울이 구원을 향한 별도의 길을 생각하고 있지 않음을 분명히 보여준다. 감람나무는 하나뿐이고 그 "가지"가 되는 조건은 "믿음"(11:23)이다. '믿음'이 베드로의 선교 결과로 이스라엘에 오지 않을 수도 있을 것이다. 하지만 바울이 믿음과 무관하게 구원, 접붙임을 생각하고 있다고 본다면 이는 오산이다.[89] 11:26-27에 바로 이어지는 문단에서 바울은 자신이 좋아하는 한 주제로 돌아간다. 즉, 유대인과 이방인이 동등하게 하나님의 자비로 구원받을 것이다 (11:32). 그러나 이방인의 구원이 믿음에 달려 있듯이(11:20) 우리는 이스라엘의 구원도 믿음에 달려 있다고 결론 내려야 한다.[90]

이제 바울의 주장의 요지를 요약해야 한다. 종말론적 계획이 역전됐다. 이스라엘이 먼저 구원받는 것이 아니라, 이방인 선교의 결과로 그리스도를 믿는 믿음으로 말미암아 구원받을 것이다. 감람나무의 모습이 이를 아주 잘 말해준다. 그러나 이방인이 감람나무에 접붙

---

89. 11:25f.를 이해하는 데서 감람나무 상징이 갖는 중요성에 관해서는 특별히 다음을 보라. Richardson, *Israel*, 129. 이 상징의 기원과 소위 사회 정치적 의의에 관해서는 다음을 보라. W. D. Davies, "Romans 11:13-24: A Suggestion," in *Paganisme, Judaïsme, Christianisme* (Paris: Boccard, 1978), 131-44.
90. 11:32은 입교 비밀에 관한 요체다: Richardson, *Israel*, 127을 보라. 이 주장을 다음의 글이 받아들인다. Stuhlmacher, "Interpretation," 567. Richardson은 11:28a, b를 11:30, 31과 11:29을 11:32과 병행시킨다. 그 결과 유대인과 이방인이 동일한 기초 위에서 구원받는다는 견해가 강조된다. Munck가 표현하듯이, "유대인은 이방인이 받은 동일한 긍휼을 얻기 위하여 지금 불순종한다"(*Christ and Israel*, 139).

여지면 "더욱" 본래 가지가 다시 접붙임을 받을 것이다(11:24). 어쨌든 유대인과 이방인은 오직 믿음을 조건으로 할 때만 감람나무 '안에' 속할 수 있다.

이 요지는 아브라함의 후손이 되기 위한 조건에 대해 바울이 다른 곳에서 말하는 것과 전적으로 일치하지만, 롬 11:25-27은 두 가지 방식으로 문제를 제기한다. 하나에는 우리가 이미 주목한 바 있다. 롬 11장에서 바울이 세 차례 이스라엘의 구원을 자신의 이방인 선교와 연결하고 있지만, 11:26b-27의 인용문은 이 구원이 구속주에게 달려 있다고 이야기한다. 즉, 이는 구원을 전적으로 사도적 선교의 경계 밖에 둔다. 바울은 11:26b-27의 인용문이 마치 유대인이 이방인 선교의 결과로 구원받는 것처럼 다루지만, 실제로는 그렇지 않다. "모두"의 구원은 재림을 기다리고 있지만(11:26b-27) 이스라엘의 "일부"는 질투의 결과로 구원받게 된다고(11:14)고 읽어야 하는가?

두 번째 질문은 바울이 유대인과 이방인의 동등성을 일관되게 주장하는지 여부다. 우리는 유대인과 이방인의 동등성이 바울 주장의 일부 요지이며, 이는 대체로 감람나무를 다루는 문단과 그 장 결론에서 드러난다는 사실을 확인했다. 하지만 11:25-26에 나타나는 이방인의 "충만한 수"와 "온 이스라엘" 사이에는 구분이 가능하다. 이 두 가지 요점은 하나의 질문으로 합쳐질 수 있다: 바울은 결국, 그리스도와 무관하게 이스라엘의 구원을 제공하는 것이 아니라, 사도적 선교와 무관하게 그리스도 자신에 의한 구원을 제공함으로써, 이스라엘의 더 나은 지위를 주장하는가? //196//

롬 11:26b-27의 인용문을 바울의 '실제' 견해를 대표하는 것으로 보는 것은—언제나 성경 주해의 범위를 넘어서는 일이지만—내게 그다지 놀랍지 않다. 이 경우 우리는 다음과 같이 이해하게 될 것이다: '역사가 통상적으로 계속되는 한 하나님 백성의 일원이 되는 유일한 길은 믿음을 통해서다. 믿음이 없었다면 베드로와 바울도 의롭게 되지 못했을 것이다. 복음 전도의 시기에 모든 사람은 동일한 입장에 서 있었고 오직 한 토대에 기초해서만 들어올 수 있었다. 이방인이 이교 신에게 구원을 받을 기회가 없듯이 유대인은 율법으로 의를 발견할 기회가 전혀 없다. 그러나 바울의 이방인 선교와 베드로의 유대인 선교 기간이 끝나면, 유대인들은 결국 하나님의 약속이 변경될 수 없다는 사실에 의지할 수 있다. 이 약속들은 그리스도에 의해 직접 구원받는 특별한 방법으로 이루어진다.'

이런 식으로 읽을 때 11:26에 나오는 "온 이스라엘"은 "이스라엘의 충만함"(참조. 11:12)을 뜻해야 할 필요 없이 "모든 유대인"을 뜻할 수 있다. 그러나 바울은 자신의 용어와 정의를 가지고 역사에서 어떤 유대인들만 진정한 아브라함의 자손이라고 생각했다. 어떤 사람은 감람나무 안에 있고 어떤 사람은 감람나무 바깥에 있다. 대부분이 바깥에 있다. 감람나무의 일부가 되는 유일한 방법은 믿음에 의한 것이다. "**얼마/일부**"(some)(11:14)는 질투의 결과로 믿음에 이르게 되었기에 다시 접붙임을 받게 되겠지만, 결국 하나님은 이방인 선교와 별개로 그리스도를 통하여 온(all) 이스라엘을 구원하실 것이다. 모든 이방인에게 동일하게 긍휼을 베푸시는 것이 하나님의 의도지만(11:32), 모든 이방인에 대한 특별한 종말론적 구원은 없다.[91] 종말에 이방인의 '충만'과 '온' 이스라엘이 구원받을 것이다.

이것이 바울의 사상을 정확하게 해석하는 것이라 하더라도 나는 놀라지 않겠지만, 설득력은 그다지 없다. 증거 본문을 사용하는 바울의 의도는 더욱 제한적이었을 수 있겠지만, 이는 성경의 인용문에서 두 번째 비밀을 발견하는 데 지나치게 의존하는 것처럼 보인다.[92] 바울은 자신이 방금 말한 바, 즉 온 이스라엘이 이방인 선교의 설교로 구원받을 것이라는 사실을 증명하기 위하여 성경을 인용한 것처럼 보인다. 하지만 이렇게 읽을 때에도 이방인의 충만과 온 이스라엘의 의도적인 대립이 있을 수 있다. '온 이스라엘'을 11:12에 나오는 "이스라엘의 충만함"으로 이해하는 것이 낫더라도 말이다.[93]

11:13-36을 아주 간단하게 읽으면 다음과 같다: '구원받을 자들의 몸(the body)에 들어가는 유일한 길은 그리스도를 믿는 믿음이다. 이방인 선교는 간접적으로 '온 이스라엘'의 구원(즉 '저희의 충만함')에 이

---

91. 내가 보기에 옳은 지배적인 해석은 이렇다. 11:32에 나오는 "모든 사람에게 베푸시는 긍휼"은 "모든 사람이 예수 그리스도를 믿는가 믿지 않는가"를 뜻하지 않는다. 롬 11:32은 감람나무 은유에 비추어서 그리고 모든 사람이 같은 기반 위에 서 있다는 바울의 잦은 진술에 비추어 읽어야 한다: 유대인과 이방인은 똑같이 죄 가운데 있고 오직 믿음으로 의롭게 된다(다음 각주를 보라). 만일 모든 인간, 사실상 전 우주가 구속될 것임을 가리키는 구절을 충분히 논의하려면 다루는 주제에서 너무 벗어나게 될 것이다. 바울의 사상에 나타나는 보편적 구원의 가능성에 관해서는 이 책 제1장 각주 64를 보라.
92. 첫 번째 신비는 이스라엘이 이방인의 선교 결과 구원받을 것이라는 것이다. 두 번째 신비는 종말에 이스라엘이 사도들의 활동과 무관하게 구원받을 것이라는 것이다.
93. 다음의 글도 같은 의견이다. Beker, *Paul the Apostle*, 334.

른다.[94] 이렇게 종말에 하나님의 전체 계획이 성취되고, 유대인과 이방인의 충만한 수가 구원받되 동일한 기초 위에서 구원받을 것이다. 이방인과 유대인은 풀 수 없을 정도로 서로 얽혀 있다. 즉, 유대인의 불순종이 이방인의 구원에 이르고 반대로 이방인의 구원은 유대인의 구원에 이른다(11:30f.). 모든 사람에게 긍휼을 주시려는 것이 하나님의 의도지만, 긍휼에는 믿음이라는 조건이 붙는다.' //197//

바울의 견해가 유대교-기독교 대화에 적절한 기초를 제공하지 못한다는 사실은 자명하다(그럼에도 나는 언급을 할 것이다). 세대가 오고 갔지만 바울의 기대는 성취되지 않았다. 이방인의 충만과 온 이스라엘을 언급하는 바울의 진술들은 구속주가 조만간 올 것이라는 기대에 달려 있고, 바울이 활동했던 시기의 세대만을 염두에 두고 있다. 따라서 이 진술들은 바울이 이방인이나 유대인의 미래 세대의 운명에 대해 어떻게 생각했을지 결정하기 위해 어떤 단순한 방식으로도 사용될 수 없다. 우리는 이 문제를 이렇게 말할 수 있다: 하나님이 하실 것을 기대하며 자신의 전 생애를 걸었던 일을 하나님이 하지 않으실 것이라고 바울이 예견했을 경우 어떤 생각을 하게 될까 하는 문제는 간단하게 헤아릴 수 없다. 하지만 그렇다고 해서 우리가 이를 고찰할 수 없는 것은 아니다. 몇 년 전 이 문제를 논하면서 나는 이렇게 썼다.

바울이 2,000년 동안 살았거나 자신의 사역과 종말 사이의 간격을

---

94. 이는 11:12에 나오는 *plērōma*, 11:14에 나오는 *tinas*, 11:26에 나오는 *pas*가 서로를 해석한다고 가정한다.

예견했다면 무엇을 생각했을지 나는 모른다. 편지를 쓴 특정한 상황에서 바울이 무엇을 생각했는지 나는 스스로 알고 있다고 생각한다. 바울은 구원받는 유일한 길이 그리스도 예수를 통해서라고 생각했다. 만일 오늘날 그리스도인들이 같은 것을 생각해야 하고, 따라서 개종하지 않은 유대인들이 하나님으로부터 끊어질 것이라는 제안을 받는다면, 그리고 그러한 제안이 내가 찬반 투표권을 행사하는 단체에 제출되어 있다면, 나는 반대표를 던질 것이다.[95]

나는 여전히 그렇게 할 것이다. 나는 이제 바울도 그렇게 할 것이라고 생각한다. 이유는 이렇다: 고뇌가 종종 그러하듯 롬 9-11장의 고뇌는 딜레마로 인해 생겼다. 이 딜레마는 롬 7장보다 조금 더 어려웠다. 이는 정말로 하나님에 관한 딜레마이며 바울의 짝을 이루는 확신, 즉 날 때부터 갖고 있던 확신과 계시된 확신에서 생기기 때문이다. 하나님께 달린 일이 인간에게 결과를 미치는데, 바울은 그 결과에 대하여 염려했다. 로마서 7장에서 율법의 목적 및 율법과 죄의 연관성에 관한 신학적 문제 때문에 바울이 내주하시는 성령이 없이 인간이 율법을 성취하라는 요구 아래 있는 상황을 생생하게 묘사하게 되었던 것처럼, 롬 9-11장에서도 바울은 신학적 문제로 인간적 고뇌에 빠졌다. 확실히 바울은 동족을 깊이 사랑했다. 그러나 이것이 이 장들 배후에 있는 전부는 아니다. 바울은 하나님의 뜻과 그 일관성에 대해서도 염려했다. 어떻게 하나님은 선택과 궁극적으로 이스라엘의

---

95. "Paul's Attitude toward the Jewish People," 185.

구속을 뜻하셨고 그러면서도 차별이 없이 모든 사람의 구원을 위하여 대부분의 유대인이 거부하고 있던 예수 그리스도를 정하실 수 있었는가? 어떻게 이 두 확신을 결합하는지의 문제가 롬 9-11장 내내 계속된다. 바울은 자신의 말로 자신이 표명한 의도에 따라 하나님의 일관성에 관하여 계속 질문한다(9:6; 11:1). 마지막으로 바울은 솜씨 있게 둘을 결합했다. 유대인은 기독교의 이방인 선교가 성공을 거둔 한 결과로 들어오게 될 것이다. //198//

롬 7장에 나오는 율법, 죄, 하나님의 뜻에 관한 문제와의 유비는 계속된다. 이스라엘의 불신에 의해 제기된 문제에 대한 바울의 해결책은 다소 자포자기적 방편으로 간주되어야 한다. 바울은 실제로 베드로가 실패한 곳에서 시기로 인해 유대인들이 믿게 될 것이라고 생각하는가? 대부분의 유대인이 거부하는 조건에 따라 그 약속이 성공하기도 하고 실패하기도 한다면, 어떻게 그 약속은 변할 수 없는 것이 되는가? 바울은 설명하기보다 주장하는 것이 더 용이한, 상충하는 확신에 관한 문제를 갖고 있다: 즉, 구원은 믿음에 의하고, 이스라엘에게 하신 하나님의 약속은 변할 수 없다.[96] 그래서 바울이 첫 세대를 넘어서 살았다면 어떻게 했을까? 확신을 붙잡고 이를 계속 주장하면서, 다시 결합할 수 있는 새로운 방법을 계속 시도할 것이다. 바울은 적어도 우리가 알고 있는 이 짧은 기간 동안 그렇게 했다.

---

96. 몇몇 학자는 롬 9-11장 특별히 11:25-32의 주된 문제를 그리스도를 믿는 믿음과 하나님이 이스라엘에게 하신 약속을 결합하기를 바라는 바울의 소원으로 보았다. 예를 들면 다음의 글이 그렇게 본다. Richardson, *Israel*, 132 and n. 4, 136, 147; Beker, *Paul the Apostle*, 334f.

결론

이 책 제2부의 연구 동기는 롬 15:6에 있었다. 바울은 이방인을 하나님의 종말론적 백성 안으로 불러들이면서 유대인의 과업에 전적으로 참여했다. 그러나 우리는 비애를 느끼지 않고 바울의 사역을 살펴볼 수 없다. 바울은 하나님의 이스라엘의 완성을 계속 돕고자 했다. 실제로 바울은 그리스도 안에 있는 자들을 육신을 따른 이스라엘로부터 구분하려는 사역에 참여했다. 문제는 무엇보다도 이방인이었다. 메시아 시대에 이방인을 얻는 것이 철저히 유대교적이더라도, 이방인이 모세의 율법 없이 받아들여져야 한다고 말하는 것이 철저하게 유대교적이라는 것은 모든 사람에게 분명하지 않다. 그러나 바울은 한걸음 더 나아갔다. 즉, 유대인과 이방인은 입교 전과 후에 동등해야 한다는 것이다. 그러므로 유대인은 그리스도를 믿는 믿음으로 의롭게 되어야 한다. 그리고 유대인은 율법을 지키는 것이 그리스도의 몸을 나누게 할 것이라면 율법의 어떤 측면들을 포기할 채비를 갖추어야 한다.

이방인과 유대인에 대한 바울의 입장은 당연하게도 자기 "동족" 및 "거짓 형제"와 갈등을 일으켰다(고후 11:24-26; 롬 15:31; 갈 2:4). 바울은 자기 확신을 확고하게 고수했다. 바울이 묘사하듯 거의 모든 사람이 그에게 반대했다. 아마도 바울은 그렇게 과장하지 않았을 것이다. 유대교의 종말론적 기대를 성취하면서 사실상 유대교가 아닌 다른 것을 만드는 데 참여하게 된 한 유대인에게 지지자가 많지 않았을 것이다. 그러나 바울은 "밖에서 생기는 다툼"(고후 7:5)보다 더 어려운 문제를 가지고 있었다. 바울은 내면에 '두려움'이 있었고 의심할 수도 있었을 것이다. 어쨌든 모든 것이 옳지 않았다. 바울은 갈라디아서에서 하나님, 죄, 율법에 대해 강하게 확신한다. 하나님은 죄를 불러일으키려고 율법을 주셨고, 이는 이후에 구원받게 하기 위함이었다. 그러나 바울에게는 그렇게 쉬운 일이 아니었다. 하나님은 실제로 그런 이유로 율법을 주셨을까?

동족에 관해서도 마음에 그와 동일한 의심이 숨어 있었을 것이다. //199// 바울은 때때로 아브라함에게 하신 약속들을 그리스도 안에 있는 자들에게 옮기는 것에 대해 매우 훌륭하게 말하면서도, 이에 대해 염려했다. 하나님은 역사 속 한 민족에게 이를 약속하셨다. 그리고 바울은 그것을 알고 있었다. 바울의 계산에 따라 자신의 활동의 마지막 단계가 가까워졌다고 생각했을 때 의심이 고개를 내밀었다. 그래서 우리에게는 로마서가 있고, 신약학 교수들에게는 여전히 직업이 있는 것이다. 흥미로운 점은 바울이 고뇌나 논리의 결여없이 모든 신념을 하나로 관통할 수 없을 때에도 깊은 곳에 간직한 확신을 부인하지 않았다는 것이다. 그래서 해석가에게 가장 까다로운 장이 고뇌로 가득 찬 장들이라는 것은 우연이 아니다. 롬 7장과 9-11장에서 부분적으로 상충하는 바울의 확신들이 완전히 표현된다.

바울은 어려움을 겪을 때 가장 인간적이 된다. 바울의 가장 인간적인 면모를 보여주는 것은, 먼저 고후 11:16-29인데 여기서의 문제는 외부에 있고, 그 다음으로 롬 7장과 9-11장이 있는데 여기서는 바울의 유대교적 확신과 기독교적 확신이 마음에서 갈등을 일으킨다. 일단 그것을 쓴 사람의 괴로움에 대한 주석적 어려움을 지나고 나면

감동적인 그림, 곧 부분적으로는 통렬하고도 부분적으로는 마음을 뭉클하게 하는 모습이 나타난다. 우리는 유대인 바울과 그리스도의 사도 바울을 본다. 또한 하나님은 바울이 두 입장의 양립성에 대해 의심하지 않고 한 번에 이 둘을 취하는 것이 아니라 때로는 계시로 받은 확신과 생래적 확신을 조화하는 데에 매우 어려움을 느끼도록 뜻하셨음을, 우리는 확신하게 된다. 바울은 회당의 충실한 구성원이었지만 동족에게는 매질을 당했다. 바울은 이미 창세기에 선포된 하나님의 영원한 계획을 성취하는 데 자신이 이바지하고 있다고 보았지만, 그럼으로써 기독교 운동을 제3의 실체가 되도록 밀어붙였다. 바울은 의가 그리스도를 믿는 믿음에서만 난다는 것을 알았지만, 여전히 하나님의 계획에서 율법이 차지하는 자리를 찾고자 거듭 애를 썼다. 가장 통렬한 점은 우리가 마지막으로 고찰한 것에 있다. 곧, 바울은 예수 그리스도를 믿는 믿음을 고수하면서 이스라엘에 대한 하나님의 약속을 그대로 유지할 수 있는 서술 방식을 간절히 찾고자 했다. //207//

결론:
바울과 유대교의 결별

기독교가 자체의 중심과 경계 표지(boundary markers)를 가진 개별적인(separated) 종교로서 출현하는 데 있어 바울의 역할의 상대적 중요성을 평가하려는 것은 이 책의 범위를 벗어난다. 우리는 바울이 기독교 발전에 미친 영향력이 지나치게 강조되어 왔다고 추측할 수 있다. 예컨대, 안디옥 교회나 로마 교회를 바울이 세우지 않았던 점에 주목할 수 있겠다. 두 교회는 이방인과 유대인이 섞여 있었을 텐데(안디옥 교회는 확실하고 로마 교회는 그럴 가능성이 있다), 이 교회들의 존재는 바울이 아닌 다른 사람이 이방인 선교에 참여하고 있었음을 보여준다. 더 나아가 우리는 적어도 야고보가 보낸 사람들이 도착하기 전에 안디옥에서 율법이 시행되지 않았다는 것을 안다. 그렇기에 (다른 요인이 없었다면) 바울이, 기독교 운동과 유대교의 분리를 확고히 하는, 율법으로부터의 분리를 홀로 설계했다고 볼 수 없다. 그럼에도 여기서는 새 운동과 유대교의 단절이, 추측되듯이, 바울서신과 바울의 교회에 나타나는 것으로 요약하는 것이 적절하다.

바울의 사상은 대체로 유대교적이었고, 이방인 사도로서의 활동은 롬 15:16이 분명하게 보여주듯 유대교의 종말론적 사색의 틀 안에서 이해되어야 한다. 하지만 바울은 이방인을 하나님의 백성 안으로 인도하는 과제를 해석하되, 자신의 이해와 실천에 있어서 교회가 사실상 제3의 실체가 되도록 하는 해석했다―비록 바울은 자신의 복음과 선교 활동이 유대교와의 결별을 함의한다는 것을 파악하지 못했던 것 같지만 말이다. 그럼에도 이 결별이 명료하게 인식되는 두 가지 지점이 있다. 하나는 바울이 부인하는 전통적인 유대교의 선택 교리다. 확실히 바울은 하나님이 아브라함과 맺은 언약에 호소한다. 그래서 그의 언어는 교회를 '참 이스라엘'로 이해하는 데 종종 적절하다. 그러나 언약이 아브라함에게서 그리스도에게로 '건너 뛰어' 이제는 그리스도 안에 있는 자들을 포함하지만 혈통상 유대인은 포함하지 않는다는 바울의 주장은 사실상 이스라엘의 선택을 단호하게 부정하는 것이다. //208// 유대교와의 결별이 특별히 분명하게 드러나는 두 번째 지점은 사람이 하나님 백성이 되는 것이 율법을 받아들이는 것이 아니라 그리스도를 믿는 믿음을 통해서라는 주장에 있다. 이렇게 바울은 모든 형태의 유대교에 공통적인 두 기둥, 이스라엘의 선택과 모세 율법에 대한 충실함을 거부했다.

우리는 바울이 하나님 백성의 자격을 논할 때 언제나 유대인과 이방인의 동등성을 주장하고 오직 그리스도를 믿는 믿음을 주장한다는 것을 알 수 있으며, 따라서 이 둘이 율법에 따른 의의 거부 배후에 존재하는 바, 상호 관련된 확신이라고 결론 지을 수 있다. 하지만 바울이 어떻게 그런 입장에 이르게 되었는지 상세히 설명할 수 없는 진정한 이유가 있다. 바울은 계시에 호소한다. 하나님은 아들을 바울에게 (혹은 바울 안에) 계시하셨고, 이로써 바울은 하나님이 그리스도를 믿는 믿음으로 세상을 구원하기를 뜻하셨음을 알았다. 바울이 확신했듯 이는 항상 하나님의 뜻이었고, 과거에 이미 선포된 바였다(예. 갈 3:8). 하나님은 율법을 생명의 조건으로 삼을 뜻이 결코 없으셨다 (3:21). 만일 율법의 수용이 구원의 조건이라면, 그리스도는 헛되이 죽으셨을 것이다(2:21). 바울로 하여금 그리스도가 헛되이 죽지 않으셨음을 확신시킨 사건은 부활의 경험이었고, 따라서 바로 이 경험으로 인해 바울은 우리가 알 수 있을 만큼 율법에 의한 의를 부인했다.

바울은 하나님이 택하신 바 유대인의 특권을 거부함으로써 이론적으로 교회를 보편적인 것으로 만든다. 모든 사람에게 자비를 베푸는 것이 하나님의 뜻이다. 그러나 그리스도를 믿는 믿음이 하나님의 백성이 되는 조건에 필수다. 더 나아가 그리스도의 몸을 이루는 지체들은 그에 따라 행동해야 한다. 회개하지 않는 가증한 죄는 (정죄에 이르지는 않더라도) 쫓겨남에 이른다. 그리고 우상이 참된 신인 것처럼 경배하거나 믿음 외의 다른 조건을 하나님의 백성 되는 자격에 본질적인 것으로 받아들이는 것과 같이 그리스도를 부인하는 행동을 하면 하나님의 백성에서 잘려지게 된다. 그래서 그리스도는 '새 창조'의 중심이시며 또한 새 창조의 조건(parameters)을 규정하신다.

고린도전후서에 나오는 행위에 대한 바울의 논의에서 우리는 새로운 '언약적 율법주의'의 측면들을 본다. 이 언약적 율법주의에 따르면 하나님 백성이 되는 조건에는 옳은 행위가 수반되며 옳지 않은 행위는 처벌되고 형벌은 회복으로 이어지고(물론 심판 날에 회복될 따름이다), 그런 식으로 된다. 하지만 이 유비에는 한계가 있다. 행위에는 유대교에 공통되는 방식으로 파악되지 않는 중요한 측면이 있다. 바울은 이를 '성령의 열매'로 이해한다. 바울이 작성한 덕과 악덕의 목록이 있지만, 그에게는 일반적으로 생활의 구체적 규칙을 제시하지 않으려는 경향이 있었다. 그리고 누군가 내주하시는 성령으로부터 마땅히 흘러나와야 하는 행동에서 아주 멀리 벗어나 있을 때 바울은 몇 가지 규칙을 제시했다. 그러나 주된 요점은 바울의 신학에서 행위가 계명에서 흘러나오는 것이 아니라 성령에서 흘러나온다는 것이다.[1] 언약적 율법주의에 대한 유비가 성립하지 않는 더욱 중요하고도 더욱 애매한 두 가지 방식이 있다. //209// 즉, 입교 의식과 새로운 실체는—적어도 개념적 차원에서—종류가 다르다는 것이다. 바울의 해석

---

1. Morna D. Hooker는 바울의 사상 '패턴'에 대한 나의 서술을 언급하면서, 그것이 내가 허용했던 것보다 유대교의 '언약적 율법주의'에 더 가깝다고 주장했다. Hooker의 요점 가운데 하나는 이렇다: "… 팔레스타인 유대교가 율법 준수를 이해하되, 이스라엘이 시내 산 언약에 반응하는 적절한 조처로 이해했듯이, 바울은 그리스도 안에 있는 하나님의 구원 활동을 체험했던 그리스도인에게 적절한 반응이 있다고 가정한다"(Morna D. Hooker, "Paul and 'Covenantal Nomism,'" in *Paul and Paulinism: Essays in honour of C. K. Barrett* [London: SPCK, 1982], 47-56, 인용은 48에서 따온 것임). 나는 이 점에 대한 Hooker의 강조점에 감사한다. 사실상 나는 이 요점을 이렇게 확언했다: "… 많은 사람이 바울과 유대교 사이의 결정적 대립을 발견했던 점 즉 은혜와 공로에 대하여 바울은 팔레스타인 유대교와 의견이 일치한다 … ."(Sanders, *PPJ*, 543; 참조. 513). 하지만 Hooker의 요점은 은혜와 요구 조건의 대응이 바울의 종교 패턴에 핵심적인 것이 되어야 했다는 것이다. 나는 *PPJ* (513f.)에서 왜 언약적 구도를 바울의 사상에 중심적인 것으로 만들었는지 설명하려 했고 그러면서 이 언약적 구도의 이런 측면이 있음을 주장하려 했다.

에서 세례는 '참되고 내적인 할례'를 의미하지 않는다. 세례는 그리스도의 생명을 함께 누리기 위하여 그리스도와 더불어 죽는 것, 그리스도의 고난을 공유하는 것을 의미한다(롬 6:5-11; 참조. 8:17; 빌 3:10f. [하지만 여기서는 공유가 부분적으로 미래에 이루어지는 것으로 제시된다]). 분명 바울은 그리스도인이 헌신과 사랑으로 하나님께 돌아가 복종해야 한다고 믿었다(참조. 롬 6:15-19). 이것이 바울이 생각한 전부였다면 그리스도인의 생활에 대한 개념은 언약 사상의 범위 안에 머물렀을 것이다. 그러나 바울은 그리스도와 함께 죽을 때 그리스도인이 그리스도와 하나가 되고, 따라서 그리스도의 죽음과 부활이 신자의 빚을 상쇄할 뿐 아니라 신자가 친히 죄의 세력에 대하여 죽고 하나님께 대하여 새 생명을 얻는 방도를 제공한다고 생각했다.

교회도 비슷하다. 곧, 교회에는 몇 가지 최소한의 절차와 규칙이 있다(참조. 고전 11:17-34). 성경은 회당에서처럼 읽혀진다(고전 14:26; 참조. 고후 3:16). 또한 유대교 공동체와 같이 교회는 분쟁을 해결하기 위해 외부인들에게 의존해서는 안 된다(고전 6:1-8). 교회에 이스라엘의 역사가 없거나 경험과 조상에 대한 연대감이 없다면, 바울은 부분적으로라도 그것들을 기꺼이 빌릴 준비가 되어 있다(고전 10:1; 롬 4:1). 그러나 교회는—다시금 바울의 교회관에서—역사와 헌신과 기도와 성경과 혈통이라는 공동의 끈으로 묶인 공동체를 넘어선다. 교회는 유대인과 헬라인, 남자와 여자, 종과 자유자가 모두 한 인격이 되는 그리스도의 몸이다.

이때 교회 안에서 바울의 견해가 실현되었다는 주장은 없다. 고린도인들은 '성령'을 가졌지만 바라던 결과를 얻었던 것은 아니다.

바울과 초기 기독교는 실제적 차원에서도 구별을 폐지하는 데 기대했던 것 이상의 성공을 거두었을 것이다(롬 16:3, 7 [16:7에서 '유니아'를 반드시 읽어야 한다]을 보라). 그러나 우리가 연구를 시작했을 때 제기했던 것과 같은(고전 11:5-16) 어떤 구별은 여전히 존재한다. 어쨌든 내가 지적하고자 하는 바는 바울의 마음이 성경이나 우리가 알고 있는 유대교 사상의 대부분의 형태에 익숙한 방식으로 움직이지 않는다는 사실이다. 바울의 모든 정신적 내용이 동일한 작업장에서 나온 것이 아니다. 몇 가지 중요한 방식으로 그리스도인의 생활과 경험에 관한 바울의 생각은 유대교 언약 사상에서 익숙한 범주에 머무르지 않는다. 거기에는 본질적인 요소들이 다수 결여되어 있고, 바울의 핵심 개념 중 일부는 사고 방식과 담론이라는 다른 영역으로 들어간다.

결말을 알기에 우리는 바울서신에서 기독교의 자기 이해의 핵심을 볼 수 있다. 곧, 기독교는 이스라엘 역사를 사용하며 또한 그것을 초월한다고 주장할 것이다. //210// 기독교는 유대교 성경에 의지하고 그 안에서 진리를 발견하겠지만, 주저함 없이 원하지 않는 부분을 버리고 이를 (일부는 '주께로부터' 왔고 일부는 인간의 권위에 의존하는) 새로운 말들로 보충하려 했을 것이다. 유대교 사상과 전통의 많은 측면들이 유지되겠지만, 새로운 유형의 사고 방식이 드러날 것이다. 새로운 언약적 율법주의가 계속 발전되었을 것이다. 이런저런 문제들에 있어서 기독교가 바울을 의식적으로 따랐다고 하는 것은 과언이 아닐 것이다. 그럼에도 불구하고 여러 면에서 기독교는 우리가 이 책에서 보았던 과정, 즉 유대교를 받아들이면서 동시에 거부하는 과정을 추구함으로써 정체성을 형성했다.

발행인의 말

이 책이 나오기까지

『바울과 팔레스타인 유대교』(이하 『바파유』)와는 달리 『바울, 율법, 유대인』(이하 『바법유』)는 이미 한차례 크리스챤 다이제스트(현 CH북스)에서 나온 적이 있어서 알맹e에서 낼 생각은 전혀 없었습니다. 『바파유』를 기획할 즈음만 해도 한 번도 안 나온 책들이나 10년에 한 권정도, 그리고 사전 몇 권 정도 출간하는 정도로만 알맹e의 역할을 생각했기 때문입니다. 그런데 『바파유』를 내면서 조금씩 출판에 대한 생각을 더 하게 되었고, 독자이자 저작권 에이전트 입장에서 절판되어 더는 구하지 못하게 되는 책들이 늘어나는 것이 아쉽다는 생각이 점점 들기 시작했습니다. 고심 끝에 "M어게인"이라는 느슨한 시리즈를 하나 만들기로 했고, 한번 나왔던 책들을 전자책 and/or 종이책으로 복간하는 것을 알맹e의 하나의 부수적 사명으로 삼기로 했습니다. 이 책은 신약학 연구자, 좁게는 바울 연구자에게는 필독서임에도 불구하고 절판이어서 『바파유』를 낸 출판사로서 약간의 책임감을 느끼게 되어 결국 다시 내기로 했습니다.

원래 계획은 점수로 따지면 89점 정도를 받을 수 있는 수준을 목표로 하면서 기존판 『바법유』 원고를 그대로 사용하되 처음부터 끝까지 정밀하게 교정하는 것이었습니다. 그런 계획하에 1교는 알맹e에서 본 편집인이 보고 2교는 감은사에서 이영욱 대표가 보게 되었습니다. 인터넷이 제대로 지원되지 않던 90년대에 번역된 것을 고려하면 기존 한국어판은 꽤 훌륭했습니다. 그래도 편집상에 빠진 것, 정정할 것 등이 없지는 않아서 예상보다 긴 시간을 들여 원문과 대조를 하면서 많은 부분을 손댄 후, 본문에 원서 페이지 수도 추가하고, 색인 부분도 원서 페이지 수를 기반으로 확인할 수 있도록 추가하였습니다. 그리고는 자신 넘치게 감은사에 넘겼는데, 이번에는 이영욱 대표가 번역을 거의 새로 하다시피 고쳐버리느라 또 몇 달의 시간이 갔네요. 너무 많은 작업이 들어가서 결국 공동번역자로 이름을 올리는 것만이 정당한 대우인 것 같다는 생각이 듭니다. 함께 작업을 하면서 지켜본 결과 그의 존재로 한국 신학 출판의 미래가 완전히 소멸되지는 않을 것 같아 마음이 든든해지는 좋은 경험을 한 것은 보너스였습니다.

이 책에 이어 『예수와 유대교』만 내면 일단 샌더스의 중요한 책들은 일단락되는 셈입니다. 『예수와 유대교』는 이전에 한국신학연구소에서 나왔던 이정희 선생님의 번역으로 2022년에 찾아뵙게 될 것 같습니다. 『바파유』 발행인의 글에서도 언급했지만 후진 기어가 없는 알맹e는 오늘도 좌충우돌하면서 계속해서 전진합니다.

2021년 8월 2일

수락산에서

김진실과 함께 맹호성 씀

샌더스의 탁상담화로의 초대

이 책, 『바울, 율법, 유대인』(이하 『바법유』)을 발행하면서, 더럼(Durham)의 구약학 교수 모벌리(Walter Moberly)가 『성경, 신학, 그리고 신앙』(The Bible, Theology, and Faith)의 속편 『예언과 분별』(Prophecy and Discernment, 감은사, 2021, EBOOK 역간)을 펴내며 했던 말이 떠오릅니다: "속편과 이전 작품이 하나라고 생각하는데, 불행히도 이 속편은 도서관 서가에서 이전 작품 옆에 나란히 자리하지 못할 것 같습니다."

『바법유』는 바울 학계를 뒤흔들었던 샌더스의 전작 『바울과 팔레스타인 유대교』(이하 『바파유』)를 딛고 한 걸음 더 나아가려는 시도입니다. 이 책에서, 특히 각주에서, 전편 『바울과 팔레스타인 유대교』에 대한 메타-대화, 말하자면 학자들의 반응(대답)에 대한 샌더스의 대답(반응)을 만날 때면 마치 바울 학자들이 탁상에 둘러 앉아 대화하는 그림이 떠오르기도 하고, 77년의 샌더스와 83년의 샌더스가 서로 만나 대화하는 장면을 만날 때면 마치 판타지 문학에서 빼놓을 수 없는 시간 여행 모티프를 보는 듯하기도 합니다.

원제목 역시 두 책 사이의 모종의 관계를 염두에 둔 것처럼 보입니다. '디오콜론'(Diokolon, 두 박자: A and B)이라는 수사학으로 구성된 책 제목, 『바울과 팔레스타인 유대교』에 이어 출간된 후속작은 '트리콜론'(Trikolon, 세 박자: A, B, and C)으로 구성된 『바울, 율법, 유대인』은 전작과 연속성을 유지하면서도 심화/확장된 부분이 있음을 암시하는 것처럼 보입니다: 주로 심화된 부분은 제2부(B)에 나타나고, 확장된 부분은 주로 제3부(C)에 나타난다고 말할 수 있겠지요. 모벌리의 입을

빌려 표현한 아쉬움 외에, 발행인으로서 또 하나의 아쉬움은 원 제목에 드러난 점층적 수사, 말하자면, 1단어, 2단어, 3단어(*Paul, the Law, and the Jewish People*)로 구성된 제목을 한국어판에서 살릴 수 없었다는 것입니다—이 수사는 마치 우리의 기대를 '유대인'에 두도록 인도하는 것처럼 보입니다.

(유대인/이방인 논의와 밀접하게 관련된) 바울의 '율법' 주제는 성경을 관조하는 가장 중요한 렌즈—'콘트롤링 모델'(controlling model)—중 하나이자, 굳이 학자들의 자구를 인용하지 않더라도, 가장 난해한 주제일 것입니다. 기독교 역사에서는, 심지어는 지금도, 율법을 다루는 태도 여하에 따라 정통과 이단이 구분되기도 합니다. 학자들 간의 일치된 견해를 찾아보기 어려운 주제 중 하나이고요. 누구의 말마따나 바울의 율법 문제에 대한 학자들의 의견은 학자들의 수만큼 많을 것입니다. 이런 상황에서 『바법유』는—실제로 감은사의 어떤 책도—단순히 진리 주장(truth claim)을 위해 기획된 것이 아닙니다.

이 책이 던져주는 화두는 매우 정직해서 성경의 여러 본문을 조화/병합하여 읽는 것에 도전하며 당연시해왔던 논점들을 다시 새롭게 바라보도록 독려합니다. 판타지 문학에는 '변신' 모티프가 심심하지 않게 등장하는데요, 예를 들면, 마녀가 주문을 외고 미녀가 된다든지, 트롤이 번듯한 사람으로 변신하는 것처럼 말입니다. 이때 변신하기 이전 본래 모습은 거울이나 우물의 물에 비친 모습에 드러나곤 합니다. 이 책이 던져주는 화두는 매우 정직해서 우리가 눈을 감고 지나쳐왔거나 으레 그렇듯 대충 넘겨짚어 왔던 모습을 그대로 드러내 줍니다. 거울처럼, 우물의 물처럼 말입니다. 이 책의 참된 가치는

여기에 있습니다: 율법으로 되지 않는다는 것은 대체 무슨 의미이고, 이와 모순처럼 보이는 율법을 이룬다는 건 무슨 의미인가요? 율법으로 되지 않는 것이라면, 율법은 대체 왜 주어진 것일까요? 이와 같은 율법/유대인과 관련한 문제의식―사실 모든 이들이 그리스도인이 되면서 가지게 된 그리고 가질 수밖에 없는 실존적 물음이지만 마법의 주문으로 덮어버리게 된―을 갖게 된 독자만이 비로소 해답을 담을 그릇을 빚어낼 수 있습니다.

마지막으로, 이 발행인의 글을 쓰면서 '불확정적'인 샌더스의 문체(예, "-한 것으로 보인다"; "-인 것 같다")를 재현/체화하려고 했습니다. 신학이라는 큰 영역에서 확정적인 진술은 대부분 우리의 믿음, 신념, 확신에 근거합니다. 마치 바울이 확신에 근거해서 기독교적 혁신을 이루어낸 것처럼 말이지요. 이것은 결코 나쁜 것이 아닙니다. 중요한 것은 이를 인정하는 것입니다(이를 인정하지 않는 사람들 사이에는 '대화'가 불가능할 것입니다). 현재 시대에 쏟아지는 정보들의 '사실'조차도 확인하고 어렵고 확신하기 어려운데, 현존하는 증인도 없고 증거도 불충분한 상황에서 무언가를 확언하는 것은 어쩌면 과장일지도, 심지어는 기만일지도 모르겠습니다. 반면 샌더스의 (확신에 찬) '작은 목소리'는 학자로서의 정직성을 보여줄 뿐 아니라, 독자를 참여시킬 수 있는, 독자가 또 다른 목소리를 낼 수 있는 공간을 열어줍니다. 그래서 이것이 '대화'일 수, 서로 간의 '담화'일 수 있게 해줍니다. 이제 바울 학자가 주재하는 탁상담화로 여러분을 초대하려 합니다.

『바울, 율법, 유대인』으로 빚어진 그릇과 샌더스가 열어준 여백에 독자 여러분의 각각의 목소리로 저마다 확신을 담아낼 수 있다면 발행인으로서 이보다 더 큰 기쁨은 없을 것입니다.

2021년 8월 2일

라이프치히에서

이영욱 씀

참고문헌

Bammel, Ernst. "Judenverfolgung und Naherwartung." *ZTK* 56 (1959): 294–315.

Barrett, C. K. "ΨΕΥΔΑΠΟΣΤΟΛΟΙ (2 Cor. 11:13)." In *Mélanges Bibliques en homage au R. P. Beda Rigaux*, edited by A. Deschamps and A. de Halleaux, pp. 378–96. Gembloux: Duculot, 1970.

―――. *A Commentary on the Epistle to the Romans*. HNTC [= BNTC]. New York: Harper & Row; London: A. & C. Black, 1957.

―――. *Essays on Paul*. Philadelphia: Westminster Press; London: SPCK, 1982.

Barth, Markus. "Die Stellung des Paulus zu Gesetz und Ordnung." *EvTh* 33 (1976): 466–526.

Bauer, Walter. *A Greek-English Lexicon of the New Testament and Other Early Christian Literature*. ET, W. F. Arndt and F. W. Gingrich, 2d ed. Rev. Gingrich and F. W. Danker. Chicago and London: University of Chicago Press, 1979.

Beker, J. Christiaan. *Paul the Apostle: The Triumph of God in Life and Thought*. Philadelphia: Fortress Press, 1980.

Betz, Hans Dieter. *Galatians: A Commentary on Paul's Letter to the Churches in Galatia*. Hermeneia. Philadelphia: Fortress Press, 1979. 『갈라디아서』, 한국신학연구소, 1987. 알맹e 근간.

Bonnard, Pierre. *L' Épitre de Saint Paul aux Galâtes*. CNT 9. 2d ed. Neuchâtel and Paris: Delachaux & Niestlé, 1972.

Borgen, Peder. "Observations on the Theme 'Paul and Philo': Paul's preaching of circumcision in Galatia (Gal. 5:11) and debates on circumcision in Philo." In *Die Paulinische Literatur und Theologie*, edited by S. Pederson, pp. 85–102. Skandinavische Beiträge. Aarhus: Forlaget Aros, 1980.

Bornkamm, Günther. "Gesetz und Natur (Röm. 2, 14–16)." In *Studien zu Antike und Urchristentum*. Gesammelte Aufsätze II, pp. 93–118. BEvTh 28. Munich: Chr. Kaiser, 1963.

―――. "The Missionary Stance of Paul in I Corinthians 9 and in Acts." In *Studies in Luke-Acts*, edited by L. E. Keck and J. L. Martyn, pp. 194–207. Reprint. Philadelphia: Fortress Press, 1980.

―――. "The Revelation of God's Wrath." In *Early Christian Experience*, ET P. L. Hammer, pp. 47–70. New York and London: Harper & Row, 1969.

―――. "Der Römerbrief als Testament des Paulus." In *Geschichte und Glaube*, vol. 2, Gesammelte Aufsätze IV, pp. 120–39. BEvTh 53. Munich: Chr. Kaiser, 1971.

Borse, Udo. "Die geschichtliche und theologische Einordnung des Römerbriefes." *BZ* 16 (1972): 70–83.

―――. *Der Standort des Galaterbriefes*. BBB 41. Bonn: Hanstein, 1972.

Brandon, S. G. F. *The Fall of Jerusalem and the Christian Church*. 2d ed. London: SPCK, 1957.

Brown, Peter. *The World of Late Antiquity: From Marcus Aurelius to Muhammad*. New York: Harcourt Brace Jovanovich; London: Thames & Hudson, 1971.

Bruce, F. F. "The Curse of the Law." In *Paul and Paulinism: Essays in honour of C. K. Barrett*, edited by Morna D. Hooker and S. G. Wilson, pp. 27–36. London: SPCK, 1982.

―――. *Paul: Apostle of the Heart Set Free*. Grand Rapids: Wm. B. Eerdmans; Exeter, Eng.: Paternoster Press, 1977. 『바울』, 크리스챤 다이제스트(CH북스), 1992.

―――. *Peter, Stephen, James, and John*. Grand Rapids: Wm. B. Eerdmans, 1980.

Bultmann, Rudolf. "Pisteuō." In *TDNT* 6: 197–228. Grand Rapids: Wm. B. Eerdmans, 1968.

―――. "Romans 7 and the Anthropology of Paul." In *Existence and Faith: Shorter Writings of Rudolf Bultmann*, ET, S. M. Ogden, pp. 147–57. Cleveland and New York: World Publishing Co., Meridian Books, 1960.

―――. *Der Stil der paulinischen Predigt und die kynischstoische Diatribe*. FRLANT 13. Göttingen: Vandenhoeck & Ruprecht, 1910.

―――. *Theology of the New Testament*. 2 vols. ET, Kendrik Grobel. New York: Charles Scribner's Sons, 1951–1955. 『신약성서신학』, 성광문화사, 1997.

Burton, Ernest deWitt. *The Epistle to the Galatians*. ICC. Edinburgh: T. & T. Clark, 1921.

Bussmann, Claus. *Themen der paulinischen Missionspredigt auf dem Hintergrund der spätjudisch-hellenistischen Missionsliteratur*. Frankfurt and Bern: H. Lang, 1971.

Byrne, Brendan. *"Sons of God—Seed of Abraham": A Study of the Idea of the Sonship of God of All Christians in Paul against the Jewish Background*. Analecta Biblica 83. Rome: Biblical Institute Press, 1979.

Caird, G. B. Review of Paul and Palestinian Judaism by E. P. Sanders. *JTS* 29 (1978): 538–43.

Callan, Terrance. "Pauline Midrash: The Exegetical Background of Gal. 3.19b." *JBL* 99 (1980): 549–67.

Cambier, J. "Le jugement de tous les hommes." *ZNW* 67 (1976–77): 187–213.

Cavallin, H. C. C. "'The Righteous Shall Live by Faith.' A Decisive Argument for the Traditional Interpretation." *ST* 32 (1978): 33–43.

Chadwick, Henry. "All Things to All Men." *NTS* 1 (1954–55): 261–75.

Conzelmann, H. *1 Corinthians: A Commentary on the First Epistle to the Corinthians*. ET, J. W. Leitch. Hermeneia. Philadelphia: Fortress Press, 1975.

Cranfield, C. E. B. *The Epistle to the Romans*. 2 vols. ICC. Edinburgh: T. & T. Clark, 1979. 『로마서 주석』 1, 2, 3권, 로고스, 1994.

Dahl, Nils A. "The Future of Israel." In *Studies in Paul: Theology for the Early Christian Mission*, pp. 137–158. Minneapolis: Augsburg Publishing House, 1977.

―――. "The One God of Jews and Gentiles (Romans 3:29–30)." In *Studies in Paul*, pp. 178–91.

Daniel, Jerry L. "Anti-Semitism in the Hellenistic-Roman Period." *JBL* 98 (1979): 45–65.

Daube, David. *The New Testament and Rabbinic Judaism*. 1956. Reprint. London: University of

London, Athlone Press, 1973.

Davies, W. D. *The Gospel and the Land: Early Christianity and Jewish Territorial Doctrine.* Berkeley and Los Angeles: University of California Press, 1974.

―――. "Paul and the People of Israel." *NTS* 24 (1977): 4–39. Reprinted in *Jewish and Pauline Studies.* Philadelphia: Fortress Press, 1983.

―――. *Paul and Rabbinic Judaism.* 4th ed. with new Preface. Philadelphia: Fortress Press, 1980.

―――. "Paul: From the Semitic Point of View." In *Cambridge History of Judaism II.* (Cambridge University Press 근간.) 〔1990 ⓔ〕.

―――. *Review of Galatians by H. D. Betz.* RSR 7 (1981): 310–18.

―――. "Romans 11:13–24: A Suggestion." In *Paganisme, Judaïsme, Christianisme: Influences et affrontements dans le monde antique.* Mélanges offerts à Marcel Simon, edited by A. Benoit, M. Philonenko, C. Vogel, pp. 131–44. Paris: Boccard, 1978.

Didier, Georges. *Désintéressement du Chrétien: La rétribution dans la morale de saint Paul.* Éditions Montaigne, 1955.

Dodd, C. H. *The Parables of the Kingdom.* Rev. ed. London: William Collins Sons, Fontana Books, 1961.

Donfried, Karl P. "Justification and Last Judgment in Paul." *ZNW* 67 (1976): 90–110.

―――, ed. *The Romans Debate.* Minneapolis: Augsburg Publishing House, 1977.

Drane, John W. *Paul: Libertine or Legalist? A Study in the Theology of the Major Pauline Epistles.* London: SPCK, 1975.

Dülmen, Andrea van. *Die Theologie des Gesetzes bei Paulus.* Stuttgarter biblische Monographien 5. Stuttgart: Verlag Katholisches Bibelwerk, 1968.

Dunn, James D. G. "Rom. 7, 14–25 in the Theology of Paul." *TZ* 31 (1975): 257–73.

―――. *Unity and Diversity in the New Testament: An Inquiry into the Character of Earliest Christianity.* Philadelphia: Westminster Press; London: SCM Press, 1977. 〔2006년에 3판으로 개정됨. ⓔ〕. 『신약성서의 통일성과 다양성』, 솔로몬, 1991.

Eckert, Jost. *Die urchristliche Verkündigung im Streit zwischen Paulus und seinen Gegnern nach dem Galaterbrief.* Biblische Untersuchungen 6. Regensburg: F. Pustet, 1971.

Eichholz, Georg. *Die Theologie des Paulus im Umriss.* Neukirchen-Vluyn: Neukirchener Verlag, 1972.

Elliott, John H. *A Home for the Homeless: A Sociological Exegesis of I Peter—Its Situation and Strategy.* Philadelphia: Fortress Press; London: SCM Press, 1981.

Filson, Floyd V. *St. Paul's Conception of Recompense.* UNT 21. Leipzig: J. C. Hinrichs, 1931.

Fitzmyer, J. A. "Saint Paul and the Law." *The Jurist* 27 (1967): 18–36.

Flückiger, F. "Zur Unterscheidung von Heiden und Jüden in Röm. 1, 18–2, 3." *TZ* 10 (1954): 154–58.

―――. "Die Werke des Gesetzes bei den Heiden." *TZ* 8 (1952): 17–42.

Forkman, Göran. *The Limits of the Religious Community.* ConBNT 5. Lund: CWK Gleerup, 1972.

Freund, Richard. "Principia Politica: The Political Dimensions of Jewish and Christian Self-Definition in the Greco-Roman Period." Ph.D. Dis. New York: Jewish Theological Seminary, 1982.

Fuller, D. P. "Paul and 'the Works of the Law.'" *Westminster Theological Journal* 38 (1975): 28-42.

Gager, J. G. "Some Notes on Paul's Conversion." *NTS* 27 (1981): 697-704.

Gaston, Lloyd. "Paul and the Torah." In *Anti-Semitism and the Foundations of Christianity*, edited by A. T. Davies, pp. 48-71. New York: Paulist Press, 1979.

Goppelt, Leonhard. *Typos: Die typologische Deutung des Alten Testaments im Neuen.* Gütersloh: Gerd Mohn, 1939. (ET: Typos: *The Typological Interpretation of the Old Testament in the New.* ET, D. H. Madvig. Grand Rapids: Wm. B. Eerdmans, 1982.) 『모형론: 신약의 구약해석』, 새순출판사, 1987.

Gundry, Robert H. "The Moral Frustration of Paul before His Conversion: Sexual Lust in Romans 7:7-25." In *Pauline Studies: Essays Presented to F. F. Bruce*, edited by D. A. Hagner and J. Murray, pp. 228-45. Grand Rapids: Wm. B. Eerdmans, 1980.

Haenchen, E. *The Acts of the Apostles.* ET R. McL. Wilson. Philadelphia: Westminster Press; Oxford: Basil Blackwell, 1971. 『사도행전』 1, 2권, 한국신학연구소, 1987, 1989.

Hahn, Ferdinand. "Das Gesetzesverständnis im Römer und Galaterbrief." *ZNW* 67 (1976-77): 29-63.

Hanson, A. T. *Studies in Paul's Technique and Theology.* London: SPCK, 1974.

Harnack, Adolf von. *Die Mission und Ausbreitung des Christentums in den ersten drei Jahrhunderten.* 4th ed. Leipzig: J. C. Hinrichs, 1924. (ET: The Mission and Expansion of Christianity in the First Three Centuries. ET and edited by J. Mofatt. 2 vols. New York: Harper & Row, Torchbooks, 1962.)

Harvey, A. E. *Jesus and the Constraints of History.* Philadelphia: Westminster Press; London: Duckworth, 1982.

Hickling, C. J. A. "Centre and Periphery in the Thought of Paul." In *Studia Biblica* 1978, vol. 3, Papers on Paul and Other New Testament Authors, edited by E. A. Livingstone, pp. 199-214. JSNT Supplement Series 3. Sheffield: JSOT Press, 1980.

Hoheisel, Karl. *Das antike Judentum in christlicher Sicht: Ein Beitrag zur neueren Forschungsgeschichte.* Studies in Oriental Religions 2. Wiesbaden: O. Harrassowitz, 1978.

Hooker, Morna D. "Beyond the Things that are Written? St. Paul's use of Scripture." *NTS* 27 (1981): 295-309.

———. "Paul and 'Covenantal Nomism.'" In *Paul and Paulinism: Essays in honour of C. K. Barrett*, edited by Morna D. Hooker and S. G. Wilson, pp. 57-66. London: SPCK, 1982.

Horbury, W. *Review of Paul and Palestinian Judaism by E. P. Sanders.* Expository Times 96

(1979): 116-18.

Howard, George. "Christ the End of the Law: The Meaning of Romans 10:4ff." *JBL* 88 (1969): 331-37.

―――. *Crisis in Galatia: A Study in Early Christian Theology*. SNTSMS 35. New York and Cambridge: Cambridge University Press, 1979.

―――. "Romans 3:21-31 and the Inclusion of the Gentiles." *HTR* 63 (1970): 223-33.

Hübner, Hans. "Gal 3, 10 und die Herkunft des Paulus." *KuD* 19 (1973): 215-31.

―――. "Das ganze und das eine Gesetz." *KuD* 21 (1975): 248-56.

―――. *Das Gesetz bei Paulus: Ein Beitrag zum Werden der paulinischen Theologie*. 2d ed. FRLANT 119. Göttingen: Vandenhoeck & Ruprecht, 1980. (ET: Law in Paul's Thought: Studies in The New Testament and Its World. Edinburgh: T. & T. Clark, 1983.)

―――. "Identitätsverlust und paulinische Theologie." *KuD* 24 (1978): 181-93.

―――. "Pauli Theologiae Proprium." *NTS* 26 (1980): 445-73.

―――. "Der theologische Umgang des Paulus mit dem Alten Testament im Römerbrief." A paper presented to the seminar on "The Use of the Old Testament in the New." SNTS annual meeting, Toronto, 1980.

Hultgren, Arland J. "Paul's Pre-Christian Persecutions of the Church: Their Purpose, Locale, and Nature." *JBL* 95 (1976): 97-111.

Hurd, John C., Jr. "Paul Ahead of His Time: I Thess. 2:13-16." (근간.) 〔이 소논문은 추후 아래와 같이 출간되었음. In *Anti-Judaism in Early Christianity*. Vol. 1, Paul and the Gospels, edited by Peter Richardson and David Granskou, pp. 21-36. Waterloo, Ont.: Wilfred Laurier University Press, 1986. ⓔ〕

Jeremias, J. *Jesus' Promise to the Nations*. ET, S. H. Hooke. Reprint. Philadelphia: Fortress Press, 1982; London: SCM Press, 1958.

Jervell, Jacob. "The Letter to Jerusalem." In *The Romans Debate*, edited by K. P. Donfried, pp. 61-74. Minneapolis: Augsburg Publishing House, 1977.

Jewett, Robert. "The Agitators and the Galatian Congregation." *NTS* 17 (1970-71): 198-212.

―――. *A Chronology of Paul's Life*. Philadelphia: Fortress Press, 1979.

Käsemann, Ernst. *An die Römer*. HNT8a. Tübingen: J. C. B. Mohr (Paul Siebeck), 1974. (ET: *Commentary on Romans*. ET and edited by G. W. Bromiley. Grand Rapids: Wm. B. Eerdmans; London: SCM Press, 1980.)『로마서』, 한국신학연구소, 1982.

Keck, Leander. "The Law and 'The Law of Sin and Death' (Rom. 8:1-4): Reflections on the Spirit and Ethics in Paul." In *The Divine Helmsman: Studies on God's Control of Human Events*. Presented to Lou H. Silberman, edited by J. L. Crenshaw and S. Sandmel, pp. 41-57. New York: KTAV, 1980.

―――. *Paul and His Letters*. Fortress Press: Philadelphia, 1979.

Kim, Seyoon. *The Origin of Paul's Gospel*. WUNT Reihe 2, 4. Tübingen: J. C. B. Mohr (Paul

Siebeck), 1981; Grand Rapids: Wm. B. Eerdmans, 1982. 『바울 복음의 기원』, 엠마오, 1994; 『바울 복음의 기원』 개정판, 두란노, 2018.

Knox, John. *Chapters in a Life of Paul*. Nashville: Abingdon Press, 1950.

Knox, W. L. *St. Paul and the Church of Jerusalem*. Cambridge: Cambridge University Press, 1925.

König, A. "Gentiles or Gentile Christians? On the Meaning of Rom. 2:12–16." *Journal of Theology for South Africa* 15 (1976): 53–60.

Léon-Dufour, Xavier. "Jugement de l'homme et jugement de Dieu. 1 Co 4, 1–5 dans le cadre de 3, 18–4, 5." In *Paola a una chiesa divisa (1 Co 1–4)*, edited by L. De Lorenzi, pp. 137–75. Rome: Abbazia di S. Paola, 1980.

Lightfoot, J. B. *Saint Paul's Epistle to the Galatians*. 10th ed. London: Macmillan, 1892.

Lindars, Barnabas. *New Testament Apologetic: the Doctrinal Significance of the Old Testament Quotations*. London: SCM Press, 1961.

Lohse, Eduard. "ὁ νόμος τοῦ πνεύματος τῆς ζωῆς, Exegetische Anmerkungen zu Röm 8, 2." In *Neues Testament und Christliche Existenz: Festschrift für Herbert Braun zum 70. Geburtstag*, edited by H. D. Betz and L. Schottroff, pp. 279–87. Tübingen: J. C. B. Mohr (Paul Siebeck), 1973.

Longenecker, Richard. *Paul: Apostle of Liberty*. New York and London: Harper & Row, 1964.

Lüdemann, Gerd. *Paulus, der Heidenapostel. Vol. 1: Studien zur Chronologie*. FRLANT 123. Göttingen: Vandenhoeck & Ruprecht, 1980. (ET Fortress Press 근간.) 〔*Paul, Apostle to the Gentitles: Studies in Chronology*, 1984. ⓔ〕.

―――. "Paulus und das Judentum." (근간.)

Lull, David. *Review of Galatians by H. D. Betz*. Perkins Journal 34 (1981): 44–6.

Luz, Ulrich. *Das Geschichtsverständnis des Paulus*. BEvTh 49. Munich: Chr. Kaiser, 1968.

Lyonnet, S. "St. Paul: Liberty and Law." In *The Bridge: A Yearbook of Judaeo-Christian Studies* 4, edited by J. M. Oesterreicher, pp. 229–51. Newark, N. J.: The Institute of Judaeo-Christian Studies, Seton Hall University, 1962.

Malherbe, Abraham J. "MH ΓENOITO in the Diatribe and Paul." *HTR* 73 (1980): 231–40.

Manson, T. W. "St. Paul's Letter to the Romans—and Others." *BJRL* 21 (1948): 224–40.

Marquardt, Friedrich-Wilhelm. *Die Juden im Römerbrief*. Theologische Studien 107. Zürich: Theologischer Verlag, 1971.

Mattern, L. *Das Verständnis des Gerichts bei Paulus*. ATANT 47. Zurich and Stuttgart: Zwingli Verlag, 1966.

Mattill, A. J., Jr. "Translation of Words with the Stem Dik- in Romans." *Andrews University Seminary Studies* 9 (1971): 89–98.

McEleney, Neil J. "Conversion, Circumcision and the Law." *NTS* 20 (1974): 319–41.

Meyer, Paul. "Romans 10:4 and the End of the Law." In *The Divine Helmsman: Studies on God's Control of Human Events*, edited by J. L. Crenshaw and S. Sandmel, pp. 59–78. New York:

KTAV, 1980.

Michel, Otto. *Der Brief an die Römer*. 12th ed. KEK. Göttingen: Vandenhoeck & Ruprecht, 1963.

―――. *Paulus und seine Bibel*. 1929. Reprint. Darmstadt: Wissenschaftliche Buchgesellschaft, 1972.

Minde, H.-J. van der. *Schrift und Tradition bei Paulus: Ihre Bedeutung und Funktion im Römerbrief*. Paderborner theologische Studien 3. Munich: F. Schöningh, 1976.

Moore, George Foot. *Judaism in the First Three Centuries of the Common Era: The Age of the Tannaim*. 3 vols. Cambridge, Mass.: Harvard University Press, 1927-1930.

Moule, C. F. D. *An Idiom Book of New Testament Greek*. 2d ed. New York and Cambridge: Cambridge University Press, 1959.

―――. "The Judgment Theme in the Sacraments." In *The Background of the New Testament and its Eschatology; Studies in Honour of C. H. Dodd*, edited by D. Daube and W. D. Davies, pp. 464-81. New York and Cambridge: Cambridge University Press, 1956.

Munck, Johannes. *Christ and Israel: An Interpretation of Romans 9-11*. ET, I. Nixon. Philadelphia: Fortress Press, 1967.

―――. *Paul and the Salvation of Mankind*. ET, F. Clarke. Atlanta: John Knox Press, 1977; London: SCM Press, 1959.

Murphy-O'Connor, J. "Corpus paulinien." *RB* 82 (1975): 130-58.

Mussner, Franz. "'Christus (ist) des Gesetzes Ende zur Gerechtigkeit für jeden, der glaubt' (Röm. 10, 4)." In *Paulus—Apostat oder Apostel*, edited by M. Barth, J. Blank, J. Bloch, F. Mussner, and R. J. Zwi Werblowsky, pp. 31-44. Regensburg, 1977.

―――. *Der Galaterbrief*. HTKNT. Freiburg: Herder, 1974.

―――. "Theologische 'Wiedergutmachung.' Am Beispiel der Auslegung des Galaterbriefes." *Freiburger Rundbrief* 26 (1974): 7-11.

Newton, Michael. "The Concept of Purity at Qumran and in the Letters of Paul." Ph.D. Diss. Hamilton, Ontario; McMaster University, 1980.

O'Neill, J. C. *Paul's Letter to the Romans*. Baltimore and Harmondsworth, Eng.: Penguin, Pelican Books, 1975.

Osten-Sacken, Peter von der. "Das paulinische Verständnis des Gesetzes im Spannungsfeld von Eschatologie und Geschichte." *EvTh* 37 (1977): 549-87.

Pfleiderer, Otto. *Paulinism: A Contribution to the History of Primitive Christian Theology*. Vol. 1. ET, E. Peters. London: Williams & Norgate, 1877.

Przybylski, Benno. *Righteousness in Matthew and His World of Thought*. SNTSMS 41. New York and Cambridge: Cambridge University Press, 1980.

Räisänen, Heikki. "Das 'Gesetz des Glaubens' (Röm. 3.27) und das 'Gesetz des Geistes' (Röm. 8.2)." *NTS* 26 (1979): 101-17.

―――. "Legalism and Salvation by the Law." In *Die paulinische Literatur und Theologie*, edited by S. Pedersen, pp. 63–83. Scandinavische Beiträge. Aarhus: Forlaget Aros, 1980.

―――. *Paul and the Law*. (근간.) 〔Tubingen: Mohr Siebeck; Minneapolis: Fortress Press, 1983. 이 책은 1987년에 2판으로 개정됨. ⓒ〕.

―――. "Paul's Theological Difficulties with the Law." In *Studia Biblica* 1978, vol. 3, Papers on Paul and Other New Testament Authors, edited by E. A. Livingstone, pp. 301-20. JSNT Supplement Series 3. Sheffield: JSOT Press, 1980.

Ramarosan, L. "Un 'nouveau plan' de Rm 1, 16-11, 36." *Nouvelle Revue Théologique* 94 (1972): 943-58.

Reicke, Bo. "The Law and This World according to Paul." *JBL* 70 (1951): 259-76.

Richardson, Peter. *Israel in the Apostolic Church*. SNTSMS 10. New York and Cambridge: Cambridge University Press, 1969.

―――. "Pauline Inconsistency: I Corinthians 9:19-23 and Galatians 2:11-14." *NTS* 26 (1980): 347-62.

Ridderbos, Herman. *Paul: An Outline of His Theology*. ET, J. R. De Witt. Grand Rapids: Wm. B. Eerdmans, 1975. 『바울 신학』, 솔로몬, 2017.

Rivkin, Ellis. *A Hidden Revolution: The Pharisees' Search for the Kingdom Within*. Nashville: Abingdon Press, 1978.

Robinson, J. A. T. *Wrestling with Romans*. Philadelphia: Westminster Press: London: SCM Press, 1979.

Roetzel, Calvin J. *Judgment in the Community: Eschatology and Ecclesiology in Paul*. Leiden: E. J. Brill, 1972.

Sanday, William and Arthur C. Headlam. *The Epistle to the Romans*. 5th ed. ICC. Edinburgh: T. & T. Clark, 1902.

Sanders, E. P. "On the Question of Fulfilling the Law in Paul and Rabbinic Judaism." In *Donum Gentilicium: New Testament Studies in Honour of David Daube*, edited by E. Bammel, C. K. Barrett, and W. D. Davies, pp. 103-26. Oxford: At the Clarendon Press, 1978.

―――. *Paul and Palestinian Judaism: A Comparison of Patterns of Religion*. Philadelphia: Fortress Press; London: SCM Press, 1977. 『바울과 팔레스타인 유대교』, 알맹e, 2018.

―――. "Paul's Attitude toward the Jewish People." *USQR* 33 (1978): 175-87.

―――. "Philippians 3 and 2 Corinthians 11." (근간.) 〔이 소논문은 추후 아래와 같이 제목이 바뀌어 출간되었음. "Paul on the Law, His Opponents, and the Jewish People in Philippians 3 and 2 Corinthians 11." In *Anti-Judaism in Early Christianity*. Vol. 1, Paul and the Gospels, edited by Peter Richardson and David Granskou, pp. 75-90. Waterloo, Ont.: Wilfred Laurier University Press, 1986. ⓒ〕

Sanders, J. A. "Torah and Christ." *Interpretation* 29 (1975): 372-90.

Schiffman, Larry. "At the Crossroads: Tannaitic Perspectives on the Jewish-Christian Schism." In *Jewish and Christian Self-Definition*, Vol. 2, Aspects of Judaism in the Graeco-Roman

Period, edited by E. P. Sanders, with A. I. Baumgarten and A. Mendelson, pp. 115-56, 338-52. Philadelphia: Fortress Press; London: SCM Press, 1981.

Schlier, Heinrich. *Der Brief an die Galater*. 5th ed. KEK. Göttingen: Vandenhoeck & Ruprecht, 1971.

Schmithals, Walther. *Paul and James*. SBT 46. ET D. M. Barton. London: SCM Press, 1965.

―――. *Die theologische Anthropologie des Paulus: Auslegung von Röm. 7, 17-8, 39*. Taschenbücher 1021. Stuttgart: Kohlhamer Verlag, 1980.

Schoeps, H. J. *Paul: The Theology of the Apostle in the Light of Jewish Religious History*. ET H. Knight. Philadelphia: Westminster Press; London: Lutterworth, 1961.

Schrage, Wolfgang. *Die konkreten Einzelgebote in der paulinischen Paränese: Ein Beitrag zur neutestamentlichen Ethik*. Gütersloh: Gerd Mohn, 1961.

Schweitzer, Albert. *The Mysticism of Paul the Apostle*. ET, W. Montgomery. New York: Henry Holt; London: A. & C. Black, 1931.

Scroggs, Robin. "Paul as Rhetorician: Two Homilies in Romans 1-11." In *Jews, Greeks and Christians: Essays in Honor of W. D. Davies*, edited by R. Hamerton-Kelly and R. Scroggs, pp. 271-98. Studies in Judaism in Late Antiquity 21. Leiden: E. J. Brill, 1976.

Siegert, Folker. "Gottesfürchtige und Sympathisanten." *JSJ* 4 (1973): 109-64.

Stendahl, Krister. *Paul among Jews and Gentiles and Other Essays*. Philadelphia: Fortress Press, 1976. 『유대인과 이방인 중의 사도 바울』(가제), 감은사, 2021(근간).

―――. "A Response [to E. P. Sanders]." *USQR* 33 (1978): 189-91.

Stern, M. "The Jews in Greek and Latin Literature." In *The Jewish People in the First Century, I, 2*, edited by S. Safrai and M. Stern, pp. 1101-59. Compendia Rerum Iudaicarum ad Novum Testamentum. Philadelphia: Fortress Press; Assen, Neth.: Van Gorcum, 1976.

Stowers, Stanley K. *A Critical Reassessment of Paul and the Diatribe: The Dialogical Element in Paul's Letter to the Romans*. SBLDS 57. Chico, Calif.: Scholars Press, 1982.

Stuhlmacher, Peter. "'Das Ende des Gesetzes' Über Ursprung und Ansatz der paulinische Theologie." *ZTK* 67 (1970): 14-39.

―――. "Erwägungen zum Problem von Gegenwart und Zukunft in der paulinischen Eschatologie." *ZTK* 64 (1967): 423-50.

―――. "Das Gesetz als Thema biblischer Theologie." *ZTK* 75 (1978): 251-80.

―――. "Interpretation von Römer 11.25-32." In *Probleme biblischer Theologie: Festschrift für Gerhard von Rad zum 70. Geburtstag*, edited by H. W. Wolff, pp. 555-70. Munich: Chr. Kaiser, 1971.

―――. *Das paulinische Evangelium*, Vol. 1, Vorgeschichte. FRLANT 95. Göttingen: Vandenhoeck & Ruprecht, 1968.

―――. "Theologische Probleme des Römerbriefpräscripts." *EvTh* 27 (1967): 374-89.

―――. *Versöhnung, Gesetz und Gerechtigkeit: Aufsätze zur biblischen Theologie*. Göttingen:

Vandenhoeck & Ruprecht, 1981.

Suggs, Jack. "'The Word is Near You': Romans 10.6-10 within the Purpose of the Letter." In *Christian History and Interpretation: Studies Presented to John Knox*, edited by W. R. Farmer, C. F. D. Moule, and R. R. Niebuhr, pp. 289-312. New York and Cambridge: Cambridge University Press, 1967.

Synofzik, Ernst. *Die Gerichts- und Vergeltungsaussagen bei Paulus: Eine traditionsgeschichtliche Untersuchung*. Göttinger theologische Arbeiten 8. Göttingen: Vandenhoeck & Ruprecht, 1977.

Theissen, Gerd. "Soteriologische Symbolik in den paulinischen Schriften." *KuD* 20 (1974): 282-304.

Townsend, John. "The Gospel of John and the Jews." In *Anti-Semitism and the Foundations of Christianity*, edited by A. T. Davies, pp. 72-97. New York: Paulist Press, 1979.

Tyson, Joseph B. "'Works of Law' in Galatians." *JBL* 92 (1973): 423-31.

Urbach, E. E. "Self-Isolation or Self-Affirmation in Judaism in the First Three Centuries: Theory and Practice." In *Jewish and Christian Self-Definition*, Vol. 2, Aspects of Judaism in the Graeco-Roman Period, edited by E. P. Sanders, with A. I. Baumgarten and A. Mendelson, pp. 269-98. Philadelphia: Fortress Press; London: SCM Press, 1981.

Vielhauer, Philipp. "On the 'Paulinism' of Acts." In *Studies in Luke-Acts*, edited by L. E. Keck and J. L. Martyn, pp. 33-50. Reprint. Philadelphia: Fortress Press, 1980.

Wagner, G. "Pour comprendre l'apôtre Paul." *Lumière et Vie* 27 (1978): 5-20.

Wernle, Paul. *Der Christ und die Sünde bei Paulus*. Freiburg: J. C. B. Mohr (Paul Siebeck), 1897.

Wetter, G. P. *Der Vergeltungsgedanke bei Paulus: Eine Studie zur Religion des Apostels*. Güttingen: Vandenhoeck & Ruprecht, 1912.

Wilckens, Ulrich. "Über Abfassungszweck und Aufbau des Römerbriefs." In *Rechtfertigung als Freiheit: Paulusstudien*, pp. 110-70. Neukirchen-Vluyn: Neukirchener Verlag, 1974.

―――. "Was heisst bei Paulus: 'Aus Werken des Gesetzes wird kein Mensch gerecht?' " In *Rechtfertigung als Freiheit: Paulusstudien*, pp. 77-109.

Wuellner, Wilhelm. "Toposforschung und Torahinterpretation bei Paulus und Jesus." *NTS* 24 (1978): 463-83.

Zeller, Dieter. *Juden und Heiden in der Mission des Paulus: Studien zur Römerbrief*. 2d ed. Stuttgart: Verlag Katholisches Bibelwerk, 1976.

| 색인 |

〔이하 색인에 제시되는 페이지수는 이 책의 페이지수를 뜻합니다. n. 또는 nn.으로 표기된 원서의 미주 페이지수는 이 책에서는 각주로 처리된 관계로 11-15페이지는 서론, 48-64는 제1장, 86-91는 제2장, 115-22는 제3장, 132-35는 부록 2, 141는 제4장, 162-67는 제5장, 199-206는 제6장, 210은 결론의 해당 각주 번호로 확인할 수 있습니다. ⓒ〕

본문 색인

성경
창세기
1:27—161
12:3—21, 53 n.24
15—149
15:6—21, 33, 53 n.24, 60 n.88, 148, 153
17—149
17:5, 6—53 n.24
17:9-14—18, 118 n.30, 148, 160
17:26f.—18
18:18—21f., 53 n.24
22:18—53 n.24

출애굽기
20:7—161
34:7—161
34:34—177, 201 n.26

레위기
12:3—118 n.30, 160
18:5—40, 53 n.23, 54 n.30, 67
18:18—22, 120 n.51
19:18—95, 96, 99, 149, 152

신명기
24:1—161
23:24—107
27:26—20f., 27, 54 n.30, 161
28:15—21
30:16—126, 134 n.29

시편
32—30

이사야
2:2-4—50 n.8
45:14—172f.
56:6-8—18, 50 n.9

예레미야
31:33—134 n.29

에스겔
33:25f.—132f. n.12

미가
4:1-4—50 n.8

하박국
2:4—21f., 53 n.23, 56 n.52

스바냐
3:9—50 n.8

마태복음
5:17—162 n.1
10:5ff.—50 n.8
10:23—190
12:28—60 n.95
23:37—204 n.77

누가복음
11:20—60 n.95

사도행전
8:1—204 n.77
15:29—172
17:1-4—203 n.43
17:2—181
17:4—181
17:5-10—181
18:2—182
18:2-4—202 n.42
18:8—182

로마서
1-3—53 n.22
1-4—30
1-5—124
1-11—58 n.70, 131

1:2—64 n.143
1:3f.—131
1:5—181
1:9—199 n.2
1:13f.—82, 181
1:13-15—183
1:16—30
1:18-32—115 n.5, 123f., 128f., 135 n.45
1:18-2:29—35 f., 78, 82, 123-25, 128f., 131, 133 n.14, 135 n.45, 146, 148, 150, 151
1:18-3:9—31
1:18-3:20—23, 128
1:18-3:26—32, 35
2—117 n.24, 126-35, 132 n.11, 133 n.12, 134 nn.43, 44; 147, 156f.
2:1—132 n.1
2:1-3—130
2:1-12—124
2:1-3:20—124
2:4—125, 128, 129
2:5ff.—133 n.13
2:6—133 n.19
2:6f.—130
2:7—129
2:8—130
2:9f.—130
2:10—129
2:11—123, 160
2:12—82, 130
2:12-15—123f., 130f.
2:13—14 n.18, 17, 125f., 129, 130, 134 nn.29, 32
2:13f.—130
2:13-16—126
2:14—51 n.17, 124-27, 130, 135 n.45
2:14f.—129, 134 n.29

2:15—35, 130, 134 n.33
2:16—129
2:17—32f., 130, 134 n.31, 156, 183
2:17f.—128
2:17ff.—59 n.75
2:17-24—124f., 128
2:17-29—30, 32
2:18—130
2:21-24—35
2:23—32f., 130
2:23f.—124
2:24—129
2:25-28—129
2:25-29—117 n.24. 130f.
2:26—123f., 130
2:26-29—126f.
2:27—125, 129, 130
2:27f.—134 n.29
2:28—129
2:28f.—133 n.26, 134 n.29, 156
2:29—101f., 126f., 133 n.29
3—78, 128, 134f. n.44
3-4—29-35, 37f., 42f., 46, 97, 131, 159f.
3-5—43
3:1-9—47
3:2—160
3:8—31, 94, 149
3:9—30, 35, 43, 46, 82, 106, 123, 124, 128, 129, 131, 148, 151, 160, 173
3:9f.—90 n.45
3:9ff.—32
3:9-20—59 n.81
3:11-18—90 n.45
3:19—82, 90 n.45, 161
3:20—65, 70f., 75, 86 n.2, 88 n.25, 93, 123, 124, 128, 129
3:21—39, 83
3:21-25—33
3:22—39, 160, 173
3:23—35
3:23f.—23f.
3:24—35
3:26—47
3:27—15 n.26, 32, 44, 57 n.66, 59 n.80, 62 n.130, 116 n.14, 146, 164 n.15

3:27-30—33, 59 n.87
3:27-4:4—163 n.9
3:27-4:5—150
3:27-4:25—32-36
3:29—30, 160, 173
3:29f.—5, 35
3:31—98, 103, 149
4—24f., 62 nn.121, 125; 64 n.147, 78, 102, 127, 154, 163 n.18, 174
4:1—82, 183, 209
4:1-8—53 n.22
4:2—43, 44, 59 n.80
4:2ff.—57 n.66
4:4—35
4:6—62 n.125
4:7—32, 59 n.87
4:9—30, 62 n.125
4:9-25—35
4:10—149
4:11f.—31
4:13f.—43, 46, 93
4:15—65, 70f., 75, 82, 86 n.2, 93, 137
4:16f.—60 n.98
4:23—41
4:24—41, 60 n.89, 194
5—23f., 35f.
5:1—24, 93
5:12—23f., 35
5:12f.—88 n.25
5:12-14—35, 82
5:13f.—24
5:14—36
5:18—10, 36, 39, 57 n.64
5:18f.—35
5:19—10
5:20—46, 65, 67, 86 n.2, 87 n.9, 93, 137
5:20f.—39, 70f., 75, 88 n.25, 144
5:21—43, 70
6—71-73, 79, 86
6:1—31, 94
6:1f.—149
6:1-7:4—72
6:1-7:6—72, 177
6:4—201 n.21
6:5-11—71, 83, 209
6:5-7:6—77
6:6—72

6:7—10, 14 n.18
6:10—55 n.44
6:10f.—71f.
6:11—73, 177
6:13—72
6:14—71f., 84, 91 n.50, 93
6:14f.—72, 83, 157
6:14-8:8—93
6:15—31, 38, 71, 149
6:15-19—209
6:16-18—72
6:17—72
6:20—72
7—23, 48 n.2, 53 n.23, 60 n.96, 71-81, 85, 86, 89 n.28, 90 n.33, 93, 98, 132 nn.9, 11; 138, 197-99
7-8—104
7:1—59 n.75, 82, 161, 183f.
7:1-4—163 n.17
7:1-6—72f.
7:4—38, 82, 83
7:4-6—84, 93
7:5—83
7:6—82, 83
7:7—65, 71, 86, 87 n.9, 149
7:7-13—71, 73-75, 93, 137, 144
7:7-24—88 n.25
7:7-25—73-81
7:7-8:8—65, 71
7:7ff.—57 n.66
7:9—83
7:9-13—83, 90 n.46
7:10—137
7:10f.—82, 104
7:12—149
7:13—65, 71, 87 n.2, 89 n.28, 149
7:14—89 nn.30, 31
7:14-25—74-81, 86, 89 n.32, 98f., 124f., 149, 163 n.11
7:14-8:4—137
7:14-8:8—74f., 146f.
7:15—89 n.32
7:16—99
7:18—89 n.31, 99
7:18f.—116 n.16
7:18-22—99
7:21—15 n.26

색인

7:22—99
7:23—15 n.26
7:25—137
8:1-4—98f., 103
8:1-8—74
8:2—15 n.26, 26 n.130, 93, 138
8:2a—146
8:3—73, 85, 137, 145, 151
8:3-4—149
8:3-8—80
8:4—55 n.44, 83, 89 n.32, 93, 94, 100, 103, 104, 116 n.16, 161
8:5, 7f.—99
8:8—88 n.31
8:9—127
8:10—42, 63 n.131
8:17—108, 209
8:18-25—200 n.3
9—174
9-10—42f., 46, 62 n.121, 78
9-11—29-32, 46, 50 n.8, 57 n.64, 58 n.75, 62 n.121, 77f., 158, 162, 185, 188, 192, 197, 199, 205 nn.80-84; 206 n.96
9:2—57 n.64
9:4—174
9:4f.—160
9:4-6—78
9:6—43, 154, 194, 197
9:6f.—174
9:6ff.—200 n.11
9:7f.—43
9:7-13—174
9:24—43, 174f.
9:25—43, 173
9:30—60 n.97
9:30f.—155
9:30-33—60 n.97, 86 n.2
9:30-10:4—60 n.96, 146
9:30-10:13—30, 34-43, 53 n.22, 61 n.116, 78, 97, 140, 154, 155, 164 n.25, 166 n.40
9:30-10:21—37, 62 n.126
9:31—62f. nn.129, 130; 174
9:32—150
9:32b-33—60 n.98
10:1—39, 43, 46, 57 n.64

10:1-3—60 n.97
10:2—45, 124
10:2-3—57 n.66
10:3—43, 44, 150, 152, 155
10:3f.—140, 156, 163 n.11
10:4—32, 60 n.96, 61 n.114, 83, 91 n.51, 193
10:4-6—43, 45
10:5—63 n.132, 164 n.25
10:5-10—161
10:5-21—60 n.96
10:9—41, 46, 50 n.15, 62 n.122
10:9b—60 n.98
10:10—39f., 46
10:12—160, 173
10:12f.—41
10:13—43
10:14—189
10:14-21—155, 157
10:16f.—41
10:17—41f., 157, 207 n.88
10:18ff.—155
10:18-21—157
11—179
11:1—197
11:1-12—166 n.40
11:5—174
11:6—156, 157, 166 n.40
11:11-24—203 n.56
11:12—196, 206 n.94
11:13—181, 183
11:13-16—184, 188, 193
11:13-26—50 n.8
11:13-36—196
11:13ff.—59 n.75
11:14—195, 198, 206 n.94
11:17-20—35
11:20—195
11:22—110
11:23—195
11:24—195
11:25—189
11:25-26a—193f.
11:25f.—189f., 193-95, 205 n.89
11:25-27—195
11:25-32—206 n.96
11:26a—194
11:26—171, 196, 205 n.85, 206 n.94

11:26f.—195f.
11:28a, b—205 n.90
11:29—205 n.90
11:30f.—196, 205 n.90
11:31—194
11:32—85, 87 n.2, 195, 196, 205 n.90, 206 n.91
12:2—94
13-14—112
13:8-10—83, 93, 94, 95, 96, 99, 112, 115 n.4, 118 n.36, 149
13:9—113
13:11-14—119 n.39
13:13f.—119 n.47
14—105
14:1-4—101
14:1-6—112, 143, 149, 161, 177, 204 n.67
14:5f.—101
14:9—194
14:10—109, 112, 126
14:15—110
15:4—64 n.143
15:14-16—183
15:16—171, 179, 181, 198, 207
15:17f.—184
15:17-24—119 n.39
15:18—181
15:19—186, 187, 189, 203 n.55, 204 n.70
15:24-28—189
15:25-27—171
15:30f.—31
15:31—185, 198
16—182f.
16:3—182, 203 n.48, 209
16:7—182
16:11—182

고린도전서
1:8—23, 94
1:14—182
1:14-17—201 n.21
1:17—97
1:18—97
1:19—87f. n.14, 97
1:21-24—128
1:23—25, 97
1:26-31—35
1:31—87f. n.14

2:4—97
2:6—97
2:10—97
3:5-4:6—108f., 121 n.53
3:8, 12—109
3:12-15—113
3:13-15—113
3:14f—121 n.59
3:15—111
3:16—201 n.14
4:4—14 n.18
4:5—111
4:12—190
4:16—115 n.2
5—104, 109
5:1—107
5:1-5—108, 109, 120 n.52, 176
5:3-5—121 n.57
5:5—108, 120 n.52
5:9-13—108, 109, 121 n.57
5:10f.—115 n.5
5:11, 13—121 n.57
6:1-8—209
6:2—125
6:9—115 n.5
6:9-11—10, 82, 95, 106, 109, 124, 176, 182
6:11—14 n.18, 63 n.138
6:12—119f. n.48
6:15—103
6:15-18—107, 132
6:15-20—95
6:17—63 n.131
6:18f.—118 n.33
7:1-16—119 n.46
7:10—107
7:10f.—95
7:17-20—101
7:19—94, 102, 103, 113, 114, 143, 159, 177, 204 n.67
7:25, 40—119 n.40
7:25-40—119 n.46
7:34—94
8—101, 104, 118 n.34
8:7—110
8:11—110
9:5—190
9:8f.—107
9:13f.—199 n.2
9:14—107

9:17-21—117 n.20
9:19-21—100
9:19-23—177, 179f., 185-90, 202 n.37
9:20—177, 179, 181, 187
9:20f.—55 n.39
9:20-22—203 n.58
9:21—94
9:27—110
10—95, 101, 104, 107, 110
10:1—82, 209
10:1-22—107
10:8-10—110
10:20f.—110
10:21—176
10:23—119f. n.48
10:27—101
10:27-29—111
10:32—173, 186
11:1—115 n.2
11:2-16—4
11:5-16—209
11:10—11 n.4
11:17-22—176
11:17-34—177, 209
11:27-34—108
11:29-32—121 n.54
12:2—176, 182
12:13—175, 188, 200 n.7, 201 n.21
12:27—201 n.14
14:16-25—203 n.59
14:21—88 n.14. 161
14:23—129
14:26—176, 209
15:2—110
15:9—190
15:10—184
15:20-28—194
15:22—57 n.64
15:24—194
16:13—114
16:19—182, 203 n.48

고린도후서
1:12—115 n.2
2:14-16—184f.
3—90 n.46, 102, 140f., 160
3:3—161
3:4-18—137-39
3:6—82, 83

3:10f.—161
3:11, 13—141 n.1
3:14—176
3:14f.—58 n.74, 162 n.1
3:14-16—175
3:15f.—102
3:16—177, 209
3:18—175, 200 n.3
3:18-4:3—173
4:9—190
4:16—200 n.3
5:10—109, 122 n.61, 126
5:17—200 nn.3, 7; 201 n.14
5:21—201 n.12
6:1—110
6:2—88 n.14
6:16—201 nn.12, 14
6:16-18—88 n.14
7:1—94, 115 n.2, 127
7:5—198
8:2—190
8:15—88 n.14
9:2—61 n.100
9:6-15—108, 121 n.53
9:8—113
9:9—88 n.14
9:12—171
10:17—88 n.14
11—184
11:13-15—110
11:16-29—199
11:21-29—190
11:23-27—108
11:24—187, 189, 190-92
11:24—190
11:24-26—198
11:26—190, 191
12:21—108, 110, 115 nn.2, 5; 121 n.57
13:2—121 n.55
13:5—110
14:23-36—176

갈라디아서
1:6—49 n.6
1:7—182
1:7-9—110
1:8f.—174
1:11-24—186
1:13—175, 190
1:13-15—3

1:16—26, 152, 181
1:19—186
1:22—186
1:23—190
2—20
2:2—181
2:3f.—50 n.11
2:4—18, 19, 198
2:6—172
2:7-9—186
2:7, 9—181
2:9—179, 180, 185, 187, 189
2:11-14—20, 100, 101f., 165 n.35, 177, 185, 203 n.57
2:12—50 n.11
2:14—23, 55 n.38, 174
2:15—72, 82, 124, 151
2:15f.—29f., 46, 68, 77, 80, 148, 172
2:15-3:18—93
2:16—22, 51 n.18
2:16a, c—81
2:19—38, 83
2:20—55 n.38, 114, 174
2:21—27, 28, 76, 152, 159, 165 n.34, 208
3—19-23, 25, 26, 28, 30, 46, 51 n.18, 52 n.21, 57 n.64, 68, 78, 96, 102, 127, 137, 154, 159, 163 nn.12, 18; 174
3-4—64 n.147, 72, 151
3-5—49 n.6
3:1-5—18, 22, 97
3:1-13—22
3:6—54 n.29
3:6-8—13 n.18
3:6-14—97
3:6-18—26, 68
3:6-29—174
3:8—21f., 26, 47, 53 n.24, 64 n.143, 208
3:8-13—54 n.33
3:8-14—22, 150
3:9—21, 26
3:10—25f., 27, 28f., 51 n.17, 54 n.35, 57 n.64, 87 n.6, 115 n.6, 150, 161
3:10f.—23, 55 n.36
3:10-12—20-24, 26, 52 n.21, 53 n.22, 184

3:10-13—22
3:11—53 n.23, 62 n.122
3:11f.—54 n.31
3:12—51 n.18, 53 n.23, 54 n.30, 86 n.12
3:13—25f., 47, 68f., 82, 88 n.20
3:14—22
3:15-18—27, 65
3:15-26—26f.
3:16—18, 175
3:17—149
3:19—18, 65, 86 n.2, 88 n.22, 93
3:19f.—88 n.17
3:19-24—27
3:19-4:7—65-70
3:19-4:10—69, 72
3:19-4:24—87 n.2
3:21—10, 27, 152, 208
3:22—69, 81, 87 n.6
3:22-24—75, 93, 144, 146
3:22, 24—39, 47, 64 n.146, 70f., 73, 150
3:23—57 n.64, 151
3:23f.—38, 86, 62 n.124
3:23-25—26
3:23-4:9—81f.
3:23-4:10—31
3:24—87 n.6. See also 3:22, 24
3:24f.—162 n.1
3:25—93
3:28—173, 188, 200 n.7
3:29—57 n.64, 97, 172, 175
4—88 nn.22, 23
4:3—151
4:8—69, 182
4:8f.—69, 88 n.21
4:9—69, 201 n.27
4:10—20, 69, 101
4:11—110
4:21-31—68, 70, 163 n.17
4:28—201 n.12
4:29—191
5:1-4—110
5:3—20, 23, 27-29, 51 n.17, 56 nn.58, 59; 96f., 150
5:4—18, 52 n.20, 97
5:5—46, 201 n.12
5:6—114

5:11—191
5:12—182
5:14—49 n.6, 93, 94, 95, 96-98, 99, 100, 103, 112, 115 nn.4, 12; 149
5:16-18—70, 84, 163 n.17
5:16-21—109
5:17—96
5:18—49 n.6
5:19-21—94, 109
5:19-22—115 n.5
5:19-23—95
5:22—14 n.21, 94, 112, 116 n.12
5:23—49 n.6
6:2—49 n.6, 94, 97f., 115 n.11, 116 n.12
6:3—93
6:12—49 n.6, 55 n.38, 191
6:12f.—174
6:13—23, 49 n.6
6:14—35, 55 n.38, 174
6:15—20, 100, 143, 149, 159, 174, 177, 200 n.7, 201 n.14, 204 n.67
6:16—54 n.28, 173f.

에베소서
2:11-22—172
2:19—172

빌립보서
1:9-11—94
1:11—14 n.21, 94
1:19—39
1:22-24—120 n.52
2:6-11—131
2:15f.—94, 119 n.40
3—45, 46, 53 n.22, 63 n.139, 77f., 80, 127, 131, 140f., 147, 160
3:2—182
3:2ff.—64 n.147
3:3—101f., 133 n.26
3:3-11—44, 137, 139-41
3:4-6—3, 172
3:4-11—151f.
3:4ff.—57 n.66
3:6—23f., 190
3:6-9—43, 63 n.132
3:7—11 n.3

3:7f.—45
3:9—10, 43-45, 150
3:10f.—209
3:11—46
3:18—122 n.66
3:18-20—173
3:18-21—57 n.64
4:8—95
4:9—115 n.2

4:17f.—199 n.2

데살로니가전서
1:9—176, 177, 182, 203 n.43
2:10—115 n.2
2:14-16—184, 203 n.43
2:15—204 n.77
2:16—181, 190, 191, 204 n.77
2:16b—204 n.73

3:5—110
3:13—23, 94
4:1-8—113
4:3—115 n.2
4:3-7—94
4:3-8—106f.
4:13-18—194
5:9f.—194
5:23—23, 94, 119 n.40

〔아래에 나오는 외경, 위경, 사해문서, 필론, 랍비문헌의 책이름은 『성서학 용어 사전』(알맹e, 2020)의 부록2에 실려 있는 "제2성전기 문헌의 한국어 표기에 대한 감은사-알맹e 안"을 따랐다. ⓒ〕

외경과 위경
희년서
22:20f.—49 n.8

솔로몬의 시편
8:9f.—132 n.12
17:32—56 n.61

시뷜라의 신탁
III. 702-20—56 n.61
III. 772-75—19

토비트
3:3, 13—56 n.61
4:15—115 n.8

솔로몬의 지혜
14-15—135 n.45
15:1ff.—128
15:2f.—134 n.29

사해문서
1QS (공동체 규율서)
5:5—134 n.29
7:1f., 16f.—122 n.71

1QSa (회중 규율서)
1:1-6, 20—201 n.17

1QM (전쟁 두루마리)
1:2—201 n.16

15:1f.—201 n.18

4QpPs 37 (시편 주석)
2:17—201 n.16
3:12—201 n.16

CD (다마스쿠스 문헌)
4:20f.—161

필론
『아브라함의 이주에 대하여』
De Migratione Abrahami
89-93—117 n.24
92—135 n.48

『상급과 처벌에 대하여』 *De Praemiis et Poenis*
79, 82—134 n.32
80—28
152—134 n.31
206, end—134 n.33

『미덕에 대하여』 *De Virtutibus*
206—134 n.31

『출애굽기에 대한 질문과 답변』
Quaestiones in Exodum
II.2—135 n.48

랍비문헌
미쉬나

산헤드린
10:1-3—122 n.72

토세프타
데마이
2:5—56 n.58

시프라
케도쉼
8:3—56 n.57

민수기 시프레
11(on 5:18)—11 n.6

신명기 시프레
54—135 n.45

바빌로니아 탈무드
샤바트
31a—56 n.58, 115 n.8, 135 n.49

예바모트
47a—56 n.58

산헤드린
101a—55 n.42

Aboth de Rabbi Nathan
36—122 n.72

인명 색인

Abraham, 주제 색인을 보라!

Adam, 35f.

Andronicus, 182

색인   397

Apollos, 108f.
Aquila, 182
Baeck, Leo, 166 n.47
Bammel, Ernst, 115 n.3, 204 n.73
Barrett, C. K., 40, 60 n.94, 61 n.108, 62 n.117, 91 n.55, 190, 204 nn.70, 72
Barth, Markus, 82, 90 n.44, 116 n.19, 122 n.79
Bauer, Walter. 183, 203 n.54
Beker, J. Christiaan, 5, 12 nn.11, 12; 12 nn.14, 15; 32, 38, 55 nn.44, 46, 49; 56 n.56, 58 nn.70, 75; 59 n.76, 61 n.104, 62 n.121, 63 n.142, 74f., 86 n.2, 89f. n.33, 90 n.36, 122 n. 77, 124f., 132 nn.7, 8; 132 n.11, 163 nn.12, 15; 167 n.50, 188, 202 n.42, 204 n.76, 205 n.77, 206 nn.93, 96
Betz, H. D., 48 n.4, 49 n.6, 51 n.18, 52 nn.19, 20; 53 n.25, 54 nn.28, 33, 34;

87 nn.3, 9; 115 n.4, 179f., 202 nn.35, 40, 41; 203 n.52
Bonnard, Pierre, 49 n.6, 53 n.22, 54 n.30, 200 n.9
Borgen, Peder, 50 n.10, 131, 135 nn.48, 49
Boring, Eugene, 57 n.64
Bornkamm, Günther, 58 n.70, 125 f., 130, 132 n.2, 133 nn.18, 19; 134 n.29, 135 n.45, 180, 187f., 202 n.36, 204 n.69
Borse, Udo, 58 n.70, 164 n.20
Bousset, Wilhelm, 120 n.49
Brandon, S. G. F., 204 n.77
Brown, Peter, 165 n.32
Bruce, F. F., 50 n.13, 54 n.30, 202 n.37
Bultmann, Rudolf, 13 n.18, 30, 48 n.1, 51 n.14, 57 nn.66, 69; 59 n.77, 61 n.114, 63 nn.131, 133, 134, 136; 83f., 86 n.1, 89 n.32, 90 n.34, 91 n.52, 115 n.3, 116

n.16, 119f, n.48, 141 n.4, 146
Burton, Ernest deWitt, 15 n.25, 87 nn.3, 10; 173, 200 n.8
Bussmann, Claus, 128f., 134 nn.36, 38–40, 42; 203 n.43
Byrne, Brendan, 14 n.24, 48 n.5, 54 n.30, 90 n.39
Caird, G. B., 64 n.148, 165 n.38
Callan, Terrance, 88 n.17
Cambier, J., 132 n.2, 133 n.17
Cavallin, H. C. C., 53 n.23
Chadwick, Henry, 203 n.59
Conzelmann, Hans, 202 n.37, 203 n.58
Cranfield, C. E. B., 36, 42, 60 nn.93–95; 61 nn.114, 116; 62 n.127, 129; 89 n.27, 133 n.15, 200 n.4, 204 n.61
Crispus, 182
Dahl, Nils, 11 n.8, 160, 166 nn.45, 46; 205 nn.80, 85
Daniel, Jerry L., 117 n.27
David, 62 n.125
Davies, W. D., 5, 12 nn.10, 13; 48 n.4, 49 n.6, 52 n.20, 56f. n.63, 64 n.144, 115 n.11, 117 n.25, 141 n.1, 154, 176–80, 188, 200 n.5, 201 nn.13, 23, 24, 28, 29; 202 nn.35, 39, 41, 42; 203 n.57, 205 nn.84, 89
Daube, David, 56 n.58, 201 n.28, 203 n.59
Didier, Georges, 118 n.37, 120 n.49
Dodd, C. H., 60 n.95
Donfried, Karl P., 57 n.68, 119 n.37, 120 nn.49, 32; 121 n.60, 122 nn.61, 63, 64
Drane, J. W., 50 n.8, 148, 163 n.15
Dülmen, Andrea Van, 11 n.9, 54 n.36, 59 nn.77, 86; 61 n.101, 87 n.3, 133 n.16
Dunn, James D. C., 89 n.28, 90 n.33, 115 n.11
Eckert, Jost, 48 n.5, 49 n.6, 50 n.10, 54 n.32, 56 n.58, 87 nn.3, 4, 9; 88 n.24, 115f. n.12, 117 n.22, 165 n.34

Eichholz, Georg, 11 n.9, 52f. n.22, 62 n.126, 139, 141 n.2, 151, 164 nn.29, 30
Eleazar, Rabbi, 161
Eliezer, Rabbi, 24
Elliott, John H., 202 n.42
Ephraim, 175
Ezekiel, 162
Filson. Floyd, 118 n.37, 119 nn.38, 41; 120 nn.49, 50; 121 n.58, 122 nn.61, 63; 132 n.4
Fitzmyer, J. A., 88 n.23
Flückiger, F., 132 n.1, 133 n.15
Forkman, Goran, 120 n.52, 121 nn.56, 57
Freund, Richard, 201 n.20
Friedrich. G., 15 n.26
Fuller, D. P., 54 n.34
Gager, J. G., 164 n.31, 165 n.35
Gaston, Lloyd, 51 n.17, 61 n.107, 200 n.6, 202f. n.43, 203 n.49
Goppelt, Leonhard, 60 n.89, 201 n.13
Grobel. Kendrick, 13 n.18
Gundry, Robert, 52 n.20, 90 n.33
Haenchen, E., 202 n.37
Hahn, Ferdinand, 51 n.18, 55f. n.52, 60 n.92, 81, 88 n.25, 90 nn.41, 42; 116 n.14, 122 n.77, 134 n.43, 163 n.5
Hanson, A. T., 53 n.23, 60 n.89, 161, 167 n.49
Hardy, Thomas, 13 n.18
Harnack, Adolf von, 199 n.1, 200 n.7
Harvey, A. E., 25, 55 n.45, 47
Headlam, Arthur C., 200 n.4, 204 n.61
Herodian, 182
Hickling, C. J. A., 11 n.7
Hillel, 56 n.58
Hoheisel, Karl, 11 n.9, 59 nn.77, 86; 122 n.79, 133 n.16, 165 n.34, 36
Hooker, Morna D., 55 n.45, 139, 141 n.1, 210 n.1
Horbury, William, 63 n.142

Howard, George, 49 n.6, 56 n.59, 59 nn.87, 88; 61 nn.106, 107; 88 n.23, 90 n.42, 163 n.17
Hübner, Hans, 5, 12f. n.15, 15 n.26, 17, 24, 28f., 30, 32, 34, 40, 48 nn.3, 5; 51 n.18, 52 nn.19, 21, 22; 54 nn.27, 30, 33, 35; 56 nn.53, 56, 57; 57 n.67, 59 nn.77–83; 59 n.85, 60 nn.88, 90; 62 nn.118, 120; 63 n.134, 67f., 87 nn.11, 12; 88 nn.14, 15; 89 n.29, 90 n.42, 91 nn.50, 57; 96f., 115 nn.4, 6, 7, 9; 116 n.14, 117 n.26, 118 n.32, 122 n.77, 146, 148f., 162 nn.2, 3; 163 nn.8, 15, 19; 164 nn.20–22; 166 nn.41, 43
Hultgren, Arland J., 201 n.22, 204 n.76, 205 nn.77–79
Hurd, John, 204 n.73
Isaac, 174
Ishmael, Rabbi, 161
Jacob, 174, 176, 190
James, 19, 49 n.6, 50 n.11, 172, 180f., 192, 207
Jeremias, J., 49 n.8
Jervell, Jacob, 58 n.70
Jewett, Robert, 49 n.6, 202 n.42, 203 n.44
Junia, 182, 209
Juvenal, 117 n.27
Käsemann, Ernst, 40, 50 n.8, 55 n.50, 60 n.92, 61 n.115, 83f. 91 n.53, 115 n.5, 126–28, 130, 133 nn.19–25, 27; 134 nn.29, 30, 37; 135 nn.45, 51; 141 n.4, 155–57, 163 n.8, 164 nn.25, 27; 200 nn.4, 11; 203 n.56, 204 n.61
Keck, Leander, 55 n.50, 87 n.7, 89 n.32, 91 n.50, 116 n.16, 134 n.29, 157f., 166 n.42
Kim, Seyoon, 90 n.38, 164f. n.31
Knox, John, 181, 203 n.44
Knox, W. L., 203 n.57
König, A., 133 n.15

Léon-DuFour, Xavier, 14, n.22
Lightfoot, J. B., 200 n.9
Lindars, Barnabas. 53 n.24, 54 n.30
Lohse, Eduard, 15 n.26, 116 n.14, 146
Longenecker, Richard, 61 n.108, 62 n.118, 89 n.28
Lüdemann, Gerd, 164 n.20, 174, 200 n.10, 202 n.43, 203 nn.44, 46
Lull, David, 87 nn.6, 8
Luz, Ulrich. 11 n.9, 51 n.18, 55 n.36, 60 nn.89, 97; 86 n.2, 88 nn.15, 20; 89 n.28, 163 n.18, 164 n.31, 205 nn.80, 85, 87
Lyonnet, Stanislaus, 91 n.49
McEleney, N. J., 50 n.10, 135 n.50, 202 n.42
Malherbe, Abraham, 57f. n.69, 98, 116 n.13
Manasseh, 175
Manson, T. W., 31, 58 n.70
Marquardt, Friedrich-Wilhelm, 82, 90 n.43
Martial. 117 n.27
Martyn, J. Louis, 14 n.23, 49 n.7
Mattern, L., 118f. n.37, 120 nn.49, 52; 120f. n.53, 121 n.54, 122 nn.61, 66, 67; 122 n.77, 133 n.14
Mattill, A. J., Jr., 13 n.18
Meyer, Paul, 39, 60f. n.98, 61 nn.108, 110; 62 nn.121, 123; 74f., 90 nn.35, 37; 116 nn.14, 17; 146, 163 n.11, 176f., 201 n.25
Michel, Otto, 133 n.14, 166 n.48
Minde, H.-J. van der, 166 n.48
Moore, George Foot, 109, 118 n.31, 120 n.49, 122 n.65, 162, 167 n.53
Moses, 35f., 40f., 135 n.45, 137, 141 n.1, 164 n.25, 175, 198
Moule, C. F. D., 61 n.113, 62 n.118, 121 n.54
Munck, Johannes, 37, 49 n.6, 50 nn.8, 11; 58 n.70, 60 n.96, 179, 182, 184, 188, 201

n.13, 202 nn.31–34; 203 nn.50, 51; 204 n.71, 205 n.90
Murphy-O'Connor, J., 118 nn.33, 36; 119 n.48
Mussner, Franz, 39, 49 n.6, 51f. n.18, 32 n.22, 61 nn.111, 112; 62 n.119, 87 n.3, 88 n.20, 124, 132 n.5, 165 n.34, 166 n.41, 193, 200 n.6
Newton, Michael, 14 n.20, 63 n.138, 199 n.2, 201f. n.30
O'Neill, J. C., 134f. n.44
Osten-Sacken, P. von der, 15 n.26, 88 n.20, 116 n.14, 118 n.34, 163 n.7
Persius, 117 n.27
Peter, 19, 23, 29, 49 n.6, 101, 154, 165 n.34, 172, 177, 179–81, 185–90, 192, 196, 198, 204 n.77
Petronius, 117 nn.27–28
Pfleiderer, Otto, 164 n.31
Philo, 28, 117 n.24
Prisca, 182
Przybylski, Benno, 13 n.17
Räisänen, Hetkki, 11f. n.9, 15 n.26, 17, 23, 48 n.1, 51 n.16, 55 nn.37, 40; 57 n.66, 59 nn.77, 86, 88; 61 n.99, 88 nn.15, 23, 24; 88f. n.25, 91 nn.47, 48, 58; 115 n.3, 116 n.16, 117 n.29, 124, 132 nn.3, 9, 10, 26; 141 n.6, 148f., 162 n.1, 163 n.4, 14, 24; 167 n.51
Ramarosan, L., 132 n.2
Reicke, Bo, 88 n.22
Richardson, Peter, 49 n.6, 50 n.13, 52 n.18, 55 n.39, 57 n.65, 60 n.92, 62 n.128, 133 n.26, 200 n.8, 202 n.37, 205 nn.80, 89–90; 206 n.96
Ridderbos, Herman, 38, 51 n.18, 52 n.19, 54 n.30, 61 nn.102, 103; 84, 91 n.54, 119 n.38, 124, 132 n.6, 141 n.5, 166 n.39
Rivkin, Ellis, 53 n.25

Robinson, J. A. T., 71, 89 nn.26, 28, 30, 31; 90 n.45, 91 n.54, 183, 203 n.53
Roetzel, Calvin, 119 nn.37, 38; 120 n.49
Sanday, William, 200 n.4, 204 n.61
Sanders, E. P., 11 n.7, 12 nn.13, 15; 14 n.20, 48 n.2, 51 n.16, 52 n.21, 55 n.36, 56 n.57, 60 n.88, 63 nn.135, 137, 138, 140–42; 64 nn.144, 148, 149; 88 n.18, 89f, n.33, 115 n.3, 119 n.43, 122 n.73, 132 n.9, 141 n.5, 163 n.13, 165 n.38, 201 n.15, 210 n.1
Sanders, J. A., 141 n.5
Schiffman, Larry, 50 n.10
Schlier, Heinrich, 49 n.6, 54 nn.26, 28; 56 n.55, 87 n.3, 166 n.41, 200 n.9
Schmithals, Walther, 90 n.34, 187f., 191, 203 n.43, 204 nn.63–66; 204 n.68

Schoeps, H. J., 11 n.1, 48 n.2, 49 nn.6, 8; 86 n.1, 201 n.13, 202 n.38
Schrage, Wolfgang, 15 n.26, 91 n.53, 117 n.22, 118 n.33, 122 nn.76, 79; 163 nn.6, 8
Schweitzer, Albert, 12 n.15, 48 n.2, 55 n.44
Scroggs, Robin, 57 n.69
Seneca, 117 n.27
Siegert, Folker, 202 n.42
Stendahl, Krister, 193, 205 nn.82, 88
Stern, M., 117 nn.27, 28
Stowers, Stanley K., 58 n.69
Stuhlmacher, Peter, 11 nn.1, 9; 55 n.48, 60 nn.89, 92; 62 n.130, 64 n.143, 116 n.12, 164 n.31, 165 n.33, 167 n.48, 200 n.3, 203 n.43, 204 n.70, 205 nn.80, 87, 90
Suggs, jack, 58 n.70, 164 n.23
Synofzik, Ernst, 119 n.37, 120 nn.49, 52; 121 n.60, 122

n.77
Tacitus, 117 n.27
Theissen, Gerd, 6, 13 n.16
Titus, 50 n.11
Townsend, John, 64 n.147
Tyson, Joseph, 54 nn.30, 31
Urbach, E. E., 166 n.47
Vielhauer, Philipp, 180, 202 n.37
Wagner, Günther, 51 n.18
Wernle, Paul, 91 n.53, 119 n.41, 121 n.57, 163 n.16
Wetter, G. P., 118 n.37, 121 n.59
Wilckens, Ulrich, 48 n.2, 52 n.20, 53 n.22, 58 nn.70–72; 59 nn.77, 86; 60 n.92, 115 n.1, 116 n.12, 166 n.41, 201 n.19
Wrede, William, 12 n.15
Wuellner, Wilhelm, 163 n.16
Zeller, Dieter, 57 n.68, 59 n.75, 60 n.97, 132 n.1, 134 n.29, 199f. n.3, 203 n.46, 204 n.71, 205 nn.80, 84, 86, 87

주제 색인

"이스라엘, 하나님의," 기독교인을 위한 용어로서, 18, 173f. 다음 항목들도 참고하라. 그리스도의 몸, 하나님의 백성.
갈라디아서: 잘못 식별된, 51 n.18; 배경과 목적, 17–19; 로마서와의 관계, 31f., 42f., 93, 101, 148f.; 주제, 18
개종(회심), 176–78
교회: 바울의 견해, 173–76; 사회 현실 상의, 176. 다음 항목들도 참고하라. 그리스도의 몸; 하나님의 백성
교회들, 바울의 교회 형성, 181–84, 189f.
구속사 Heilsgeschichte, 55 n.50, 65f., 137. 하나님의 구원 계획 항목도 보라.

구원, 상실가능한, 109–12
구원론, 17, 43, 46, 63 n.140, 68, 125, 143, 하나님의 구원 계획 항목도 보라.
그리스도 중심적, 하나님 중심적, 5, 12 n.14, 41f., 78, 194
그리스도: -의 죽음, 14f. n.24, 25, 106, 128, 209; -와 함께 죽음, 혹은 율법에 대해, 5, 71, 73, 83, 143, 177; -와의 연합, 5, 95, 103, 107, 209
그리스도의 몸, 5, 114, 137, 175, 178, 208, 209. 또한 하나님의 백성 항목의, 입회를 참고하라.
기독교, 5, 47, 56f. n.63, 68, 85, 125, 128, 154–57, 180, 185, 208
로마서: 배경과 목적, 30–32; 갈

라디아서와의 관계, 31f., 42f., 93, 101, 148f., 주제, 30, 123, 184
메시아 사상, 바울의, 68, 172f., 178, 184, 199f. n.3
메시아 시대, 18f., 29, 49f. n.8, 56 n.63, 102, 106, 171, 179
모세의 율법, 20, 29, 100–104, 114, 177
모형론, 33, 95, 110, 191. 또한 아브라함 항목을 보라.
목적절, 22, 47, 64 n.146, 66, 68, 70f., 74
묵시적인, 12 n.13
믿음: 공통 서술 방식으로서 as common formula, 19, 158f.; 입회 자격으로서의, 5, 19f., 25, 33f., 37, 42, 45, 47, 68, 143, 148, 159, 172, 174, 178, 207f.; and law,

19f., 24, 26, 34, 40f., 43,
47, 114, 140, 143, 151f.,
158f.; 기독교인의 삶의
원칙으로서의, 20, 114,
159; -에 대한 증거본문,
21-23, 26, 33f.
바울 사상: 주장과 근거, 4, 35,
133 n.13, 150; 흑백사고방
식, 70, 80, 138-40, 153f.;
중심 신념, 4-6, 11 n.7, 12
n.15, 48, 68, 81, 86, 102f.,
138, 143, 144-48, 152,
162; 일관성과 다양성, 5f.,
10, 81, 144-48, 163 n.12;
-의 일관성, 35f., 68f.,
77-81, 86, 138, 144-48;
충돌하는 신념들로 말미
암아 생기는 딜레마, 66,
68, 73, 78f., 80, 103, 138f.,
143f., 178f., 197-99; 유
대적 특성, 4, 26, 28f., 45,
65f., 79, 82, 94-96, 104,
107, 111-13, 153, 182f.,
198, 207; 율법에 관한,
11 nn.7, 9; 26f., 28f., 36,
77-81, 149-54, 165 n.35;
주장 방식, 21, 26, 53 n.25,
97f., 182f.; 순서, 14 n.23,
35f., 68, 77-79, 81, 84-86,
125, 146f., 149-52, 164f.
n.31.; -의 근원, 11 nn.7,
9; 26f., 28f., 36, 77-81,
149-54, 165 n.35
박해, 25, 55 n.46, 190-92, 204f.
n.77
반율법주의 Antinomianism,
바울에게 씌워진, 31, 94,
149
보상과 벌, 105-13
보편주의와 배타주의, 57 n.64,
85, 160, 196, 208
사도행전, 바울의 선교 행위의
묘사, 181f., 187
성령: -과 행위, 6, 95, 104, 208,
209; 마음으로서의, 127;
내면적 의미로서의, 101f.;
-와 율법: 70, 74f., 93, 96,
98f., 103, 104, 145, 146
성적 부도덕, 우상숭배와 성적
부도덕 항목을 보라.
세례, 175, 176, 178, 201 n.21,
209

속죄, 28f., 108, 111f., 161
아브라함: "의 자손(들)", 후손
(후사), 씨, 18-20, 34, 43,
46, 66, 97, 100, 127, 129,
154, 159f., 172f., 174f.,
192, 195f., 범례적인 유형
으로서, 33, 41, 60 n.89, 62
n.125, 149, 163 n.18
악덕의 목록, 95, 109, 132, 135
n.45, 208
안식일. 모세의 율법 항목을 보
라.
온전함(완벽함) Perfection,
23f., 106
옮겨감을 나타내는 술어
Transfer terminology: 5f.,
6-10
우상숭배와 성적 부도덕
(porneia), 95, 104, 106f.,
108, 109, 110f., 113, 124,
135 n.45
유대교에 대한 바울의 비판,
19f., 33, 36f., 46f., 51 n.18,
63 n.142, 139, 154-60,
165f. n.38, 207f.; 일반화
와 개별화, 38, 44f., 61
n.107, 155-60
유대인: -의 구원에 있어서 바
울의 간접적 역할, 184 -의
특권, 33, 34, 38, 47, 160,
208
유대인과 이방인: -의 평등, 5,
29f., 33, 35, 40f., 47, 68f.,
81f., 88 n.20, 102f., 123,
126, 131, 147, 148, 151,
152f., 160, 172, 195f., 198,
208; 롬 9-11장에서의 연
관성, 193f., 196
육신, 89 n.31, 98f., 112, 120
n.52, 127, 144, 146f.
율법의 행위, 개인의 업적이 아
닌, 20, 38, 166 n.40; "행
위-의"로 그릇되게 이해
된", 32, 37, 46, 146, 150f.,
155-59
율법주의와 자기 의, 유대교에
서 유래한다고 보는; 20,
35, 36, 44, 59 nn.77, 80;
105, 113, 120f. n.53, 126,
140, 155-57
음식법. 모세의 율법 항목을 참
고하라.

음행 Porneia. 다음 항목을 보
라. 우상숭배와 성적 부도
덕.
의- Dik—: 어원, 10, 45, 63
n.138; 수동태 동사로서
의 의미, 6, 13f. n.18, 45,
126; -의 번역, 13f. n.18,
의 Righteousness 항목도
참고하라.
의, -의 의미, 5, 12f. n.15, 38f.,
40, 43-45, 63 n.139, 140,
151f.
이스라엘: -의 선택, 78f., 105f.,
160, 207. (유대교, 바울의
비판 항목도 보라.); "참
된," 173-76, 207
정결 용어, 6, 45, 63 n.138
종말론적 기대, 106, 178,
192-98. 메시아 사상, 바
울의 항목도 보라.
죄: 육신과 율법을 연관해서,
69f., 71-75, 77, 81-86,
93f., 144, 148, 153; 능력과
범법함, 71-73, 145, 165
n.32; 보편성, 23-25, 35f.,
43, 68-70, 72, 81-83, 123,
125, 128f., 151
창조: 창조론, 75; 새 창조, 173,
175, 208
하나님의 구원 계획("구원론의
사실"), 26f., 34f., 36, 42,
46f., 66, 70f., 73, 85f., 86
n.1, 114, 140, 199
하나님의 백성, 입회와 교인,
18-20, 42f., 45, 52 n.20,
105f., 114, 137, 147, 148,
158f., 172, 178, 196, 207f.
그리스도의 몸 항목도 보
라.
하나님의 의도 혹은 뜻, 34,
66-68, 73-75, 77-86, 144,
146
할라카, 18f., 95, 106f., 114, 119
n.47, 144
할례. 모세의 율법 항목을 참고
하라.
행위: 요구되는, 111-13, 158f.,
208; -와 관련된 용어, 6-9,
45, 63 n.138, 94
회개 (참회), 28, 108, 112, 125,
129, 162